知识产权法官论坛

专利权的边界
—— 权利要求的文义解释与保护范围的政策调整

◎陈文煊 著

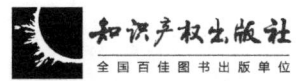
知识产权出版社
全国百佳图书出版单位

图书在版编目（CIP）数据

专利权的边界：权利要求的文义解释与保护范围的政策调整/陈文煊著．—北京：知识产权出版社，2014.7（2018.11重印）（2023.2重印）
ISBN 978-7-5130-2565-2

Ⅰ.①专… Ⅱ.①陈… Ⅲ.①专利权法—研究 Ⅳ.①D913.04

中国版本图书馆CIP数据核字（2014）第014681号

内容提要

专利权边界的确定是世界上所有施行专利制度的法域所共同面临的最为棘手的难题之一，是所有技术开发、技术交易、专利纠纷案件所要解决的最基本问题。本书作者从民法基础理论和政策方面进行论证，揭示了制度背后的价值、理念、原理和运行规律，给出了自己的观点。

读者对象：知识产权领域的研究人员，尤其是专利领域的从业者，如专利代理人、申请人、技术开发者和使用者、法官、审查员。

责任编辑：卢海鹰　胡文彬　　　　责任校对：董志英
特约编辑：刘　英　　　　　　　　责任印制：孙婷婷

专利权的边界——权利要求的文义解释与保护范围的政策调整
Patent Boundary—Interpretation of Claims and Policy Adjustment of Protection Scope

陈文煊　著

出版发行：	知识产权出版社有限责任公司	网　址：	http://www.ipph.cn
社　址：	北京市海淀区气象路50号院	邮　编：	100081
责编电话：	010-82000860转8335	责编邮箱：	lueagle@126.com
发行电话：	010-82000860转8101/8102	发行传真：	010-82000893/82005070/82000270
印　刷：	北京中献拓方科技发展有限公司		
开　本：	880mm×1230mm　1/32	经　销：	新华书店、各大网络书店及相关专业书店
版　次：	2014年7月第1版		
字　数：	402千字	印　张：	15.75
ISBN 978-7-5130-2565-2		印　次：	2023年2月第3次印刷
		定　价：	49.00元

出版权专有　　侵权必究
如有印装质量问题，本社负责调换。

序 一

经过 30 多年的快速发展，我国知识产权审判已取得巨大成就，不仅满足了我国在创新和发展中不断增长的知识产权保护需求，而且也适应了对外开放和参与国际交往的需要，在国际社会已崭露头角。我国已经建立起较为完善的知识产权审判体系，培养了一大批专业人才和涌现出一批专家型法官，也在借鉴国外经验和符合国情的基础上建立了自己的知识产权保护理论体系。

陈文煊博士是北京市第一中级人民法院知识产权法官。由于特殊的区位优势和管辖范围，该院是我国受理知识产权案件数量最多、案件类型最为丰富、疑难复杂和新类型案件最为集中的法院。该院知识产权法官思想解放，思维活跃，勇于探索和创新，在完成繁重的审判任务的同时，还承担了大量的调研课题和完成了较多的理论成果。置身于这样的环境，陈文煊博士不仅积累了丰富的审判经验和掌握了大量的第一手资料，经受了实践智慧的洗礼，而且积极进取、好学深思和勤于耕耘，在知识产权法律应用理论研究上也多有成果。陈文煊博士也曾在最高人民法院知识产权庭进行工作交流，相信这一经历也拓宽了专业视野和提升了宏观能力。本书就是陈文煊博士在总结审判经验和进行理论探索的基础上完成的一部力作。

本书详尽地探讨了专利权保护范围问题。该问题不仅是专利纠纷案件中最为基础的问题，也是实践中争议最为集中、难度最大的问题之一。对这一问题的研究无疑具有重大的实践和理论意义。本书的探索源于实践、立足于实践、服务于实践。专利权保护范围的确定，首先是一个技术性、操作性很强的问题，法律规范、解释规则需要具有稳定性和可预见性，需要一整套法律概念术语、规则体系和法律方法作为保障。作者在分析论证的过程中，注重技术层面的分析，注重逻辑论证的严密性和系统性，注重规则的建构和梳理。其次，适用法律除了要有技术性思维，还要注意导入价值和政策，防止简单机械地适用。作者不满足于对具体规则的探讨，在注重实证方面研究的同时，也有司法哲学、司法政策层面的深入思考，注重揭示制度背后的价值、理念、原理和运行规律，在将实践升华为理论、理论更好地指导实践方面进行了有益的探索。这使得本书的探讨具有了高度和层次。

作者还十分注重对国情和现实环境的研究，使得宏观的司法哲学、政策和裁判方法与中国当下的实际情况和未来的发展方向相结合，具有鲜明的时代特点。文中不乏观点新颖的洞见，对未来知识产权司法裁判的发展走向也提出了很好的建议。

当前新一轮经济全球化、新的科技和产业革命以及国内创新驱动发展和经济科技赶超，我国正在由经济大国向经济强国、制造大国向创造大国以及由产业价值链的低端向中高端转变，都对知识产权保护提出新要求和新挑战。我国知识产权保护站在了新的历史起点之上，正面临着前所未有的发展机遇。我们知识产权法官生逢其时，应当不负时代和不负使命，责无旁贷地肩负起推动知识产权保护的职责。像陈文煊博士这样的法官知识积累丰厚、思维敏捷、年富力强、风华正茂，一定会成为我国知识产权审判事业的重要实践者和推动者。祝愿陈文煊博士继续保持积极进取的精神，再接再厉，不断取得新的成绩。

孔祥俊
2013 年 12 月于北京

序　二

认识文煊,是在法学硕士研究生的物权法课上。记得当时文煊是我的同事,著名商法学教授叶林老师指导的硕士研究生,兼着民商法班的班长,开课之前就多次与我联系,沟通上课的琐碎事宜。他服务师生的热心和细致给我留下了深刻印象。开课以后,除了有限的几次专题讲授,物权法课大都采取同学报告、同学互动、老师点评三结合的方式。文煊每次在课堂上的发言都理性、沉稳、逻辑严密、富有洞见,展示了人大法学院优秀民商法硕士研究生的风采。

文煊顺利毕业,获得硕士学位以后,选择到北京市第一中级人民法院从事知识产权审判工作。没过多久,就从多个途径听到了对他的好评,也不断看到他撰写的论文和参与编写的著作,很为他高兴,觉得他没有浪费自己的天赋和资质,在繁忙的工作之余,没有放弃自己的学术追求。

后来文煊联系我,希望报考我的博士研究生,我欣然同意了。他以优异的成绩考取,时隔几年之后,文煊又回到了人大校园。在职攻读博士学位,如果不是为拿一张假的真文凭,那么这将是件很辛苦的事。文煊不仅坚持上完了所有的课程,还坚持参加我主持的每两周一次的读书会。他在读书会上的发言,不仅立基于学说,还更多地结合案例;不仅注重理论体系的圆满,还更看重问题解决的有效性。看得出来,几年的审判生涯,已经给他的思考打上了深深的实用主义烙印,这是足不出校门的同学不会有的特征。

后来讨论博士学位论文选题时,我就希望文煊能够密切结合自己的工作实践,选择一个既能展示他的理论水平,又能提升他工作能力的题目。这就是呈现在诸君面前的"专利权的边界——权利要求的文义解释与保护范围的政策调整"。写作伊始,我希望文煊能够在认真梳理资料的基础上,明确争议的问题,确定讨论对象的问题属性,选择针对此类问题有论证效力的论证理由来证成自己的观点。文煊做到了,有些地方还超出了我的预想,成就了一篇优秀的博士学位论文。论文认为在确定专利权边界时,有必要将权利要求的字面文义解释和保护范围的政策性调整作大致的划分——"权利要求解释"指对文字字面含义的解释,而在此基础上往往还需要结合一时一地的社会需求进行政策性的调整,最终得出的才是"专利权的保护范围"。只有将文义解释和政策调整两部分"法律""叠加适用",最终才能界定出妥当的、最能实现政策效果的权利边界之所在。这一观点包含着动态系统论的思想,在我看来,既中肯,又透彻。

文煊的论文顺利通过了严格的匿名评审,也获得了答辩委员会的好评。获得博士学位后,文煊又根据最新的文献,最近的进展对论文做了认真的修订,最终完成了眼前的这本学术专著。作为文煊博士学位论文的导师和长年的学术讨论伙伴,我为他取得的成绩高兴,祝愿他未来走得更好,飞得更高!

是为序。

王 轶
2014年1月6日于人大明德法学楼

目 录

导 论 ·· 1
  0.1 问题的提出 ··· 1
  0.2 讨论范围的限定 ··· 3
  0.3 词语的释义及其方法论意义 ································ 4
  0.4 问题的属性 ··· 11
  0.5 以动态的眼光看待专利权 ·································· 14
  0.6 体系化的宏观思维尤其重要 ······························ 15

第1章 权利边界确定的理论基础 ································ 17
  1.1 权利边界模糊性的成因 ···································· 17
    1.1.1 客体内涵和外延的不确定性 ······················ 18
    1.1.2 语言的模糊性 ·· 20
    1.1.3 语言的滞后性 ·· 24
    1.1.4 "骨架原理" ·· 25
    1.1.5 撰写者的模糊化偏好 ······························· 31
    1.1.6 理解的偏差 ··· 38
  1.2 权利边界的信息传递与信息成本 ······················ 39
    1.2.1 权利信息成本理论 ·································· 39
    1.2.2 专利权的信息成本 ·································· 43
    1.2.3 听众族群与信息成本 ······························ 45
    1.2.4 语义、语境与信息成本 ··························· 51
    1.2.5 降低信息总成本的方式——信息成本的
        内部化 ··· 59
    1.2.6 在专利权的划界中降低信息总成本 ············ 67

1.3 权利边界确定的历史嬗变及其启示——由说明书为中心到权利要求为中心 ……………………………… 70
 1.3.1 英、德、美、日的发展历程 ………………… 71
 1.3.2 启示 …………………………………………… 82
 1.3.3 贡献主义还是文本主义——对"中心限定"和"周边限定"的另一种解读 …………………… 87
1.4 确定权利边界的特别事实判断前提及其制度影响 …… 90
 1.4.1 权利创设的单边性——非均衡论 …………… 91
 1.4.2 允许适当概括 ………………………………… 96
 1.4.3 语言文字撰写的非完美性和不可预见性 …… 98
 1.4.4 专利丛林时代的到来 ………………………… 99
1.5 专利权的生命周期与不同阶段的划界任务 ………… 105
1.6 "严格分离主义"——中国的特殊矛盾 …………… 112
 1.6.1 "严格分离主义"的历史脉络 ……………… 112
 1.6.2 "严格分离主义"的缓和——未来的发展方向 …………………………………………… 116
1.7 不同程序中的划界标准是否应当统一 ……………… 118

第2章 专利权的逻辑边界——以权利要求解释为中心 …… 122

2.1 哲学解释学——权利要求解释的方法论 …………… 122
 2.1.1 哲学解释学与文本主义 ……………………… 122
 2.1.2 语境依赖与语言含义的精确化 ……………… 128
 2.1.3 解释的出发原点——对话的"合作原则" … 133
 2.1.4 技术背景的"前见" ………………………… 135
2.2 统一前见——解释主体 ……………………………… 136
2.3 确定前见——解释资料 ……………………………… 141
 2.3.1 权利要求的语境范围 ………………………… 141
 2.3.2 内部证据 ……………………………………… 145
 2.3.3 外部证据 ……………………………………… 151

目录

2.3.4 内部证据优先原则及其修正 ………… 152
2.3.5 两种理论的争论 ………………………… 157
2.4 锁定前见——解释时机和解释时点 …………… 168
2.4.1 解释时机 ……………………………… 168
2.4.2 解释时点——"前见恒定"规则 ……… 177
2.5 统一解释结论——解释方法 …………………… 180
2.5.1 特别定义解释 ………………………… 181
2.5.2 普通含义解释 ………………………… 187
2.5.3 合发明目的解释 ……………………… 199
2.5.4 避免将说明书中的特征读入权利要求——
避免保护范围的下位化 ………………… 212
2.5.5 为避免权利无效提供弹性 …………… 219
2.5.6 "影子技术特征"的解释 …………… 238
2.5.7 避免保护范围的上位化 ……………… 250
2.5.8 逻辑解释方法 ………………………… 253
2.6 与解释有关的其他问题 ………………………… 266
2.6.1 澄清性解释、限缩性解释及扩张性解释 … 266
2.6.2 澄清性解释在不同程序中的限定作用 … 275
2.6.3 解释不能 ……………………………… 278
2.7 权利要求解释是法律解释问题还是事实认定问题 …… 281

第3章 权利边界的政策调整 …………………………… 285

3.1 弹性边界与公共政策 …………………………… 287
3.1.1 保护专利的目的是政策性的还是伦理性的 … 287
3.1.2 政策的钟摆式变动 …………………… 296
3.1.3 全球经济与地方发展、发达国家利益与发展中国家经验的冲突与兼容 ………………… 299
3.1.4 中国的现实政策土壤 ………………… 304
3.1.5 专利泡沫与外观主义思维 …………… 314

3.1.6 为什么保护范围的扩张主义受到冷遇 ………… 324
  3.1.7 区分技术领域的政策考量 ………………… 327
 3.2 扩张与限缩的稳定器——"全部技术特征"原则 … 339
  3.2.1 "多余指定"原则的沉浮变迁 ……………… 343
  3.2.2 "变劣省略侵权"的争论 …………………… 349
 3.3 保护范围的扩张——等同原则 ………………… 355
  3.3.1 法理基础 …………………………………… 358
  3.3.2 比较法上的分析 …………………………… 372
  3.3.3 对等同原则的进一步分析 ………………… 377
  3.3.4 对实质等同的形式限制 …………………… 390
  3.3.5 等同原则适用宽度的体系效应与中国的政策
     选择 ………………………………………… 414
 3.4 保护范围的限缩 …………………………………… 419
  3.4.1 开放式与封闭式权利要求之争 …………… 419
  3.4.2 在先创新与在后创新保护范围的复杂变动
     关系 ………………………………………… 425
  3.4.3 专利权有效原则 …………………………… 430
  3.4.4 逆向等同原则 ……………………………… 432
  3.4.5 理性人的选择——功能性特征的采用及其
     限制 ………………………………………… 432

代结语——我们需要什么样的权利划界系统 ……………… 467
参考文献 ……………………………………………………… 470
后 记 ………………………………………………………… 483
知识产权推荐用书 …………………………………………… 485

图目录

图 1.1　小规模听众信息成本曲线 ·················· 47
图 1.2　大规模听众信息成本曲线 ·················· 47
图 1.3　两种决策的信息成本曲线 ·················· 47
图 1.4　两种决策的总信息成本曲线 ················ 47
图 1.5　专利权人的收益—成本曲线 ················ 48
图 1.6　经调整的信息处理成本曲线 ················ 49
图 1.7　专利权利要求的概括范围 ·················· 55
图 1.8　1999～2011 年中国国内专利申请量 ········· 101
图 2.1　"散热装置及其扇叶结构"发明专利说明书附图 ··· 192
图 2.2　"油箱注油口密封盖"发明专利说明书附图 ···· 198
图 2.3　"钢制外壳囚舱设施"发明专利说明书附图 ···· 201
图 2.4　"弹簧铰链的制造方法"发明专利说明书附图 ··· 206
图 2.5　"名片型扫描器"实用新型专利说明书附图 ···· 241
图 2.6　"用于建筑机械压轧辊的剥离装置和该建筑机械
　　　　以及方法"发明专利申请说明书附图 ·········· 257
图 2.7　使用"用于建筑机械压轧辊的剥离装置和该建筑
　　　　机械以及方法"发明专利申请技术的道路压轧机
　　　　械的一种实际操作模式 ······················ 258
图 2.8　使用"用于建筑机械压轧辊的剥离装置和该建筑
　　　　机械以及方法"发明专利申请技术的上述操作模
　　　　式所达到的效果 ···························· 259
图 2.9　"太阳能玻璃变径导流真空集热管自锁安装集热
　　　　蓄水装置"专利申请说明书附图 ·············· 272

图 3.1　国内申请中发明专利所占比例 ⋯⋯⋯⋯⋯⋯⋯⋯ 306
图 3.2　中、美、德、日、韩 PCT 专利国际申请量变化
　　　　趋势图 ⋯⋯⋯⋯⋯⋯⋯⋯⋯⋯⋯⋯⋯⋯⋯⋯⋯⋯ 307
图 3.3　国内、外在华有效发明专利维持年限分布图 ⋯⋯ 309
图 3.4　国内、外在华有效发明专利已维持年限百分比分
　　　　布图 ⋯⋯⋯⋯⋯⋯⋯⋯⋯⋯⋯⋯⋯⋯⋯⋯⋯⋯⋯ 310
图 3.5　2001～2011 年中、美、日、欧、韩五局发明
　　　　专利申请量趋势图 ⋯⋯⋯⋯⋯⋯⋯⋯⋯⋯⋯⋯⋯ 319
图 3.6　2001～2011 年中、美、日、欧、韩五局发明
　　　　专利授权量趋势图 ⋯⋯⋯⋯⋯⋯⋯⋯⋯⋯⋯⋯⋯ 320
图 3.7　2001～2009 年美、欧、日、韩发明专利授权率
　　　　趋势图 ⋯⋯⋯⋯⋯⋯⋯⋯⋯⋯⋯⋯⋯⋯⋯⋯⋯⋯ 322
图 3.8　"正向流动阀"发明专利原理图 ⋯⋯⋯⋯⋯⋯⋯ 445
图 3.9　"正向流动阀"发明专利实施例图 1 ⋯⋯⋯⋯⋯ 446
图 3.10　"正向流动阀"发明专利实施例图 2 ⋯⋯⋯⋯⋯ 447
图 3.11　被控医疗阀结构剖视图 ⋯⋯⋯⋯⋯⋯⋯⋯⋯⋯ 447
图 3.12　"电池外壳的制造方法"发明专利说明书附图 ⋯⋯ 457
图 3.13　特开平 6－333541A 日本专利说明书附图 ⋯⋯ 458
图 3.14　"用于制造塑料袋的装置"实用新型专利说明书
　　　　附图 ⋯⋯⋯⋯⋯⋯⋯⋯⋯⋯⋯⋯⋯⋯⋯⋯⋯⋯⋯ 460

表 目 录

表 1.1 中、美、欧、日有关权利要求中心地位的规定 ⋯⋯ 71
表 1.2 日本国内利用及未利用专利权的数量 ⋯⋯⋯⋯⋯⋯ 104
表 1.3 中、欧、美、日等关于非规范用语的审查规则 ⋯⋯ 106
表 3.1 我国申请人向美、欧、日、韩四局提交发明专利
　　　申请增长情况（2002～2011 年）⋯⋯⋯⋯⋯⋯⋯ 306
表 3.2 截至 2011 年年底各局有效发明专利按来源地分
　　　布状况 ⋯⋯⋯⋯⋯⋯⋯⋯⋯⋯⋯⋯⋯⋯⋯⋯⋯ 313

导 论

0.1 问题的提出

专利权边界的确定是世界上所有施行专利制度的法域所共同面临的最为棘手的难题之一。是所有技术开发、技术交易、专利纠纷案件所要解决的最基本问题。无论在操作层面上,❶ 还是在社会功能层面上,❷ 专利权利边界界定的重要性无论如何强调都不为过。甚至在多数情形下,权利范围的确定往往是争议的终点。❸

专利权为私权、财产权,但相较于以物权为代表的传统财产权,专利权属于无形财产。对于传统物权而言,权利附着于有形物体,其物理属性可被权利、义务主体客观地、清晰地、毫无争议地感知,有关物权的争议,主要是客观物与主观法律产权之间对应关系的争议。而专利权则不同,其客体——发明创造,从本质上来说属于信息的集合,虚无缥缈,仅存在于人类的思维活动中,只能通过语言文字的方式为世人所感知。专利权不像物权那样,可以通过空间的分隔有效减少权利的重叠和冲突,专利权的

---

❶ 在任何判定可专利性以及是否构成侵权的问题上,都需要首先确定权利要求所保护的范围。例如,在是否具备创造性的授权问题上,如果权利确定的范围较宽,则更容易导致创造性的缺失,而权利确定的范围较窄,则更容易得出具备创造性的结论。

❷ 决定专利制度究竟是窒息还是促进有用技术的发展。

❸ 在多数案件中,权利要求的含义一旦确定,剩下的工作就交由双方和解了。
See CHRISTOPHER A. COTROPIA, *Patent Claim Interpretation and Information Costs*, 9 Lewis & Clark L. Rev. , 2005, 57, 73.

专利权的边界——权利要求的文义解释与保护范围的政策调整

彼此交叉增加了产权配置的成本。专利权是一种主观权利,只能依赖于语言文字表达权利人要求保护、代表公众的授权机关同意保护、社会公众认为可以获得保护的权利范围。语言文字本身就是主观意志的产物,不可避免地存在主观局限,甚至犯错,其确定性无法和客观存在物相提并论。更何况,凡有理解存在的地方就有不同。在不同的语境下,不同的解读者所理解的语言文字的含义是不尽相同的,语言文字给专利权边界的确定蒙上了一层阴影。专利权的范围就像"普罗透斯的脸庞",总是在迷雾中捉摸不定。专利权人和公众对于权利的范围,有时界定得过宽,有时界定得过窄,以数学般精确的方式确定权利的外延在现实中几乎是不可能存在的。界定权利的难度是如此之大,以至于缺乏技术知识和法学知识二者任一的普通技术人员、普通法律人员是难以承担如此重任的。如此种种,都导致了专利权保护范围的确定,不仅成为涉及每一个权利争议所首要解决的问题,同时也往往是争议的焦点问题。无论是发明人、权利人,还是现实及潜在的交易者,以及在后从事发明创新活动、生产经营活动的公众,都迫切地期望能够对专利权的保护范围作出清楚的界定,以利于合法有序地从事生产经营行为。对专利权边界的界定,"从来就没有所谓的神奇的法术或者秘籍"。[1] 这一问题的困难性超乎人们的想象。我们需要从更为深刻的哲学理论入手进行深入的思考。

对于如此重要而困难的问题,各国专利制度在成文法的层面上,规则均近乎"简陋",似乎相当默契地信奉着"无为而治"的哲学理念。中国《专利法》关于权利边界的确定,仅仅只有第59条第1款一个条文寥寥46个汉字,即"发明或者实用新型专利权的保护范围以其权利要求的内容为准,说明书及附图可以用

---

[1] *Phillips v. AHW Corp.*, 415 F. 3d 1303, 1324 (Fed. Cir. 2005) (en banc).

于解释权利要求的内容。"❶ 不难看出，该规定只是原则条款，与其说提供了详尽的操作规则，毋宁说其仅仅从语言载体范围的角度提供了一种大方向上的指引，而对于如何用权利要求确定保护范围、确定的规则、程序、步骤、用说明书及附图解释权利要求的程度、解释含义的确定、权利要求与说明书及附图相冲突时应当如何处理等问题，却只字未提。放眼世界，各国逐渐从实践中确立了一些原则和规则，并在理论上予以论证和总结。但是，无论从制度上，还是在理论上，相关的工作还远远不够，专利权保护范围的确定仍然属于专利制度中最模糊、最悬而未决的问题之一。此外，由于语言文字的局限性，各国普遍适用"等同"原则，对专利权的保护予以字面理解以外的适当扩张，以避免机械解释权利要求所带来的保护不周的弊端。而等同原则的适用要件无疑是另一个极具争议的重大课题。

0.2 讨论范围的限定

我国专利法在吸收国外经验的过程中，确立了保护发明、实用新型和外观设计专利权的立法模式。❷

---

❶ 该条文自1984年《专利法》颁布以来，历经三次《专利法》修改，内容均无实质变化，唯有的变化是2008年修改《专利法》时，将"说明书及附图可以用于解释权利要求"修改为"说明书及附图可以用于解释权利要求的内容"，也即增加了"的内容"三字。该规定与1973年《欧洲专利公约》的内容极为相似，《欧洲专利公约》第69条第1款规定："一份欧洲专利或者欧洲专利申请的保护范围由权利要求的内容确定，说明书和附图可以用于解释权利要求。"如无特别说明，本书所指的《专利法》均指2008年修改后的《专利法》。

❷ 《专利法》第2条第1款规定："本法所称的发明创造是指发明、实用新型和外观设计。"各国专利法在保护客体上不尽相同，有些国家将发明、实用新型和外观设计统一在专利法中予以规定，如中国、美国；有些国家对外观设计单独立法予以保护，如韩国；有些国家将发明、实用新型和外观设计分开立法保护，如日本。在同时保护发明与实用新型的国家中，这两类专利权在确定保护范围的规则方面是大体相同的。

从保护客体上，发明、实用新型专利权与外观设计专利权是存在明显差异的。发明、实用新型专利权保护的是技术方案，❶着眼于提高和丰富产品的品质、性能和功能，主要涉及为了满足功能物质需求的技术性的创新活动；外观设计专利权所保护的是富有美感并适于工业应用的外观设计，❷其着眼于增强产品对于消费者视觉的吸引力，主要涉及为满足审美精神需求的美学性的创新活动。粗略地说，在同一产品中，发明、实用新型技术方案和外观设计方案是内涵与外在、里与表的关系。由于外观设计的价值通过人类的视觉体验起作用，对外观的描述，再多的语言文字也不如图画来得直观、清晰、传神，因此法律规定其权利的边界以表示在图片或者照片中的产品外观设计为准，❸主要不以语言文字的内容作为划界的依托。而发明、实用新型的客体属于人类知识，作为载体，语言文字在知识传授的过程中起到了决定性的作用。并且，语言文字成为表达技术方案内容不可或缺的表现形式之一。本书研究的对象只是以语言文字为形式、以文字含义为内容的权利边界问题，因此仅讨论发明、实用新型专利权的边界确定问题，而不涉及外观设计专利权的边界确定问题。

0.3 词语的释义及其方法论意义

首先，需要澄清的是"权利要求解释""专利权保护范围的调整""专利权保护范围的确定""专利权边界的划定"四个概念

---

❶《专利法》第2条第2款规定："发明，是指对产品、方法或者其改进所提出的新的技术方案。"第3款规定："实用新型，是指对产品的形状、构造或者其结合所提出的适于实用的新的技术方案。"

❷《专利法》第2条第4款规定："外观设计，是指对产品的形状、图案或者其结合以及色彩与形状、图案的结合所作出的富有美感并适于工业应用的新设计。"

❸《专利法》第59条第2款规定："外观设计专利权的保护范围以表示在图片或者照片中的该产品的外观设计为准，简要说明可以用于解释图片或者照片所表示的该产品的外观设计。"

之间的关系。

从以往的论著和包括中国在内的各国的法律条文上看,"权利要求的解释"和"专利权保护范围的确定"二者之间往往是同义的。由英国判例法发展而成的"目的解释论",更是将等同的判断纳入权利要求字面范围之内予以衡量,从而扩张了权利要求字面含义的领域,将权利要求解释与保护范围确定的问题完全等同起来。但是,从美国、德国、日本以及中国的实践来看,一般从中义的角度理解"权利要求解释"一词,认为权利要求解释的目的是确定权利要求的字面含义。而专利权的划界问题,不仅包括权利要求字面含义的确定,在某些特定的情况下,还包括字面含义范围之外的扩张或者限缩。为了便于理论研究,增加论证的逻辑性和条理性,本书对有关概念作了重新界定,将这种扩张或者限缩排除在"解释"一词的含义之外。

本书所采用的"权利要求解释"一词的概念比既往的概念窄,即狭义说,仅指对权利要求文字字面含义的解释。❶ "专利权保护范围的确定",与"专利权边界的确定"是同义词,指的是在确定权利要求字面含义的基础之上,对保护范围进行政策性调整之后的最终结论,相当于"权利要求解释"加上"专利权保护范围调整"两个概念,或者两个步骤的叠加。"权利要求解释"与"专利权保护范围的政策调整"两个概念互相补充,属于"专利权边界的确定"概念的下位概念,二者相加共同相当于"专利权边界的确定"的概念。

笔者认为,对于专利权保护范围的确定,均应当首先对权利要求的字面含义予以解释,得到的权利范围是文字含义圈定的范围;而在许多情况下,还应当基于特定的政策考量对文字含义范

---

❶ 但这一"字面含义"并不同于"语义含义",而是"语用含义",详见本书第2章第2.1节的有关论述。

围进行扩张或者限缩。简而言之，权利要求的解释是对语言文字逻辑边界的划分，而保护范围的确定是在权利要求解释基础上进行政策性调整的结果。

作出上述区分具有方法论上的重要意义。

权利要求的解释系追求永恒结果的技术或者艺术，在不同的历史时期，对于同一解释对象，在给定资料的前提下，其解释结论不应有所不同，或者说法律应当提供具有确定性的完整的解释规则、方法和原则，来保证解释结论的唯一性。权利要求的解释是追求客观化的过程，无论社会如何发展变迁，解释的结果不应有所不同，解释的方法均具有恒久的理论价值。而权利保护范围的最终确定，是解释者在前述解释结论的基础上，依照特定社会历史发展时期公共政策的需求，所作的系列适应性调整。它追求的是专利制度总体实施效果的最佳化，以及与时俱进的灵活性和适应性。法律也应当在此处提供足够的原则和方法——只是相较于权利要求解释的问题而言，它的技术属性不那么明显，而实证色彩大大加强。对保护范围的确定，应当依据具体所处的社会发展阶段、按照不同的政策导向进行确定，可能依照不同的历史时期、社会发展水平的不同而有所调整。上述两部分"法律"叠加，最终得出的权利边界的结论，体现着"变"与"不变"的有机统一。从足够长的时间来看，法律是变动的，是与当下的历史存在相契合的，而从足够短的时间内来看，法律又是稳定的，无论是永恒不变的权利要求的解释结论，还是一定时期内保持稳定的公共政策，相互作用的结果均应当是恒定有序、预期明确的。如此一来，权利的划界，从较短的历史时期看来，具有稳定性和可预见性，从较长的历史时期看来，则具有开放性和灵活性。

从发展趋向来说，于权利要求解释方面，未来的制度设计应当遵循更为客观化的解释原则、规则、方法，尽可能地为权利人和社会公众提供明确的规则预期、明确的权利要求边界的预期；于除权利要求解释方面以外的保护范围确定方面，应当重视对特定历史时期、特定技术领域的调查统计，在实践中对法律适用的政策方向予以适当的微调，以适应不断变化发展的社会和产业环境。

当然，需要指出的是，本书对"权利要求解释""专利权保护范围的政策调整""专利权边界的确定"的概念划分，主要目的是为了理论研究的方便，在实践操作中，"权利要求的解释"与"保护范围的政策调整"往往相互交织、难分彼此。因此，在操作层面上，并不需要在权利的划界过程中，刻意区分为文义解释和政策调整两个过程。不过，始终存有综合考虑两个方面因素的意识对解读者而言是极为重要的。

其次，需要澄清的是（且从上文的分析也可以看出），本书所指的"法律"，是一个广义的概念。

"当法律工作者就法律权利和义务（特别是疑难案件中最棘手的权利和义务）问题进行推理或辩论时，他们使用的标准不是规则，而是原则、政策和其他。"❶ 在德沃金看来，"法官在裁判过程中所拥有的自由裁量权是极其有限的。"❷ 因为法"不仅包括规则，而且包括原则、政策和其他"。❸ 法律被定义为"整体性的法律"（Integral Law）。原则是有关个人（或由若干人组成的集团）的权利、正义或公平的要求，或其他道德方面的要求，而政策是关于社会的经济、政治或者社会特点的改善以及整个社会的某种集体目标的保护或促成问题。❹ 这些原则和政策也是法

---

❶ R. DWORKIN. TAKING RIGHTS SERIOUSLY（revised edition）[M]. Cambridge：Harvard University Press，1978：22. 转引自：张文显. 二十世纪西方法哲学思潮研究 [M]. 北京：法律出版社，1996：381.

❷ E. 博登海默. 法理学：法哲学及其方法 [M]. 邓正来，译. 北京：中国政法大学出版社，2004：602.

❸ 张文显. 二十世纪西方法哲学思潮研究 [M]. 北京：法律出版社，1996：381.

❹ 张文显. 二十世纪西方法哲学思潮研究 [M]. 北京：法律出版社，1996：383.

律,"甚至在它们被某个实在法判决承认之前便是如此"。❶虽然德沃金认为在没有规则的情况下,法官可以根据原则作出判决,但是"他们不可根据旨在保障整个共同体的目标的公共或社会政策作出判决。"❷然而正如博登海默所指出的那样,许多判决都是"依据公共政策和共同体的一般目标作出的","让美国法院在审理争讼案件中放弃重视这些公益考虑的权力,是不可能的。"❸

专利权边界的确定问题,无论在哪个国家,相对于此问题自身的重要性而言,制定法的规则供给都是远远不足以满足现实需求的。无论是权利要求的解释,还是保护范围的确定,有关的成文法律条文都少之又少。这是否意味着在这一问题上,法官拥有几乎不受限制的自由裁量权?答案应当是否定的。德沃金的理论无论对于美国,还是中国的司法过程都有很强的现实性和说服力。实际上,法官在对权利边界进行界定时,即使缺乏相应的规则,也并不意味着不受原则和政策的约束。某些原则和政策本身很难或者不适宜通过规则的形式予以体现或者言传,但是这绝不等于说这些原则和政策在权利划界的过程中不起作用,相反,据笔者的经验,权利要求解释的不成文的原则和规则、保护范围确定的原则和政策,都在相当大的程度上统治着司法的实践。由此,这就不难理解为什么除了制定法以外,我们还需要花费大量的心力来研究这些"隐性的法律"了。

政策需要被发掘,也需要通过某种外在的形式为法律共同体所感知,并通过"逻辑的力量"使共同体成员所普遍接受,才成

---

❶ E. 博登海默. 法理学:法哲学及其方法 [M]. 邓正来,译. 北京:中国政法大学出版社,2004:602.

❷ E. 博登海默. 法理学:法哲学及其方法 [M]. 邓正来,译. 北京:中国政法大学出版社,2004:603.

❸ E. 博登海默. 法理学:法哲学及其方法 [M]. 邓正来,译. 北京:中国政法大学出版社,2004:606.

其为整体性法律中所包含的政策。更进一步而言,"法律的帝国并非由疆界、权力或程序界定,而是由态度界定。"❶ 正因为这些"法律"是隐含的,隐身于司法"态度"之后,因此我们有必要对其进行研究,将其"显性化",不断地寻求范围更广的共识,以更好地阐释法律现象、指导法律活动和预测法律的发展走向。

再次,需要澄清"保护范围的确定"与"侵权判定"的概念交叉问题。

从逻辑上说,专利侵权判定可被抽象出两个步骤,一是确定专利权的保护范围,二是判断被控侵权技术方案❷是否落入了经确定后的保护范围。❸ "但这是一种学院式理论。"❹ 在现实生活中,划定专利权的保护边界与判断被控侵权技术方案是否落入保

---

❶ 德沃金. 法律帝国 [M]. 李常青,译. 北京:中国大百科全书出版社,1996:367.

❷ 这里使用"被控侵权技术方案"一词,而非"被控侵权行为"一词,是因为判断被控侵权行为是否构成侵权,除了经比对,得出被控侵权技术方案落入专利权的保护范围的结论之后,还需要判断被控行为是否属于《专利法》第 11 条所规定的以生产经营目的的制造、销售、使用等行为,并且是否属于《专利法》第 69 条等条文所规定的不视为侵权的行为,才能最终得出被控侵权行为是否构成侵权的结论。在英文中,一般民事侵权使用的是"tort"一词,而专利侵权使用的是"infringement"一词。从词语本意来说,"tort"含义为"扭曲""伤害",而"fringe"本意为"边界""圈子","infringe"意为进入或者落入边界、圈子。由此可见,作为"tort"的侵权行为是具象的损害行为,而作为"infringement"的侵权行为是落入抽象的权利控制范围的行为。中文没有"tort"和"infringement"的区分,而只统一使用"侵权"一词,不能不说是语言局限性所带来的一个遗憾。此外,还应当区分"技术方案"和"产品",产品是实施了技术方案的有形物,而技术方案是隐含于产品之中的无形的技术构思。"技术方案"大体对应于英文的"embodiment","产品"大体对应于英文的"device""product","行为"大体对应于英文的"activity"。

❸ 例如美国著名的 Markman 一案中,联邦巡回上诉法院的法官就认为字面侵权判定包括两个步骤,一是解释权利要求,二是将被控侵权产品与已经被解释了的权利要求相对比。See Markman v. Westview Instruments, Inc., 52 F.3d 967, 976 (Fed. Cir. 1995) (en banc), aff'd, 517 U.S. 370 (1996).

❹ 尹新天. 中国专利法详解 [M]. 北京:知识产权出版社,2011:555.

专利权的边界——权利要求的文义解释与保护范围的政策调整

护范围是难以截然分开的。请求保护的专利权一般是作为"点"的许多技术方案的集合,其保护范围可以想象为"立体空间",是一个体积大小不一的范围,而被控侵权技术方案一定是某个具体的"点",它不可能是一个范围。因此,在判断被控侵权技术方案的"点"是否落入请求保护的权利所覆盖的"立体空间"时,裁判者在了解被控侵权技术方案之前,花费巨大的精力去研究专利权效力所能辐射的"立体空间"的边界是不够理性的,❶也是没有必要的,更为可行且省时、省力的做法是在各自研究专利权的保护范围以及被控侵权技术方案的基础上,将二者进行比较,将权利保护范围的确定问题与被控侵权技术方案是否落入权利保护范围的问题结合起来考虑。裁判者在上述过程中,往往需要在原告的权利和被告的技术方案之间进行目光的往返流转,在比较的过程中寻找共同点、差异点。正因如此,笔者认为,专利权边界的确定,与被控侵权技术方案是否落入权利边界的问题是无法分开的,正如本书分析的案例所显示的那样,没有任何的案件是抛开被控侵权技术方案的分析单独讨论专利权边界的问题的。

最后,还需要澄清"理解"与"解释"一词的区别。

理解与解释的含义有较大的重叠,但侧重点不完全一致。理解,是指"应用已有知识揭露事物之间的联系而认识新事物的过程。"❷ 理解强调的是人的思维活动的状态,"我理解了某某东西",指的是主体的脑海中对某某东西的含义、结构、功能、运

---

❶ 对专利权边界的确定是一个逻辑上的概念,就实证的角度而言,实质上是对内容的确定。在专利权保护范围的确定过程中,应当分析"技术方案"是什么、"内容"是什么,而不是回答"技术方案的边缘"是什么、在哪里之类的问题。实际上,一旦内容(内涵)得到确定,其外延也随之确定下来。因此,专利权的划界问题,实质上要解决的是专利权所保护的技术方案是什么的问题。

❷ 辞海编辑委员会. 辞海 [M]. 上海:上海辞书出版社,1999:3276.

作机理已有较为透彻的知晓。解释，则是指"分析说明"。❶ 解释强调的是理解结论的外化表达，"把某某东西加以解释"，指的是某某东西的内涵和外延被主体通过语言、动作等外在的某种形式界定。理解是解释的基础——理解是"意会"，解释是"言传"；理解是内在的，解释是外在的；理解既可能是清晰的，也可能是模糊的，没有清晰性的要求，而解释有此要求，否则解释是不成功的；理解是领会，但领会了的东西不一定能够解释得清楚；动物能够理解一些简单的外部刺激，但只有人类能够将其理解的东西解释清楚。理解是认识的过程，而解释是在认识基础之上的表达，表达是一种再认识，这个过程有时会对事物的原有认识发生质的改变。

正如本书所要揭示的那样，权利要求的撰写艺术是构建在"骨架原理"基础之上的。不阅读说明书则难以理解权利要求的内容，不理解权利要求的内容就无法进行解释。理解是解释的前提，直接影响到解释的结论。

0.4 问题的属性

为避免过分侧重制度性研究产生的"自说自话"和"自我封闭"的典型缺陷，❷ 讨论民法学问题首先应当讨论民法学问题的类型区分这一前置性的问题。❸ 依照王轶教授的分类，在成文法的法律传统下，民法问题主要包括"事实判断问题、价值判断问题、解释选择问题、立法技术问题和司法技术问题"。❹ 不同的问题呈现出不同的属性和特点，对其的研究方法也相对应地体现出不尽相同的类型。

---

❶ 辞海编辑委员会. 辞海 [M]. 上海：上海辞书出版社，1999：5297.
❷ 王轶. 民法原理与民法学方法 [M]. 北京：法律出版社，2009：1.
❸ 王轶. 民法原理与民法学方法 [M]. 北京：法律出版社，2009：19.
❹ 王轶. 民法原理与民法学方法 [M]. 北京：法律出版社，2009：20.

专利权的边界——权利要求的文义解释与保护范围的政策调整

与本书对于权利边界确定问题的概念解剖相对应，权利要求的解释与专利权保护范围的确定应当分属不同的法学问题类型。

权利要求的解释从问题属性来说，系针对已"尘埃落定"为外在文本的抽象语言文字符号进行还原、重现具象的客观技术内容的问题，笔者称之为"特殊的事实还原问题"。之所以称为"特殊"，是由于与通常的发现案件事实的过程不同，调查的事实是语言文字在解释者主体大脑中所形成的观念、印象。之所以是"事实还原"问题，是因为语言文字本身并非事实，其作为符号所指代的抽象意义才是解释者意图解读的事实，并且该事实本存在于发明人的观念之中，但经由语言文字的中介作用，将此事实蕴含于符号之中，因此，该事实存在转化、还原两个过程，而权利要求的解释属于后一个还原过程。

作为特殊的事实还原问题，对权利要求的解释问题的研究最重要的研究方法是语义学、语用学、逻辑学等分析和演绎推理的方法，这是一项技术性很强的工作。研究的重点是确立一整套语义分析、语用分析和逻辑分析的范式规则。因此，这部分的研究主要是技术性的、思辨性的。

在比较法上，虽然不同的国家因文化传统和语言系统的不同，在解释权利要求内容含义时存在一定的特殊性，但是，在解释方法方面存在的共通性要多得多。也正因此，在解释字面含义方面，我们所进行的比较法研究可以着重于制度层面的比较，弱化国情、经济、社会、文化、习惯方面的差异，借鉴、学习和吸收其他国家的成熟做法和经验。

就专利权保护范围的政策调整的问题属性而言，是否应当在字面含义之外进行保护范围的扩张或者限缩，已脱离了事实判断层面的问题，已经不是"是什么"的问题，而是"应当怎样"的问题，属于典型的目的导向的规范设计。调整后的结论无疑对于边界的扩张或者收缩产生重大的影响，影响着权利人和其他同业

导 论

竞争者的利益关系,并通过利益传导机制,影响创新激励的社会公共政策的效果,最终影响整个社会的总体利益。因而,此问题属于典型的对于不同利益进行取舍、排序和调节的价值判断问题。

作为价值判断问题,对专利权保护范围的政策性调整的问题进行研究,应当"以实体性的论证规则为前提,遵循作为程序性技术的论证规则和形式,运用妥当的论证方法,在相互理解的基础上就具体的价值判断问题形成价值共识。"而此妥当的论证方法,可包括法律的语言分析、逻辑分析、社会分析、经济分析、价值分析等方法。❶ 实体性论证规则是价值判断问题讨论的前提和出发点,如果不同的讨论者所秉持的最原初的价值判断起点不同,通过一系列的推演所得到的各自不同的价值判断结论也成为缺乏对话平台的"各说各话"。然而,正如本书所分析的那样,对于权利保护范围的政策调整这一价值判断问题来说,学术共同体是否已经在抽象层面达成了价值共识,仍然是一个悬而未决的问题。本书虽然无法担负统一价值原点的宏大任务,但也希冀通过从不同的价值起点出发,通过妥当的论证方式,以展示不同的路径是否能达至殊途同归的结论。因此,这部分的研究主要是实证性的。

在比较法研究方面,与解释方法的研究形成鲜明对照的是,对此部分的研究需要进行功能性比较。在具体社会、经济、文化、传统的差异的基础上将政策与特定国情、社情相结合,强化效果思维,进行对比研究、参照物研究,在充分理解他国制度产生的历史背景的基础上,量体裁衣地制定适合自身的政策和制度。

当然,虽然本书认为对于解释方法和调整保护范围的方法的

---

❶ 王轶. 民法原理与民法学方法[M]. 北京:法律出版社,2009:23.

研究分别主要是技术性的和实证性的,但绝不等于说在解释规则上不进行任何政策性的考量,在调整范围上没有任何技术性的因素。人文社会科学领域的研究"凡事无绝对"。例如权利要求的字面含义也存在一定的裁量空间,凡有裁量空间之处必有政策层面(Policy Level)的余地和弹性。技术性和政策性只有程度上的意义,而不应被绝对化。

0.5 以动态的眼光看待专利权

以往对专利权边界的研究大多局限于静态研究,而本书所要强调的是,应当像对待生命体一样,以动态的眼光看待专利权。

作为财产权的专利权是时间跨度较长的权利。与人的生、长、老、死一样,权利也有诞生、成长和衰亡的生命周期。专利权的保护范围受到公共政策的极大影响,在不同的发展阶段体现着不同的特性,所对应的权利划界的规则也随之产生较大的差异。本书大致将专利权的存续过程分为三个时期:形成期、稳定期和衰老期。

三个时期分别以授权、替代技术的出现时点为界。在专利权授权之前,专利申请处于专利局的审查程序中,这是权利的锻造过程,专利权所保护的客体、权利的保护范围随着专利文献的修改可能发生很大的变化。于此时期,专利制度的目标是在多方的努力之下,尽可能淬炼出一份边界清晰、语言凝练而无歧义的"权利契据",从而降低解读者的信息处理成本,与之相对应,在此时期所适用的边界确定规则和政策对申请人或者权利人而言是相对严厉的,权利要求语言的含义分析是尽可能偏向语义主义而非语用主义的。

在专利权授予之后,为了尊重专利文献的公示作用,为公众提供相对确定的预期,专利文献的修改、权利边界的重勘受到了极大的限制。此时的专利权处于稳定期、成熟期。于此时期,专利制度的目标是针对一份"尘埃落定"的权利，如何以第三方的眼光确定权利人记载于其上的所欲求保护的东西，这时的解读规则是偏向语用（语境）主义的。

在替代技术出现之后，专利权的独占权地位受到了挑战，其价值开始下降，此时专利权逐步走向了衰老期。正如本书所指出的那样，如果这一时期过早到来的话，权利人希冀通过专利权的保护充分回收沉没成本的预期将落空，专利制度激励创新的功能很可能受到损害。此时，等同原则适用的可能性大增，专利权的保护范围有可能因此而得以扩张，从而使得专利权的生命得以延续。❶

0.6 体系化的宏观思维尤其重要

长期以来，实践中有一种做法是将专利授权过程和侵权程序区分开来分别对待。典型的例子是，在德国历史上，人们曾经一度认为权利要求的作用仅仅是定义能够获得专利权的发明客体，只是专利局的审查对象，而在侵权诉讼中，法院不受权利要求所界定的发明创造的限制，权利的保护范围并不通过权利要求来界定，而是通过法官对说明书和附图的总体技术构思进行解读。直到1963年，欧洲《关于协调专利法中若干实质性问题的公约》❷才改变了这一做法。该公约第8条（1）明确规定，权利要求的作用不仅仅用于定义能够获得专利权的发明，而同样可以用以确定专利权人意图获得保护的范围。该规定统一了权利要求在两个程序中的作用和地位，在欧洲专利制度史上迈出了关键性的一大步。今天的人们也许认为理所当然，但在当时却是反复讨论、深

---

❶ 不过，这一扩张是有限度的，例如，发明人的贡献高度、第三人基于权利外观所产生的信赖利益的保护等都是扩张的边界，这是一个典型的价值判断问题。

❷ 即《斯特拉斯堡公约》。

思熟虑之后各方妥协的结果。❶

　　我国一直遵循"严格分离主义"的做法,在此制度背景下,无效和侵权两个程序中的裂痕始终没有得到有效的弥合。这一做法的副作用在强调创新战略的今天显得尤为严重。我们应当以体系化的眼光看待专利权边界的确定问题,对于任何一项规则,都应当将其置于整体制度中予以讨论,对不同的程序中权利边界的确定不应当割裂开来。从本书的具体分析中不难发现,强调体系化的思维对于整个专利制度的有效运转是多么的重要。

---

❶ 尹新天. 专利权的保护 [M]. 2 版. 北京:知识产权出版社,2005:257.

第1章 权利边界确定的理论基础

1.1 权利边界模糊性的成因

现代各国专利权的边界基本上是依靠专利权利要求中所记载的语言构建起来的。❶ 法律要求专利权人通过权利要求的撰写自行定义其所要求的权利保护范围。❷ 权利要求通过确定保护客体的内容,从而树立起了权利的藩篱,界定了权利的边界,确定了垄断和自由的分水岭,划分了侵权与非侵权的界标。❸

专利权的客体是发明创造,究其本质是一种信息的集合。与物权的客体——有形物存在清晰的物理边界不同,专利权的客体存在于人们形而上的思维领域中,只能通过对应的符号——包括语言文字、图案等可体现在纸面上的指代信息符号表述出来,为世人所感知。权利的逻辑边界在于语言、辞意的含义。

---

❶ 如中国《专利法》第59条第1款,又如美国35 U.S.C. § 112.

❷ 《专利法实施细则》第20条第2款规定:"独立权利要求应当从整体上反映发明或者实用新型的技术方案,记载解决技术问题的必要技术特征。"第3款规定:"从属权利要求应当用附加的技术特征,对引用的权利要求作进一步限定。"在美国,"权利要求是法定的要求,描述了什么东西是权利人的发明创造,是为权利人精确定义发明客体的特定目的〔而服务的〕。"See White v. Dunbar,119 U.S. 47,52 (1886). 如无特别说明,本书所指的《专利法实施细则》均指2010年修订之后的版本。

❸ 《最高人民法院关于审理专利纠纷案件适用法律问题的若干规定》第17条第1款规定:"专利法第五十六条第一款所称的'发明或者实用新型专利权的保护范围以其权利要求的内容为准,说明书及附图可以用于解释权利要求',是指专利权的保护范围应当以权利要求书中明确记载的必要技术特征所确定的范围为准,也包括与该必要技术特征相等同的特征所确定的范围。"

语言不可能是精确的。❶ "任何语言，包括法律语言，都不是精确的表意工具，都具有一种'空缺结构'（Open Texture），每一个字、词组和命题在其'核心范围'内具有明确无疑的意思，但是随着核心向边缘的扩展，语言会变得越来越不明确，在一些'边缘地带'，语言则是根本不确定的……"❷ 对概念的范畴进行非此即彼的界分，势必存在通过离散性的方式对连续性的范畴进行界定的矛盾，由此，专利权的边界存在一定的弹性和模糊性。

1.1.1 客体内涵和外延的不确定性

内涵和外延是语义学、逻辑学上的概念。内涵是指概念中所反映的对象的特有属性，❸ 是一个概念所概括的思维对象本质特有的属性的总和。外延是指概念中所反映的具有某些特有属性的对象，❹ 是一个概念所概括的思维对象的数量或范围。内涵越大越丰富，则其对应的外延就越小越具体，反之亦可成立。内涵和外延的概念反映的是人类对客观事物的主观认知。

可专利性的客体是利用一定的自然规律对客观事物进行改造的技术方案，技术方案是对众多具体事物、方法在观念上的抽象。例如，如果一项专利权要求保护"球体"，那么不论材质、体积、质量、颜色等，只要符合"球体"属性的事物，均属侵权物。无论是产品专利，还是方法专利，都需要在形形色色的客观事物的基础上提出技术改进。易言之，所有的专利技术方案均包含着或多或少的客观对应物。

---

❶ L. A. 扎德. 模糊集合、语言变量及模糊逻辑 [M]. 陈国全，译. 涂其枞，校. 北京：科学出版社，1982：1—3.

❷ H. L. A. 哈特. 转引自：徐国栋. 民法基本原则解释——成文法局限性之克服 [M]. 北京：中国政法大学出版社，1992：142.

❸ 辞海编辑委员会. 辞海 [M]. 上海：上海辞书出版社，1999：527—528.

❹ 辞海编辑委员会. 辞海 [M]. 上海：上海辞书出版社，1999：2227.

然而，客观事物本身的内涵和外延具有不确定性。某某东西与某某东西之所以被认为属于同类的东西，是以某一方面特定的事物属性为归类标准的，它们具有同质性。但是，"横看成岭侧成峰"，这种同质性取决于观察事物的特定角度。如果换一种角度、标准，则某某东西与某某东西未必可再统一于某一特定的概念之下。在非语言世界里，本来就不存在截然清晰的界限。例如，"过去、现在、未来""童年、少年、青年、中年、老年"是连续的概念，它们的时间起始点是难以精确划定的。

这种客观世界的边界模糊被称为"连续统"（Continuum）模糊。❶❷ 连续统是渐变的，连续和运动是事物的基本特征。语义学上常常使用的一个例子是 Russell 所举的颜色的例子。"在光谱上，有一些颜色任何人都会肯定其为红色，而另一些颜色任何人都能肯定其不是红色，而介乎这两个区域之间，有一个区域让我们既不能肯定也不能否定其为红色。"❷ 颜色就是一个连续统，不同颜色之间没有泾渭分明的绝对界限。

在技术领域中，同样大量充斥着连续统的情形。例如，"金属"所代表的客观事物的内涵和外延便具有不确定性。金属，一般是指一种具有光泽（即对可见光强烈反射）、富有延展性、导电性、导热性等的物质。❸ "有些元素按其性质可列为金属，也可列为非金属（如砷、锑、硒、碲等）。"即使常常被认为非金属元素的元素，例如硅，是否属于金属，仍取决于描述主体从何种物理特性描述它。如果从典型的延展性、易导电性、导热性角度观察，硅并不属于金属元素。但作为一种在元素分类表中紧邻铝元素的元素，硅被称为"半金属""类金属"，在导电性上具有半导体性质。如果某专利所请求保护的技术方案中将"金属"

---

❶❷ 庞建荣. 模糊语言及其语境依赖性 [J]. 外语与外语教学，2008（7）：16.
❸ 辞海编辑委员会. 辞海 [M]. 上海：上海辞书出版社，1999：4553.

作为实现特定技术手段的物质，那么硅是被包含，还是被排除在"金属"的概念之外，不能一概而论。此时，该技术方案中"金属"一物的内涵，应当结合该技术方案的技术目的进行判断。如果在该技术方案中，为达到一定的技术效果利用的是金属的延展性，那么无论是晶体硅，还是无定形硅等硅的同素异形体，均不能很好地满足该属性，不属于"金属"；如果在该技术方案中，金属需要良好的导电性，那么硅也不属于"金属"；如果在该技术方案中，只需要导电性即可，而导电效率并非发明所关心的问题，那么硅则可以以"金属"的身份加入该技术方案的保护范围之中。❶

1.1.2　语言的模糊性

语言文字是人造之物，并非绝对理性的产物。作为一种表意工具，语言的创设者和之后的使用者往往没有让语言精确定义的需求，只要具有大致的含义就足以满足传意的需要。语言并非精密的表意工具，只要涉及书面表达，就存在"书不尽言言不尽意""词不达意"的问题。

语言文字的创设、掌握和传达都是需要付出成本的。一个语言系统的文字并非越多越好，过于复杂的语言系统并不便于社会成员使用。在长期的演变过程中，任何一个语言系统都形成了相对稳定的语言文字信息库，该库的适当规模是既能够便于使用者掌握，同时又足以进行表意。以颜色为例，在全世界不同的语言系统中，表示颜色的术语数量从2至11不等。❷ 术语数量的多寡服务于语言的功能，在这些不同的语言系统中，颜色的术语数量已经足够，否则更多的词汇将被创设出来。在绘画领域中，常用

---

❶ 甚至在广义上，金属合金也可以被称为金属。参见辞海编辑委员会. 辞海[M]. 上海：上海辞书出版社，1999：4553.

❷ 杰弗里·N. 利奇. 语义学[M]. 上海：上海外语教育出版社，1987：329.

64色,然而,非美术专业的人很难辨别诸如同属蓝色色系的"普蓝""群青""天蓝""湖蓝"之间的区别,因为在实际生活中这种需求极小,而且记忆、区分本身需要很高的成本。

因而,在语言符号系统形成的过程中,相对于无穷无尽的客观世界,因人类精力、智力、记忆力等智慧潜能的有限性,人类所使用的语言系统也必然是有限的符号集合。此外,表意的模糊性是节约交流成本的重要手段。精确的语言需要表意者计算、核实,也往往需要大量的语言进行描述,而模糊化处理不仅省略了精确描摹的成本,而且通过较小的篇幅即可传递足够的信息。

客观事物是清楚的,但语言文字是苍白的。以有限的符号表达无限的客观世界,必然产生一对多的现象,也即绝大部分的字、词指称的均是一个范畴,而非一个确定、不可进一步细分的点。容量有限的符号系统无法使其组成部分一一对应于无限丰富的客观世界。"世界上的事物比用来描述它们的词语要多得多。"[1] 语言文字从来都不是什么精确的东西。除了化学式和数学公式,恐怕没有什么是绝对精确的。"如果我们不考虑科学术语的话,模糊性实际上是所有词语的一个性质。"[2] 正因如此,无论在哪个语言系统中,人类的语言文字均具有相当的概括性——通过尽可能少的符号表达丰富的含义。承担着描述无穷客观世界的任务,有限的语言文字必然体现出抽象化、概括化、泛指化的趋势,几乎所有的词汇都具有多重指代性。这使得词汇含义的范畴体现为相当的宽度,而不仅仅是一个点。

语言的模糊性可以通过如下略带幽默的例子得以展现:

"A woman without her man is nothing."

---

[1] 亨廷顿·凯恩斯(Huntington Cairns). 转引自: E. 博登海默. 法理学: 法律哲学与法律方法 [M]. 邓正来,译. 北京: 中国政法大学出版社,2004: 503.

[2] 亚当·沙夫. 语义学引论. 转引自: 王希杰. 模糊理论和修辞 [J]. 新疆大学学报,1983(3).

对该句话,也许站在男人、女人不同的立场上,或者有着不同生活阅历和遭遇的读者看来,可能会产生如下两种不同的理解:

1."A woman, without her man, is nothing."(一个女人如果没有她的男人,她什么都不是。)

2."A woman, without her, man is nothing."(没有了女人,男人什么都不是。)

上述两种解释的意义完全相反,如果没有上下文,该句话本身的含义是有歧义的,也即是模糊的。❶ 产生这一语义模糊的原因是"her"的多义性——"her"一词既有"她"的宾格含义,又有"她的"的物主代词含义,以及在同一个句子中与上下文在语法和逻辑上的兼容。

将上述的例子中的"男人""女人"的角色进行对调,则分别需要使用不同的表达来对应前述两种含义。

1."A man without his woman is nothing."

2."A man without him woman is nothing."

此时,我们发现,前例中语义模糊的现象在此例中被消除了。其原因在于表示男性的宾格和物主代词的对应单词被区分为"him"和"his",从而消除了在此应用场合的多义性,最终消灭了语义模糊。

语言的另一种模糊是"范畴模糊"。语言的范畴模糊是"连续统"模糊在语言系统的进一步反映。对于多义词而言,

---

❶ 语义歧义和语义模糊是密切相关的。如果一段语言具有不同的含义,且在同一个使用场合不同含义之间相互排斥,则产生歧义。语义范畴的模糊也可以视为一种歧义,例如前述"金属"的例子,一种含义是金属包括金、银……硅,另一种含义是包括金、银……但不包括硅,在同一个应用中,所述两种含义是相互矛盾的——金属不可能既包括硅,又不包括硅,因而可以说,在缺乏进一步明确的情况下,"金属"在其模糊范畴的边缘地带使用时是有歧义的。

多项含义之间如果是相互兼容的，则都属于语义的范畴，而如果不同含义之间存在相互排斥的关系，则导致竞争义项之间的歧义。

语言的第三种模糊是"系统性模糊"。例如，在中文中，由于没有复数的表达方式，因而在权利要求描述某一特征时，存在究竟表达的是单数，还是复数，还是兼而有之等数量方面的模糊性。

语言的第四种模糊是"主动模糊"。在美学上，人们追求语言文字的"模糊美"，创造想象的空间，让弹性的表达消除数理公式般的枯燥乏味；在交际中，人们追求表达的婉转、礼貌、客套，在某些情况下有意使用一些模棱两可的语言，等等。

一旦将模糊性作为本质属性的符号系统引入无形财产的"圈地活动"，与权利边界精确性的要求便产生了不可调和的矛盾。"工欲善其事，必先利其器"，让语言文字充当权利划界的藩篱，从工具价值的角度视之必将遇到相当的困难。而且，语言的多义性常常会在解释者眼中出现撰写者意料之外的含义，即所谓的"言外之意"。

值得庆幸的是，专利是科学技术领域的发明创造。工程师的语言是一种实用语言，其以平实的文风、尽可能多的精确的概念和公式、基本消除各种修辞的白描手法，力图尽可能地接近客观事物的本来面貌。相对而言，它要比日常生活中所使用的语言精确得多。但即便如此，语言文字本身的模糊性和不完备性也无法完全消除。作为表意工具的语言文字是对客观事物的主观描述，只要存在主观介入的场合，就难以根除弹性。

需要特别指出的是，多义的情形有时是意料不到的，对语义模糊的认知常常也有"事后诸葛亮"的问题，也即在发生争议、问题凸显之后看来，旁观者会认为当初的撰写人本可以轻易避免撰写失误，但实际情况是将这些人置身于当时的环境下，也很难发现语义模糊或者歧义的情况，换言之，撰写失误需要付出大量的成本才可能避免。回想前述"her"的例子，相信很多人会有这样的体会。

1.1.3 语言的滞后性

现代社会中，许多的语词与社会生活同步而变，被更迭，被取代，含义被改变。随着时代的变迁，概念的内涵和外延都会发生变化，其含义是开放的、变动的。同时，语言系统的各个组成部分与社会发展的联系并不完全一致。其中名词与社会的联系最为紧密，变化也最为明显。新事物的产生，旧事物的消失，人们观念的改变等，都会在词汇中反映出来，表现为新词的产生、旧词的消亡和词义的发展变化等。而且，在现代社会发达的信息传播渠道的推波助澜下，新词语得以快速流传，迅速被普罗大众广泛接受，从而在短时间内完成语言演进。

但是，语言的演变追赶不上创新的步伐。专利权保护的是"前所未有"的新东西，是现有技术中不曾有过的技术方案。语言是现有的、给定的东西，是既有现实而不可能是未来生活的反映。虽然随着人类社会的加速发展变化，语言的演进也日新月异，但是，许多改变都是日常生活用语的变化。对于科技领域而言，创新与"陈旧"语言之间存在矛盾。发明人不得不通过创造新词语，或者赋予旧词汇以新含义，才能解决语言文字这一工具的相对滞后性的不足。

当然，虽然用已有的不具创新性的样板语言来描述创新型的客体是困难的，但并非不可能完成的任务。相对论是对传统物理学的颠覆，其无疑是前所未有的开创性劳动，但是并不意味着无法用传统物理学的语言加上自创的语言将其描述清楚。

1.1.4 "骨架原理"

语言文字在专利权利要求中精确表意功能的发挥还受到"骨架原理"的限制。

专利权所请求保护的客体是由权利要求记载的技术特征来表征的。就好像以高、矮、肥、瘦、黄皮肤、黑眼睛等特征来"描述"某类人或者某个人一样,不同技术特征的组合勾勒出不同的技术方案的轮廓,技术特征是区分不同技术方案的组分。❶

专利权的边界是以技术特征为要素构筑起来的。❷ 所谓的"骨架原理",是指划定专利权边界的权利要求仅仅跳跃性地记载

---

❶ 技术特征、技术方案是专利制度上的重要概念,《专利法》并没有对它们进行定义。《审查指南》第一部分第二章第 6.3 节对技术方案进行了说明:"技术方案,是指对要解决的技术问题所采取的利用了自然规律的技术手段的集合。技术手段通常是由技术特征来体现的。"而技术特征,是指在权利要求所限定的技术方案中,能够相对独立地执行一定功能、产生相对独立的技术效果的最小技术单元。产品技术方案的技术特征一般是产品的部件和部件之间的关系;方法技术方案的技术特征一般是原料、产物、步骤和步骤之间的关系。实际上,技术方案就是可供实施的发明创造,而技术特征就是技术方案这一"物"之所以成为有用之"物"、有别于其他"物"的独一无二的"特点",一项技术方案往往具有多项技术特征。如无特别说明,本书所指的《审查指南》均指 2010 年版《专利审查指南》。

❷ 技术特征写得越多,保护范围是越大还是越小?对此应当区分"和"(and)、"或"(or)的关系分别讨论。如果技术特征之间是"和"的关系,则根据内涵越丰富、外延越小的原理,保护范围因技术特征写得越多而越小,每引入一个技术特征,就是对权利要求的进一步限定;如果技术特征之间是"或"的关系,则实际上并列的各技术特征所在的技术方案是并列的关系,写的技术特征越多,则要求保护的技术方案越多,保护范围自然越大。此外,保护范围不仅受到技术特征多寡的影响,也受到每一技术特征用语的概括程度的影响。而用语的概括程度取决于所使用的上下位概念的范畴。《审查指南》第二部分第三章第 3.2.2 节新颖性的审查基准中涉及具体(下位)概念与一般(上位)概念的关系,用于对同类性质的技术特征进行限定时,使用上位概念的保护范围比下位概念大,如使用"铜""氟"与使用"金属""卤素"相比,后者的范围更大。而使用"20 克"对"金属"进行限定则是用数量特征对与其性质不同的物质特征的进一步限定。

发明所必不可少的必要技术特征，其中既包括发明人所认为的与众不同的"个性"的特征，也包括与其他同类技术共同拥有的"共性"的特征。其中"特征"部分的特征是个性的、创新的特征，一般表述得较为具体、较为充分，而对于共性部分，则通过一般性的上位语言进行描述。形象地说，权利要求对专利客体的界定只需要搭建"骨架"即可，"血肉"则交由解读者根据现有技术（常常需要结合说明书）的内容去添附。

《专利法实施细则》第 20 条第 2 款规定："独立权利要求应当从整体上反映发明或者实用新型的技术方案，记载解决技术问题的必要技术特征。"必要技术特征是发明或者实用新型为解决其技术问题所不可缺少的技术特征，其总和足以构成在解决特定技术问题意义上完整的技术方案，使之区别于现有技术。例如如果权利要求仅记载了各个部件的名称，但是没有限定部件之间的连接关系，除非这种连接关系是根据本领域普通技术人员根据现有技术即可确定，且各种连接关系均足以解决该专利所要解决的技术问题的，❶ 否则该权利要求限定的技术方案并不完整。通常情况下，如果发明是在现有技术的基础上增加新的部件或者替换原有的部件，那么与新部件有关的连接关系需要特别记载，而其他现有技术中已经存在的连接关系可以不再赘述。但是，这并不等于说无须记载的连接关系这一特征并不存在，相反，它们被认为是"理所当然"应当具有、是"人"❷ 都

---

❶ 此时"骨架原理"发生作用，各种可能的连接关系被认为是"血肉"而由现有技术进行填充即可。

❷ 当然，此处的"人"不是普通人，而是"本领域普通技术人员"。

知道的技术特征而被隐含在各个现有部件的通用术语之中了。❶

例如，关于"自行车"的权利要求无需提及车轮的存在。❷又如，某项专利是关于压路机刮刀的改进发明，其权利要求只需写明："一种压路机，其特征在于其采用的刮刀……"在权利要求中，无需特别写明"压辊"，因为在现有技术中，压路机一般均采用压辊进行压轧作业，解读者在看到"一种压路机"之后，根据其所掌握的现有技术，已经能够明确无误地得到专利技术方案中存在压辊的技术信息，压辊的特征已经隐含在"压路机"这一具有丰富技术信息的概念背后。更为典型的例子是，在权利要求中一般不需要写明螺钉、螺丝、铆钉等，并非这些连接部件在发明创造中不存在，相反，它们是必需的，但在撰写权利要求的时候，并不需要将这些琐碎的物体（特征）描述出来，除非该专

---

❶ 《专利法实施细则》第20条第2款是我国特有的条款。《欧洲专利审查指南》及《美国专利审查指南》将对应的问题规定为"不清楚"。《欧洲专利审查指南》第二部分第三章第4.4节中规定："独立权利要求应当具体明确用来定义发明的全部必要技术特征，除非这些特征以通用术语表述，如：关于'自行车'的权利要求无须提及车轮的存在。如果权利要求的发明在于制作产品的方法，权利要求方法的运行应是所属领域技术人员看来是合理的，含有必要的作为最终结果的具体产物；否则，因存在自身的矛盾而造成权利要求不清楚。对于产品权利要求，如果产物属公知种类且发明在于变换产品的某特定方面，权利要求能清楚确认该产品并具体描述改进变换所在以及所采用的方式就足够了。类似的做法适用于装置权利要求。当可专利性取决于技术效果时，权利要求的撰写应当包括对产生该技术效果是必需的全部技术特征。"《美国专利审查指南》（MPEP）2164.08（c）中规定："如果在说明书指出该特征是必要技术特征，但是在权利要求并未包括时，可以根据35 U. S. C. 112以不能实施驳回该权利要求。在确定一个未在权利要求中包括的技术特征是不是必要技术特征时，应当在整个公开的基础上考虑。仅仅是优选的技术特征不认为是必要的技术特征。在没有限定性的现有技术（Limiting Prior Art）的情况下要求申请人在权利要求中限定到优选的内容并不能实现宪法促进科学技术进步的目的，因此，以权利要求缺乏必要技术特征为理由的驳回只有在说明书中明确说明了该特征是实现所述功能所必要的技术特征的情况下方可。如果在主要公开的内容（Broad Language）包括摘要中，发现省略了所称的必要技术特征，可以利用这一点反驳上述反对意见。"

❷ 此为《欧洲专利审查指南》所举的例子，参见前注。

利本身就是针对这些物质的创造或者改进。❶

"骨架原理"的出现源于降低信息成本的客观需求。从理论上来说，在理想的状态下，只要使用足够多的语言文字，就足以清晰地描绘包括所要求保护的技术方案在内的所有客观事物，但是，信息理论认为，信息并非越多越好。信息过量增加了信息处理成本，一些无关紧要的信息掩盖、挤出了更为关键的信息，转移了解读者的注意力，❷ 反而会增加信息接受者获得真正有用信息的成本。一份冗长的权利要求书极大地增加了权利边界的确定成本。大量无关紧要的信息掩盖了实质要害的信息，疲倦的读者很容易忽略这些更为有用的信息。有限的篇幅无法容纳过于繁琐的表述。在历史上，权利要求一开始就是作为说明书的总结和归纳出现的，其存在的价值就在于短小精练。时至今日，这一性质不会、也没有发生根本的改变。现代社会越来越复杂的技术使得在权利要求中拒绝事无巨细的撰写方式更具有强烈的信息成本优势。如果要求权利要求通过大量的语言文字消除不确定性，那么权利要求就演变成说明书了。精练是权利要求的灵魂，正如充分披露是说明书的灵魂一样。权利要求和说明书各司其职，分别承担起划界与公开的相互之间存在内在矛盾的作用。

基于上述原因，即使权利人愿意冒着自我限制保护范围的风险"喋喋不休"地花费大量笔墨详细描述所要求保护的技术方案，法律也不允许或者鼓励他这么做。权利要求应当"清楚、简要地限定要求专利保护的范围"。❸ 各国在专利法中均不约而同

---

❶ 关于隐含特征的发现和解释问题，可参见第 2 章第 2.5.6 节。

❷ See WESLEY A. MAGAT & W. KIP VISCUSI, *Informational Approaches to Regulation*, 1992, 90—105.

❸ 《专利法》第 26 条第 4 款规定："权利要求书应当以说明书为依据，清楚、简要地限定要求专利保护的范围。"

地提出了权利要求的记载应当"简要"的强制性要求。❶ 例如，为了确定参数特征表征的产品权利要求的保护范围，权利要求中一般应当包括参数测量的方法，但如果对测量方法的描述过于冗长，则允许申请人采取引用说明书的方式撰写权利要求。虽然在实践中极少出现因权利要求不够简要专利被驳回或者无效的案例，❷ 但这可能源于绝大多数撰写人都没有任何追求繁复的动机，因为权利要求的内容写得越多，权利人的信息生产成本则越大。❸ 因而，基于信息成本学的公共政策要求权利要求应当"简要"，这导致了权利要求的撰写是"惜墨如金"的艺术。

"简要"的要求同时带来了副作用，其后果是语言文字的含义变得不那么清晰，也即确定性的下降。"在对待编纂或制定法时，我们从普遍的经验中获知，一条法规的语词往往不能完整地或准确地反映该法规制定者的意图与目的。当立法者试图用简洁但却一般的术语表达其思想时，那些在过去曾属于整个意图范围中的情形，在当今则几乎被完全切割出去了。"❹

语言文字的简要与精确之间存在着矛盾。语言文字的先天缺陷不应成为限制权利的负担。语言文字只是工具，如果不是工具

---

❶ 美国的权利要求被包含在说明书中，美国专利法第112条第1款规定："说明书应当包括……书面描述。书面描述应当使用完整、清楚、简洁、准确的语言。""专利权利要求对发明进行简洁而正式的定义。"日本特许法第36条第（6）项规定："……三、权利要求项的记载应当简洁。德国专利法第36条第（3）项规定："专利申请应当包括以下内容：……授予专利的请求（其中应当清楚、简洁地指明发明）。"

❷ 北京市第一中级人民法院知识产权庭. 知识产权审判分类案件综述［M］. 北京：知识产权出版社，2008；307.

❸ 参见本章第1.2节的有关讨论。此外，还可能与如下两个方面的原因有关：一是是否"简要"缺乏客观的标准，审查机关难以确定较为客观的容易被普遍接受的标准，因此对"简要"的规则适用不多；二是大部分专利是由训练有素的代理人帮助起草，能够较好地符合"简要"的要求。

❹ E. 博登海默. 法理学：法律哲学与法律方法［M］. 邓正来，译. 北京：中国政法大学出版社，2004；555.

的使用者的主观错误或者失误,而是工具本身的客观局限,那么这一局限的不良后果不应当由使用者承担,法律应当提供消弭这一缺陷的规则。无论是基于说明书语境的"权利要求解释",还是在字面含义之外的"等同扩张",其一项重要的制度功能都是润饰语言文字在"简要"压力之下的苍白。在是否适用等同,以及等同范围的判断中,应当辨析由于是主观原因还是客观原因所导致的保护范围的不当限缩。❶

例如,在技术特征"端盖下表面四周设有防撞条"的撰写过程中,申请人实际上想表达的意思是为避免端盖在扣紧筒(箱)体的过程中发生剧烈碰撞损坏端盖以及筒(箱)体,可以在端盖与筒(箱)体的接触部位设置带状(条状)的防撞条,且防撞条的设置基本均匀、对称即可。但是,在权利要求中进行上述如此复杂的描述是不现实的,符合理性的做法是浓缩为"端盖下表面四周设有防撞条",对该技术特征内涵的理解在本领域一般技术人员看来也不会有什么障碍。但是,假定被控技术方案的该特征是在端盖下表面的四个角设有防撞块,防撞块之间彼此不相连从而不构成条状,那么是否落入权利要求的保护范围?从字面含义上说,权利要求中的"四周"以及"防撞条"应当理解为呈与端盖形状一致的封闭环形或者多边形的条框状结构,而被控侵权技术方案的表现形式为彼此分开的块状结构,二者并不相同。但是,裁判者需要考虑的是,对于撰写人来说,在简要的要求下是否已经做得足够完美了?

简要的语言具有描述上的局限性、需要进行澄清的一个典型例子是 Hockerson-Halberstadt 案。❷ 在该案中,专利权人在授权过程中对"中央纵向凹槽"与在先技术中的特征进行了澄清,

---

❶ 参见第 3 章第 3.3.2 节关于"意识限定"部分的讨论。

❷ *Hockerson-Halberstadt, Inc. v. Avia Group International, Inc.*, 222 F. 3d 951 (Fed. Cir. 2000).

认为发明中的凹槽比在先技术的窄,并且目的不同,美国联邦巡回上诉法院据此确定权利人赋予了"凹槽"一词特别的含义,指的是"比在先技术窄的凹槽"。在此例中,专利权利要求是无法用合适的语言表达中央纵向凹槽与某一项具体的在先技术的凹槽相比更窄的含义的,只能用澄清的方式提供一种特别的语境,使解读者理解权利人系在更为狭义的意义上使用"凹槽"这一术语,这种澄清无论记载在说明书中,还是在意见陈述中都是可以被接受的。❶

"骨架原理"也解释了为什么对权利要求的解释比对说明书的解释需求更大这一符合经验的现象。从理论上说,存在语言文字的场合均有解释的问题。不仅权利要求,对说明书也应当进行解释。只不过说明书是详细介绍发明内容的文献,"简要"的现实需求没有权利要求那样强烈。除非说明书中某句话、某一词过于简单,也没有充分的描述,一般才会有解释上的需要和争议。从这个方面也可以看出,权利要求的解释之所以成为一个突出的问题,与其"简洁"的特点是密不可分的。

1.1.5 撰写者的模糊化偏好

在分析撰写人的模糊化偏好之前,我们首先需要回答,同是思维的载体,为什么要用语言文字的方式,而不用绘图的方式界定权利范围?更何况,绘图相对于语言文字而言,精确性是相当强的。许多人都有这种感觉:千言万语都不及一张图表达得清楚明白。

实践中,也存在使用绘图表征技术特征的权利要求。典型的例子是"支护锚固件的带钢"的中国实用新型专利。❷ 该专利权

---

❶ 当然,这仅是针对美国和中国的做法而言的,在德国、英国等不承认审查档案具有解释作用的国家,这种澄清对保护范围不起作用。

❷ 该专利申请日为1998年3月27日,授权日为1999年10月27日,专利号为98220584.8。

利要求1、2为：

"1. 支护锚固件的带钢，其特征在于：它的截面形状是变异梯形。

2. 按照权利要求1所述的支护锚固件的带钢，其特征在于：它的截面形状是'⬡'。"

由此可见，该专利的权利要求2是典型的以图案限定特征的权利要求。针对该专利，无效请求人向专利复审委员会提出无效宣告请求，认为权利要求2中包含了一个形状图形，在能够用文字清楚描述的情况下，在权利要求中使用图形描述会造成权利要求保护范围不清楚，违反了《专利法实施细则》第20条第1款的规定。❶ 专利复审委员会作出的决定认为：权利要求中使用图形并不必然造成该权利要求的保护范围不清楚，其次，在使用语言无法表达特定的结构或者其他必要的情况下，可以使用图形来对权利要求所要求保护的范围进行限定。本案中，权利要求2使用图形"⬡"对其保护范围进行了限定，结合本专利所要解决的技术问题和说明书对该图形的描述，本领域的技术人员能够明确其所要保护的范围是：一种支护锚固件的带钢，其截面形状为窄边顶部具有一与窄边等宽的凸台、宽边底部具有一矩形凹槽的中心对称的梯形，且该梯形的两底角角度较小，该梯形宽边的两端与梯形的两个斜边的交接处具有一垂直于宽边的过渡面。因此，该权利要求所要求保护的范围是清楚的。遂维持权利要求2继续有效。无效请求人不服该决定，向法院提起行政诉讼。一、二审法院均认为：本专利权利要求系使用图形对其保护范围进行限定。在附图中，仅能看出梯形宽边的两端与梯形的两个斜

---

❶ 本案适用的是1992年修订的《专利法实施细则》，1992年《专利法实施细则》第20条第1款规定："权利要求书应当说明发明或者实用新型的技术特征，清楚并简要地表述请求保护的范围。"该款后半句规定在2008年修订《专利法》时被写入《专利法》第26条第4款。

第1章 权利边界确定的理论基础

边的交接处为小于45°的锐角,并不能看出专利复审委员会认定的"梯形宽边的两端与梯形的两个斜边的交接处具有一垂直于宽边的过渡面"的技术特征。此外,依据该附图,在梯形上部窄边与梯形的左斜边交界处亦并未标示出具有凸台的技术特征。因此,被诉决定对本专利保护范围的认定超出了本专利权利要求所限定的保护范围,属认定事实错误,遂判决撤销了该决定。❶

该案所涉及的专利权以图形作为权利要求所记载的技术方案的技术特征。专利复审委员会、法院均认为采用图形的撰写方式并不会导致权利要求不清楚。实际上,现行法律并未禁止采用图形的方式代替语言文字撰写权利要求,❷ 图形比文字更具体、更清晰。专利复审委员会和法院的分歧在于,前者用说明书对图形进行"解释"之后,明显改变了图形所传递的保护范围。正因如此,虽然法院也认可专利复审委员会的结论,但认为仍然有必要通过撤销行政决定的方式,澄清专利权的准确保护范围。由此案

---

❶ 兖矿集团福兴实业公司鲍矿大帅支护厂诉国家知识产权局专利复审委员会、第三人孔祥清专利无效行政纠纷案,国家知识产权局专利复审委员会第10182号无效宣告请求审查决定,北京市第一中级人民法院(2007)一中行初字第1351号行政判决,北京市高级人民法院(2008)高行终字第312号行政判决。

❷ 就现行法律规定而言,《专利法实施细则》第19条第1款规定:"权利要求书应当记载发明或者实用新型的技术特征。"第3款规定:"权利要求书中……可以有化学式或者数学式,但是不得有插图。除绝对必要的外,不得使用'如说明书……部分所述'或者'如图……所示'的用语。"上述规定的内容自1985年第一部《专利法实施细则》颁布以来未曾发生过变化。2010年版《专利审查指南》第一部分第一章第4.4节规定:"权利要求中可以有化学式或者数学式,必要时也可以有表格,但不得有插图。表格的情形例如化合物不同组分取值范围的配合关系,实质上还是化学式或者数学式的表现形式。"对于上述规定中"插图"一词应当如何理解,是否绝对排除任何"图形",还是仅排除示例性的"插图",在实践中仍然存在争议。笔者倾向于认为该规定禁止的是示例性的插图,因为《专利法实施细则》第19条第3款认为在必要时权利要求也可以采用"如图……所示"的用语进行限定,可见以图形限定保护范围是允许的,至于是采用指向说明书以及附图的方式,还是直接在权利要求中插入图形的方式,只是撰写格式的问题,不应成为影响权利效力的实质性授权条款。

也可看出，专利权边界的确定有其独立的价值，试想，倘若专利复审委员会作出的被诉行政决定发生效力，那么其所确立的涉案专利的保护范围将对后续的经济活动产生一系列影响，涉案专利将可获得一个相对于其限定的图形特征更为宽泛的保护范围，与此相对应，公众自由的范围将受到相应的缩小。

与图形相类似的是，借助数学工具或逻辑符号，可以更为精确地描述所要保护的东西是什么，但是几乎没有权利人愿意这样做。虽然清晰的权利边界可以提高侵权判定的效率，缩短提起请求和最终获得保护的时间差，有利于降低权利人的维权成本，但是，权利人却并不钟情于过于清晰的划界工具，因为如果纯粹采用数学公式和图案，那么因语言文字的含糊性所带来的好处也随之消失了。权利人在扩大保护范围和划界清晰之间作出抉择的时候，除非受到了被宣告无效的压力，否则往往可能倾向于前者。此外，权利人在撰写的过程中还可能存在一种侥幸心理，希望在日后的侵权案件中说服法官从而达到扩张权利边界的目的，或者通过含混的权利边界对于其他竞争者始终产生一种"悬而未决"的威慑。

权利人之所以钟情于以语言文字而不是其他的符号系统描述发明创造，盖其原因在于语言文字的"包孕性"。语言描述的包容性、预见力比包括图画在内的其他表现形式强得多。语言的概括性有利于使用者以最少的词语表达最宽的保护范围以及最大的信息量。虽然明知以语言文字描绘权利存在模糊的缺陷，但之所以世界各国的专利制度仍然不约而同地允许甚至鼓励权利人采用语言的方式描摹发明客体、界定权利边界，其根本原因在于只有借助于语言这一媒介的概括力，才能为权利提供足够的保护宽度，从而维持足够的创新动力。

语言文字的包孕性或者概括力体现在横向和纵向两个方面。

语言文字的横向概括力，是指从空间上看，就申请日当时的技术状况而言，语言文字具有网罗广阔平行技术的能力。例如，某项专利权利要求记载"A 物体位于 B 物体的下方"，这一位置关系就具有很强的弹性，它是技术方案的集合，只要 A 物体在空间上处于 B 物体的下方，无论是正下方、左侧下方、右侧下方、前侧下方、后侧下方等，也无论 A 与 B 是否实际接触，甚至无论 A 与 B 之间是否还存在其他的连接物或者阻隔物，均被包含在"A 物体位于 B 物体的下方"的含义之中。而如果采用绘图的方式，则图片中必然显示的是具体的相互位置关系，是技术方案的"点"，而不是"集合"。这使得权利人往往不能充分地获得他所想要、所应当获得的保护范围，或者需要付出大得多的描摹成本——如绘制多幅示意图以表示不同的"上下"位置关系。

语言文字的纵向概括力，是指从时间上看，语言文字的含义随着社会的发展而不断增添新的内容，使得其具有超出当时预料之外的扩张效果。语言随时间的流逝而变迁。[1] 概念本身具有"成长性"，从足够长的时间来看，其含义会发生"进化"。同一个词汇在不同的时代所代表的含义不尽相同甚至完全不同。典型的例子如"计算机"，在最近几十年间，其内涵和外延发生了翻天覆地的变化。当年的掌上小型运算器，与如今的各式人工智能运算设备根本无法同日而语。而模糊的概念往往具有较强的弹性、较大的伸缩性，有可能随着科学技术的发展和社会生活的变迁，包容更大的空间。换言之，越模糊的语言，其包容性可能越强。

专利权是与时间有关的权利。一项发明的最长保护期限可长达 10 年或者 20 年。既然语言是时间的函数，那么由语言来界定

---

[1] 实际上，与其说是语言文字的含义发生了变化，毋宁说理解者的"前理解"随着时间发生了变化，理解永远行走在路途上。参见第 2 章第 2.1 节有关"哲学解释学"的讨论。

专利权的边界——权利要求的文义解释与保护范围的政策调整

的专利权的边界,也追随此步伐,成为时间的函数。当撰写者采用了某一特定的概念时,与其不写入这一词语相比,其实现了保护范围的限缩,但如果在概念的选择过程中选用包容性大的词语时,他又为未来该词语含义的扩展预留了足够的空间。

在美国,支持允许采用"功能性限定"的撰写方式的一种观点认为,该撰写方式可以使权利人克服语言文字滞后性的缺陷,赋予语言文字的含义以伸缩性,将专利的保护范围覆盖到申请日后出现的新技术方案。❶ 因为在专利申请日之时,专利权人可能无从知晓日后新技术所采用的语言文字描述。❷

实际上,不仅仅是功能性的语言,所有通用化的语言都有强烈的包孕力。例如权利要求使用"照明设备"而不是"白炽灯"一词,该上位概念的范围就能够涵盖申请日时尚不存在的、以后才出现的发光二极管、LED 灯等。

权利人在撰写上有"模糊化"的偏好,有采用具有弹性边界的语言文字的动机。对于权利人来说,与描述清楚自身的发明技术相比,"更重要的是对竞争对手将来可能使用的相关技术和出现的产品加以说明"。为此,一旦竞争对手开发出类似的技术,仍然难以"逃脱"出专利权的"掌控"。例如,在集成电路制造领域,将 DDR DRAM 记载为"存储装置"或者"半导体装置"会获得较大的保护范围,而"DVD 刻录机"使用"数字记录装置"或者"记录装置"能获得更宽的保护。❸ 对于人类语言系统

---

❶ MICHAEL J. MUERER & CRAIG ALLEN NARD, *Invention, Refinement and Patent Claim Scope: A New Perspective on the Doctrine of Equivalents*, (B. U. Sch. Law, Law and Econ. Working Paper Series, Working Paper No. 04-03, 2004), available at http://ssrn.com/abstract=533083, at 27.

❷ *Al-Site Corp. v. VSI Int'l, Inc.*, 174 F. 3d 1308, 1320 n. 2 (Fed. Cir. 1999).

❸ 松本祥治,吴锦伟. 好发明并不意味着好专利——谈如何评估选择可用于许可的专利 [J]. 电子知识产权,2012 (5):53.

第1章 权利边界确定的理论基础

而言，语法的变化是相对缓慢的，而概念的内涵和外延的变迁是相对迅速的。理性的文本撰写人的理想策略是避免采用有歧义的语法，而尽可能地采用包容性大的概念。

不过，语言文字的纵向概括力受到解释规则的限制。语言文字的含义应当被置于申请日当时的环境和背景进行理解。❶ 这一规则有可能使得语言的含义被固定，扩张力被"冻结"。❷ 但即便如此，语言文字的横向概括力也不会受到影响。更何况，在实际操作中，纵向概括力仍然若隐若现地发挥着重要的作用。因为解释时点固定在申请日只是一种应然状态，而解读者总是生活在当下。身处于侵权日的解读者，回顾若干年前的历史文件，并被要求倒流时光、以当时的旧有语境解读相关语言文字的含义时，"事后之见"总是如同幽灵一样挥之不去。总之，语言的纵向概括力虽然受到规则上的严厉约束，但是在现实状况下，总是或多或少地顽强存在。意识到这一点的撰写人不可能轻易放弃语言的这种天性并为己所用。

我们对于权利人的模糊化偏好应当以中性的眼光看待。一方面，这种撰写方式是保持足够创新激励的必要手段。权利覆盖的范围应是"束状"的，而不应是"丝状"的。保持一定的开放性是使得权利人能够获得足够长时间的垄断利润而充分回报固定成本的重要条件。也正因此，虽然有观点认为权利要求的表现形式未来将走向多样化，❸ 但是笔者认为，给予保护范围以一定的适应性、延展性、伸缩性是专利制度能够充分发挥政策性作用的重要依归。语言文字的弹性恰恰是其魅力和价值所在。专利制度无

---

❶ 参见第2章第2.4节关于"解释时点"的讨论。

❷ CHRISTOPHER A. COTROPIA, *"After—Arising" Technologies and Tailoring Patent Scope*, 61 N.Y.U. Ann. Surv. Am. L., 2005, 165.

❸ 例如绘画图片形式、实物模型或者其他形式。参见董涛. 专利权利要求[M]. 北京：法律出版社，2006：269.

法也不可能放弃语言文字的使用,也许作为权利划界工具的语言文字就始终充当着这么一种令人"又恨又爱"的角色。另一方面,某些宽泛语言的使用使得权利的保护范围远远超过了发明的贡献,违背了专利法贡献高度与保护范围相适应的基本原则。也正因为语言的概括性和预见性,权利要求有可能覆盖未来的技术发展,这使得权利人有可能得到超过其技术贡献的强大权利,对市场竞争和后续创新产生了负面的影响,对此应当予以高度重视并加以限制。

1.1.6 理解的偏差

思维之间的交流、信息的传递无法如同复印机那样,做到绝对忠实于原貌。就如同翻译与转述,经过转述者之口,即使并非有意为之,信息也无法做到毫无偏离的原样再现。一旦在信息传递的过程中掺入主观的因素,就难免留下传递者的烙印,与最初的意义相比,就会失真。转述的链条越长,这种偏差就可能越大。

专利文献的撰写是将创意概念化的过程。而对专利文献的解读又是将概念重新还原成创意的过程,正如导论中所指出的那样,后者是特殊的事实还原问题。

从发明创造形成、完善、提出专利申请、修改、授权的过程中,存在多次"转述"。发明人将发明的内容向专利代理人交底,是为第一次"转述",专利代理人将其理解的内容文字化,是为第二次"转述",审查员对字面表达的信息进行理解,并提出审查意见,是为第三次"转述",发明人或者代理人对审查意见进行理解再修改,还可能存在第四次、第五次"转述"……在这一过程中,代理人或者审查员的理解都可能存在偏差,他们有时候并不能够真正完全弄清楚发明创造的所有内容,各人对同一表述的理解也可能并不完全一致,以至于最终形成在纸面上的授权专利文献,在含义上存在模糊之处。虽然通过充分沟通的方式可以减少信息传递过程中的"走形",但是理解的主观性、信息的复杂性、交流资源的有限性使得这种偏差无法完全消除。有时人们彼此之间都意识不到理解存在分歧,便不会就此问题进行讨论;有时技术内容过于庞杂,人们的注意力只能集中在他们认为关键的几个方面,而忽略了其他客观上存在偏差的地方;有时由于各方的精力有限,缺少足够的时间对每一个地方进行意见交流。凡此种种,都使得最终文本的模糊性无法绝对地被消除。

1.2 权利边界的信息传递与信息成本

1.2.1 权利信息成本理论

信息理论关注于信息在系统中传递的效率。信息理论认为,信息可以被认为是在相互竞争的替代选择中的系列二进制决策。例如,将人的体貌区分为身高、体重、男女、北方人南方人等特征,分别以"1"代表高、胖、男性、北方人,以"0"代表矮、瘦、女性、南方人,那么,高、瘦个子的男性南方人可以用"1010"表征,"1010"便以一种预制的模式表达了一项具体的信息。

信息理论不仅对于自然语言,对于法律系统也具有广泛的解释力。在信息理论看来,某项权利制度是法律系统所采取的某种信息模式。不同的权利所采用的信息模式也各不相同。财产权具有对抗他人的效力,其本身向全世界传达一种排他性的信息。例如,不动产的登记、动产的占有,都属于权利的信息交流方式,这些行为或者状态背后所蕴含的信息,置身于法律的语境中进行理解,[1]相互融合而构成全部的与权利有关的信息传递。这种信息描绘了权利的有无、内容、边界、受保护的强度以及侵害的法律后果等。

---

[1] 也即法律适用的过程。

而信息所蕴含的数量则被称为信息量（Amount of Information）。信息量由符号所能压缩的最短表达来衡量。所能压缩的最短表达越长，信息量就越大。例如，假定每一位（bit）信息有 a 和 b 两种可能性，同样六位的 abbaba 所包含的信息量比 ababab 大，因为后者以最简短的表达方式可写成 ab * 3。[1] 由此模型可以进一步推知，格式化的权利包含的信息量比个性化的权利少，整齐划一的重复能够有效地降低信息量，从而降低信息处理成本。信息量与信息处理成本呈正相关关系。

权利信息传递的两端分别对应着信息生产者和信息接收者（处理者）。权利信息的表达和传递，离不开权利"言说者"的生产过程和"听众"的搜寻、理解过程。这两个过程都需要付出成本。从社会总体的角度观察，以言说者和解读者所付出的信息成本为标准进行分类，信息成本包括言说者的信息生产成本、解读者的信息处理成本。信息生产成本包括描绘权利过程中所产生的生产成本和公开成本，而信息处理成本包括第三方处理诸如权利范围、性质、有效性等的信息搜索成本以及信息阅读、理解成本。[2] 以信息生产和处理成本的内容为标准进行分类，信息传递成本包括法律规则的理解和掌握成本，以及具体权利客体的创设、搜集、理解和分析成本。以解读者的标准进行分类，信息传递成本包括义务人的成本和裁判者的成本。

信息生产成本和处理成本存在此消彼长的关系。信息强度或称信息集中度（Information Intensiveness）这一概念体现了这一关系。信息强度是指单位勾勒成本（Delineation Cost）所能传递

---

[1] See HENRY E. SMITH, *The Language of Property: Form, Context, and Audience*, 55 Stan. L. Rev., 2003, 1105, 1109.

[2] See HENRY E. SMITH, *Exclusion and Property Rules in the Law of Nuisance*, 90 Va. L. Rev., 2004, 965, 970—971.

的信息量。❶ 在给定单位勾勒成本的情况下增加信息量,或者在同等信息量的情况下降低单位勾勒成本,都能提高信息强度。勾勒成本是从生产者的方面来说的,而不是从解读者的角度来说的,而信息强度却是从解读者的角度观察的。易言之,信息强度可以被定义为生产者单位勾勒成本传递的信息量。言说者所传达的信息描述得越清楚、明白、详细,其所付出的信息生产成本则越高,而解读者对语境的使用、进行推理的需求就越低,信息处理成本就越低。

当"懒惰"的信息生产者付出较低的努力时,传递同样的信息量,其信息强度更大,因为此时言说者的表达是简略的、隐晦的、可能模糊甚至存在错误的,解读者需要花费更多的精力结合语境"推测"言说者所真正想要传达的信息是什么;而当"勤奋"的信息生产者付出更高的成本时,其语言表达更为全面、正式、精确,在同等信息量之下,信息强度较低,解读者更容易理解和接受。对表达的理解越依赖于语境,信息强度就越大,相反,本身的表达越充分,越不需要借助于语境,信息强度则越低。从另一个角度理解,信息强度实际上表征了语境依赖的程度,或者解读者处理信息的难度。

大体来说,言说者使用更多的文字需要付出更大的信息生产成本,而单位文字所传达的信息较少。但更多的语言能够传达更为稳定和确定的含义。如果言说者和解读者的关系足够紧密,所共同掌握的语境足够丰富,采用简短的表达可在不提高信息处理成本的基础上显著降低信息生产成本,从而更受欢迎。相反,使用正式的语言、更多的文字、停顿,表达的方式越规范,表达的内容更丰富和清晰,斟酌和修改也越多,则信息生产成本越高,

---

❶ HENRY E. SMITH, *The Language of Property*: *Form, Context, and Audience*, 55 Stan. L. Rev., 2003, 1105, 1110.

与此同时，却减轻了解读者的信息处理负担。解读成本取决于解读者与言说者所共有的背景知识量。而背景知识的获得同样是需要耗费成本的。因而解读者与言说者的关系越遥远、共有的前见越少，则解读的成本也就越高。

在任何达至平衡的交流系统中，信息强度和广度的折中（Trade Off）都是固有的。在自然语言系统中，信息强度和广度之间的关系可以通过浅显的例子加以描述。假定某位老师（信息生产者）给全班同学（听众）上课，老师的资源（教学时间）是有限给定的，那么，班上的学生越多，则个体的差异化越明显，老师需要照顾后进的学生，也需要作更多的差异化教学的努力，与人数较少的班级相比，在同样的时间（单位勾勒成本）内，这名老师所能教授的知识（信息）就越少，也即信息强度较低。

在与权利有关的法律系统中，同样存在着信息强度和广度之间的平衡。法律系统与语言系统极为相似，在同等的成本条件下，可以在小群体中传递更多的信息，而在大群体中传递更少的信息。债权和物权是信息强度和信息广度之间进行平衡的两个典型例子。为了使社会信息总成本最小化，面对范围狭小的、信息处理能力较强的交易相对方，信息的集中化程度可以提高，以容纳更为大量以及差异化的信息；而物权的交易相对方为不特定多数的社会公众，相对方的平均信息处理能力较弱，必须降低信息的强度，从而降低信息总成本。法律通过提供任意性规则和强行性规则分别对上述内部化的不同需求作出反应。

信息强度的概念还与解读者的规模和性质息息相关。随着听众规模的增大，听众的数量也随之增加，听众更为多元化，与言说者的物理和心理平均距离也越远，解读者群组的平均信息处理能力下降，同等信息强度下的边际收益可能递减，而边际成本可能递增，信息强度也随之降低。因此，为了使信息成本最小化，法律的权利系统应当在信息的强度和信息传播范围（即听众）的

广度之间取得折中和平衡。❶

1.2.2 专利权的信息成本

随着人类社会的不断发展,社会积累的财富呈指数级增长,而科学技术的进步加速度甚至远远凌驾于普通财产的增长之上。对专利权信息的发掘和调查比以往更为重要。

有形财产的客体边界易于识别和理解。以物权为例,其天然的物理形态传递了受保护的物理边界信息,地理标记可以迅速有效地界定客体范围,登记的内容或者占有的事实、物权法的规则表达了受保护的内容信息,而法律规则同时还传达了受保护强度以及侵害后果的信息。而作为无形财产权的知识产权,其缺乏有形物的天然物理属性,完全通过语言文字的方式传达关于权利的一切信息。专利权利要求承载着权利边界的信息。发明创造本身就是信息的集合体。发明创造包含一系列的概念、功能、目的、要解决的技术问题和解决的方法,其本质是没有物理形态的思想。信息生产、搜集和理解的难题更为突出。❷ 无形性使信息的解读者难以准确理解和辨别权利保护客体的边界。❸ "专利天生就是某种模糊的和模棱两可的围栏。"❹

专利权生产的成本包括撰写说明书充分公开发明内容的成本,也包括对说明书的内容进行抽象而撰写权利要求的成本。无论是作为权利人的言说者,还是作为义务人或裁判者的解读者,

---

❶ HENRY E. SMITH, *The Language of Property*: *Form, Context, and Audience*, 55 Stan. L. Rev., 2003, 1105, 1111.

❷ CHRISTOPHER A. COTROPIA, *Patent Claim Interpretation and Information Costs*, 9 Lewis & Clark L. Rev., 2005, 57, 58—59.

❸ WENDY J. GORDON, *An Inquiry into the Merits of Copyright*: *The Challenges of Consistency, Consent, and Encouragement Theory*, 41 Stan. L. Rev., 1989, 1343, 1379—80.

❹ 亚当·杰夫,乔希·勒纳. 创新及其不满:专利体系对创新与进步的危害及对策 [M]. 罗建平,兰花,译. 北京:中国人民大学出版社,2007:63.

都需要付出理解权利客体和适用法律规则的信息处理成本。有形财产的客体以其自身的物理存在即可提供信息，而无需付出额外的成本，[1] 无形的专利权却不然。由于权利边界的模糊，理解作为无形财产权的专利权客体的成本要比有形财产高得多。[2] 整个专利系统是信息成本耗费不菲的体系。

专利权和其他财产权一样，它的边界的"清晰性对于促进技术进步是至关重要的，因为它使得创新领域的投资更为有效。"[3] 明确的预期能够降低交易成本。[4] "好篱笆造出好邻居。"[5] 如果说专利制度存在副作用的话，一个重要的制度成本就是专利权边界的模糊性。不确定性是投资的敌人，是一种影响巨大的成本，虽然这一成本对各参与方来说难以量化，但无疑相当巨大。这种不确定性损害了每一个创新投资的激励因素。这种成本阻碍了新产品进入市场的意愿，进而阻碍了发明创造的意愿。"永远无法进入市场，或者刚进入市场就在有威胁的专利战面前放弃的新产品和新过程的损失要远大于专利诉讼的可见成本。"[6] 不确定性也使得专利权的财产价值大打折扣。如果我们拥有一个具有高度确定性的专利权资产池，对于创新的持续健康发展和经济增长、

---

[1] CHRISTOPHER A. COTROPIA, *Patent Claim Interpretation and Information Costs*, 9 Lewis & Clark L. Rev., 2005, 57, 67.

[2] See CLARISA LONG, *Information Costs in Patent and Copyright*, 90 Va. L. Rev., 2004, 465, 536—38.

[3] *Festo Corp. v. Shoketsu Kinzoku Kogyo Kabushiki Co,*, 535 U.S. 722, 730—731 (2002).

[4] "信任能够最小化交易成本。" THOMAS W. MERRILL & HENRY E. SMITH, *The Property/Contract Interface*, 101 Colum. L. Rev., 2001, 773, 780—789.

[5] 亚当·杰夫, 乔希·勒纳. 创新及其不满：专利体系对创新与进步的危害及对策 [M]. 罗建平, 兰花, 译. 北京：中国人民大学出版社, 2007：63.

[6] 亚当·杰夫, 乔希·勒纳. 创新及其不满：专利体系对创新与进步的危害及对策 [M]. 罗建平, 兰花, 译. 北京：中国人民大学出版社, 2007：161.

社会繁荣无疑具有巨大的促进作用。相反，问题专利只会阻碍创新、增加不确定性、损害社会的前进动力。专利权的边界必须被定义，且此定义也必须被传达给相关义务方。

专利制度的拥护者应当在制度上确立这样一种模式，这种模式使得包括专利权人在内的所有社会公众在进入裁判机关之前，就已经能够足够清晰地确定什么样的技术方案属于专利权的保护对象。如果在最终裁决作出之前，社会公众无法预测权利边界的大体位置，则社会公众将在研发技术、实施技术、交易技术的过程中无所适从，要么变得战战兢兢、束手束脚，要么变得"无畏"且"无谓"，置侵权后果于不顾。显然，无论是哪种做法，公众都会丧失开发和交易技术的热情，都不利于专利制度真正发挥其积极作用。

1.2.3 听众族群与信息成本

在财产权系统中，基于财产权的对世性，某项特定权利的信息生产者的数量是有限的，而信息接收者则可能是开放的、无穷的。并且财产权存续的时间比合同权利更长久，这一重要区别使得财产权所面对的解读者范围进一步扩大化，包括遥远未来的"听众"。一个典型的例子是物权。物权是对抗全世界的权利，从理论上说，除权利人之外的全世界的主体都是信息的接收方，每一项权利的解读者的数量要远远多于表达者。财产权的信息成本无论对于言说者（作为生产者的权利人），还是解读者（作为处理者的义务人）而言都是一种负担。当义务人的主体极为广阔时，不同义务人的信息处理成本相互叠加，使得社会的总成本变得极大，甚至有可能超过财产权制度所能带来的社会总收益。从社会总成本的角度而言，这种言说者与解读者之间在规模上的潜在失衡，使得更关注于解读者信息成本节约的做法具有更强的经济合理性。

听众规模的增加显著增加了信息处理总成本。我们假定 D_0

和 D_1 分别对应于低信息生产成本、高信息处理成本和高信息生产成本、低信息处理成本的两种可供选择的决策。如图 1.1 所示,在 D_0 的情况下,坐标横轴为解读者规模(单位 N),纵轴为成本(单位 C),C_{a0}、C_{b0} 分别为信息生产成本曲线、信息处理成本曲线。C_{a0} 并不随着解读者规模的增加而增加,因此体现为一水平线,而 C_{b0} 随着解读者规模的增加而增加,为了讨论的方便,假定所有的解读者都是同质的,因此该曲线体现为向右上方延伸的直线。而社会总信息成本为信息生产成本和信息处理成本之和,因而社会总信息成本曲线 C_{t0} 为一与 C_{b0} 平行的、向右上方延伸的直线。如图 1.2 所示,在 D_1 的情况下,当提高信息生产成本时,C_{a0} 上移,此时,单位解读者的单位信息处理成本随着言说者的信息生产成本的增加而下降,体现为 C_{b0} 斜率的减少,故此时的信息生产成本曲线、信息处理成本曲线和社会总信息成本曲线分别变动为 C_{a1}、C_{b1}、C_{t1}。图 1.1 与图 1.2 中信息生产成本、信息处理成本曲线相叠加的情况如图 1.3 所示,图 1.1 与图 1.2 中社会总信息成本曲线叠加的情况如图 1.4 所示。由图 1.4 可以看出,解读者规模达到 N_0 时为一临界点,在此临界点以前,即解读者规模小于 N_0 时,采用 D_0 的决策,也即降低信息生产成本、增加信息处理成本是较优的选择,因为此时社会总信息成本曲线 C_{t0} 小于 C_{t1},更有利于节约社会总信息成本;而在此临界点之后,即解读者规模大于 N_0 时,采用 D_1 的决策,也即提高信息生产成本、降低信息处理成本是较优的选择,此时的 C_{t1} 小于 C_{t0},更有利于节约社会总信息成本。我们可以进一步合理推知,通过提高信息生产成本,C_{t0} 与 C_{t1} 的交点可以向横轴的远端不断推移,也即 N_0 的数值增大。与之对应,当权利的听众规模不断增加时,提高信息处理成本是降低社会总信息成本的有效方法,相反,当权利的听众规模不断减小时,降低信息处理成本是较优的选择。

第1章 权利边界确定的理论基础

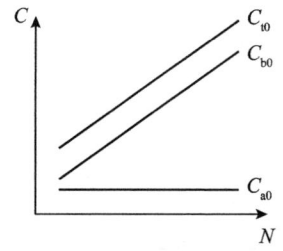

图1.1 小规模听众信息成本曲线

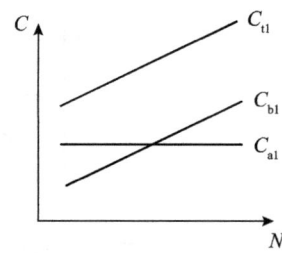

图1.2 大规模听众信息成本曲线

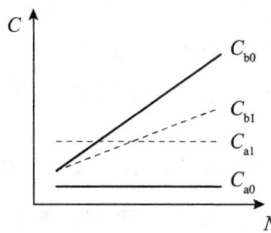

图1.3 两种决策的信息成本曲线

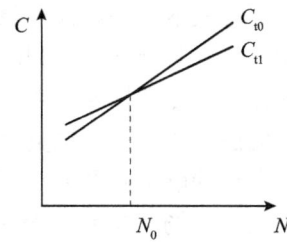

图1.4 两种决策的总信息成本曲线

不过，上述的经济分析可能受到经验的挑战。在实践中，一味地强调专利权的信息生产成本似乎本能地受到政策制定者的排斥。这是因为，权利的信息生产成本并非可以无限提高。对于发明人而言，其是否申请专利权的决策同样受到成本—收益分析的影响。如图1.5所示，在专利权人收益—成本曲线图中，C为发明人的成本，P为发明人的收益，由于权利的总收益取决于法律对权利保护的强度，因而我们可以将其视为恒量，当法律强制要求权利人提高权利的信息生产成本时，其净收益将下降，当成本等于收益时，权利人不愿意再生产额外的权利。从社会整体来看，提高专利权的信息生产成本将抑制权利的生产，使得更多的发明人放弃申请专利权、进行发明创造的计划，这使得专利制度激励创新的作用无法充分发挥。

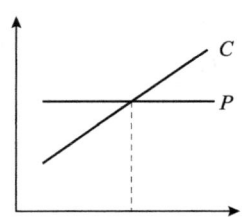

图 1.5 专利权人的收益—成本曲线

因此，在权利听众规模增加时，提高信息生产成本从而降低社会总信息成本的决策存在隐性的天花板。这一限度取决于专利权人能够从专利制度中得到的平均总收益规模。由此我们也可以合理推知，在专利权保护强度大、赔偿数额高的环境中，信息生产成本的法律调整空间也更为宽敞。

专利权的解读者具有广泛性。其"听众"包括权利人、[1] 其他发明人、市场竞争者、潜在购买者和投资人、律师、专利局、法院等，这些主体可以分为三类：权利人、义务人、裁判者。权利人之所以同时也是解读者，是因为原始权利人往往并非实际撰写人，而受让权利人更非权利信息的生产者。并且，更为深入的讨论是，即使撰写人本身，也很可能并不知晓未来的权利所受保护的准确边界在哪里，因为撰写人的保护意图是一回事，而在规则适用下的客观解释效果是另外一回事，如果不熟悉规则，撰写人描绘出来的权利边界最终可能和他所期望的边界大相径庭。

假定某一项权利的效力不仅在理论上，而且在现实中指向全世界的除权利人以外的全部主体，那么为了避免侵权，每一个义务人都不得不付出调查权利边界的成本，而如果这样的权利难以通过"有形"的方式体现出来的话，那么每一个义务人还需要付出权利有无的识别成本。如果这样的权利数量众多的话，可以想

---

[1] CHRISTOPHER A. COTROPIA, *Patent Claim Interpretation and Information Costs*, 9 Lewis & Clark L. Rev. , 2005, 57, 62.

第1章 权利边界确定的理论基础

见,整个社会的总成本将变得多么的庞大。

并非所有的"听众"都能够以合理的成本处理存在细微差别的权利信息,尤其对于庞大且多元的"听众群"而言更是如此。专利边界的划定必须通过对语言文字的解释才能实现,而解释天生具有强烈的不确定性。不同的解释主体掌握着不同的"前见",拥有不同的知识资源、理解能力、解释习惯和偏好,解释主体的社会地位、分工、所秉持的价值立场的差异进一步增加了这一不确定性,甚至同一主体在不同的时期内因人生阅历的不同,也可能得出不同的解释结果。不同类型的解读者在信息处理能力方面也存在差别,在资源有限给定的条件下,不同的解读者所能成功处理的信息量是不同的。有经验的听众学习和遵守规则的成本较低。从全社会的角度来说,给定的资源也同样是有限的,所能处理的信息量同样存在上限。拥有相同的知识背景的群体成员之间更容易达成理解上的共识,习惯也能够更好地被遵守。权利受尊重所需的社会总信息成本也更为低廉。因此,我们还可以对图1.1至图1.3所示的呈斜直线的信息处理成本曲线作进一步的修订,如图1.6所示,当听众规模不断增加时,表征边际信息处理成本的曲线斜率将不断增加,信息处理成本曲线由原C_b的形状变化为$C_{b'}$。不过,这一完善后的曲线并不会对图1.1至图1.4讨论的结论产生任何的影响。

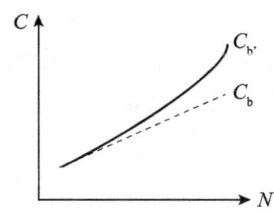

图1.6 经调整的信息处理成本曲线

只有处理好与权利有关的信息,才能尊重权利。听众应当被

专利权的边界——权利要求的文义解释与保护范围的政策调整

作为一个群体看待。听众越多,信息的负外部性越大。顺着交易相对方、交易后手、潜在侵权人、其他市场参与者的顺序,解读者离言说者的距离越来越远,外部性逐步增加。❶ 面对广大的听众时,信息成本被内部化的可能性很低。限制信息强度,有助于降低第三人信息处理成本。在产业内部案件中,较优的做法是增加义务人的责任,在产业外部案件中,较优的做法是减少义务人的责任。当解读者庞大时,信息强度应当向着降低的方向调节。高信息强度对应于小规模听众,低信息强度对应于大规模听众。法律所采取的措施是在信息集中度和信息扩展度之间寻求折中点。对于遥远的听众,应当采取更低程度的信息强度和更高程度的形式性。

综上所述,听众数量庞大,与言说者具有相同背景知识的可能性则降低,或者不具有相同知识背景的听众人数增加,由此在两个方面增加了成本:一是随着义务人数量增加所增加的信息处理成本,二是不具有背景知识的听众获取背景知识的成本。

最后,有必要单独讨论一类特殊的解读者——裁判者。裁判机关的角色像中介,其作为特殊的解读者,在部分利益上与义务人一致,但并非完全一致。裁判者一般也不具备足够的专业背景知识。需要在多大的范围内考虑法院的信息处理成本,是一个有趣的问题。相比于庞大的公众以及庞大的未进入法院程序的专利权而言,法院所承担的信息成本仅仅是社会总成本的冰山一角,且通过举证责任的分配,法院能够在一定程度上将搜索成本转嫁给当事人,因而,如果存在不特定公众与法院之间的信息成本冲突的话,那么毫无疑问应当优先于前者。在界定专利权的过程中,无论从规则、政策的制定,还是从具体规则的适用方面,司

---

❶ HENRY E. SMITH, *The Language of Property: Form, Context, and Audience*, 55 Stan. L. Rev., 2003, 1166.

法者和行政者而不是立法者起到了相当大的作用。然而，司法者和行政者与作为本领域参与者的真正义务人在知识背景不具有较强的共同性。有时候，某些规则虽然可能降低了司法和行政成本，却可能使更为广大的义务人不得不承担高昂的信息成本。无论从哪个方面说，司法者和行政者都应当自我抑制规则制定和适用的"自我利益化"倾向。从价值取向上来说，应当使得法律的适用朝着减低社会总成本，而不是单单司法和行政成本的角度发展。"文本主义（Literalism）作为最明确的解释规则，或许可以节省司法资源，但是并不必然是最有效的规则。"❶

1.2.4 语义、语境与信息成本

要完整理解语言文字所传达的全部信息，往往需要结合符号所处的语境。语言所传达的全部信息既包括符号表达的显性含义，也包括隐性含义。在特定的情境下，言说者所表达的全部含义往往比字面表达本身所包含的含义多，也即实际传递的信息量比严格的语义含义所传递的信息量大。符号承载的信息量往往超过了符号本身的含义。此隐含含义的存在，使得传递的信息要比表面上显现出来的多。但是，简短的表达虽然生产成本低，但隐含含义的发掘有赖于语境以及推理，如果解读者不具有相应的语境认知，那么信息处理成本将极为昂贵。相反，如果解读者具有相应的语境认知，那么信息处理成本几乎不发生变化，而社会总成本将因信息生产成本的降低而降低。因此，解读者和言说者之间共享的知识背景越多，采用简短的表达方式从整体上来说则更有效率。从另一个角度说，解读者对言说者信息的还原范围部分取决于解读者所掌握的已有信息。

语境的存在和利用能够节约大量的信息生产成本。例如：

---

❶ *Festo Corp. v. Shoketsu Kinzoku Kogyo Kabushiki Co.*, 535 U.S. 722, 732 (2002).

"我很冷。"❶ 此句话在不同的语境下有着不同的含义。如果场景是说话者站在远离窗户的地方,而说话对象站在窗户旁,那么信息接收者对此的理解很可能就是请求关上窗户的祈使句。在此情形下,言说者无需表达:"我很冷,鉴于你站的地方离窗户更近,请你关上窗户好吗?"这种表达方式使用了大量的语言文字,由于语言文字的组织和编排需要付出生产成本,故这一较长的表达方式付出了更高的生产成本。而"我很冷"蕴含着言外之意,这一言外之意通过言说者和解读者双方共同享有的语境信息以及解读者的推理,得以被解读者所理解,从而以较低的信息生产成本传递信息。由于在该场景下解读者并不需要付出额外的获知语境信息的成本,因而其信息处理成本并未因此而显著地增加。社会总信息成本从整体上由此下降。

从信息强度上看,相较于长表达,在解读者具有语境认知的情况下,"我很冷"的简短表达传递了同样的信息量,但勾勒成本更低,因而其信息强度更强。归纳而言,语境的使用增强了信息强度,减少语境的依赖则降低了信息强度。在传递同等信息量的情况下,言说者和解读者所共同拥有的背景知识越多,依赖语境所需要付出的额外信息处理成本越少,则采用更强的信息强度越有利于降低信息总成本。反之,言说者和解读者所共同拥有的背景知识越少,越应当采取低信息强度的信息传递策略。虽然完整的表达信息生产成本高,但是对于没有看到窗户的解读者而言,长句更为有效。

语义分析是形式化的,语用分析是语境化的。语言的含义不仅仅是语义的含义,还包括具体语境下的含义,即语用的含义。在传递同样信息量的前提下,语言的描述越多、用语越正式,则

---

❶ 此例见 HENRY E. SMITH, *The Language of Property: Form, Context, and Audience*, 55 Stan. L. Rev., 2003, 1131—1132.

第1章 权利边界确定的理论基础

对语境的依赖越少,对习惯含义的依赖越强。使用通用的语言可以降低信息强度,因为对习惯用语的使用和理解不需要付出额外的成本。越正式的场合,言说者越少指向语境,表述得就越明白,描述的语言就越多,"言外之意"越少。在不同的语境下表达含义的稳定性是形式主义的特点。❶ 我们可以简述为表达得越明确,显性含义所占比重越大,隐性含义所占比重越小,信息生产成本就越高昂。

从语义学的另一个角度分析,语义是某种含义在特定语境中的可能性。❷ 语义和语用的分野在于有关的含义是否具备"可推翻性"(Defeasible)。严格语义含义是不可推翻的,而语用含义则是可随着语境变化而变化的,也即可推翻的。"我很冷"的字面含义表达了表意者感到寒冷的状态,是不可推翻的,解读者不可能得出言说者很热的推理结果,但是"请关窗"的语用含义是语境依赖的、可推翻的,因为表意者也有可能只是想陈述他很冷的事实,而不是真正想让解读者去关窗。❸

在专利系统中,专利说明书是最为重要的语境,在充分公开的要求之下,❹ 说明书以足够的清晰度描摹出发明创造的具体体现(实施例)以及权利人的发明目的、意图、背景和更为一般、抽象的发明客体。说明书教导了公众什么是权利人认为的发明创造。虽然说明书不需要披露每一种具体的实施方式,但是它应当提供足够的细节,使本领域普通技术人员能够合理地、不需要付

---

❶ FRANCIS HEYLIGHEN, *Advantages and Limitations of Formal Expression*, 4 Founds. Sci., 1999, 25, 26—28.

❷ 参见第2章第2.1节"语境理论"的有关讨论。

❸ HENRY E. SMITH, *The Language of Property: Form, Context, and Audience*, 55 Stan. L. Rev., 2003, 1133.

❹ 《专利法》第26条第3款规定:"说明书应当对发明或者实用新型作出清楚、完整的说明,以所属技术领域的技术人员能够实现为准……"

出额外过度劳动地实施权利要求请求保护的所有实施方式。❶ 专利说明书与所要保护的发明创造之间紧密联系，其提供的文本描述为公众提供了足够的技术信息，从而大大降低了理解高度概括和抽象的权利要求的成本。同时，说明书限制了发明人对权利过度扩张的可能性——专利制度的一项基本原则是发明人所要求保护的东西应当与其作出的贡献相适应。因而，说明书提供的信息赋予了权利要求语境，同时给出了抽象客体的示例，便于解读者理解发明创造的内容。说明书从充分描述和赋予抽象保护客体"有形性"（Tangibleness）两个方面提供了与权利要求语义表达最为相关的语境背景知识，从而降低了信息处理成本。

说明书是写给特定领域的"听众"的语言，说明书是教导的起点，它可能只公开一种实施方式，但是作为该领域普通技术人员的"听众"却能够受此启发而实施扩展技术。这种扩展的程度受到所属领域普通技术人员知识、运用能力和技术水平的限制，归根结底受到该领域客观发展水平的限制。"解释的说明书"（Constructive Specification）比说明书字面描述的含义范围更宽，因为解读者运用其所固有的知识进行了"意义联想"。❷ 例如，说明书实施例中教导了发明的材质是"木"，而本领域普通技术人员很可能根据自身的背景知识，能够意识到"竹"也可以实现发明目的，那么说明书书面的范围包括"木"，而经理解之后扩张的范围包括"木"和"竹"（见图1.7）。

法律要求言说者使用更多的显性表达还是隐性表达同样被认

---

❶ 《专利法》第26条第4款规定："权利要求书应当以说明书为依据，清楚、简要地限定要求专利保护的范围。"

❷ CHRISTOPHER A. COTROPIA, *Patent Claim Interpretation and Information Costs*, 9 Lewis & Clark L. Rev., 2005, 57, 71.

第1章 权利边界确定的理论基础

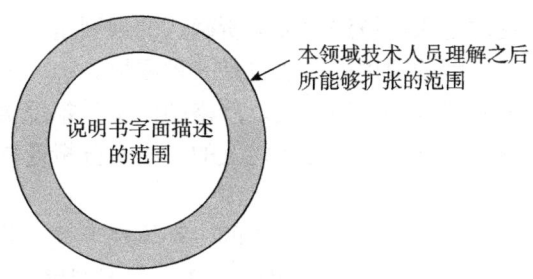

图1.7 专利权利要求的概括范围

为是信息强度和广度的折中。❶ 回忆一下本节图1.1至图1.4的信息成本曲线图。与之相类似,听众规模与语境可依赖度实际上呈反相关关系。听众规模越大、个体差异越大、与言说者的平均距离就越遥远,言说者与解读者群体平均拥有的共同背景知识就越少,可依赖语境的程度就越低。我们可以从这些曲线中得到类似的结论:当言说者和解读者拥有的共同背景知识量越少、语境依赖量越小时,越应当提高信息生产成本、限制信息处理成本,而共有的背景知识量越多,语境依赖越弱,则可以降低信息生产成本,从而降低总信息成本。

约定俗成的规则、习惯(Convention),是降低语境依赖量、降低信息强度的有效手段。习惯实际上是所有人共同拥有的背景知识。每一个人都预期其他人会遵守习惯,正如每一个人都遵守习惯一样,并且,每一个人的处境都因为其他人对习惯的遵守而变得更好。❷ 习惯是自我执行、自我实现的行为规范。❸ 习惯是

---

❶ HENRY E. SMITH, *The Language of Property*: *Form*, *Context*, *and Audience*, 55 Stan. L. Rev., 2003, 1132.

❷ H. PEYTON YOUNG, *The Economics of Convention*, 10 J. Econ. Persp., 1996, 105, 105.

❸ HENRY E. SMITH, *The Language of Property*: *Form*, *Context*, *and Audience*, 55 Stan. L. Rev., 2003, 1105, 1129.

专利权的边界——权利要求的文义解释与保护范围的政策调整

一个极为广泛的定义,被法律文本所确认的规则是一种习惯,支配着人们推理过程的通用的语法也是一种习惯,统一人们交流方式的整个语言系统也是一种习惯。严格的语义学拒绝语境,其对语义的分析就是建立在语言习惯之上的。语义分析通常是对语言习惯含义的分析。

更为广义的,习惯是形式主义的一种体现形式。尊重和遵守习惯,就是在通常的意义上使用语言文字。习惯降低了差异化,因而有效地降低了信息成本。"车同轨,书同文"、统一货币、度量衡,就是统一习惯,消除隔阂。如果在每一次交易中,买家都需要询问"两"采用的是何种制式,则提高了信息交流成本。标准化的反面是个性化。物权法定原则的强制性干预就是为了消除物权的个性化。❶

语境和形式具有紧密的互补关系。表达方式越正式,对语境的依赖程度就越低,反之,表达得越随意,则明示的信息量较少,隐含的信息量较大,越依赖于语境确定表达的含义。强烈的语境依赖和严格的形式主义是信息交流方式连续谱系的两个端点。

形式主义是限制信息处理成本、调整信息广度、强度之间平衡点的最重要且有效的法律工具之一,❷ 也是法律面对众多不特定的义务人客观需求的反映。形式主义反映了低语境依存度的策略,表达的含义较少地随着情景的变化而发生变动。高度逻辑化和格式化是形式主义的重要表现形式。数学公式是一种典型的形式主义的表达方式,计算机语言亦然——如果程序代码出现歧义的话,是无法得出运算结论的。与之相对,日常生活用语则是强烈依赖语境的。而专利文献的技术语言则介于二者之间,或者说

---

❶ THOMAS W. MERRILL & HENRY E. SMITH, *Optimal Standardization in the Law of Property*: *The Numerus Clausus Principle*, 110 Yale L. J., 2000, 1.

❷ 标准化是形式主义的一个方面。

对专利文献的语言的要求应当介于二者之间。非形式主义的权利信息需要社会付出更大的信息处理成本。如果专利权的解读者群体规模较小、密切程度较低，信息强度也可增加。反之，当解读者的规模越大，差异性越强，联系越疏远，要求规则降低和限制信息强度的呼声也就越高，形式主义的客观需求也随之增加。

形式主义的策略包括两个层面，从微观层面而言，为具体权利内容的形式化，从宏观层面而言，则是法律规则（解读规则）的形式化。

法律规则的形式化由以下的例子可见一斑。在 *Pierson v. Post* 案❶中，原告 Post 带着他的猎犬一路追赶一只狐狸，当赶到一片无主沙滩时，被告 Pierson 忽然出现，并用口袋抓住了狐狸，原告认为应由他享有对狐狸的所有权。案件的焦点在于什么样的行动可以被视为已经是实现了对野生动物的占有。本案可以在信息理论框架下予以讨论：规则的受众应当仅限于猎人的小圈子，还是包括猎人和非猎人的大圈子。❷ 由于资源是有限的，为了减少社会的整体信息成本，简明的、易操作的一般性规则——对狐狸的"确定控制"规则减少了所需付出的信息处理成本，适合于为数众多的、不确定的规则解读者；而复杂的、包含众多细节的特别规则——对狐狸的"热切追逐"规则则适合于面向数量较小的小团体规则解读者。❸ 由于对野生动物的捕获不限于猎人团体，因此规则的解读者是整个世界。"热切追逐"标准在不同知识背景的解读者中可能存在多种理解，难以满足以低成本达至明确预期的规则目标，因而"确定控制"在本案中的适用具有更

---

❶ 3 Cai. R. 175 (N.Y. Sup. Ct. 1805).

❷ CAROL M. ROSE, *Possession as the Origin of Property*, 52 U. Chi. L. Rev., 1985, 73, 85.

❸ HENRY E. SMITH, *The Language of Property: Form, Context, and Audience*, 55 Stan. L. Rev., 2003, 1105, 1118.

强的正当性。当一项法律规则面对的潜在解读者为数众多且不特定时,规则制定者不仅需要考虑规则的明确性,而且需要考虑如何在广泛的解读者中以低成本达成具有这种明确性的预期。

然而,形式主义并非没有界限。上述完全关注解读者一方的信息处理成本的理论仍然存在着一个漏洞,这一漏洞便是建立在信息生产者有能力完全将外部成本内部化的隐含假设之上。但回忆一下本章图1.5的内容,实际的情况是,信息生产者所掌握的资源同样是有限的,其可能没有能力将全部的外部性内部化,或者这种内部化所需付出的成本超过了其收益,果真如此的话,那么权利将不会被创设出来,发明人会转向隐藏,而不是公开其发明创造。恰如本章第1.1节所指出的那样,权利边界的模糊性是无法完全避免的,完全的内部化只是一种理想的状态。即使我们的理论在相当的程度上体现了尽可能将边界模糊的外部性内部化于权利人信息成本的倾向,但这一指导思想不能也不应走向极端,在多大的程度、以多高的代价能够内部化,也时刻需要置于脑海之中进行考量。这才是完整意义上的衡平。因而,形式主义只是一个程度的概念,难以也无需做到百分之百不随语境改变而改变的程度。形式主义衡量的是在不同语境之下语言含义的变化程度。法律规则所选择的不同程度的形式主义,与没有被内部化的第三方信息处理成本的规模成正比。❶ 信息的交流需要言说者和解读者的共同努力,绝对的形式主义也是不可取的。"法律要对发明人的天才而不是申请撰写者的文字才能给予利益回报。"❷

---

❶ HENRY E. SMITH, *The Language of Property: Form, Context, and Audience*, 55 Stan. L. Rev., 2003, 1105, 1115.

❷ *Autogiro Co. of America v. United States* 384 F.2d 391, 399 (Ct. Cl. 1967). 不过,法院是在对反向等同原则予以支持的语境中使用该表述的,也即是从限缩字面含义的角度论证的。

1.2.5 降低信息总成本的方式——信息成本的内部化

只有某一制度的总收益超过了总成本——包括总信息成本，这一制度才具有实用主义意义上的合理性。如果社会总成本过高，专利制度的运行成本可能超过其收益。真正有价值的专利只是全部专利中的一部分，假定100件专利中只有40件真正促进了社会进步，但是潜在的侵权人在事先不知情的情况下，不可能只针对40件专利付出信息处理成本，此时公众为其他60件专利所付出的成本就是毫无意义的损失。如果单项专利的信息处理成本过高，则公众可能选择退出"交易"，如放弃后续创新，因为后续创新的风险将变得很大。法律制度谋求的是主体自觉、自我的实施，这才是正常的社会运行机制。如果法律在实施的过程中，总是需要寻求第三方的介入才得以解决争议，那么这个法律制度的运行则出了问题，其运行成本可能比它所能带来的收益更高。

站在解读者的立场上，如果信息处理成本占到总成本的相当比例，那么解读者的信息处理负担将变得更为沉重。以物权的变动规则为例，之所以在不动产方面采用登记制度，动产采取占有推定制度，而特殊的动产——汽车、飞机采取混合主义，其重要原因在于虽然义务人查询登记的成本比观察占有的信息处理成本高，但不动产以及经济价值高的动产能够带来更大的利益，信息处理成本所占的比例并不显著。换言之，之所以能够在不动产方面采用信息处理成本较高的登记制度，是因为不动产的价值在一般情况下比动产高。这也可以解释为，如果消费者愿意为一种使用了某项专利的产品支付更高的购买价格，则意味着该项专利的价值更高，也意味着可以容许较高的信息处理成本，[1] 对应为较大的侵权赔偿责任，相反，专利的价值越低，则对应于较小的侵

---

[1] 因为信息处理成本增加不会相应地增加信息处理成本在总成本中的比例。

专利权的边界——权利要求的文义解释与保护范围的政策调整

权赔偿责任。

因而,降低包括信息成本在内的社会总成本,不仅是社会经济福利的需要,而且是制度有序运行的根本要求,任何解释规则的设计都应当考虑社会的信息成本,并且应当从社会总成本的角度考虑最小化信息提供、获得、解读的总成本。

如前所述,在面对庞大的解读者群体时,提高信息生产成本能够有效地更大规模地降低信息处理成本,从而从总体上降低了信息总成本。言说者降低其信息生产成本给解读者带来的负外部性就是提高了其信息处理成本,因而这一问题的实质是如何将解读者的信息处理成本内部化于言说者,从而满足前述的降低信息总成本的制度目标。

语言学认为,言说者会根据其所面向的观众而调整表达模式,这被称为"观众设计"(Audience Design)。在日常对话中,言说者有时候会自发地产生内部化的激励,解读者的信息处理成本往往得以被言说者内部化。此时言说者同样有着被理解的利益,因为言说者同时也是解读者,如果信息处理成本过高,意味着解读者未必能够很好地理解言说者所欲传达的信息,如此一来,不仅无法实现言说者的表意目的,并且也可能使其丧失听众和对话伙伴。[1]但在广泛传播信息的场合,言说者面对不特定多数的听众,且与他们之间的相互关联程度低,言说者有可能缺乏足够的激励,此时外部性无法被自动地内部化。

同理,在财产权领域中,是否存在紧密的交易关系决定了言说者是否具有自发内部化外部性的激励。在财产权领域,权利人对其将面对什么样的解读者的预期将影响权利的生成过程。从利益一致性的角度而言,权利人比较在乎潜在的交易者和裁判者对

---

[1] HENRY E. SMITH, *The Language of Property: Form, Context, and Audience*, 55 Stan. L. Rev., 2003, 1105, 1137.

权利的解读。为了使潜在的交易者和裁判者能够以更符合其保护目的和利益的方式解读权利边界，权利人具有清晰化、精确化其表达的激励。于此情形，权利人愿意负担解读者的部分信息处理成本，因为该成本由权利人承担比由解读者承担更为有效，花费也更低，如果完全由解读者承担的话，会降低财产权在市场流通中的价值。例如权利边界不清楚，会使潜在的交易者付出更大的确权代价，其交易的意愿下降，或者迫使权利人降低要价。❶

但是，并非所有的解读者的信息处理成本都会如同前例中那样被言说者所负担，换言之，权利人并非在任何情况下都有内部化他人信息处理成本的激励。无论面对何种"听众"，权利人都有最大化其利益的倾向，❷ 面对不同听众时权利人有着不同的最优决策。如果权利人的利益变动对于解读者的信息处理成本并不敏感，那么言说者将选择不进行内部化。因为潜在侵权人的信息处理成本的提高，并不会相应地降低权利人的收益，相反，内部化这部分成本意味着权利人需要付出更多的私人成本，也即降低了收益——即便从社会成本的角度分析，内部化更有效率。言说者和解读者之间的关系越遥远，他们之间的共同利益便越少，利益联系就越疏远，内部化的激励也就越弱。当解读者数量庞大时，其群体内部关系遥远的成员就越多，这部分信息处理成本就越不容易被权利人内部化。

不同类型的解读者的信息处理成本均无法完全被信息生产者内部化。首先，与权利人利益关系最为密切的交易对方就无法完

---

❶ HENRY E. SMITH, *The Language of Property: Form, Context, and Audience*, 55 Stan. L. Rev., 2003, 1105, 1140.

❷ 最大化利益的方式不总是扩张权利，在为维持权利有效的程序中，权利人有可能希望限缩权利，以增加维持权利有效的概率。

全内部化。❶ 其次，裁判者的信息处理成本也无法被完全内部化。裁判者的角色类似于交易链条中的后手，与直接交易方相比，离权利人的距离更远。虽然从某种意义上说，言说者可能内部化部分裁判者的信息处理成本。例如，假定裁判者仅仅投入相同的资源处理更为隐晦的权利表达时，裁判者可能发生错误，这部分的不利后果可能有部分由权利人承担，❷ 但是不能忽视在实际状况下裁判者付出更大的努力避免错误的激励和压力，因此仍然有相当部分的信息处理成本无法被内部化。再次，潜在侵权者的信息处理成本更加难以被内部化。只要权利人能够从侵权行为中获得充分的赔偿，在没有法律干预的情况下，权利人几乎没有任何内部化潜在侵权人信息处理成本的激励。尤其是如果权利人与解读者之间存在竞争关系时，内部化的动机就进一步被削弱，权利人甚至希望保有弹性的权利边界实现对潜在侵权人的某种威慑。最后，其他的市场参与者的成本也无法被内部化。例如，有意进行交易、但最终未达成交易的潜在购买者，又如，有意进入市场而进行了前期调查，但最终未进入该市场的潜在竞争者。❸

---

❶ 实际上，即使双方的关系紧密如同交易的情形，也不总是能将信息处理成本内部化。例如，如果买家接受卖家的报价购买水果，买家会对篮子里的水果进行挑选，从而需要付出信息搜索成本，由于价格已经固定，卖家并无将该成本内部化的激励；只有当买家已经与卖家就交易达成协议，但价格尚未核定的情况下，卖家才有完全内部化买家搜索成本的激励，因为如果发生可以避免的浪费，将导致价格下降，出卖人收益降低。而当卖家面向不特定的潜在买家时，信息处理成本将几乎无法被内部化。例如，广告电话造成了没有购买意向的接听者时间上的浪费、精神上的骚扰、生活和工作被打断的成本，但只要出卖人能从寥寥无几的交易中回收其拨号的成本，其就有不断进行拨号的甜头，即便从全社会来看，造成了非潜在交易者的困扰。See HENRY E. SMITH, *The Language of Property*: *Form, Context, and Audience*, 55 Stan. L. Rev., 2003, 1105, 1142.

❷ See ERIC A. POSNER, *Norms, Formalities, and the Statute of Frauds*: *A Comment*, 144 U. Pa. L. Rev., 1996, 1971, 1985.

❸ See HENRY E. SMITH, *The Language of Property*: *Form, Context, and Audience*, 55 Stan. L. Rev., 2003, 1105, 1141—1148.

第1章 权利边界确定的理论基础

社会总成本因前述权利人缺乏内部化的激励而被提高的原因主要有以下几个方面。首先,当解读者为数量庞大的、多元的、不确定多数的公众时,每一个成员都需要付出信息处理成本,这些私成本的叠加大大超过了权利人所因此而节约的信息生产成本。其次,在表达含义既包括显性含义,又包括隐性含义的绝大多数情况下,对于隐性含义的信息传达,权利人的边际信息强度发送成本要比解读者的边际信息处理成本更低。❶ 用更为直白的话说,言说者在表达中每增加一个字所需要付出的努力,要比解读者因言说者每减少一个字而需要付出的努力小。鉴于社会总成本是言说者和解读者双方努力之和,则由言说者作出相应的努力更能节约社会总成本。这一现象在日常语言系统和法律系统中同时存在。例如,藏头诗、脑筋急转弯之类的信息表达,出谜者只需增加一点提示,就可能使猜谜者豁然开朗,而出谜者每减少一点线索,就可能大大增加了猜谜者的难度。最后,如果信息处理成本无法完全被内部化,那么由于权利人无需承担此部分成本,其边际成本降低,在边际收益不变的情况下,权利人将进一步提高产量,直至边际成本和边际收益相等的均衡点,从而鼓励了更多无效率信息的生产。

权利人采取不同表达方式所付出、取得的成本、收益,解释了市场有时会自发地向最优均衡点调整而有时却背离该均衡点的现象。权利人的言说方式并不总是与法律的目标相契合。在大部分信息成本被生产者内部化的场合,法律无需过多地进行干预——干预本身也需要付出成本。例如在合同法领域,法律尽可能地提供意思自治的规则,只有在涉及公共利益等特殊情况下,❷ 法律才提供必要的干预;而在大部分信息处理成本无法被

---

❶ 对于显性含义部分的信息处理成本,生产者与接收者之间并无明显的差距,不过从通常情况而言,生产者的成本通常要略高于接收者。

❷ 此时,解读者的规模出现了扩大化,产生了外部成本无法被内部化的情况。

专利权的边界——权利要求的文义解释与保护范围的政策调整

内部化的情形下,法律必须采取政策性的手段,以外力促使权利人内部化。例如在物权法领域,法律创设了物权法定原则,在相当程度上限制了权利人的自由,从而使可能施加在义务人处的外部性得以被权利人内部化,体现为权利人的信息生产成本的提升,义务人信息处理成本的降低,最终降低了社会总成本。

与日常对话不同的是,法律往往采取强制手段干预法律系统中产生负外部性的行为。其主要的正当性是在法律关系中负外部性带来高风险。在日常交流中,如果信息处理成本过高,解读者可以选择忽略这部分信息,一般不会造成严重后果。如果解读者无法理解"我很冷"的真实含义,只是造成对话无法进行下去、表意人的意图无法实现的结果。而在法律语境之下,信息传递失败所导致的危险要大得多。如果解读者无法理解权利信息,那么他不可能像面对误解那样一笑了之,很可能在无意识的状态下侵犯权利,从而蒙受巨大损失。如果理解财产权的成本过高,那么商业活动将成为一件非常危险的事情。外部性的成本规模与收益和风险之间的衡量具有很大关系。❶ 例如空中管制,或者油轮的停靠,误解所导致的高额成本足以使得法律具有进行干预的必要。❷ 此外,听众庞大也增加了风险的规模。法律系统与日常语言体系在行为风险方面的差异是导致对负外部性是否进行强制干预的根本原因之一。

如果社会总成本高昂(外部性成本高),那么法律的应对措施应当是部分剥夺言说者的决定权,对负外部性的内部化进行法律干预。风险越高,管制的必要性和正当性就越强烈。这解释了在日常对话中法律很少干预,而在法律系统中管制很普遍的原

---

❶ HENRY E. SMITH, *The Language of Property: Form, Context, and Audience*, 55 Stan. L. Rev., 2003, 1105, 1137.

❷ THOMAS W. MERRILL & HENRY E. SMITH, *Optimal Standardization in the Law of Property: The Numerus Clausus Principle*, 110 Yale L. J., 2000, 1, 49.

因。如果遵守复杂规则的成本超过了法律责任本身，那么法律规则也就无法影响人们的行为了。❶

如果财产权的价值上升，违反义务的成本也随之上升，无论是交易者还是潜在侵权人都愿意付出更大的信息处理成本，从而内部化的需求也更为突出。专利权的信息处理成本因以下两个方面的原因尤其显著。一是专利权在当今市场竞争中已经成为几乎无法绕开的话题，许多商品都存在有效专利；二是禁令制度的存在使得负担信息处理成本的意愿进一步升高，如果信息处理成本高于侵权代价，在没有禁令的情况下，侵权人更愿意支付侵权赔偿，而不是进行专利预警，但在存在禁令制度的情况下，侵权人不得不付出更为昂贵的信息处理成本，否则的话他将很可能被赶出市场。

随着科学技术的不断发展，技术成果之间的距离越来越近，特定技术领域之内的空间越来越狭小，技术越来越密集、越来越拥挤，技术之间重叠的现象越来越严重。随着对在先技术的借鉴、不同技术领域的融合、创新主体的多元化，专利权数量爆炸性地增长。实施技术的风险越来越高，法律对专利权信息成本的干预必要性也空前增大。此外，与著作权、商标权等其他无形的知识产权相比，专利权的边界对确定性的渴求更高。作品表达、商业标识的可选择范围几乎无限，但一定时期内可选择的技术方案是有限的。这也决定了专利权的伸缩性应当小于著作权、商标权等其他无形财产权。

因此，在专利法语境下，作为不特定第三人的解读者的信息成本不能总是被言说者自然而然地内部化。为了降低信息处理成本，减少行为风险，专利法应当依靠各种各样的工具阻止言说者

---

❶ LOUIS KAPLOW, *A Model of the Optimal Complexity of Legal Rules*, 11 J. L. Econ. & Org., 1995, 150.

将信息成本外部化。

当然,我们也必须清醒地认识到,完全的内部化只是理想的状态,在法律系统中,还存在着日常对话中较不容易出现的内部化困难。

在语言的表达过程中,陈述和对话是两种不同的信息沟通方式。对话存在互动,解读者无法理解的表述可以通过向对方询问与回答而逐渐清晰起来,误读也可以很快地由信息反馈和重述而得以修正。而陈述是单方面的表达,即使言说者极力避免语义模糊,但他所采取的表达方式是他认为的解读者能够理解的表达方式,这一理解与解读者真实的解读能力、习惯和模式可能存在错位,从而导致解读者的理解困难。因此,即使言说者有着将外部性内部化的激励或者压力,在单方陈述的场合下,也可能因言说者主观认识的偏差而产生无法充分内部化的情况。

虽然在"我很冷"的例子中,遵守合作原则❶的言说者会根据解读者性质的不同调整言说的方式,尽可能使得解读者理解说话者所要表达的意思,也即将负外部性内部化,但是在实际过程中内部化并不总是发生。假定在前述例子中,如果解读者并不具有相关的语境认知,例如不在窗户旁边,解读者则很难理解"我很冷"的真实含义,他要么认为表意者想表达的仅仅是他很冷这一事实而已,要么意识到言说者有着言外之意,而进一步追问表意者的真实意图,显然,此时解读者需要付出更高的成本才能够成功地完成全部信息的传递。

权利信息是典型的"陈述型"的信息表达方式。在缺乏对话机制的权利信息系统中,解读者无法通过"追问"或者"反复交流"的方式将信息处理成本内部化于信息生产者。权利信息表达更像是"一锤子买卖","一次性"地传递所有的信息。权利人需

---

❶ 有关合作原则的讨论参见第 2 章第 2.1.3 节。

要先行预测解读者的需求、疑惑和盲点,并提前作出反应,但显然,在缺乏事后反馈的情形下,这种事前的估计很可能无法充分照顾到解读者的所有需求,也即无法完全实现内部化。

1.2.6 在专利权的划界中降低信息总成本

回顾之前的论证,法律干预需要在信息生产成本和处理成本之间取得折中,平衡点的调整目标是使得信息处理成本在相当的程度上被内部化,从而实现总体信息成本的最小化。

在专利系统中,信息成本的构成分析较为复杂。一方面,在解读者的规模方面看,其比法律关系发生在特定主体之间的债权大,比对抗所有主体的物权小,❶ 处于"中等"水平,且"听众"多为同一领域的从业人员,知识背景具有共同性,❷ 解读者的多元性、异质性并不如物权体系那样明显,相同的知识背景、相互之间较为密切的联系,都足以支撑更为具体和复杂的规则体系;另一方面,专利权的内容具有强烈的异质性,无法像物权、证券权利那样形成相当程度的标准化,权利的"无形性"也使得识别成本进一步升高。上述两个方面形成方向相反的作用力,使得专利制度的策略选择成为更为棘手的问题。是制定更为简单的、易理解、易操作的、一般性的规则,还是更为精细化的、复杂的、具体情况具体分析的规则?这是一个问题。但可以肯定的是,即使专利权面向的是更为同质的"听众",但听众的数量仍然具有不确定多数的开放性,这意味着在相当大的程度上仍然需要考虑适用降低信息处理成本的规则,需要强化而不是放松干预

---

❶ 例如在不动产中,土地的藩篱必须被普通公众很容易地识别,因为它的信息接收对象极为广泛。

❷ 当然这是一种具有法律意义的假定,也许实际的状况是某些不具有本领域知识的主体在没有任何调查和学习的情况下即"傻乎乎"地进入该领域从事商业活动,但法律赋予了任何从事制造、进口活动的从业者事先进行调查和学习的义务,并不因个别的知识缺乏者而降低标准。

专利权的边界——权利要求的文义解释与保护范围的政策调整

负外部性内部化的要求。

从减少专利权解读者的信息处理成本的角度而言，有以下几种可供选择的策略。

第一，限制信息的总量。[1] 信息的总量包括规则的信息总量和具体权利内容的信息总量。对前者的限制主要通过规则的简化和瘦身完成，当然，在规则的清晰性、量身定做性和简单化之间存在复杂的折中考虑；对后者的限制主要通过形式主义的方式，如权利种类和内容的法定化、格式化、标准化、同质化、习惯化。

第二，限制对语境的依赖。[2] 这要求信息生产者提高明示性含义的比例，从而减少信息处理者对有关语境的搜索、理解成本，同时也减少了模糊的成本，增强了含义的不可推翻性，也即增大了某种含义的可能性。隐含含义是有条件的、暂时的、情境化的和可推翻的。在面向众多解读者的信息交流系统中，强调更依赖于通常含义和不可推翻的推理是符合经济效率原则的，可以在不引入语境的情况下即具有相当程度的精确性。

第三，缩小解读者的范围。显而易见的是，通过减少义务人的数量，可以相应地降低大致等量的信息处理成本。将专利权与著作权作比较，普通公众更容易理解著作权，也更容易复制享有著作权的作品，而不容易理解和复制专利产品，在权利边界的解读方面，缩小解读者的范围至那些很可能拥有专业背景知识的人，能够有效地降低社会总成本。专利制度从行为性质的角度对义务人的范围进行了较大范围的限缩。《专利法》第11条首先将潜在的侵权行为限定在"以生产经营为目的"的范围之内，从而

---

[1] HENRY E. SMITH, *The Language of Property: Form, Context, and Audience*, 55 Stan. L. Rev., 2003, 1160.

[2] HENRY E. SMITH, *The Language of Property: Form, Context, and Audience*, 55 Stan. L. Rev., 2003, 1162.

排除了"非以生产经营为目的"的行为人的责任。第 70 条进一步规定,不知道侵权的使用者、销售者免除赔偿责任,这样,便从相当大的程度上限制了使用者和销售者的侵权责任。如此一来,承担完全的搜索、调查义务的"听众"被限制在"以生产经营为目的"的"制造者""进口者"范围之内,从而大大降低了社会总的信息处理成本。另一个典型的例子是"权利用尽"原则将交易的后手排除在解读者的范围之外,从而显著地减少了全社会的信息处理负担。

第四,权利内容的形式化。权利内容越复杂、越特殊、越异质化,所需付出的信息处理成本就越大。解读者无法很容易地借助以往的经验迅速掌握权利信息,而需要投入更多的时间理解、消化和推理。形式主义提供了一种标准化的信息表达方式,从而降低解读者面对每一项新权利时所需付出的边际成本。物权法定主义是提高权利形式性、降低信息处理成本的有效制度反应。❶与物权相比,专利权的异质性问题要严重得多。从理论上说,每一项专利权的权利内容都是新的,因为不符合新颖性、创造性的发明客体无从获得授权。从这个意义上说,单位专利权的信息处理成本要比物权高得多。专利法不得不对撰写方式提出各种各样的要求,强制信息生产者更多地依靠传统和习惯,避免特殊的知识背景和语境,以使得撰写人以更为符合大众传统阅读经验的方式撰写专利文献,从而降低解读者的信息处理成本。形式主义同时也使限制了模糊性。❷

第五,减少权利的数量。正如本章随后内容所要揭示的那样,专利权过多、过滥成为当今世界普遍面临的严重问题。数量

---

❶ See THOMAS W. MERRILL & HENRY E. SMITH, *Optimal Standardization in the Law of Property: The Numerus Clausus Principle*, 110 Yale L. J., 2000, 1.

❷ HENRY E. SMITH, *The Language of Property: Form, Context, and Audience*, 55 Stan. L. Rev., 2003, 1163.

庞大的专利权集中在有限的产品之上，使得权利的密度空前加大，进而使得单项商业活动的信息强度大大增加。降低社会信息总成本需要提高权利质量，减少权利数量。

第六，限制义务人的责任。❶ 法律干预权利系统，而不干预日常交流的一项重要原因是权利系统带来了行为的高风险。如果行为风险很高，那么即使从全社会的角度看，信息处理成本高昂且无效率，解读者也不得不付出相应代价，否则他可能将承担某种责任。解决此问题的一种较为直接的方式是限制解读者的责任。限制责任，则降低了信息处理的风险，也相应地降低了信息处理成本。在信息处理成本高企的专利系统中，提高侵权赔偿数额的正当性要比在信息处理成本相对低廉的系统中的正当性低。

1.3 权利边界确定的历史嬗变及其启示——由说明书为中心到权利要求为中心

在世界各国的专利制度中，专利权边界的确定普遍经历了由说明书界定向权利要求书界定的历史轨迹。发展至今日，各专利大国均确定了权利要求在权利划界方面的核心地位和作用。在20世纪90年代，美国联邦法院Giles法官更形象地将专利制度称为"名为权利要求的游戏"。❷ 表1.1列举了中国、美国、欧盟、日本、韩国等专利法关于专利权边界确定的基本规则，均不约而同地强调了权利要求中心主义。

---

❶ HENRY E. SMITH, *The Language of Property: Form, Context, and Audience*, 55 Stan. L. Rev., 2003, 1166.

❷ "To coin a phrase, the name of the game is the claim." GILES S. RICH, *The Extent of the Protection and Interpretation of Claims — American Perspectives*, 21 Int'l Rev. Indus. Prop. & Copyright L., 1990, 497, 499.

表1.1 中、美、欧、日有关权利要求中心地位的规定

中国《专利法》第59条第1款	发明或者实用新型专利权的保护范围以其权利要求的内容为准,说明书及附图可以用于解释权利要求的内容
美国专利法第112条第（2）款	专利说明书应以一项或多项的专利权利要求作为结尾,特别指出并明确界定申请人视为其发明的标的（Subject Matter）
欧洲专利公约第69条	一份欧洲专利或者欧洲专利申请的保护范围由权利要求的内容确定,说明书和附图可以用于解释权利要求
日本特许法❶第70条	（1）专利发明的技术性范围,必须基于申请书附带的专利请求保护的范围的记载确定。（2）前款中,得参照说明书的记载以及图纸解释专利请求保护的范围中记载的意义。（3）前两款不得参照请求书附带的摘要的记载

自1474年威尼斯颁布了世界上第一部接近近现代专利制度的法律以来,❷ 以什么样的外在表现形式来确定专利权的保护范围,各国进行了长期的探索。"探索的焦点在于怎样才能在为专利权人提供有效保护和为社会公众提供足够的法律确定性之间更好地达到平衡。"❸ 各国制度的同质化趋势并非偶然,而是有其深刻的经济和社会背景。

1.3.1 英、德、美、日的发展历程

1.3.1.1 英国

英国是最早实施现代专利制度的国家,也是第一份专利说明书、专利权利要求书的诞生地。英国专利权利要求的演变历史是最为完整的研究样本,具有十分重要的意义。

---

❶ 日本专利制度由《日本特许法》《日本实用新案法》和《日本意匠法》组成,保护对象分别相当于中国的发明、实用新型和外观设计。

❷ 该法要求技术应当在威尼斯实施并传授给当地相同领域的工艺师,但工艺师对外承担保密义务,因此以今天的眼光看来,该法相当于为"技术秘密"提供保护,且立法目的主要在于鼓励在法律施行地实施技术以促进当地社会进步。参见郑成思.知识产权论［M］. 北京：法律出版社, 2003：7.

❸ 尹新天. 中国专利法详解［M］. 北京：知识产权出版社, 2011：557.

1.3.1.1.1 前权利要求时期

1624年英国颁布实施了世界上第一部现代意义上的专利法——《垄断法》。该法律规定了发明专利权的主体、客体、获得授权的条件、有效期限和无效事由等。❶ 但该法律制定的目的与威尼斯的专利制度一样,都是为了将身怀先进技术的外国工匠吸引到英国,并将这些技术传授予英国的本国工匠。此时人们还尚未意识到专利法对于信息公开和技术传播的重要意义。英国早期只有重大创新的技术方案才能获得专利权,改良的技术方案不可获得授权,但在十七八世纪期间,英国的工业革命涌现出许多改进型的技术方案,授权的条件也随之放松,越来越多的改进型技术获得授权,这使得权利之间的划界问题日益突出。1670年颁布的《私人财产法》,首次要求专利申请人应当在申请专利后3个月内以书面形式公开请求保护的技术方案。从1734年开始,提交说明书成为所有专利申请的法定义务,专利因未提交说明书而可能被宣告无效。❷ 随后不久,在 *Liardet v. Johnson* 一案中,法院也要求说明书必须详细说明发明创造,全面披露是换取保护的"对价"。英国的专利制度的目标至此发生了重大转折,不再以在国内实施作为授权的条件,而是以充分公开作为"对价"。❸ "专利申请人撰写说明书这一义务,开始有了一点确定专利权保护范围的味道。"❹

---

❶ 参见:彼得·德霍斯. 知识产权的合理性:一切从头说起[M]//唐广良. 知识产权研究(第9卷). 北京:中国方正出版社,2000:19—20.

❷ 董涛. "专利权利要求"起源考[M]//国家知识产权局条法司. 专利法研究(2008). 北京:知识产权出版社,2009:137.

❸ RICKETSON S, *The law of intellectual property*, The law book company limited, 1984, 864.

❹ 董涛. "专利权利要求"起源考[M]//国家知识产权局条法司. 专利法研究(2008). 北京:知识产权出版社,2009:137.

1.3.1.1.2 权利要求萌芽时期

19世纪初期,一些专利申请人为了在详细披露有关技术内容的说明书中突出强调自己所发明的东西,从而更好地保护自己的利益,自发地在专利说明书之后增加一段专门性的说明文字,将申请人认为最重要的进步要素体现在简短的说明之中。说明人一般使用"claim"(要求)一词。最早使用"claim"一词的是1807年11月20日的詹宁斯(Jennings)申请,而1811年1月9日富尔顿(Fulton)的汽船发明专利被认为是世界上最早的权利要求书。不过,此时的权利要求对于权利的划界只起辅助作用,便于法官在诉讼中了解发明的特征,其撰写并非法律的强制性要求,在权利边界的确定过程中也并非唯一的、不可或缺的核心,只有参考意义,只起"锦上添花"的作用。

1.3.1.1.3 权利要求渐成"界标"时期

在权利要求地位上升的过程中,一个具有里程碑意义的判决是1858年的 Seed v. Higgins 案❶。该案确定了一个原则,即凡是申请人没有声明要求保护的内容,不属于权利要求覆盖的范围。在1877年的 Dudgeon v. Thomson 案❷中,法院认为权利要求对权利效力判定和侵权判定都具有限定效力。

1883年,英国颁布了《专利、外观设计与商标法》,其中第5(5)条规定:"对于专利说明书而言,结尾之处都必须有一段关于要求保护的发明内容的单独说明。"但是,在该法施行以后的四五十年间,法院常常将第5(5)条的规定看作是指导性的,

---

❶ *Seed v. Higgins* (1858) 8 El. & Bl. 755. 转引自:董涛."专利权利要求"起源考[M]//国家知识产权局条法司. 专利法研究(2008). 北京:知识产权出版社,2009:139.

❷ *Dudgeon v. Thomson*,3 App. Cas. 34 at 54 (1877). 转引自:董涛."专利权利要求"起源考[M]//国家知识产权局条法司. 专利法研究(2008). 北京:知识产权出版社,2009:140.

不具有强制效力。许多专利申请人采用"基本如上所述"的撰写方式，重新将划界的任务指回了说明书。法院也没有严格按照权利要求的措辞确定保护范围。

1932年，英国修改了专利法，一个重要的变化是在第25（2）（i）条将说明书没有对需要保护的内容进行"清晰具体地说明"作为专利无效的一项原因。1938年，卢塞尔法官在 Electric & Musical Industries v. Lissen 案[1]中作出了一段经典的陈述："权利要求的作用是清楚、明确地界定专利权人排他权的范围，使他人能够准确地知道禁止进入的领域的边界。权利要求的主要目的在于界定排他权的范围，而不是试图扩展其范围。尽管权利要求应当被认为是作为整体的说明书的一部分，而不是一个单独的文件，但是禁止他人进入的领域范围必须由权利要求的语言来圈定，而不能由说明书的其他部分来确定。……除非专利权人将其要求保护的发明［客体］写入权利要求，否则其不能得到专利权的保护。"

不过，权利要求在划界地位上的唯一性还没有完全确立起来，在 Raleigh Cycle v. Miller 案中，上议院仍然以权利要求使用了"如说明书所述"的用语为由通过说明书来界定保护范围。1949年，英国再次修改专利法，删除了1932年专利法的第25（2）（i）条，新增加了第32（1）（i）条作为专利无效的原因，即"专利权利要求不清楚"。这样，就使得使用"基本如上所述"之类的模糊指向用语的权利要求被无效的风险大大增加。不过，在实践中，法院沿着既往的传统，倾向于容忍一些不那么明显的模糊用语，通过"解释"的方式尽可能地保持专利权的效力并使之得到保护。

1973年，为统一英国和德国在专利权划界方面的巨大差异，《欧洲专利公约》第69条应运而生。英国于1977年修改了专利法，使其与《欧洲专利公约》的内容保持一致。至此，从实定法的层面，英

---

[1] Electric & Musical Industries v. Lissen, 56 R.P.C. 23, 39 (1939).

国最终确立了权利要求作为专利权边界确定的唯一依据的规则，无论英国法院在实践中如何通过不同的技术"修正"权利要求的划定范围，都只是以权利要求为核心的大原则下所作出的适当调整而已。

1.3.1.2 德国

德国的专利制度有其自身的特色，始终坚持专利权效力判定和侵权判定的"分离主义"，❶ 即由专利局审查专利权效力的问题，而由法院来认定侵权成立与否。与许多其他民事制度的产生和发展历史相似，在专利权边界划定的问题上，德国学者的学说对制度的变迁产生了重要的影响。以学者的主要学说为分界，德国专利权利要求的发展历史可划分为三个阶段。

1.3.1.2.1 依据权利要求文字内容划界时期

此时期大致从1877年至1910年。1877年，德国的第一部专利法并没有关于权利要求的规定。在侵权诉讼中，法官根据说明书描述的内容来划定权利范围。不过，与英国的情形相似，实践中专利申请人往往自愿在说明书中加入请求保护的东西是什么的文字，以作为强调。1891年，德国专利法首次强制规定在说明书中必须包括至少一项权利要求。此后，德国法院基本依据权利要求的文字内容来确定专利权的边界，权利要求在德国的作用要强于同时期的英国和美国。Hartig教授提出，权利要求应当有统一固定的格式，而不能由申请人任意发挥。该学说在德国逐步成为通说，1898年德国专利局正式要求申请人必须按照规定的格式撰写权利要求。这一制度与英国不同，英国对专利申请人使用何种格式撰写权利要求采取了宽松的态度。

1.3.1.2.2 依据"总体发明构思"划界的时期

此时期大致从1910年至1930年。1909年开始，Isay教授认为，Hartig教授主张的严格遵循统一格式的权利要求来划定权利

---

❶ 关于"分离主义"的讨论参见本章第1.6节的有关内容。

范围的理论加重了德国专利局的工作负担,法院过于拘泥于权利要求的字面含义在许多情况下导致对权利人保护不周,使得发明人本应获得的垄断权落空。为此,Isay 教授提出了由专利局来界定发明的技术范围（Technical Scope）,由法院来界定保护范围（Protection Scope）的理论。权利要求的作用是用来供专利局审查可专利性时界定范围的工具,而在侵权案件中,法院不应该严格局限于权利要求的文字含义判断保护范围,而应当根据发明的实质内容和现有技术的状况进行判断。如果现有技术的状况允许,专利权的实际保护范围可以比权利要求文字界定的范围宽得多。Isay 教授的理论很快就被德国最高法院采用,权利要求在侵权诉讼中的地位明显下降。

1.3.1.2.3 重新强调权利要求作用时期

此时期大致从 1930 年至 1979 年。从 20 世纪 30 年代后期开始,德国法院的划界方式受到了德国产业界的批评。战后,德国最高法院在一个判决中,建立了后来被称为"三段论"的判断方法,专利权利要求的地位比"分离主义"的做法有所提升,但是基于德国法院"亲权利人"的传统,这一判断方法并没有完全抛弃"中心限定主义",因此这一方法属于权利要求字面含义原则和"总体发明构思"原则的折中。

1.3.1.2.4 确立以权利要求为划界依据的时期

1979 年,德国修改了专利法,使其规定与《欧洲专利公约》第 69 条的规定完全一致,并接受该公约有关议定书的约束,该法于 1981 年生效。《欧洲专利公约》第 69 条议定书的规定是专门为了协调英国和德国的两种极端做法而应运而生。❶ 该议定

---

❶ 《欧洲专利公约》关于第 69 条的议定书规定:"第 69 条不应当被理解为一份欧洲专利所提供的保护由权利要求的措辞的严格字面含义来确定,而说明书和附图仅仅用于解释权利要求中的含混不清之处;也不应当被理解为权利要求仅仅起到一种指导作用,而提供的实际保护可以从所属的技术人员对说明书和附图的理解出发,扩展到专利权人所期望达到的范围。这一条款应当被理解为定义了上述两种极端之间的一种中间立场,从这一立场出发,既能为专利权人提供良好的保护,同时对他人来说又具有合理的法律确定性。"

书否定了德国法院原来将"权利要求仅仅起到一种指导作用"的立场,要求在德国与英国"由权利要求的措辞的严格字面含义来确定"保护范围的两种极端之间采取"一种中间立场",相应地,德国的做法也由此发生了改变,以符合议定书所规定的义务。

1.3.1.3 美国

1.3.1.3.1 1790年专利法案及1793年专利法

在美国1790年专利法之前,在实践中并没有出现类似于权利要求的东西。❶ 1790年专利法案第2条明确要求发明者应当提交书面说明,该书面说明即相当于后来所称的说明书。随后,美国1793年首部专利法第3条规定:发明人必须提交"一份书面说明书(Written Description),对其发明……用完整、清楚、准确的术语描述出来,以与在先的发明技术相区别,同时也使本领域的其他技术人员能够……制造、生产、使用该发明技术。"❷ 因此,无论是1790年的法案还是1793年的专利法,都没有明确提到权利要求,仅要求发明人提交说明书,并在其中对其发明进行清楚地描述,以其他技术人员能够实施为准。即便如此,要求专利说明书充分公开和足够区别已经多少具有了划界的意义,为之后权利要求的出现奠定了基础。

1.3.1.3.2 1836年专利法

在1793年专利法之后,某些专利申请人开始自愿在说明书之后对发明进行总结和概括,并出现请求保护(Claim)的字眼。1836年美国专利法第一次出现了"专利权利要求"的字眼,其第6条规定:发明人在书面说明书中应当"明确具体地指出其认

---

❶ LUTZ, *Evolution of the Claims of U. S. Patents*, 20 J. Pat. Off. Soc., 1938, 134. 转引自: 董涛. "专利权利要求"起源考 [M] //国家知识产权局条法司. 专利法研究 (2008). 北京: 知识产权出版社, 2009: 144.

❷ 1 Stat. 318.

为属于其作出的发明的部件、改良方案或者发明的组合物。"❶ 由此，作为说明书中的特别描述部分，权利要求开始承担划界功能。但是，1836年专利法对于权利要求的撰写并非强制性的，没有真正将权利要求从说明书中独立出来，权利要求在划界方面的核心作用并没有得到确立。实际上，在之后很长一段时间内，专利局和法院都允许专利申请人在对发明详细描述之后，在权利要求的起始部分使用诸如"基本如上所述""如前所述"之类的指向性用语，实质上让说明书发挥划界功能，这大大降低了权利要求的划界意义，法院实质上仍然通过说明书陈述的内容对保护范围进行划定。

1.3.1.3.3　1870年专利法

美国1870年专利法第26条明确规定了"发明人应当专门特别地指出哪些是其作出的发明的部件、改良的方案或者发明的组合物。"该规定最终使权利要求的撰写成为提交专利申请的法定要求。从此以后，所有的专利说明书都必须以至少一句的"周边限定请求"（Peripheral Claim）来界定其排他权的范围。❷ 在实践中，权利要求的作用也受到越来越多的重视。在 *Hilton Davis Chemical Co. v. Warner－Jenkinson Co., Inc.* 一案中，Nies法官写道："1870年专利法对有关的专利法条进行了修改，……一个语言上小小的变化……使得权利要求中的语言被赋予了重要的意义……"❸ 至此，权利要求的法律定位在成文法的规定中扫清了障碍。尽管美国专利法之后历经数次修改，但是并没有对于权利要求在确定权利边界方面的规定作出调整。虽然美国成文法没

---

❶　5 Stat. 117.

❷　*McClain v. Ortmayer*, 141 U.S. 419, 424 (1891).

❸　62 F. 3d 1512, 1566 (Fed. Cir. 1995) (en banc). 转引自：董涛."专利权权利要求"起源考［M］//国家知识产权局条法司. 专利法研究（2008）. 北京：知识产权出版社，2009：147.

有制定如同《欧洲专利公约》第 69 条的条文，但判例法表明其也是遵循类似原则的。联邦法院常常在判词中反复重申"权利要求至上"的原则，例如，"专利权利要求界定专利权人享有独占权的发明"，❶ "权利要求中的语言决定了权利的保护范围"。❷

但是，值得注意的是，权利要求地位的上升与其说是美国专利法措辞的变化使然，毋宁说是社会的客观需要推动司法实践的渐变后果。专利法本身的措辞改变并不意味着人们普遍接受新的规则，1836 年专利法即是最好的例子。事实上，19 世纪中叶之后，美国经历了工业革命的迅猛浪潮，越来越多的新技术使得利益各方的矛盾越来越多，越来越激烈，专利权作为排他权的性质与其说明书的复杂、模糊用语导致边界过于模糊的矛盾是实务界寻求更为准确和清晰的划界表现形式的内在动因，也正是这一来自产业社会的强烈呼声促使法院在解释法律的过程中为法律的含义增添了新的因素，并最终促使权利要求作为决定发明的可专利性和是否构成侵权的唯一判定依据。❸

1.3.1.4　日本

以现行日本专利法的制定为分水岭，日本专利权边界的确定规则可划分为 1959 年以前时期和 1960 年以后时期。❹

1.3.1.4.1　对德国法继受时期

此时期大致从 1871 年至 1959 年。由于日本最早的专利制度和诉讼制度都是以德国法为蓝本制定的，因而这一时期日本的专

---

❶ *Vitronics Corp. v. Conceptronic, Inc*, 90 F. 3d 1576, 1582（Fed. Cir. 1996）.

❷ *Autogiro Co. of America v. United States*, 384 F. 2d 391, 396（Ct. Cl. 1967）.

❸ ROBERT C. KAHRL, *Patent Claim Construction*, Aspen Publishers, 2003, 2—37.

❹ See TOSHIKO TAKENAKA, *Interpreting Patent Claims：The United States, Germany and Japan*, Wiley－VCH, 1995, 40—52.

利权划界制度有着浓烈的德国色彩。例如,日本也采取了民事法院和专利局分别处理侵权和有效性审查的"分离主义"制度。

1871年,日本颁布了专卖简明法规(Concise Regulation of Exclusive Selling)。虽然该法规于一年后被废除,但是日本专利制度开始运作起来。1885年,日本颁布了专卖专利条例(Exclusive Selling Patent Ordinance),其中第11条规定专利申请人应当提交一份申请。同年出台的专卖专利程序法(Exclusive Selling Patent Procedure)要求申请中应当包括详细说明发明范围的说明书。这被认为是日本专利制度史上首次出现权利要求的雏形。1909年日本专利法采用了特许厅和法院分别管辖授权和侵权的德国模式。同时,日本还继受了德国法院于第一个发展时期,尤其是1891年出现权利要求之前采用的划界原则——以说明书的文字内容确定保护范围。至1921年,日本基本完成了对德国专利制度的消化吸收。

在此期间,一项具有日本特色的对权利划界产生重要影响的制度是1899年专利法规定的"权利范围确认审判制度"(Protection Scope Certification Trial)。根据该制度,特许厅有权审查专利的保护范围。在实践中,日本的专利权人往往在向法院提起诉讼前向特许厅提出保护范围确认程序,而特许厅作出保护范围的裁决之后,再根据裁决结论提起侵权诉讼。由于专利权保护范围确定之后,是否侵权的问题一般均比较显见,因此最终进入法院的专利诉讼很少。在这一时期,特许厅在保护范围确定的规则创设上扮演了比法院更为重要的角色。

在日本继受德国法的过程中,一个有趣的现象是其主要受德国第一时期有关理论和做法的影响。无论在1959年之前,还是之后,日本都一直未再学习德国自1910年之后所发展的新理论,因此日本的划界理论未再追随德国1910年之后的历次变化。与美国重视权利要求的划界作用相比,日本对权利要求的态度与

1891年之前的德国一致，并不重视其划界作用。在日本，权利要求的作用仅仅被当做确定发明内容的工具，而权利的保护范围由说明书披露的实施方式和附图确定。日本特许厅和法院在实践中并不受权利要求用语的拘束，而是相当自由地将实施例和附图中的技术特征读入权利要求中，实际上修改或者变更了权利要求的记载内容，缩小了专利权的保护范围。另一方面，日本发展出了"发明人自认限制"（Inventor's Recognition Limitation Theory）理论，严格限制特许厅和法院将保护范围扩展至说明书公开的具体实施方式以外的技术变体。由此看来，日本继受的是德国早期严格限缩保护范围的理论，而与德国以后非常宽泛地解释立场大相径庭，其对保护范围进行了十分严格的限制，对权利人较为严厉。除了说明书中披露的技术改进之外，保护范围不允许扩及任何变体，也不重视权利要求的划界作用。

1.3.1.4.2 对美国做法继受时期

"二战"后，德国对日本的影响消退，美国对日本的影响大大加强。为了适应战后工业发展的需要，1959年日本颁布了新修订的专利法，即现行专利法，并于1960年4月1日施行。该法具有两项显著的变化，一是取消了特许厅权利范围确认审判制度，而新增加了第71条"权利范围判定制度"，规定特许厅判定专利的技术范围可依请求进行，但特许厅作出的决定不具有法定拘束力，也不具有可诉性，该决定在性质上类似于我国专利权评价报告，从而确立了法院在权利划界方面的最终地位。二是新增加了第70条第（1）款："专利发明的技术性范围，必须基于申请书附带的专利请求保护的范围的记载确定。"明确规定了权利要求在权利界定方面的核心作用。❶ 从此，日本法院开始转而将目光投向美国，以美国的"周边限定"理论作为日本权利划界的

---

❶ 该条第（2）、（3）款分别由1994年和1990年修法时新增。

基本理论。

但是，日本在两个发展时期内的理论内质并没有根本的改变。日本在继受美国法的同时，却迟迟没有引进美国的"等同原则"，其"周边限定"理论实际上在相当大的程度上延续了其第一个发展时期的做法，对保护范围进行了相当严格的限制。这种"周边限定"原则具有单边性。大体来说，法院一方面对于超出权利要求字面含义以外的技术方案不予保护，但是，另一方面，法院却可以引入说明书具体实施方式对权利要求的字面范围进行缩小。直到1996年，日本最高法院才首次承认等同原则，但与美国相比，日本的等同原则的适用范围狭窄得多，有关情况将在本书其他部分予以说明。

实质主义是日本的一个鲜明特色，但与德国的实质主义相比，日本的实质主义是另外一个极端。日本法院也并不在意权利要求的语言限定，但是与德国的做法相反，日本法院常常将说明书中具体实施例中的限定特征读入权利要求，从而限缩了由权利要求界定的一般较宽的保护范围。日本法院的思维方式似乎仍然停留在发展中国家阶段。

1.3.2 启 示

中国从1984年制定第一部现代意义的专利法开始，便采用了以权利要求作为权利边界确定中心的做法，该规定与整个专利制度的其他内容一样，均属法律移植的产物。直接引进其他法域立法成果的弊端之一，是容易忽略制度生成的背景。考察制度形成的来龙去脉，有助于理解制度的运行原理，以及畅想未来的发展趋势。

从英、德、美、日等国的权利要求发展史，我们可以得到以下几个方面的启示。

首先，权利边界信息从秘密走向公开。英国是现代专利制度的发祥地。专利制度主要发挥着政策工具的作用，其诞生和发展体现了英国一以贯之的实用主义态度。在专利制度发展的早期，垄断的专利权是作为在本国实施的对价，法律并不积极地要求权利人承担信息披露义务。专利权甚至缺少外在的载体，法官需要通过实物甚至走访了解专利权人的技术方案，再通过与被控侵权的技术方案进行比较，以确定是否构成侵权。但这一隐藏于夜色之中的权利，显然不利于公众形成明确的预期，法官的工作量也过于巨大。随着社会的发展，人们逐步认识到专利制度在敦促技术公开和促进技术传播方面的巨大优势，从而将专利法的立法目的之一向信息公开方面扭转。为了帮助社会公众及法官了解专利技术，出现了专利说明书。可以说，担负着重要信息公开目标的说明书的出现，为专利权的确立、形成和发展起到了重要作用。

其次，划界依据从模糊走向确定。虽然专利说明书的出现解决了公示的问题，但没有解决边界清晰的问题。为了界定专利权的保护范围，法官仍然需要通读说明书的全文，概括发明创造的内容，以权利人的贡献确定保护范围。这一做法的弊端是权利保护范围的确定带有强烈的主观性，哪些属于具有技术进步的创新点，在法官予以解读之前，隐藏在大量的文字内容之中，甚至不同的法官对于发明创新的理解也不尽相同。然而，一项绝对权创设的社会正义基础之一是该权利必须在事前为义务主体所充分知悉，权利边界从模糊走向清晰有着历史发展的客观必然。

社会和技术的发展状况对制度的演变起到了决定性作用。在专利制度诞生之初，人类社会尚处于工业革命的起步阶段，此时的技术革新呈现出零星的、偶发的、发展较为缓慢的特点，技术密集程度较低。但随着社会和技术的进步，技术革新的速度越来越快，变革的周期越来越短，技术创新在各个技术领域全面开花，不同的天才思想彼此碰撞、借鉴、启发，进一步加速了人类科技进步的步伐，从而使得专利技术越来越密集，不同技术之间的距离也越来越近。权利之间的冲突现象是促使清晰划界的根本动力。这一冲突不仅体现为专利权之间的冲突,还体现为专利技术与公有领域技术之间的冲突、与其他类型权利之间的冲突。发展到今天,在庞大的现有技术和有效专利权技术面前,专利局和法院区分不同技术的任务面临着前所未有的困难。对于社会公众而言,其要求通过一种容易被理解的表现形式公示专利权的保护范围,从而降低信息收集、分析、归纳的成本,尤其对于今天信息爆炸和商机稍纵即逝的社会来说,划界语言应当尽可能言简意赅。对于立法者而言,制度的设立应当使得大量的划界工作在法庭之外得以自动进行,使社会自发的法律实施活动成为制度运行的常态,以减轻非常态运行的行政和司法成本。对于司法者而言,其也迫切地希望从繁重且摸不着头脑的确权工作中解脱出来,以减少公众指责的压力和减轻工作上的负担。一开始,划界的角色是由说明书来承担的。对于早期较为简单的专利而言,说明书的使命是可以较好地完成的,但是,复杂技术的出现,使得说明书所承担的充分披露和清晰划界两个任务之间的矛盾凸显出来。简明扼要是划界语言的基本要求,但却不足以满足充分公开的要求。在同一份文件中,要同时完成上述两个目标存在不可调和的悖论。说明书无法再同时承担两项作用力方向差异极大的功能,这客观上要求应以两份不同形式的文件分别承担不同的任务。

在一开始,从英国、美国等国的历史进程看,权利要求的出现是权利人自愿而为之的产物,目的是更好地提炼出发明的实质,便于公众避让以及让法院了解发明的核心是什么。随着社会的进一步发展,改革的接力棒发生了转移,创立权利要求的主要推动力量转向了公众和裁判者。并且,权利要求地位的提升,主要反映的也是公众和裁判者的利益诉求。因为通过发明原理和精髓来界定发明的做法对于权利的范围界定总是或宽或窄,各方解读者难以始终如一地、容易地确定发明的保护范围。❶ 权利人希望其权利具有一种开放性的属性，不愿意受到过多的约束，而公众则希望权利的边界是确定且固定的。从划界便利的考虑出发，裁判者天然具有偏向公众的动力。权利要求记载专利申请人所要求保护的发明创造的核心要点，以简洁、明确的语言划定了权利的边界。从其诞生之初，权利要求首先被作为确定保护范围的一项参考，与说明书共同起作用。随着专利制度的不断发展，权利要求在确定权利保护范围中的作用不断得到增强，并最终由各国法律确定了其在界定权利边界中的核心地位。从一开始为了更好地说明发明创造的创新点而采取权利要求的文字表达形式，发展到反而受到权利要求文字的严格拘束，这恐怕是当初的权利人所始料不及的。

最后，划界原则从实质走向形式。从理论上说，专利制度最理想的状态是仅仅且充分保护发明人对现有技术的创新部分，以此可以最大限度而又非过量地回报发明人对社会作出的贡献。在权利要求中心地位被确立之前，法官只能以其所理解的说明书所公开的整体技术方案，与其所掌握的现有技术互相对比，得出创新部分为何的结论。但如前所述，新技术越来越多，进入公有领域的现有技术也出现井喷，法官越来越难以从实质上确定专利技术超越现有技术的创新部分了。对于公众而言，受资源所限，就更加无法准确地进行预判了。说明书很少能够提供划界的信息，难以充当划界的角色。❷ 相反，权利要求圈定了权利的四至和边际。❸ 在此情况下，逐步产生了由权利人自行对其所作出的技术

---

❶ See JOHN F. DUFFY, *The Festo Decision and the Return of the Supreme Court to the Bar of Patents*, Sup. Ct. Rev., 2002, 273, 309—310.

❷ CHRISTOPHER A. COTROPIA, *Patent Claim Interpretation and Information Costs*, 9 Lewis & Clark L. Rev., 2005, 57, 73.

❸ See RIDSDALE ELLIS, *Patent Claims*, 1949, 4—5.

创新部分进行专门提炼的客观要求。实际上,权利要求可以说是说明书的"提亮"部分,这一工作事先由权利人做好,从而有助于降低权利冲突的潜在风险,并将界定权利边界的社会成本在很大程度上由解读者(包括公众和裁判者)转移至言说者(撰写者)。显然,与原来的做法相比,解读者只需要付出较低的解释成本即可获得足够的权利边界信息,从而降低了信息处理成本。由于发明人最了解自己发明创造的创新部分,并且是自己利益的最佳守护者,因此由其界定权利边界,辅以审查制度与无效制度,可以使得整体划界成本最小化。也正因为由权利人自己充当着划界的首要角色,因此依照诚实信用和公示公信的基本原则,权利人也应当受到其所撰写的权利要求的语言文字的约束,不能轻易以无经验、欠缺知识对其自我过度限制的部分予以扩张。发明的实质贡献在当代被外观主义的理念所取代,外观主义意味着形式主义的做法大行其道。在越来越复杂的社会关系和技术现状面前,实质主义日益退居幕后,形式主义日益被推向前台。

综上所述,专利权利要求的划界中心地位是在漫长的人类实践史中逐渐发展和巩固的。权利要求作为专利保护范围核心地位的根本原因,在于权利社会对权利边界客观性、廉价性的巨大需求,没有清晰的权利边界,就没有交易安全。与此同时,权利要求追求简洁、效率,是以牺牲完整性为代价的。在以说明书确定权利边界的时代,解读者面临的问题是信息过量从而无法抓住保护范围核心的问题,而在以权利要求确定边界的时代,解读者面临的问题则是信息不足,往往需要向说明书和现有技术中寻求解释的"前见"资源。

除了以上启示,从权利要求的发展史中我们还能够解读出"另类"的启示。

一项"另类"的启示是:专利权边界的确定是一个难以用概括、抽象的法律语言言说的问题。在解决这一问题的历史发展中，法律成文化和法院判例演进是规则成型和发展的两项推进器。判例在其中尤其发挥了巨大的作用，大大缓和了成文法的"语言无力"与现实需求之间的紧张关系。而成文法和判例的背后，总是隐约可见法学学说的影子。学说在制度的演变中发挥了很大的作用。可以说，成文法的作用是有限的，案例与判例资源是不可忽略的重要制度渊源，而法学学说则起着发展导向作用。

另一项"另类"的启示是，传统的力量是不容忽视的。无论是英国，还是德国、美国，实践的做法总是在激进与保守之间交替，经常出现道路选择的反复。而日本则更为典型，其成文法虽然发生了巨大的变化，但一百多年来实践做法的变化却不大。这些国家的做法，固然可以被冠以"保守"的名号，但不可否认的是，这种"稳打稳扎"的做法是一种有益且有效的探索方式，它在相当程度上对本国的制度运行提供了稳定性的基石。制度的演进是一个反复试错的过程。"在这个无穷无尽的检验和再检验的过程中，有对渣滓的不断扬弃，也有对任何纯粹、合理和精致的东西的不断保留。"❶ 制度的创立和广泛接受需要漫长的过程，"路径依赖"效应在以判例规则作为主要法律渊源的领域体现得尤其明显。权利边界的政策性调整不应是"朝令夕改"的极端状态，我们应当正视传统、珍惜传统，在法律的演进过程中，保持适当的稳定性，以稳健的步伐、开放的视野面向新技术时代的挑战。

1.3.3 贡献主义还是文本主义——对"中心限定"和"周边限定"的另一种解读

发端于英国的"周边限定理论"（Peripheral Definition Theory）认为，权利要求的语言决定着专利排他权的范围，法院只

---

❶ 本杰明·卡多佐. 司法过程的性质 [M]. 苏力, 译. 北京：商务印书馆, 1998：113.

能解释（Interpret），而不能改变权利要求的书面用语（Literal terms）。而起源于德国的"中心限定理论"（Central Definition Theory）则认为，权利要求的语言仅仅提供了一个确定权利排他性范围的始点（Starting Point），法院甄别权利要求语言所体现的技术构思（Technical Idea），并保护这一技术构思。

"中心限定理论"本质上是"去权利要求中心主义"，法院需要花费很多的时间和精力去判断发明的真正贡献——能保护什么，有时也揣测发明人的意图——想保护什么。而"周边限定理论"更多地将专利权视为特殊的"合同"，专利权人自己作出判断，将其想要保护的东西和其所理解的能够保护的东西统一起来，权利要求的地位如此重要，以至于具有类似于契约的锁定效力。

"贡献主义"和"文本主义"分别是对"中心限定理论"和"周边限定理论"的另一种表述方式。对于专利权边界的探求，究竟是发掘发明创造的贡献，还是仅仅对权利要求语言文字的语义解读？前者是贡献主义的确定方式，后者是文本主义的确定方式。前者注重的是实质，关心发明的创新内容、范围和高度，后者注重的是形式，关心权利人"跑马圈地"的外在标杆。

任何制度都有两面性。"中心限定"和"周边限定"相比较，两者的优点互为对方的缺点。按照贡献主义的"中心限定"做法更为公平地贴近权利人的贡献，具有灵活性，专利局的工作量较少，而法院的负担较重，但所得出的结论是具有较强主观性的，后果往往带有较大的不确定性，权利要求的作用较低，其充其量只是划界的参考，而不是依托。而按照文本主义的"周边限定"的做法正相反，可在公众中建立较明确的预期，法院的工作比较轻松，而专利局的负担较重，缺点是对权利人较为不利，解释的结论在个别情况下是"反创新""反专利"的，因为要么由于权利人撰写经验的欠缺，要么由于语言文字的局限性，导致本应属于权利人贡献的部分技术创新得不到应有的保护。专利权人对权利范围的把握存在两难境地——太接近现有技术易被无效,太远离现有技术则保护不足,再有经验的权利人有时也不容易确定应该提出多大范围的权利要求。在文本主义的一端,法律对撰写人提出了更高的要求,施加了更大的压力。

从历史发展的轨迹来看,各国总体上呈现出由贡献主义向文本主义的方向发展,也即从"实质发明"向"请求发明"方向发展(From the "Invention" to the "Claimed Invention"),从对发明人利益的细心呵护到关注法律和权利的确定性。不过,这只有历史方向上的意义,发展到今天,各国的专利制度很难说是绝对的贡献主义还是绝对的文本主义。正如《欧洲专利公约》第69条议定书所明示的那样,各国一般均是在两个极端之间取中间值,只不过不同国家的取值偏向有所差异而已。

例如,在承认"捐献原则"的国家,首先需要确定权利要求的字面含义,其次考虑发明人真正发明的内容是什么,什么是发明创造的实质贡献,再次比较权利要求请求保护的内容与发明的实质贡献之间是否存在范围上的明显差异。如果字面含义过宽,则或者通过无效制度,或者通过限缩性解释,将权利边界拉回实质贡献的范围之内;如果字面含义过窄,在说明书明确披露了字面含义之外的创新内容的情况下,会被认为该部分属于发明人自愿捐献的部分,从而不再获得扩张保护;而如果说明书没有披露,则认为发明人没有捐献的意思表示,适用等同原则进行权利边界的扩张。❶ 由上述简要的概述可以看出,虽然文本主义在现代专利制度中逐步占据统治地位,但贡献主义并未死亡。过于极端的贡献主义固然降低了市场效率,但过于极端的文本主义也会使得鼓励创新的专利制度名存实亡。

从这个意义上说,现有的制度更像是一种"二元主义"的存

---

❶ 参见第 3 章第 3.3 节有关"禁止反悔"和"等同原则"的讨论。

在形式。"发明构思""发明精髓"之类的概念并不随着"中心限定"的式微而完全退出历史舞台,相反,这些概念仍然活跃于诸如等同判断的领域之内。❶

1.4 确定权利边界的特别事实判断前提及其制度影响

权利边界的划定是价值判断问题,但是任何价值判断最终结论的得出,需要筑基于两个前提之上,一是作出价值判断之前的事实判断,二是价值观和价值取向。不同人对上述两个前提持有的认识和秉持的立场不同,是产生价值判断结论意见分歧的主要原因。前一个问题得出的结论是实证性(Positive Statements)的,它回答的是世界是什么的问题,后一个问题是规范性(Normative Statement)的,它回答的是社会规则应该是什么的问题。

事实判断问题讨论"生活世界中存在哪些类型的利益关系,以往对这些利益关系进行协调的手段是什么,其绩效如何",还讨论利益关系产生的政治、经济、社会文化传统、心理的土壤。因而,事实判断问题是价值判断的前提,价值判断以事实判断的结论为出发点,依据特定的价值取向,最终得出"应当如何""不应当如何"的规范性结论。从这个意义上说,事实判断具有先决性。

事实判断的结论还具有某种假设性。事实判断结论的作出主要通过科学的方法,对客观世界的运行进行观察、理论抽象、进一步观察,经由螺旋式上升的轨迹认识世界。在人文社会科学中,主要以社会调查方法、统计方法、文献分析方法等作为手段进行调查。由于法学所关注的利益关系往往千头万绪、错综复杂,利益冲突往往彼此交织,牵一发而动全身,如果事实判断中

---

❶ 参见第 3 章第 3.3 节有关"等同原则"的讨论。

的变量过多，会大大增加研究的难度。为了研究方便，需要对事实问题进行抽丝剥茧，进行理想化的假设，将事实问题中最具有规范意义的少数变量抽象出来，并假设仅存在这些变量，并在这些变量的基础上进行分析研究。当得出初步结论以后，再进一步增加讨论的变量。当变量引入得越来越多，那么我们事实判断的结论就越来越接近丰满的现实世界，所得出的价值判断的结论也就越来越成为契合政策目标的最优规范结论。

基于以上的思考，笔者将专利权边界的确定这一价值判断问题所应当着重考量的事实变量进行抽象，这些变量共同构成了价值判断的事实起点。当就具体价值判断问题进行分析的时候，为了研究的方便，有时只考虑一个事实变量，有时需要考虑多个事实变量。当然，最有说服力的价值判断结论必然是全面考量了所有事实变量基础上得出的结论。有意思的是，不同变量会对价值判断的得出产生朝向不同的拉力。有时，不同人得出不同的价值判断结论，并非其所秉持的价值取向不同，而是由于其所基于的事实判断存在差异，对不同事实判断因素所重视的程度不同导致的，也即是因为其对不同变量的权重取值不同。

1.4.1 权利创设的单边性——非均衡论

1.4.1.1 谁对专利文本的形成具有决定作用

专利申请过程是申请人与审查员之间"讨价还价"的博弈过程，❶ 是权利人一方与代表公共利益的专利审查机关"谈判"的过程。❷ 申请人提出尽可能对自己有利的、尽可能覆盖较大范围的权利申请，而审查员对此提出意见，要求申请人将属于现有技术的内容、相对现有技术而言显而易见的、缺乏创新高度的内容等

---

❶ 更为接近实际的情形是申请人的专利代理人或者律师与审查员之间进行"谈判"。

❷ 当然，就中国目前的情况而言，对实用新型和外观设计专利申请不进行实质审查，但笔者认为，从长远来看，为了解决权利质量低、稳定性差、垃圾专利过多等问题，所有类型的专利终归应当进行最低限度的实质审查。

专利权的边界——权利要求的文义解释与保护范围的政策调整

剔除出要求保护的权利范围之外。经过审查程序，最终授权的权利要求有可能和最初的版本差异悬殊，其保护范围趋于合理化。

专利发明是创造性的智力劳动成果，可自由发挥的余地很大，用语言文字描摹发明客体的表达方式多种多样，因而，专利权人实质上是权利内容的创设者。专利权内容和范围的确定，具有强烈的单边性。对于权利范围的确定而言，社会公众与权利人地位并不"均衡"。

正如 TRIPS 在其序言部分即开宗明义地指出的那样，"知识产权是私权"，这意味着公共利益的代表者和公共政策的执行者有义务提供权利取得和保护的必要法律环境和保障，提供"定纷止争"的规则，但没有义务干涉权利人对权利的行使方式，因为在"利己主义"的作用下，"每个人都是自己利益的最佳守护者"❶。即便审查员的意见在最终权利边界的划定上起了很大的作用，但是，一方面，因为修改的限制，完全出自权利人之手的专利说明书部分在申请文本提交之日即基本定型，另一方面，对于修改余地较大的权利要求，在实际操作中，审查员一般仅指出问题，而不具体提出修改方向、意见和方案，更不会替申请人

---

❶ "由于每个个人都努力把他的资本尽可能用来支持国内产业，都努力管理国内产业，使其生产物的价值能达到最高程度，他就必然竭力使社会的年收入尽量增大起来。确实，他通常既不打算促进公共的利益，也不知道他自己是在什么程度上促进那种利益。由于宁愿投资支持国内产业而不支持国外产业，他只是盘算他自己的安全；由于他管理产业的方式目的在于使其生产物的价值能达到最大程度，他所盘算的也只是他自己的利益。在这场合，像在其他许多场合一样，他受着一只看不见的手的指导，去尽力达到一个并非他本意想要达到的目的。也并不因为事非出于本意，就对社会有害。他追求自己的利益，往往使他能比在真正出于本意的情况下更有效地促进社会的利益。我从来没有听说过，那些假装为公众幸福而经营贸易的人做了多少好事。事实上，这种装模作样的神态在商人中间并不普遍，用不着多费唇舌去劝阻他们。"亚当·斯密. 国民财富的性质和原因的研究（下卷）[M]. 郭大力，王亚南，译. 北京：商务印书馆，1976：27.

"捉刀",❶ 因而,权利内容的表述归根结底仍然是权利人意志的充分体现。权利人在专利文献形成的过程中处于首要地位,有充分的自由度尽可能写出一篇充分保障自身权益的"完美"的专利文献,包括划定出对其最为有利的权利边界。

在"非均衡论"思想的指引下,权利人有义务写出一份清晰且充分保障其权益的专利文献的观点逐渐成为主流。这种观点认为,只有在权利人存在意识限定或者客观条件不具备的情况下,才应由裁判者对其利益进行保护。权利要求的撰写是整个专利权保护制度启动的基点。专利权人是专利权的"监护人"和"看守者",语言表达的方式接近无限,申请人具有足够的自由度随心所欲地发挥,权利要求凭空而起,无论从哪一个方面看,申请人都是权利的决定性的塑造者。此外,回顾之前在面对专利权信息传播的"广度"而限制信息"强度"的讨论,从社会总信息成本的一体化思想出发,在相当程度上由专利权利人事前而不是由法律制度事后界定权利四边是最经济的,将争取"宽大"保护范围的责任由申请人承担是社会成本最小化的理性选择。❷

"非均衡论"这一特别事实判断前提带来的规范性影响后果是,近年来,在对待权利人利益与公众自由之间,非均衡的意识逐渐占据重要地位。法律越来越强化申请人在撰写权利要求中的责任,让申请人承担更多的划界成本,权利划界的"形式主义"

---

❶ 只有在极端例外的情形下审查员才会直接修改申请人的文本表述,例如出现"明显笔误"的情况。《专利法实施细则》第51条第4款规定:"国务院专利行政部门可以自行修改专利申请文件中文字和符号的明显错误。国务院专利行政部门自行修改的,应当通知申请人。"又如《审查指南》第一部分第一章第2.4节(4)规定:"……对于申请文件中文字和符号的明显错误,审查员可以依职权自行修改,并通知申请人。"

❷ 降低信息强度的理由、方式及其限制参见本章第1.2节的有关讨论。

日盛,"实质主义"日衰。例如,在 Warner－Jenkinson 一案❶后,美国联邦法院很少适用等同理论,更强调专利权人的撰写义务,要求其将可预测的技术方案尽可能概括进权利要求中。也正因此,"非均衡论"的另一个后果是在划界的工作量分配上,越来越多地由法院转向专利审查机关承担。

1.4.1.2 实际撰写人是谁会对事实判断的结论产生影响吗?

专利文本,尤其是专利权利要求,是技术与法律的有机结合,对于一份成功的专利文献而言,二者缺一不可。专利采用的语言文字必须清楚地描述发明创造,还要符合法律的要求,必须清晰、严谨。"不可否认专利权利要求的部分是专利撰写任务中最困难的一种,甚至是所有法律领域里,最难撰写的一种。"❷"这些文字含义必须足够广泛,能够预见并涵盖未来的衍生技术,同时又必须足够狭窄,能够区隔所有过去的相关技术。"❸ 科学技术与法学从学科划分上间隔遥远,只有经过特别训练以及具有一定从业经验的专门人员,才可能很好地拥有跨学科领域的知识和能力。无疑,对于绝大多数发明人来说,是难以胜任如此复杂的工作的。从世界范围看,基于不同的文化传统,撰写专利的人员构成不尽相同,存在着外部人员和内部人员撰写专利文献的不同模式。在美国、德国、英国以及我国,一般由专利代理人、专利律师担任起草人,在日本,许多专利申请则是由公司内部的专门专利法务人员起草。有时候,代理人不仅仅承担将技术方案纸面化、文字化的工作,优秀的代理人还和发明人探讨、提出意

---

❶ Warner－Jenkinson Co. v. Hilton Davis Chem. Co., 520 U.S. 17, 37 (1996).

❷ Topliff v. Topliff, 145 U.S. 156 (1982). 转引自 Marin J. Adelman, Randall R. Rader, Gordon P. Klancnik. 美国专利法 [M]. 郑胜利,刘江彬,译. 北京:知识产权出版社,2011:117.

❸ Marin J. Adelman, Randall R. Rader, Gordon P. Klancnik. 美国专利法 [M]. 郑胜利,刘江彬,译. 北京:知识产权出版社,2011:117.

第1章 权利边界确定的理论基础

见,甚至帮助发明人丰富实施例、完善发明创造。毫不夸张地说,申请文件的过程是一个极富创造性的过程。

那么,由外部人员还是内部人员撰写专利申请,对"非均衡论"的事实判断问题是否有影响呢?德国式的思维方式是,权利要求并非由发明人亲自撰写,专利代理人或者律师并不一定能很好地维护发明人的利益,在发明人作出了贡献,但由于代理人的原因导致无法获得充分的保护的情形中,由发明人(与权利人未必同一,但利益同一)承担过于不利的后果不仅打击了发明创造的积极性,也是不公平的。而日本式的观点则认为,权利越清晰越有利于产业的发展,撰写人的选任是受到发明人、权利人控制的,公司的雇员也是由企业指定的,即使绝大多数的专利并非由发明人或权利人亲自撰写,但是,他们完全可以通过挑选合格的代理人和雇员充分保护自身的权益,相应撰写缺陷的后果由其承担仍然是合理的。

笔者倾向于第二种观点。但是,第一种观点并非全无可取之处,其至少指出了在真实的社会状态下,"非均衡论"是有裂隙的。在专利文献撰写这一特殊的领域中,发明人或者权利人几乎没有能力撰写出满足最低要求的专利文献,更遑论充分保护其利益的完美范本。在选任专利代理人的过程中,由于无形财产的模糊性,其存在比其他行业更严重的信息不对称问题,而且撰写缺陷的暴露往往要延迟到若干年之后,这一事实更增加了选任优秀代理人的难度。如果一国的代理人水平仍然处在发展提高阶段,对于撰写提出超越发展水平的高标准、高要求,最终"惩罚"的大棒必然落在发明人的身上。在极端的情况下,过于严苛的要求会使得有贡献的好发明创造得不到应有的保护,从而损害了专利制度激励创新的政策功能。因此,对于"非均衡论"的强调不能走向极端,不应过分地强调权利人在创设权利内容方面所应承担的责任。

1.4.2 允许适当概括

从"身世"上说,权利要求脱胎于说明书,是对说明书的归纳和提炼,但是,权利要求又不仅仅简单地作为说明书的"缩写版"而存在,而是对说明书的升华,从而在覆盖范围和概括高度上与说明书的内容拉开一定的距离。

允许适当概括是各国专利制度的通行做法。《专利法》第26条第4款规定:"权利要求书应当以说明书为依据,说明要求保护的范围。"该款的立法目的是保证权利人获得的保护范围与其对社会的贡献相对等。本领域技术人员根据说明书公开的内容,不需要创新即能够联想到权利要求中要求保护的所有技术方案,也不需要过度实验即可实施这些技术方案。是否概括得当应当立足于具体的技术领域,依照本领域技术人员的认知、能力和所属领域的科技发展状况进行判断。在不同的技术领域,简单推演所能达到的范围并不相同,因而概括程度也存在差异。

在专利法上,广义的概括不当有三种情形:权利要求得不到说明书的支持、缺少必要技术特征、权利要求不清楚。三者在某些情况下存在竞合:缺少必要技术特征既可能达不到技术效果,也可能导致权利要求不清楚;而缺少必要技术特征的权利要求可能是得不到说明书支持的。❶ 而非竞合的情况有:缺少必要技术特征的技术方案与说明书背景技术描述的现有技术一致,但这时权利要求限定的技术方案不具备新颖性或者创造性。

虽然并非所有的专利说明书,但在相当部分的专利说明书(尤其是国外权利人的专利权)中在其结尾载有宣示性的陈述。这段话明白无误地表明权利人并不希望将保护范围局限在实施例公开的技术方案的范围内,而是希望以其概括的权利要求作为保

---

❶ 因为说明书没有披露缺少特征的权利要求限定的技术方案如何能够解决目标技术问题。

护依据的意图。以下是几则典型的"告示"：

1. "对于本领域的普通技术人员来说，可以根据本发明的技术方案和技术构思作出其他相应的各种改变和变形，所有这些改变和变形都应属于本发明所附的权利要求的保护范围。"

2. "尽管示例性的实施例对本发明进行了说明和解释，但是本发明并不限于这些示例性的实施例。本领域技术人员可知，在不超出权利要求所限定的本发明真正限定的权利要求的基础上，可以进行变化和改变。因此，本发明的所有这些变化和改变均落在权利要求及其等同方案的范围内。"

3. "以上仅是本发明的较佳实施例而已，并非对本发明作任何限制。凡是依据本发明的实质对以上实施例所作的任何简单修改、等同变化与修饰，均仍属于本发明技术方案的范围内。"

虽然以上宣示性的文字是否存在并不会对专利权的实际保护范围产生任何影响——保护范围的确定规则是法定的，然而，从中却可窥见权利人对于概括有着强烈的主观愿望。

允许适当概括的目的是使权利人能够在允许的范围内尽可能获得"上位化"的保护，充分保护权利人的利益，使其保护意图不至于落空，最终目的是使专利权人获得足够的创新激励。这与等同原则的制度原理是一致的。适当概括是权利人的权利，权利人有权通过语言文字的概括性来充分地保护自己的利益。这一权利不应当被剥夺，在确定保护范围时引入新的技术特征或者以下位含义解释上位概念，从而限制权利人的此项自由是不适当的。最理想的状态是权利要求请求保护的客体范围系基于说明书公开的客体范围基础上的合理扩张。

由允许适当概括的特别事实前提可以推导出两条重要的规则：没有相反含义，说明书的内容不视为对权利要求字面含义的限缩；没有相反含义，权利要求的字面含义也不视为对说明书的限缩（权利要求的字面含义应当涵盖说明书的内容）。

1.4.3 语言文字撰写的非完美性和不可预见性

在本章第1.1节"权利边界模糊性的原因"中，我们已经分析了撰写人的主观"意识限定"是不可避免的，人类的理性是有限度的，用语言文字来描绘客观世界有其局限性。作为工具的语言不能总是很好地表达权利人创造出来和意图表达的东西。"事物并非为了语言文字的缘故而被创造出来，而语言却为了事物而存在。"❶ "权利要求的语言可能无法捕捉发明创造全部的细节，或者充分精确地描述新颖性的范围。"❷ "一项发明的'文字肖像'通常是为了满足专利法的要求而事后撰写出来的，这种从实际机器到文字的转化常常会留下难以弥合的空隙。"❸ 就如同写文章、画画一样，对于将创造物通过语言文字的方式描述出来、化身为抽象符号的过程而言，不同的撰写人功力深浅不一、水平参差不齐。有些经验丰富的撰写人堪称"大师"，描摹传神、到位；有些撰写人的"作品"则漏洞百出。法律应当在略高于"本领域"撰写人的平均水平之上寻找合适的基点设定标准，既不以顶尖的水平对撰写人课以过重的义务，也避免让后进者躺在温床上丧失了改进写作功底的动力。如此一来，随着共同体撰写水平的逐步提高，撰写人的法定义务也"水涨船高"，从而使专利法在降低社会总信息成本方面获得更大的政策空间。总之，对于"是否在任何情形下，权利人都能撰写出无懈可击的权利要求"的问题，答案应当是否定的。正如硬币有两面一样，语言文字概括不足和概括过度的缺陷是同时存在的。如同本书其他部分所要

---

❶ "Things are not made for the sake of words, but words for things." *Autogiro Co. of Am. v. United States*, 384 F. 2d 391, 397 (Ct. Cl. 1967).

❷ "The language in the patent claims may not capture every nuance of the invention or describe with complete precision the range of its novelty." *Festo Corp. v. Shoketsu Kinzoku Kogyo Kabushiki Co.*, 535 U. S. 722, 731 (2002).

❸ *Autogiro Co. of Am. v. United States*, 384 F. 2d 391, 397 (Ct. Cl. 1967).

讨论的那样，如果说等同原则是为了解决概括不足的问题的话，那么对功能性语言的限缩是为了解决概括过度的问题。❶

对权利要求撰写结果的评价也存在"事后之明"的问题。许多在事后发生争议的技术术语或者撰写方式，在当时囿于认知和预见的局限性，不可能达到确切无疑的精确程度。只要能达致在当时本领域普通技术人员看来是准确的、清楚的则已经足够。当然，在授权过程中考虑得越周全、细致，权利要求用语的精确度越高，日后的争议就越小，"解释"的余地也越小。

1.4.4 专利丛林时代的到来

人类社会发展至今日，科学和技术活动的规模和复杂程度呈几何级数式增长。整个专利系统日益囤积着越来越大量的专利。"专利丛林"成为各国普遍面临的问题。

美国专利商标局 2011 年 8 月 16 日宣布，专利授权量达到 800 万件。从 1836 年美国授予首件专利开始，每 100 万件专利授予所需的年限加速缩短，分别约为 75 年、23 年、26 年、15 年、14 年、8 年、6 年、5 年。❷

2002 年 2 月到 10 月，美国联邦贸易委员会（Federal Trade Commission，FTC）和美国司法部反托拉斯局联合组成的委员会经过一系列听证，发布了《促进创新：竞争与专利法律政策的适当平衡》的报告。此报告鲜明地指出了美国现行专利制度中存在的最大问题是批准的专利过多、过滥。报告引述专家的证词指出，在计算机硬件、计算机软件、数字通信、生物技术等高科技领域中，各种产品或者技术均被巨量的专利权所覆盖。以半导体领域为例，专利权的数量如此巨大，以至于公司设计、制造任何

---

❶ 参见第 3 章第 3.1.2 节、第 3.1.3 节的有关讨论。

❷ 参见：任晓玲. 美专商局专利授权量突破 800 万件 [EB/OL]. [2013－02－20]. http://www.sipo.gov.cn/dtxx/gw/2011/201108/t20110825_617688.html.

专利权的边界——权利要求的文义解释与保护范围的政策调整

一种新产品,即使不侵犯上千件专利,也要侵犯上百件专利。而这些为数庞大的专利中,有许多并不符合法律所规定的授权条件,有些符合授权条件的专利权保护范围过宽,这些"问题专利"严重地阻碍了创新。对于后续创新而言,为了不落入在先专利权的禁用权范围,不得不小心翼翼地绕开这些专利。但是这些专利是如此之多,以至于要么调查的成本过高,要么难以穷尽所有的专利,后续创新者一不小心则会落入在先专利的保护范围,要么他人费尽心机也无法在"专利灌木丛"(Patent Thicket)中找到一条突围的道路。密密麻麻的专利编织成了"天罗地网",后续研发者既需要研究在先技术,也需要研究在先权利的禁区边缘。❶ 在当今的状况下,已经很难说上述哪项成本比重更大。因此,对于在后创新而言,其需要付出分析成本、绕开的研发成本、对在先权利提起无效或者支付使用费的成本。即使作出了发明创造,也可能因为其他众多专利权的存在,在不侵犯他人专利权的情况下,无法单独仅靠实施自己的专利即可独立生产出产品。"知识产权权利有许多重叠的地方,开发新技术的人必须在专利丛中披荆斩棘,才能获得自己所需的全部专利技术的使用许可。"❷ 过滥过多的专利权、过大的权利保护范围、过于模糊的权利边界,将会给在后创新平添额外的成本,分散在后创新的注意力、消耗在后创新的能力、阻却在后创新的动力。

无独有偶,2011年5月,英国发布了由威尔士卡迪夫大学教授伊恩·哈格里夫斯起草的《数字机遇——关于知识产权和增长的审查》,该报告指出,在专利体系中存在的主要问题是:第一,全球范围内专利申请激增,导致审查程序的拖延和专利申请的积压;第二,"专利灌木丛"的现象日趋严重,大大降低了新

---

❶ 也即本书所称的专利权的信息处理成本。

❷ CARL SHAPIRO, *Navigating the Patent Thicket*: *Cross Licensing*, *Patent Pools*, *and Standard Setting*, 1 Innovation Policy and the Economy, 119—121.

第1章 权利边界确定的理论基础

发明进入市场的可能。这些问题在计算机技术领域尤其明显。❶

中国的"专利丛林"现象与美国、英国相比,很可能有过之而无不及。1999年以来,中国国内专利申请量的年增长率大都保持在20%以上,10年翻了三番,如图1.8所示。❷

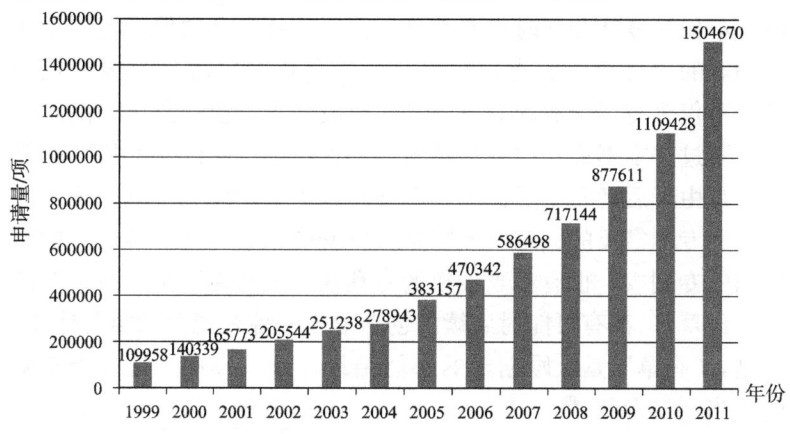

图1.8 1999～2011年中国国内专利申请量❸

授权数量排名靠前的行业是"专利丛林"现象相对明显的重灾区,包括半导体器件、移动通信、计算机、生物医药等。一款智能手机可能最多涉及25万项专利。在这些行业中,不同公司开发的技术之间存在过多的重叠,"以至于很难在不潜在侵犯其

---

❶ IAN HARGREAVES,*Digital Opportunity*:*A Review of Intellectual Property and Growth* [EB/OL]. http://www.ipo.gov.uk/ipreview.htm.

❷ 有关中国"专利丛林"现象的分析以及政策影响参见第3章第3.1.5节的讨论。

❸ 图1.8中2006年之前的数据来源于:国家知识产权局. 专利统计简报[J]. 2010(2). [EB/OL]. [2012—12—20]. http://www.sipo.gov.cn/ghfzs/zltjjb. 2007年之后的数据来源于国家知识产权局. 中国知识产权年鉴2012 [M]. 北京:知识产权出版社,2012:626.

他公司持有的专利的情况下,将任何产品推向市场"。❶ 专利丛林体现为数量多、单项产品权利多、技术与技术之间距离近、不同专利之间重叠现象多发。在连续性发明(Sequential Innovation)密集的行业,专利丛林的现象尤其明显,专利权许可的协商成本异常复杂和耗时,要准确划分每一项专利的保护范围是非常困难的一件事情。在这些领域,专利可能损害社会福利及创新,不仅改变了行业的商业模式,也改变了行业的商业文化。

不过,本书采用"专利丛林",而不是"专利灌木丛"的概念,是由于后者属于贬义词,而前者属于中性概念。本书意在描述在先专利富集的状态,如同密密麻麻的原始丛林一样,其中有恰当的专利权,也有不当授权的专利权。虽然无论是"香草"还是"毒草",都有可能对后续的创新形成一种客观上的阻碍作用,但是,"香草"是鼓励创新的必然结果,而"毒草"是应当斩除的不当授权专利。❷

专利丛林现象的出现可归因于两项因素,一是创新的累积特性,二是不当激励。

首先,创新必须被作为一个连续的过程看待。任何发明创造都不是存在于真空之中。❸ 每一项发明创造只是创新链条中的一环。在绝大多数产业中,每一个发明人既是其所开发的创新成果的首创者,同时也是整个连续发明过程中的后继者。❹ 绝大多数的发明是在前人基础之上的改进。即便是开拓性发明也只是一个

---

❶ 亚当·杰夫,乔希·勒纳. 创新及其不满:专利体系对创新与进步的危害及对策 [M]. 罗建平,兰花,译. 北京:中国人民大学出版社,2007:55.

❷ 不当专利有两种情况:一是面对过去——占领了公有技术的领地;二是面对未来——侵占了未被创造出来的发展空间。

❸ ROBERT P. MERGES & RICHARD R. NELSON, *On the Complex Economics of Patent Scope*, 90 Colum. L. Rev. , 1990, 839, 870.

❹ TED O'DONOGHUE, *A Patentability Requirement for Sequential Innovation*, 29 RAND J. Econ. , 1998, 654, 655.

第1章 权利边界确定的理论基础

相对概念，任何发明创造都或多或少地利用了人类历史长河中积累的智力成果。任何发明创造同时也是未来创新的起点和基础。专利法之所以只提供有期限的保护，正是希望寻求保护的科学技术有朝一日能成为全人类共同的财富，让后来者能够站在前人的肩膀上望得更远。

在在先专利权的有效期内，在先专利独占保护与在后创新之间存在内在的紧张关系。专利法不能仅仅考虑建立在一次创新基础上的"单发明者模型"，而是应当着眼于连续创新的"多发明者模型"。发明创造是典型的累积领域，技术发展是累积性的，对于前一阶段的发明创造授权不可能不对下一阶段的技术发展产生影响。

以多发明人模型作为样本进行分析，潜在的发明者的预期同时受到两个方面的影响——与单一发明人模型相同的是，未来保护范围的宽度是否足以使其获得足够的回报，与单一发明人模型不同的是，在先创新的保护范围是否过宽，以至于其发明创造无法摆脱在先专利的束缚而无法得到足够的经济利益。❶ 而潜在发明人日后申请取得的专利权，将来又会成为"后后"潜在发明人在作出创新决策时不可忽视的风险。

其次，大部分专利很可能是没有价值和不重要的，"麸子远比麦粉多"，这是创新过程本身的特点。❷ "新思想的重要性在最初发展出来时，通常不可能做到家喻户晓，因为重要性依赖于后续发展，包括技术上的发展和经济上的发展。"❸ 虽然许多发明创造本身在技术上是好的创新，但在商业上获得成功需要依赖于

---

❶ CHRISTOPHER A. COTROPIA, "*After—Arising*" *Technologies and Tailoring Patent Scope*, 61 N. Y. U. Ann. Surv. Am. L. , 2005, 151, 180.

❷ 亚当·杰夫，乔希·勒纳. 创新及其不满：专利体系对创新与进步的危害及对策 [M]. 罗建平，兰花，译. 北京：中国人民大学出版社，2007：159.

❸ 亚当·杰夫，乔希·勒纳. 创新及其不满：专利体系对创新与进步的危害及对策 [M]. 罗建平，兰花，译. 北京：中国人民大学出版社，2007：160.

很多其他因素,并且在同一产品之上往往存在几十项、数百项相互竞争的技术,优胜劣汰法则在技术市场同样起作用,这使得新思想在残酷市场竞争中不总是具有价值。这一论断在全球均具有实证数据的支持。以专利技术利用率相对较高的日本为例,日本特许厅 2009 年公布的通过普查和抽样调查的方式进行的知识产权调查结果显示,实际利用的专利比重仅占 50% 左右,用于防卫目的的专利占到 30% 左右(见表 1.2)。❶

表 1.2　日本国内利用及未利用专利权的数量

	2006 年	2007 年	2008 年
国内专利权拥有件数	1036868	1086802	1136566
利用件数	515560	544785	584994
未利用件数	521308	542017	551572
防卫目的件数	319828	328467	334564

最后,"创造"权利的热情造成了专利申请的"泡沫化",而审查资源的不足和困难使"权利申请泡沫"转化为"授权泡沫"。现有技术的累积、检索的困难、人员和经费相对于不断增长的申请数量的短缺,都加大了审查质量的压力,导致许多根本不存在的发明创造,或者微不足道的改进都被授予了专利权。❷

虽然种种努力剑指"专利灌木丛",但是,"专利丛林"现象的出现绝非仅仅因为充斥着"灌木丛"。"专利丛林"是人类社会创新活动活跃程度呈几何级数增长的外在反映。在授权条件保持不变的情况下,即使通过各种手段斩除有害的灌木丛,我们会发现自己仍然置身于生机勃勃的专利森林之中。虽然近年来发达国家的专利申请、授权量的增长速度已经大为放缓,但是均未出现

---

❶ 表 1.2 引自:国家知识产权局. 专利统计简报 [EB/OL]. [2012—12—20]. http://www.sipo.gov.cn/ghfzs/zltjjb, 2010 (20).

❷ 有关"专利泡沫"参见第 3 章第 3.1.5 节的有关讨论。

明显的负增长，专利有效量仍然保持增长的态势。在未来的发展中，"专利丛林"现象将始终伴随专利制度的始终。

1.5 专利权的生命周期与不同阶段的划界任务

在导论中，我们已经谈到，应当像对待生命体一样，以动态的眼光研究专利权。与人的生、长、老、死一样，专利权也有诞生、成长和衰亡的生命周期。以授权、替代技术的出现时点为界，专利权的存续过程可分为三个时期：形成期、稳定期和衰老期。与之相对应，授权、确权及侵权程序位于权利创设、完善、保护中的不同阶段，不同程序的设置目的有所不同，价值取向和宗旨也不完全一致。

在专利权授权之前，专利申请处于专利局的审查程序或者法院的授权司法审查程序中，权利处于"锻造"阶段，尚未最终成型。这是权利的锻造过程，专利权所保护的客体、权利的保护范围随着专利文献的修改可能发生很大的变化。消除权利保护范围的不确定因素是制度设置的两大目的之一。❶ 于此时期，专利制度的目标是在多方的努力之下，尽可能淬炼出一份边界清晰、语言凝练而无歧义的"权利契据"，从而降低解读者的信息处理成本。在理想的状态下，审查员帮助申请人发现申请文献的瑕疵，指出文本中的缺陷，帮助申请人通过修改权利要求书、说明书和附图恰当描述发明客体以及限定其保护范围。专利审查的目标是使得权利尽可能地准确、清楚、无歧义，使得真正有贡献的发明创造转化为保护范围大小与贡献高低相适应的权利，促使一份本应该得到授权的申请文件得到恰当而稳定的授权。与此目标相适应，规则的设计是尽量"挑错"，指出专利文献中的错误、失误、瑕疵，即使某项撰写方式不影响授权结果，但只要是有所缺憾，

---

❶ 另一目的是判断专利申请是否具备新颖性、创造性、实用性等。

今后存在被无效的隐患,审查员也应当尽可能地指出,这样申请人得以通过富有经验的审查员的帮助发现问题,通过修改申请文本或者意见陈述的方式消除潜在的缺陷,提高权利的稳定性,明晰权利的边界,减少日后的争议。从严掌握审查尺度,尽可能避免处于模糊边界、带有自由裁量范畴的问题,对专利权人而言实际上是非常有益的,对公众也是有利的。

以申请人在与通常含义不同的意义上使用非规范词为例,表1.3给出了中、欧、美、日等的相关规定,其中的内容惊人的相似。

表1.3 中、欧、美、日等关于非规范用语的审查规则

中国《专利法实施细则》第4条第1款	国家有统一规定的科技术语的,应当采用规范词
《欧洲专利审查指南》	解读权利要求时,其用词的含义和范围应当认定为相关领域通常具有的,除非说明书以清楚的定义或其他方式对该用词赋予了特殊含义。而且,若这种特殊含义适用,审查员应尽可能要求修改权利要求,使得权利要求单独看去含义即清楚
《美国专利审查指南》	在权利要求中使用的术语可以在说明书中给出一个特殊的含义。但不允许给术语一个和常规含义不同的含义
《日本专利审查指南》	权利要求自身的陈述可视为清楚时,审查员应审查权利要求所用的术语在说明书(包括权利要求)和附图中是否有定义或解释,再评判该定义或解释(若有的话)是否导致权利要求的陈述不清楚。例如,如果在发明的详细描述中存在对权利要求所用术语的清楚定义,该术语严重违背或不同于其常规含义,这种定义则使发明不清楚。因为尽管确认发明主要基于权利要求的陈述,在结合考虑说明书、附图和相应于申请日时的公知常识后对要求保护的发明的进行确认时,这样的定义会在解释该术语时产生混乱❶

以上的规定均是审查程序所欲达到的"理想状态"。在理想的情况下,根据本领域技术人员所掌握的知识,"仅仅阅读权利要求

---

❶ 可见,日本不仅规定了专利申请中对术语的定义应与所属技术领域该术语的通常含义相一致,而且特别强调了权利要求中的术语应与其说明书对该术语定义相一致。

本身"其含义就清楚，无需借助说明书的特别定义就足以准确确定含义。其目的不仅是消除在什么情况下属于特别定义、什么情况下属于以具体实施方式限定权利要求的范围的争议，而且还具有降低获取信息成本的功能。试想，如果仅仅通过阅读说明书就能完全明白保护范围的边界，那么可以省却从说明书的字里行间寻找定义踪迹的时间，减少了语境的搜索、阅读和理解的成本，减少了不同"前见"之间"视野融合"的成本。如果仅仅阅读权利要求就能清楚地得知权利的边界，那么也可显著地减轻日后的"摩擦成本"。

不过，上述规定是一种对审查员和申请人的指引，正如同"简要"的规定一样，属于倡导性规范。它既非一种驳回理由，也不应当成为权利无效的理由。假定申请人转用了现有词汇，并在说明书中清楚地指向了特定的含义，并最终审查通过，那么在随后的无效程序和侵权程序中，并不应因此而宣告权利无效或者以通常含义确定专利权的保护范围，而是以已经专门界定的含义解释权利要求。例如，《审查指南》第二部分第二章第3.2.2节规定："一般情况下，权利要求中的用词应当理解为相关技术领域通常具有的含义。在特定情况下，如果说明书中指明了某词具有特定的含义，并且使用了该词的权利要求的保护范围由于说明书中对该词的说明而被限定得足够清楚，这种情况也是允许的。但此时也应要求申请人尽可能修改权利要求，使得根据权利要求的表述即可明确其含义。"

以上的分析同样可适用于在说明书中对权利要求所用术语进行了清楚定义，然而该术语严重违背或不同于其常规含义的情形。在审查过程中，应尽量通过引用前述倡导性规范消除这种"表面上"的混乱，但是在之后的无效程序中，不应过于严厉，不应将上述规定作为禁止性规定予以理解。

需要注意的是，如果在实质审查中，由于修改规则的限制，申请人只能通过意见澄清的方式解决缺陷时，如果澄清的内容能够消除审查员所指出的缺陷,那么该问题就不应再成为授权的障碍。也就是说,"从严"是从提出问题的角度而言的,而解决问题的尺度把握与后续的无效程序相似,需要综合考虑申请人是否具有修改的自由度,以及澄清的方式是否属于恰当的问题解决方式,以选择是否接受澄清的方式。

在专利授权之后,为了尊重专利文献的公示作用,为公众提供相对确定的预期,专利文献的修改、权利边界的重勘受到了极大的限制。此时的专利权处于稳定期、成熟期。确权程序是在既有授权的基础上判断是否有"漏网之鱼",❶ 权利要求的模糊之处是否足以导致保护范围过于不清楚,从而使得公众无法获得确切的预期。

如果说授权程序是在"做饭",无效、侵权程序则是在"吃饭",无论饭做得如何,也只能在现有的基础上尝试着"消化"。如果确有"吸收"的困难,那么应当通过无效程序使专利权归于无效,如果是"夹生饭",但"吸收"起来不至于太困难,则在无效、侵权程序中应有一定的宽容度。授权后的专利权是不能变更的权利。❷ 对于各方来说,在无效、侵权程序中的权利要求的

---

❶ 对于无效宣告程序的性质,目前主流的观点是行政机关接受社会公众的监督,借助无效宣告请求人提起的无效宣告请求纠正不当授权的行政确权程序。

❷ 我国不存在美国式的专利"再颁"程序。专利申请一旦授权,只有在提起无效宣告请求审查申请之后启动的无效宣告请求审查程序中,权利人才能获得极为有限的修改权,而在其他情形下不得修改。并且,在无效宣告请求审查程序中修改的自由度是如此有限,以至于其核心只是技术方案的删除。《审查指南》第四部分第三章第4.6.2节规定:"……修改权利要求书的具体方式一般限于权利要求的删除、合并和技术方案的删除。""权利要求的删除是指从权利要求书中去掉某项或者某些项权利要求,例如独立权利要求或者从属权利要求。""权利要求的合并是指两项或者两项以上相互无从属关系但在授权公告文本中从属于同一独立权利要求的权利要求的合并。在此情况下,所合并的从属权利要求的技术特征组合在一起形成新的权利要求。该新的权利要求应当包含被合并的从属权利要求中的全部技术特征。在独立权利要求未作修改的情况下,不允许对其从属权利要求进行合并式修改。""技术方案的删除是指从同一权利要求中并列的两种以上技术方案中删除一种或者一种以上技术方案。"

内容已经无法改变、无法完善，裁判者只能基于现有的资料对权利的保护范围进行确定。所以，"做饭"的质量直接影响将来"消化吸收"的效果。而"消化"的过程应有一定的纠错能力，能够通过"解释"弥补某些不至于导致权利重大效力缺陷的"瑕疵"，并准确确定权利的清晰边界。

从结果上看，对于权利要求是否清楚、是否缺少必要技术特征、权利要求是否得到说明书支持等的问题，在无效程序中对于权利要求应当更"宽容"一些，在裁量权的行使上应当采取对权利人较为宽松的尺度。例如，在专利权人于实审过程中已经作出澄清的情况下，在判定权利要求是否清楚时应当考虑澄清的内容；当权利要求有多种可能的解释时，如果其中一种解释可以使权利要求清楚，则宜采用可以使权利要求清楚的解释，并在决定、判决中明确说明采纳该种解释的理由，以达到公示的效果。这种解释尺度比在实质审查时指出问题所掌握的尺度宽松。实质审查是在可以不指出也可以指出时尽量予以指出，而无效或者侵权是在可以解释为清楚也可以解释为不清楚时尽量解释为清楚。在实质审查的过程中严格一些无论对哪一方都有好处，并且权利人还有补救的机会，而在授权后程序中已经错过了改进的时机。❶ 如果贸然推翻授权阶段的认定，会导致权利无效、权利人再无救济的机会。如果审查员在实审阶段已经对相关问题进行了考虑，并未超出自由裁量权允许的范围，作出维持权利有效的结

---

❶ 由此看来，现行的授权后程序似乎也有改革的必要。以"具有宽视野的潜水面罩"一案为例，如果在无效程序中能够确定其保护范围不包括平面镜片，此时允许权利人将权利要求修改为"球面镜片"，并不损害公众的利益，同时消除了权利要求的表面上的字面含义与实际含义不一致的缺陷，没有理由禁止和限制这样的修改。该案案情参见第 2 章第 2.5.5 节。

论则是信赖保护原则的题中应有之义；❶ 此外，对已经授权确认的私权，在自由裁量时一般应尽量采用使该权利有效的解释，这样做不仅符合权利解释的一般法理，而且也更符合专利法鼓励发明创造的立法宗旨。

例如，一个真实的案例是，申请人在权利要求中使用了"硝酸盐"一词，在说明书中记载："本发明所使用的硝酸盐包括硝酸和硝酸盐。"众所周知，硝酸盐的常规含义并不包括硝酸，故审查员通知申请人要求其修改权利要求。在此例中，假定审查员未要求申请人修改，最终文本获得授权，那么在无效程序及侵权程序中，应以说明书所定义的"硝酸及硝酸盐"作为权利要求所采用的"硝酸盐"一词的含义，不应轻易地宣告权利无效或者驳回原告的诉讼请求。

又如在诚加兴业股份有限公司诉国家知识产权局专利复审委员会、第三人东莞企石东山俊明塑胶五金制品厂专利无效行政纠纷一案❷中，"镜片"一词的通常含义既包括平面镜片，又包括曲面镜片。但根据说明书的描述，只有平面镜片能够解决专利所要解决的技术问题，因此采用曲面镜片的技术方案是本领域普通技术人员明显不能从说明书中得到或者概括得出的，此时，在无效程序中，可认为说明书明确排除了对曲面镜片技术方案的保护，即说明书及其附图的语境对权利要求书文字字面所限定的技术方案作出了合理的扩大或者缩小，只要这种解释是足够清楚

---

❶ 由于实用新型专利不经过实质审查，故信赖保护在对该类型权利的无效审查中一般无需特别考虑。此外，在无效理由方面，对于权利要求是否清楚、是否缺少必要技术特征等一般已经由审查员作出实质判断的事由，与引入未检索到的、新的对比文件的新颖性、创造性的理由相比，信赖保护所起的作用更为明显，因为后者基本上不涉及信赖保护的问题。

❷ 参见：国家知识产权局专利复审委员会第 3817 号无效宣告请求审查决定、北京市第一中级人民法院（2002）一中行初字第 523 号行政判决书、北京市高级人民法院（2003）年高行终字第 38 号行政判决书。具体案情参见第 2 章第 2.5.5 节。

的，在侵权和确权阶段就应当被允许。与之相对应，如果该案处于实审阶段，审查员则应当就"镜片"一词中所包含的"曲面镜片"不能得到说明书支持的问题向申请人提出质疑并要求其进行修改。

总而言之，在专利权的形成期，所适用的划界规则和政策对申请人或者权利人而言是相对严厉的，权利要求语言的含义分析是尽可能偏向语义主义而非语用（语境）主义的。而在专利权进入成熟期之后，专利制度的目标是针对一份"尘埃落定"的权利，如何以第三方的眼光确定权利人记载于其上的所欲求保护的东西，这时的解读规则是偏向语用（语境）主义的。

之所以采用这样的规则，其根本原因在于专利制度应当为避免权利的无效提供一种灵活的机制。不能在侵权、确权程序中一概套用应在授权程序中适用的严格标准。目前，以《审查指南》为代表的中国授权后程序对权利人是十分严厉的，权利人修改专利文献的时机、方式受到严格限制，修改余地很小。如果在授权后程序中对于权利人过于严厉，可能导致许多"有用"的发明因审查过程的疏忽或者瑕疵而归于无效。

也正因如此，在授权程序和后续程序之间存在公有资源的分配现象。实审的工作越到位，则权利的边界越清晰、越合理，后续的程序则不必过多地引入各种解释资料，也不必严重依赖语境。提高审查质量，有利于减少争议、明确预期、降低社会成本。而后续程序的一项重要工作是对具有瑕疵的专利权进行有限程度的"挽救"。当然，是否有必要挽救、是否能够进行挽救、在什么样的情况下可以挽救，以及在平衡公众和权利人利益的前提下，能够在挽救的道路上走得多远，则需要结合原则与规则具体案件具体分析。

1.6 "严格分离主义"——中国的特殊矛盾

1.6.1 "严格分离主义"的历史脉络

《专利法》第 45 条、第 46 条第 2 款❶规定了中国专利权的无效制度，该制度也被称之为"专利权效力的集中审查原则"。

按照民法和诉讼法的基本理论，被告在诉讼中可对民事权利的有效性提出质疑，通常情况下，这种质疑可以在侵权诉讼中作为抗辩提出，例如侵害物权纠纷、侵害著作权纠纷等。在许多国家和地区，专利侵权诉讼中的被告均可将确权争议作为抗辩或者反诉，与原告的本诉在同一程序中提出，受理侵权诉讼的法院也可在同一个案件中就侵权纠纷和确权纠纷一并进行审理。但在中国，受理侵权纠纷的法院不能对涉及专利权的有效性的问题作出肯定或者否定的判定，而只能由专利复审委员会以及随后的专门法院处理。这便是中国专利制度的一大特色——民事侵权争议与权利有效性审查程序分立的"双轨制"，笔者将之称为"严格的分离主义"。

从《专利法》第 45 条、第 46 条条文规定的内容并不能直接推导出只有专利复审委员有权审查确权纠纷、绝对排除侵权诉讼受理法院审查的结论。民事侵权争议与权利有效性审查程序分立的"双轨制"是在实践中逐步发展起而来的。最高人民法院在 1984 年《专利法》刚刚施行不久之后，于 1985 年 2 月 16 日颁布的《最高人民法院关于开展专利审判工作的几个问题的通知》中规定："在专利侵权的诉讼过程中，遇有被告反诉专利权无效时，受理专利侵权诉讼的人民法院，应当告知被告按照《专利法》第

---

❶ 《专利法》第 45 条规定，自国务院专利行政部门公告授予专利权之日起，任何单位或者个人认为该专利权的授予不符合本法有关规定的，可以请求专利复审委员会宣告该专利权无效。第 46 条第 2 款规定，对专利复审委员会作出的决定不服的，可以自收到通知之日起 3 个月内向人民法院起诉。

48条和第49条的规定办理。在此期间，受理专利侵权诉讼的法院，可根据《民事诉讼法（试行）》第118条第4项的规定中止诉讼，待专利权有效或无效的问题解决后，再恢复专利侵权诉讼。"❶虽然该司法解释目前已经失效，但其确立的基本原则被一直延续至今，并在随后的批复中被重申。如《最高人民法院知识产权审判庭关于不属于外观设计专利的保护对象，但又授予外观设计专利的产品是否保护的请示的答复》中认为：产品外观设计专利申请是否应当授予专利权，依据《专利法》第40条和第43条规定，应当由中国专利局或者专利复审委员会审查决定，而不应由人民法院在侵权诉讼中审查决定。❷在实践中，"涉案专利是否具有新颖性、创造性，不属于本案审理范围，可依其他途径另行解决。"❸这一思路成为人民法院审理相关案件的"铁律"。

之所以采用侵权和无效审查的"双轨制"，是因为当时的人们认为，专利权的效力审查系具有较强技术性和专业性的工作，在专利制度建立之初，全国各地法院的专业人员和审判经验均较为欠缺，由管理专利的专业行政机关进行审查具有法院无可比拟的优势。发展至今天，行政机关和法院在专业性、技术性上的差距已日益缩小，坚持该原则的合理理由转而主要体现为审查标准统一的需要。中国幅员辽阔，各地发展水平参差不齐，各地法院在专利案件方面的审判经验也具有不同程度的差异。此外，中国设置有四级法院，而专利侵权纠纷一般由中级人民法院一审、高级人民法院二审（终审），进入最高人民法院的案件极其有限，如此一来，终审权分属全国不同的高级人民法院，如果在侵权诉讼中同时审理权利有效性的争议，那么极易出现审查标准不一致的情况，而在目前"严格分离主义"的模式下，全国的无效案件

---

❶ 该条文所指的《专利法》《民事诉讼法（试行）》均指当时生效的法律。
❷ 1997年2月17日发布，该条文所指的《专利法》指当时生效的法律。
❸ 参见：北京市高级人民法院（2004）高民终字第157号民事判决书。

由专利复审委员会统一进行审查,对其作出的行政决定不服的案件,亦统一由北京市第一中级人民法院一审、北京市高级人民法院二审(终审),有利于维护执法、司法标准的统一。

中国所施行的民事侵权争议与权利有效性审查程序分立的"双轨制"是彻底的、严格的"双轨制",在实践中逐步发展为"专利权有效性原则"。也就是说,即便侵权诉讼受理法院认为原告所主张的专利权具有明显不应当授权的情形,也不能以此为由驳回原告的诉讼请求,更不能判决原告所享有的专利权无效,如果被告因种种原因不向或者不愿向专利复审委员会提出无效宣告审查请求时,人民法院只能判决被告的行为构成侵权。最高人民法院很早就意识到"双轨制"存在的弊端,并在上述1985年出台的司法解释中规定了当被告启动无效程序时,受理侵权诉讼的人民法院可以中止诉讼,以避免对不当授权的专利权提供不必要的保护。此后,最高人民法院在1992年、2000年颁布的司法解释中又对中止诉讼制度进行了进一步完善。但是,即使如此也难以克服绝对的"双轨制"带来的缺点。在专利权人的保护方面,实践中有的被告恶意提无效、反复多次提无效,并利用侵权诉讼中的中止程序,故意拖延诉讼,以达到迟延停止侵权、赔偿损失的目的;就被控侵权人的保护方面,面对明显应当无效的专利权,被告无法在同一个程序中提出抗辩,只能到北京启动无效程序,还可能面临随后进行的行政诉讼,大大增加了诉讼成本,导致有关的生产经营始终处于不知合法与否的不确定状态。并且,由于只有发明专利权的授权经过实质审查,实用新型、外观设计专利权的授权只进行形式审查、不进行实质审查,因此实用新型、外观设计专利权的权利稳定性较差,无效的比例较高,也增加了"双轨制"的社会成本。

正因如此,社会上也出现了要求废除或者缓和"严格分离主义"的呼声。就目前而言,在中国,坚持"严格分离主义"仍然

第1章 权利边界确定的理论基础

是学术界和司法实务界的主流意见，但在某些特定的方面出现了松动的迹象。2001年2月颁布的《最高人民法院关于审理专利纠纷案件适用法律问题的若干规定》第9条规定："人民法院受理的侵犯实用新型、外观设计专利权纠纷案件，被告提供的证据足以证明其使用的技术已经公知的，人民法院可以不中止诉讼。"虽然该条文没有明确写明"不中止"之后应当如何处理，但字里行间隐含了被告可以其使用的系公知技术为由提出抗辩的含义。此后，各地的中级人民法院和高级人民法院陆续在司法审判实践作出了适用现有技术和现有设计抗辩的判决。在总结司法经验的基础上，2008年《专利法》在第三次修改时明确增加了第62条"现有技术和现有设计抗辩"："在专利侵权纠纷中，被控侵权人有证据证明其实施的技术或者设计属于现有技术或者现有设计的，不构成侵犯专利权。"2009年《最高人民法院关于审理侵犯专利权纠纷案件应用法律若干问题的解释》第14条对现有技术和现有设计抗辩进行了进一步细化："被诉落入专利权保护范围的全部技术特征，与一项现有技术方案中的相应技术特征相同或者无实质性差异的，人民法院应当认定被诉侵权人实施的技术属于专利法第六十二条规定的现有技术。被诉侵权设计与一个现有设计相同或者无实质性差异的，人民法院应当认定被诉侵权人实施的设计属于专利法第六十二条规定的现有设计。"如此一来，如果被告实施的被控侵权技术方案属于现有技术、设计或者其细微的变化，则不需要再比较其与原告专利技术的相同点，即便被控侵权技术方案落入专利权的保护范围，被告也不需要再历经专利无效宣告审查程序，而直接可以在侵权诉讼中主张现有技术抗辩，在抗辩成立的情况下，虽然原告的专利权仍然具备权利效力，但不能向被控侵权行为人主张权利，这大大节约了程序、时间和经济成本。

不过，在涉及专利权效力的其他方面，虽然也有提出希望在侵权诉讼中允许被告抗辩的呼声,但在中国目前还不是主流,可以说"严格分离主义"还是目前实践坚持的一种做法。

1.6.2 "严格分离主义"的缓和——未来的发展方向

德国专利制度采取"严格分离主义"的立法模式。在德国,被告在民事侵权诉讼中无权提出现有技术抗辩,只能提起无效宣告程序撤销原告的专利权。该做法带有浓厚的理想主义色彩。通过统一的无效宣告审查程序,可以充分利用被告提起无效行为的外部性,将缺乏可专利性的专利权彻底铲除,避免了原告专利表面上仍然有效,而实质上因缺乏新颖性、创造性而应被宣告无效的情况。然而,利用被告行为的外部性不见得非得通过限制被告提出抗辩事由的方式解决。在当今信息社会中,将被告胜诉的判决在互联网上公开可以达到同样的公示效果。公众完全可以专门的网站上搜索专利名称、专利权人等关键词信息,获得所有围绕着该专利进行诉讼的资料,从而得知他人抗辩胜诉的情况。这一场景并非科学幻想,在今天的技术条件下已经完全可以做到。也就是说,通过技术上的处理,缓和"严格分离主义"所带来的损害公示效力的副作用完全可以减轻到忽略不计的程度。

严格分离主义带来了无效与侵权程序中确定权利保护范围相互割裂的严重弊端。一个经验性的例子是,审查员常常有这样的疑惑:侵权法院对于某某语句的理解,是以最宽泛的通常含义还是以说明书所明示或者暗示的较为狭窄的含义为准?此问题实际上代表了审查员的一种普遍担忧:不清楚侵权法院将在什么样的基础上、以什么样的规则理解权利要求的用语,如果法院在最宽泛的意义上确定权利的保护范围,那么在无效程序中放松对有关权利要求的审查,将导致受审查的权利保护范围过大。这一担忧的结果是,无效程序的审查员往往更倾向于以字典主义(最宽泛的字面含义)理解权利要求用语的含义,这一普遍做法也对随后的法院程序产生了相当大的影响。笔者始终坚持这样一种看法,即专利制度的未来应当朝着缓和甚至取消"严格分离主义"制度的方向发展。关于"严格分离主义"所带来的种种问题,将在本书有关具体规则的探讨中予以展开。

近年来,无效在美国变得困难起来,其中一项重要原因是新颖性、创造性等十分专业的问题由未受过技术训练的陪审团来决定,而专利已经被训练有素的审查员授权这一事实本身使得陪审员要作出推翻该事实的裁决,按照美国联邦巡回上诉法院的解释,应当有"明确的、令人信服的证据",这是一种相当高的证明标准,也阻隔了引入日常生活经验和所属领域普通技术人员的公知常识进行判断的机会,降低了专利权被无效的概率。

可以想见,主要由科技知识背景的审查员组成的专利局、专利复审部门和主要由法律知识背景的法官组成的法院在对无效案件进行审查的重要区别之一是前者更具有主动引入"公知常识"的"魄力",而后者对此持相当的怀疑态度,往往需要某种通过证据体现出来或者旁征博引充分说明所树立起来的内心确信和自信。专利审查面临的一大挑战是如何检索出并不以专利文献、专著教材、期刊等书面形式存在的现有技术。由此我们也可以合理推测,将来如果我们破除了专利权效力审查的"单轨制",而以"双轨制"取而代之,那么在法院的无效难度很可能要比在专利复审部门的高。这种现象与我们的朴素观念相吻合——"外行"们"隔行"判断专业问题更容易发现发明创造的价值,"内行"们判断则更倾向于认为发明创造"不过如此"。❶ 不过,从长远来看,表面上的数据会趋于平衡,因为潜在或者现实的被控侵权人将根据挑战的难易程度选择通过法院还是行政机关提出无效主

---

❶ 在这个意义上说,"外行"判断的问题是"公知常识"的引入不够,但优点是降低了发明创造的价值因"事后之明"被错误低估的风险。

张——如果证据充分、公知常识也有书面证据的强有力支持，那么其会选择在被诉侵权时同时主张权利效力抗辩，如果公知常识类的证据欠缺书面表现形式，则为了提高无效概率，被控侵权人将选择向复审机关单独提出无效程序。当事人的这种自我调节会使得长期来看，无效概率在法院和复审机关维持大体相当的水平。❶

1.7　不同程序中的划界标准是否应当统一

在授权确权与侵权判定中，专利权边界的范围是否应当保持一致，是中国比较独特、比较棘手的问题。纯粹从逻辑上讲，在两个程序中所得出的结论不应有所不同。如果在效力性判定中，边界划定得宽，而在侵权判定中，边界划定得窄，那么对于权利人而言是不利的，对公众是有利的，因为专利在授权确权程序中会因划定范围过大而容易被无效，而在侵权程序中因划定范围较小而更难以获得保护，反之，则对于权利人是有利的，对于公众是不利的。在美国等国家，由于在同一个案件中解决权利有效性的问题和侵权判定的问题，则不大可能出现划界不一致的情况，因为当事人既不可能提出自相矛盾的主张，法院也难以对区别对待的做法给出自圆其说的合理论证，因而此问题一般不成其为问题，这方面的理论探讨也较少。

不过，在实质审查程序中，就指出问题的角度而言，保护范围的确定标准却不必与最终的授权，以及授权后的无效、侵权程序保持一致。实质审查的任务是尽可能使权利要求在不借助包括说明书在内的其他解释资料的情况下"本身看起来就是清楚的"，最大限度地消除权利要求需要解释的地方。❷虽然这一目标的达

---

❶　假定二者对无效标准的规则和尺度的把握完全一致。
❷　如果认为存在解释时机问题的话。"解释时机"的问题参见第 2 章第 2.3 节的有关讨论。

成只是理想，难以在任何情况下都成为现实，但是却可以努力地接近它，进一步降低公众阅读各种解释资料，也即进行"视野融合"的成本，同时减少不同解释资料之间的不一致，从而降低不确定性的风险。

而在中国"严格分离主义"的语境下，容易导致在不同的程序中由不同的审查机关所确定的保护范围不一致的情况，"严格分离主义"是专利权边界的划界在不同程序中可能产生不同结论现象得以生存的土壤。无论是权利人、作为公众的相对方，还是裁判机关，总是自觉不自觉地在不同的场合扮演不同的角色。❶割裂的程序为割裂的边界确定提供了现实的条件。这加剧了权利边界的不确定性。

笔者认为，在专利权效力审查与侵权判定的两个程序中，保护范围的确定标准原则上应当一致，但在特殊例外的情况下两者并不一致。两者不一致的情况不应是常态，而只能是特殊的、权宜的、基于特殊公共政策考量的权衡。一个典型的例子是在可专利性问题的判断上，一般不需要考虑权利要求字面范围等同的技术方案，而在侵权问题的判断中，权利的保护范围扩大至等同物。❷

之所以坚持在效力性判定和侵权判定保护范围确定标准上的一致性，其根本原因在于保证通过可专利性审查（测试）的权利

---

❶ 对于权利人而言，总是希望在授权和无效程序中限缩权利的保护范围，以利于维护权利的效力，而在侵权程序中扩张权利的保护范围，以尽可能地获得保护；而相对方则恰恰相反，希望在无效程序中扩张权利的保护范围，而在侵权程序中缩小权利的保护范围；裁判者的角色则有些尴尬，力图在二者之间进行平衡，至少在绝大多数情况下希望统一不同程序中的权利边界，然而，时空的转化和交错使得这种追求确定性的愿望时时落空。

❷ 如在授权确权程序中，保护范围的确定并不包括等同。不过，在授权确权程序中，在对创造性问题进行判断时，在某种程度上覆盖了专利技术方案的等同方案，因而授权确权程序与侵权程序仍然是相衔接的。

保护范围与具有排他效力的权利保护范围一致。也即，既使得获得保护的范围是经过审查的范围，也使得经过无效考验的对象是能够获得保护优惠的范围。这种优惠无需体现为经侵权程序获得救济，在许可谈判中使权利人处于优势地位、对公众形成排他性的威胁，都是权利人已经获得优惠的体现。

保护范围的确定是典型的价值判断问题。由于在不同程序中适用不同的划界标准在不同的主体之间造成了不平等，因而根据民法价值判断的实体性论证规则，在没有足够充分且正当理由的情况下，应当保持两项程序中划界标准、划界结果上的一致性。主张不一致观点的论证者应当承担论证义务，论证过程应当要有公共政策的正当性基础。

为了保护权利人的利益，专利制度不仅在侵权方面应给予权利范围以一定的弹性，同时在避免权利无效方面也应当保有灵活性。而后者是当今中国专利制度所欠缺的，这对权利人而言是极为不利的。等同原则的适用无疑在侵权程序中为保护专利权提供了弹性，但我国在避免权利无效方面尚缺乏重新界定权利的伸缩性。在美国，对此问题主要通过再颁（Reissue）程序解决。而我国不仅缺少类似于美国再颁程序的专利权后续挽救程序，而且"严格分离主义"进一步加剧了无效制度在避免权利无效方面的僵化，因为由侵权法院同时审理权利有效性的模式，相较于由专门的行政机关审查权利效力的模式，可以为避免权利无效提供程序支持。虽然类似于美国再颁程序的"灵活性"将导致专利局的工作量增大，并且存在损害公众确定性预期的担忧，但是在以下两个方面因素的作用下，上述忧虑可以得以减轻。一是真正处于活跃状态的、有用的专利只是少数，美国的经验表明，只有一小部分专利进入再颁程序，可以预料的是，有再颁需求的专利权，

第1章 权利边界确定的理论基础

甚至比进入无效阶段的专利权数量还会更少一些,❶ 再颁程序并不会显著地增加行政部门的工作量。二是通过具体的规则设计,可以充分保护公众的信赖。例如,可以明确规定禁止扩大原独立权利要求保护范围的新权利要求,如此一来,再颁之后权利保护范围缩小了,即使权利范围发生了变动,也不至于损害公众的预期,因为公众信赖的本就是宽范围的权利,在不扩张权利保护范围的情况下,新的保护范围必然处于公众原来预期的保护范围之内。

当然,灵活性和预期确定性是一对矛盾。目前我国无效程序在避免权利被无效方面缺乏弹性也尚可理解,毕竟我国还不是真正的创新强国、权利人国,不过,在以下的预判之下,我们迟早应当对专利制度进行改革,引入弹性机制——因为中国必将在某个时点成为权利人国,也理应在未来为权利人提供更多的关怀。

---

❶ 2011 年,国家知识产权局专利复审委员会受理的无效宣告请求共 2749 件。参见:2011 年国家知识产权局年报 [EB/OL]. [2013 - 02 - 10]. http://www.sipo.gov.cn/gk/ndbg/2011/.

第 2 章　专利权的逻辑边界——以权利要求解释为中心

2.1　哲学解释学——权利要求解释的方法论

2.1.1　哲学解释学与文本主义

专利文献通过人类创造的符号——语言文字描述客观存在的技术客体，并通过语言文字的构成描述所要求保护的技术客体。撰写者的工作是将具象的客体转化为抽象的言说，而解释者的工作是将抽象的言说转化为抽象的客体信息。事实上，这两次转化均是解释的过程。

在第一次解释的过程中，因为撰写者的知识储备贫富不均，能力高低参差不齐，表达风格各异，法律关注的是在特定的历史发展条件下、拥有平均能力水平的撰写人能否，以及在多大程度上能够通过语言文字的娴熟运用，将脑海中的发明创造完整地、清晰地、充分地落到纸面上。法律同时关心的是，在占有足够资源的情况下，人类理性是否足以通过语言文字的"人造物"将客观世界表达清楚，并能够以最低的成本在主体之间无损耗和无扭曲地传递。这一问题在第 1 章已经得到讨论，即人类理性是有限度的，在某些情况下，"简洁"的语言不足以在观念上描摹撰写者所要真正保护的东西。康德把理性分为"纯粹理性"和"实质理性"，并指出理性的认知能力、认知可能及认知局限。"康德哲学的一个决定性的意义是，它坚持认为存在人类必然无法认知的

第 2 章 专利权的逻辑边界——以权利要求解释为中心

领域。"❶ 许多人有这样的体会,作出发明创造并不难,难就难在通过周密的语言准确地把发明创造表达出来,并且划定自己真正想要保护的范围。

第二次解释的过程,是将固定在文本上的语言文字重新转化为观念上的抽象信息的过程,这一解释的过程是我们所通常研究的权利要求的解释过程,是法律所尤其关注的问题。

不言自明的是,从文本的字面到抽象的观念的解释过程属于典型的"解释学"范畴,我们因而有可能引入哲学解释学的研究作为权利要求解释的方法论。

马丁·海德格尔(Martin Heidegger)和汉斯-格奥尔格·伽达默尔(Hans-Georg Gadamer)是传统解释学向系统的现代解释学转向的标杆式人物。海德格尔赋予理解以存在论的性质,并随着存在活动的历史而展开。海德格尔在其 1927 年发表的《存在与时间》一书中,将理解与人的存在联系起来,并提出了"前见"("前理解",Pre-understanding)的问题。海德格尔认为,理解者和解释者的任何理解和解释离不开其掌握的"前见"。"把某某东西作为某某东西加以解释,这在本质上是通过先有、先见和先把握来起作用的。解释从来就不是对某个相信给定的东西所作的无前提的把握。如果像准确的经典释文那样特殊的具体的解释喜欢援引'有典可稽'的东西,那么最先的'有典可稽'的东西无非只是解释者的不言自明的无可争议的先入之见。任何解释一开始就必须有这种先入之见,它作为随同解释就已经'被设定了'的东西是先行给定了的,也就是说,是在先有、先见、先把握中先行给定了的。"❷ 哲学解释论认为,人不是凭空存在

---

❶ 庞思奋. 哲学之树 [M]. 翟鹏霄,译. 王凌云,校. 广西:广西师范大学出版社,2005:72.

❷ 马丁·海德格尔. 存在与时间 [M]. 陈嘉映,王庆节,译. 北京:生活·读书·新知三联书店,2006:184.

专利权的边界——权利要求的文义解释与保护范围的政策调整

的，而是处于一定历史时空之中，我们在面对历史之前，就已经属于历史了。理解者具有各种各样历史环境传承所灌输的"偏见"或者"成见"，这种"现成之见""已成之见"决定了解释者的起点、角度和视野。"前理解至少包含着下列几个关系到人的存在的因素：语言、经验、记忆、动机、意向，任何理解只能在这些因素的基础上才可能发生。"❶ "理解甚至根本不能被认为是一种主体性的行为，而要被认为是一种置身于传统过程中的行动，在这过程中过去与现在经常地得以中介。"❷ "其实历史并不属于我们，而是我们隶属于历史。早在我们通过自我反思理解我们自己之前，我们就以某种明显的方式在我们所生活的家庭、社会和国家中理解了我们自己。主体的焦点乃是哈哈镜。个体的自我思考只是历史生命封闭电路中的一次闪光。因此，个人的前见比起个人的判断来说，更是个人存在的历史实在。""我们只能在我们时代的条件下进行认识，而且这一些条件达到什么程度，我们便认识到什么程度。"❸

在"前见"的基础上，伽达默尔提出了"效果历史"的概念，并进一步提出了"视野融合"。伽达默尔认为，文本意义的决定者并非作者，而是由作为主体的读者和作为对象的文本在相互作用的过程中所决定的。理解者与文本所处的历史存在各不相同，文本的意义和理解者一起处于不断形成和相互影响的互动过程之中，这一过程历史被称为"效果历史"。❹ 作者的"前见"❺

---

❶ 殷鼎. 理解的命运 [M]. 北京：生活・读书・新知三联书店，1988：23.

❷ 汉斯－格奥尔格・伽达默尔. 真理与方法——哲学诠释学的基本特征 [M]. （上卷）. 洪汉鼎，译. 上海：上海译文出版社，1999：372.

❸ 马克思，恩格斯. 马克思恩格斯选集 [M]. 卷3. 中共中央马克思恩格斯列宁斯大林著作编译局，译. 北京：人民出版社，1974：562.

❹ 洪汉鼎. 诠释学——它的历史和当代发展 [M]. 北京：人民出版社，2001：237—241.

❺ 在此处，"前见"与"视野（Horizon）"在哲学解释学上是基本相当的概念。

第2章 专利权的逻辑边界——以权利要求解释为中心

和读者的"前见"并不完全相同,而理解则是这两种不同"视野"的融合。"解释学过程的真正现实依我看来不仅包容了被解释的对象,而且包容了解释者的自我理解。"❶

由此可见,哲学解释学从本体论的角度指出了任何理解总是要受到前结构的制约,总是"此在"的存在构成的视野结构所决定了的融合过程。

哲学解释学的理论为我们开展专利权利要求的文本解释活动打开了一扇方法论之窗。专利文献是人类主观精神世界活动的产物,它是观念之物的固化,不仅受到发明者"前见"的限制,也受到撰写者"前见"的约束。因此,对于权利要求的解释,必定不是"无底棋盘上[的]游戏"。❷ 哲学解释学不仅给我们以"前见"重要性的启示,更重要的是告诉我们以不同的资料作为出发点,可能将得出不同的解释结论,同时,应当研究我们可以以及应当重视掌握何种资料作为"前见"的依托。通过重视"前见"、认识"前见"、理解"前见",统一"前见",最终统一对权利要求的解释结论,尽可能得到客观且唯一的解释结果。

1963年,罗兰·巴特发表了《作者之死》一文,❸ 提出了接受美学意义上的后现代文本主义哲学观,我们姑且称为"读者中心主义的文本主义"。福柯在1968年发表的《什么是作者》一文进一步阐释了巴特的观点。❹ 按照后现代文本主义的理论,作者不具有"权力",不能称为"Author",充其量其只是"执笔者"(writer),文本的意义并不在于对作者思想的解读,而在于读者

---

❶ 汉斯—格奥尔格·伽达默尔. 哲学解释学[M]. 夏镇平,宋建平,译. 上海:上海译文出版社,1994:57.
❷ 王轶. 物权变动论[M]. 北京:中国人民大学出版社,2001:17.
❸ 罗兰·巴特. 作者之死[M]//罗兰·巴特随笔选. 怀宇,译. 天津:百花文艺出版社,2005:294—301.
❹ 米歇尔·福科. 什么是作者,王岳川,尚水. 后现代主义文化与美学. 米佳燕,译. 心哲,校. 北京:北京大学出版社,1992:287—305.

的解释。不同境遇的读者所理解的、关注的、引起共鸣的焦点是不尽相同的。"一千个人眼中有一千个哈姆雷特",解释的过程不必强求解读结论的一元化,解读的结果是多元的、非中心的。文本的生命力在于不同的解读者的解释结论的演进,解读者是意义的最终决定者。

"读者中心主义的文本主义"强调文本本身的客观性:作品一旦诞生则脱离了撰写者的主观意志,作为客观化的存在即具有独立的生命力。解读者的任务并不是去发现撰写者写作的真实意图,而是在于解读者自己的心路历程。

后现代"读者中心主义的文本主义"提出了与传统"作者中心主义的文本主义"不同的理论进路。与伽达默尔的"视野融合"理论不同的是,"读者中心主义的文本主义"仅将文本作为符号意义上的对象,而"视野融合"理论承认文本本身所承载着的"前见"对解释结论产生意义。虽然后现代"读者中心主义的文本主义"哲学观所适用的范围较现代哲学解释学为窄,其主要关注于文学艺术作品的审美理性,但是其对于我们研究专利文献的解释是有一定借鉴作用的。

权利要求解释的最终目标是文本至上——法律并不关心撰写者意图撰写什么东西、写出来的是什么东西,它关心的是解读者会如何解读、解读的结论是什么。解释并非探求真意——真意有可能是任意的,真意既可能显现于文本之上,也可能隐藏在文本之下。解释的任务是发现公众在阅读了文本的基础之上,其所认为的权利人所要求保护的东西,而不是实际上权利人所真正想要的东西——二者既可能一致,也可能不一致。解释是站在解释者的角度(而非立场)看问题。

哲学解释学和"读者中心主义的文本主义"均对解读者的多元性进行了研究。每个人都是历史的片段,先有、先见和先把握也必然是地方的、特殊的、片面的,"前见"的不同必然导致解释结论的差异和多元化。然而，这与权利要求解释追求统一客观化的目标是相互矛盾的。权利要求的解释追求尽可能的唯一性，其承认多元的解释结论但努力想消除这种多元结果，而文学艺术的解释承认和鼓励多元解释结论，多元化是其刻意追求的结果。因此，法律有必要消除差异化的解释主体，通过标准化的虚拟主体的设定，来抹去差异化的起点，最终朝着统一化的解释结论迈进。

这也是权利要求的解释与法律解释、合同解释的一个重要区别。法律是强力保障之人造物。何以有强力？乃出于法律制定者的权力。因此不可能不探究立法者的原意。法律解释同时也是追求适应性的解释。法律解释的任务是使得法律具有与时俱进的自我演进的生命力。权利要求解释是追求确定性的解释，其从客观含义而不是从权利人的主观意图解释，有助于减少主观随意性。法院在解释权利要求时不采用原意解释的方法，不对申请人的本意进行探寻，而是以公众所理解的申请人所表达的意思作为解释过程所追求的终极目标，这是尽可能客观化的重要方式。一切法律规则的规范内容均涉及隐含的价值判断，法律规范具有三段论，隐含着立法者应当和不应当的价值指引。而权利要求的解释的目的是发现事实问题。解读者对文本记载的信息进行客观还原，理解文本教导的是什么，而不是应当怎么做，后者是典型的价值判断问题。解释是对权利要求所架构的技术方案的"骨架"进行"血肉还原"的过程，是与撰写过程中的抽象、概括权利要求的方向相反的过程。理解是为了使"干瘪瘪"的权利要求语言与说明书丰富的技术语境相结合。

因此，通过哲学解释学和"读者中心主义的文本主义"的解读，我们可以得出权利要求解释的一般方法论意义——解释的任务是得到公众所认为的权利人要求保护的东西，解释的主体应当是统一的虚拟的标准化的人物，这一人物的特性就是掌握着法律所严格限定的"前见"。

还有一个重要的问题。权利要求的解释从本质上属于方法论层面上的强调解释方法和注重解释技巧的实践性解释。按照梁治平先生对法律解释所作的分类方法——一是方法论的解释学,二是本体论的解释学,权利要求解释的规则应归属于前者,权利要求解释的现象应归属于后者。无论是方法论的解释学,还是本体论的解释学,都可在哲学解释学的大树之下找到根枝。"理解同时是解释和应用",❶ 作为本体论的哲学解释,并不排斥方法论的哲学解释。

2.1.2 语境依赖与语言含义的精确化

语言本来就是人类与所处环境之间相互作用而形成的一系列适应现象之一。❷ 20 世纪下半叶以来,语义学、语用学❸大量借鉴了哲学解释学的研究成果,在语言学的范畴之内对哲学解释学予以具体化,逐步形成了语义模糊理论、语境理论等。

语义学和语用学认为,词汇和它所对应的东西是具有随意性的。而语境的充分利用可以使语言系统成为丰富多彩的世界。在语言中,精确性只是极端的情况。对模糊语言进行尽可能精确的定义,需要借助于言说者的特定语境(Context)。霍姆斯大法官认为:"语言不是如水晶般透明和一成不变的,它是活着的思想的皮肤,可能在颜色和内容方面随着使用它的环境和时间的改变

---

❶ 汉斯—格奥尔格·伽达默尔. 真理与方法 [M]. 转引自:殷鼎. 理解的命运 [M]. 北京:生活·读书·新知三联书店出版社,1988:101.

❷ JET VERSCHUEREN. *Understanding Pragmatics*. London Edward Arnold Limited,1999,266. 转引自:张瑞鸿. 模糊语言的顺应性解释 [J]. 外语与外语教学,2008(7):29.

❸ 对于语义学、语用学之间的关系,学术界仍存在争论。本书接受这样一种区分:即语义学研究的是意义本身,而语用学则考虑对话情境,对表达的意义进行研究。参见杰弗里·N. 利奇. 语义学 [M]. 上海:上海外语教育出版社,1987:99.

而发生巨大的变化。"❶ 无论是语言文字的通常含义，还是其在上下文中的特定含义，都是置于大至文明、小至上下文的语境中进行理解的产物。

有限的语言对应于无限丰富的客观世界，每一词汇通常都有较宽的语义域。通常情况下，语义域是较为宽广的，既有相互竞争的不同义项，❷ 也有互相兼容的不同义项。并且，同一个义项之下也同样可能具有宽泛的语义域。因而，语言的意义在不同的环境中总是有着不同，意义是由语境所决定的，时过境迁，义随境移。例如，"大"和"小"的一对概念具有极强的伸缩性，在具体的语境中，其含义所代表的外延是游移不定的。在蚂蚁与大象对比的语境下，"大""小"代表的是动物世界数量级外延范畴，而在星系和星球对比的语境下，它们代表的又是宇宙天体数量级的外延范畴，二者相差极为悬殊。又如，"过去、现在、未来"以及"童年、少年、青年、中年、老年"的连续概念，越是缺乏明确具体的语境，其含义的伸缩性就越大，边界就越模糊，反之，其内涵越丰富，外延的则越确定和清晰。甚至于在有语境的情况下，本身含义相当模糊的词语也能够被解释清楚，如副词"大概"、量词"少量"、介词"在必要时"等。

越是精确地确定语言文字的含义，就越需要依赖于语境，此种现象可被称为"语境依赖"。语境论是根据情境、用法和语境来研究意义的理论，也即根据语言行为的表面的和可以观察到的相互关联的事物来研究意义。❸ 维特根斯坦认为："在大多数情况下……一个词的意义就是它在语言中的用法。"❹ 就解读者而

---

❶ *Towne v. Eisner*, 245 U. S. 418, 425 (1918).
❷ 即不同含义在同一个场合不能同时出现，是非此即彼的。
❸ 杰弗里·N. 利奇. 语义学 [M]. 上海：上海外语教育出版社, 1987：87.
❹ 转引自：杰弗里·N. 利奇. 语义学 [M]. 上海：上海外语教育出版社, 1987：88.

言，语境论的方式是通过上下文来确定语言文字的意义，在确认之后，意义的使用即可脱离上下文。追求解释结论的客观性、理解语义的精确性，是采纳语境论的根本原因。在许多法律领域，语境的概念比从前更为重要。❶"我们发现如果不超过权利要求自身，权利要求根本就不可能被解释。无论一个权利要求看起来是多么的清楚，藏在背后的文件可能完全打乱对该权利要求含义的最初理解。"❷

语境对于语义的特定化作用至少可以在三种形式下出现。❸

首先，语境消除了歧义，排除了语言文字的多重含义。例如，"Shall I put this on？"的含义究竟是什么？❹ 因为"put on"短语的多义性，取决了言说者在什么样的场景下手里拿着什么东西。如果是：

1. 一台收音机，则含义为"我能打开收音机吗？"
2. 一件毛衣，则含义为"我能穿上毛衣吗？"
3. 一根木头，则含义为"我能把这根木头放在……上面吗？"

其次，语境使得某些类型的词所指代的事物明确，例如"这""那""它""那里""当时"等。

最后，语境提供了言说者以省略形式删除的信息。也即通过语境的分析，解读者可以得出"言外之意"。

不过，特定语境的作用对含义的确定是相对的，例如，前例中表意者将"this"明确为"sweater"，则对"Shall I put the

---

❶ HENRY E. SMITH, *The Language of Property*: *Form*, *Context*, *and Audience*, 55 Stan. L. Rev., 2003, 1105—1106.

❷ *Autogiro Co. of America v. United States* 384 F. 2d 391, 397 (Ct. Cl. 1967).

❸ 杰弗里·N. 利奇. 语义学 [M]. 上海：上海外语教育出版社，1987：95.

❹ 此例子来源于杰弗里·N. 利奇. 语义学 [M]. 上海：上海外语教育出版社，1987：95.

sweater on?"一句的理解,虽然在很大程度上消除了歧义,但是"put on"在此作"穿上"解并非唯一的理解,言说者所欲表达的含义也可能是"我能把毛衣放在上面吗?"甚至如果手里拿的是类似于电热毯的电毛衣,还可能是"我能否打开电毛衣的开关?""语境的作用只是使每一种意义都具有某种程度的可能性"。❶ 当言说者手里拿着毛衣的时候,我们之所以在前述研究中首先将短语的含义确定为"穿",是因为在通常的情况下,该含义的可能性更大一些,但并不因此而绝对排除其他含义的可能性。因而,语境的引入和理解,或者缩小了潜在意义的范畴,或者增大了某一方面更为具体含义的可能性。总之,语言是模糊的,通过语境可以更为精确地确定语言表达的含义,只有在语境中才能确定意义的相对真值。

进一步而言,语义的精确化取决于语境的引入程度。语境所给出的信息越丰富,解读者所引入的语境越多,潜在意义的范畴则越窄,或者某一含义的可能性越大,也越能够精确地确定语言的含义。正如前面所举的例子那样,如果我们能够进一步确定言说者手里拿的并非电毛衣而只是普通毛衣,以及再次引入行为场景——言说者将毛衣在胸前比画,那么将极大地排除其他两项含义的范畴,而大大增加"穿"的含义的可能性。

语境的获得有赖于解读者所拥有的各类广泛知识。理解言说者的表达含义,要求解读者与言说者拥有大致相同的知识背景。这一知识既包括语言学上的,也包括各种科学上的知识,还包括抽象的思维方式。如果需要获得可预期的大致精确的语义解读结论,我们需要统一言说者和解读者的知识背景。

语境论不仅考虑语言语境,还考虑非语言语境。❷ 但需要特

---

❶ 杰弗里·N. 利奇. 语义学 [M]. 上海:上海外语教育出版社,1987:95—96.
❷ 杰弗里·N. 利奇. 语义学 [M]. 上海:上海外语教育出版社,1987:91.

别指出的是,语义学中的语境一般仅指语言的上下文,是一个相对狭窄的概念,而哲学解释学作为本体的解释论,其所指的语境是一个相当广阔的概念。本书认为,语境因素是先验地存在解读者脑海中的一系列假设,❶ 其包括掌握的各种知识、记忆、认知、文化背景等,❷ "语言不能脱离文化而存在,不能脱离社会继承下来的各种做法和信念,这些做法和信念的总体决定了我们生活的性质。"❸ 本书对语境一词的使用,除结合上下文可作狭义解释的以外,一般均是在哲学解释学的层面上使用的。

在哲学解释学的启发下,我们应当认识到,无论是语言语境,还是非语言语境,都已经超越了具体的表达场景,而是扩展至文化、文明这种宏大的历史背景。事实上,约定俗成的语言用法、表意的规则、语法、字、词、句的通常含义,均可被视为是有关联的语境。不过,从解释成本的角度考虑,正如下文所揭示的那样,面对特定的解读者,在解释中对于所使用的语境应当进行限缩,以避免语境论本来所欲追求的客观科学性因步入过于抽象的层面而丧失殆尽。

哲学解释学视野下的语境论还要求我们审视中文的语言系统资源。中国传统社会是以"礼"为纲,讲求血亲和伦理道德的宗法社会。"君子喻于义,小人喻于利",❹ 在重"义"轻"利"、重伦理轻技艺的传统下,中文的语言习惯是伦理文明而不是科技文明的产物。并非为了科技语境而存在的中文更擅长表达一种总体印象,而不习惯于作周密详细的分析,在精确性方面有所不

---

❶ 但这些假设可以随着交流的过程而不断地修正。

❷ 庞建荣. 模糊语言及其语境依赖性 [J]. 外语与外语教学,2008 (7):18.

❸ Edward Sapir. *Language, An Introduction to the Study of Speech*, Harcourt, Brace & Co., 1921, 221. 转引自董晓波. 我国立法语言模糊性的法哲学分析 [J]. 语言文字应用, 2006 (4):85.

❹ 《论语·里仁》。

足,我们在运用中文这一表意工具传递权利信息时对此需要有着清醒的认识。

2.1.3 解释的出发原点——对话的"合作原则"

Grice 的对话"合作原则"(Cooperative Principle)是语用学发展史上最有影响力的理论之一。[1] Grice 理论认为,对话是双方相互合作的产物,为了保证对话的顺利进行,双方都恪守一定的原则,其中最重要的是"合作原则"。"通过你所进行的交谈中可接受的目的和指向,使你的谈话符合你所在场合的对话需要。"[2] 对话的合作原则将信息交流的过程类比于财产交易过程。交易的双方之所以愿意交易,是因为每一方都认为交易的完成能够增加其期望价值,能够使自己的状况变得更好。同理,合作原则认为对话的过程是使对话的各方获得最大化的信息反馈,也即以合作的方式对话是理性的各方最大化其期望价值的手段。[3]

合作原则包括四项约定俗成的准则:

1. 量的准则。即对话应仅包含交谈目的所需的信息量,不应包含超出需要的信息量。

2. 质的准则。即努力使对话的内容是真实的。

3. 关联性准则。即一方的话语和对方的话语有关联。

4. 方式准则。即对话清楚明白、避免歧义、避免没有条理、啰嗦等。

---

[1] Grice 理论关注对话中的隐含含义,强调语境的作用,而非关注于语义本身的通常含义,因而更接近语用学而非语义学。

[2] PAUL GRICE, *Studies in the Ways of Words*, Harvard University Press, 1989, 22, 26.

[3] RICHARD CRASWELL, "Do Trade Customs Exist?", in: Jody S. Kraus & Steven D. Walt eds. *The Jurisprudential Foundations of Corporate and Commercial Law*, Cambridge University Press 2000, 132.

专利权的边界——权利要求的文义解释与保护范围的政策调整

例如,"我将在几分钟后回来"。[1]此句话的言说者和解读者都是遵循合作原则的。虽然言说者使用了"几分钟"的模糊词语,但是他要么恪守了"质的准则":不知道具体多长时间后能够回来;要么恪守了"量的准则":只需要简单的"几分钟"即可传达出很快回来的客观状态和主观意愿;要么恪守了"关联性准则":在特定场合下需要交代他离开的时间;要么恪守了"方式准则":以简单有效的方式进行表达。如果言说者知道具体的时间而仍然使用了"几分钟",那么意味着这句话包含言外之意,言说者可能不愿意告诉别人他回来的具体时间,仍然恪守了"量的准则"和"质的准则"。

合作原则理论的合理性基础在于信息成本学。遵循了以上四项准则的对话过程可以以有限的资源完成尽可能大量的信息交流,节约了信息传递的成本。如果违反了"量的准则",那么沟通将费时费力;如果违反了"质的准则",对话双方无法取得彼此信任,任何一方为获取准确的信息势必须要付出额外的调查成本;如果违反了"关联性原则",那么任何一方的表述都成为自说自话,对话将无法继续进行下去;如果违反了"方式准则",那么将大大提高信息处理成本,甚至导致不知所云而使得沟通无法继续进行下去。最终损害的是会话者双方的利益。

不过,对话的合作原则与其说是对现实生活的一种客观描述,毋宁说是规则所需要容纳的一种价值追求,一种理想状态的效果,一个逻辑推理的起点。因为遵循合作原则的表达实则是将对方信息处理成本内部化的存在。然而在现实的状态下,对话的双方并不总是遵循合作原则的,言说者并不总是将高信息处理成本表达的负外部性内部化,信息交流的过程中也存在某些拒绝合

---

[1] 此例参见胡红辉. 模糊语言与"合作原则"[J]. 广州市经济管理干部学院学报,2005(4):88.

作、隐瞒、言不由衷、欺诈、冲突的情形。这些情况都增加了信息成本。合作原则理论是对话语含义进行解释的出发原点。解释的逻辑、规则、方法，在很大程度上是解读者假定言说者遵守了"合作原则"，并由此进行一定的推理，最终完成信息处理的过程。可以说，合作原则理论的意义主要不在于写实性的，而在于规范性的。

2.1.4 技术背景的"前见"

"前见"理论的第一个方法论意义是告诉我们在任何时候都应当重视"前见"的影响。权利要求不是封闭的体系，毫无根基的空中楼阁，"无底棋盘上的游戏"，只要存在语言文字的理解问题，就存在语言文字的解释，从这个意义上说，在阅读权利要求的任何时候，都存在解释的问题，只是在某些情况下，语言文字的含义十分清晰，解释者往往意识不到自己已经进行了解释过程而已。

"前见"理论的另一个方法论意义在于揭示了"前见"范围对语言文字含义确定的影响。理解权利要求的内容，不能孤立地仅阅读权利要求本身，在任何情况下，解读者都应当在阅读了说明书及附图全文的基础上，对权利要求的内容进行理解。这就是技术背景的"前见"。虽然自我未必意识到，但阅读者在不知不觉之中对权利要求的理解总是带入了说明书及附图带来的主观印象和影响。实际上，"前见"不仅通过说明书起作用、对语言文字的含义产生影响，而且阅读者自我的技术背景是更为基础、更为广泛的前见。可以想象，如果说权利要求的文本是塔尖，那么"前见"就像一层一层的塔身，最顶层是专利说明书、附图等权利要求的直接语境，其下层是最接近专利技术的现有背景技术，再下层是技术领域距离稍远、外部的背景技术，最下层是普通公众所能掌握的生活经验和知识，塔基则是被所处历史时代所决定的构成"人"的全部文化属性。

因而，本书一再强调的核心观点是，权利要求的文义解释在任何时候都不仅仅是文字字面含义的语义分析，而必然是这些文字在其所处的语境中结合有关的语言背景所进行的语用分析。换言之，权利要求虽然界定了排他权的范围，但必须将其置于与意义有关的语境中进行解释。权利要求的语言单凭自身无法传达关于权利边界的全部信息。"任何文本的含义都不仅仅是文字，而是它所处的语境和相关文化的一种功能反映。"❶

2.2 统一前见——解释主体

各国专利制度在确定权利保护范围方面最为一致的制度恐怕就是解释主体的拟制——"本领域普通技术人员"概念的创设。❷ 之所以需要拟制统一的解释主体，其主要原因是在实际的判断中，掌握不同知识、经验、技能的主体，所拥有的"前见"是不同的。起点不同，终点自然也大不一样。追求解释结论的客

---

❶ CASS R. SUNSTEIN, *Principles*, *Not Fictions*, 57 U. Chi. L. Rev., 1990, 1247.

❷ 各国专利法对此称谓不一，《审查指南》第二部分第四章第 2.4 节规定："发明是否具备创造性，应当基于所属技术领域的技术人员的知识和能力进行评价。所属技术领域的技术人员，也可称为本领域的技术人员，是指一种假设的'人'，假定他知晓申请日或者优先权日之前发明所属技术领域所有的普通技术知识，能够获知该领域中所有的现有技术，并且具有应用该日期之前常规实验手段的能力，但他不具有创造能力。如果所要解决的技术问题能促使本领域的技术人员在其他技术领域寻找技术手段，他也应具有从该其他技术领域中获知该申请日或优先权日之前的相关现有技术、普通技术知识和常规实验手段的能力。""设定这一概念的目的，在于统一审查标准，尽量避免审查员主观因素的影响。"由此可见，《审查指南》采用的是"所属技术领域的技术人员"的概念，且主要从创造性判断的角度拟制"本领域技术人员"的概念。而 2009 年《最高人民法院关于审理侵犯专利权纠纷案件应用法律若干问题的解释》第 2 条采用的则是"本领域普通技术人员"的概念，但并未对此予以定义。美国则称为"相关领域普通熟练技术人员"（a person of ordinary skill in the art），"专利面向的读者是该相关领域的其他熟练技术人员……"See *Phillips v. AHW Corp.*, 415 F. 3d 1303, 1313 (Fed. Cir. 2005) (en banc).

第 2 章 专利权的逻辑边界——以权利要求解释为中心

观统一,要求首先统一解释主体的"前见"。

本领域普通技术人员是虚拟的"人",在假想中存在的"人"。他不是某一个或者某一类具体的人,事实上这样的人在现实中不可能存在。"假定他知晓申请日之前发明或者实用新型专利所属技术领域的所有普通技术知识,能够获知该领域的所有现有技术,并且具有应用该日期之前常规实验手段的能力,但他不具有创造能力。""这样的人对世界任何地方产生的现有技术都不陌生,但是却没有对不同现有技术进行组合进而提出改进方案的任何主观意愿。换句话说,他在学习掌握现有技术方面十分勤奋,可谓'学富五车';在发挥主观能动性方面却十分懒惰,可谓'不求进取。'"❶ 也就是说,这一虚拟主体具有超人般的掌握知识的广度,而其创新能力被压低。本领域普通技术人员的上述定位在一项发明创造是否应当被授予专利权的判断过程中十分重要,但在权利要求解释方面,还应当有其他方面的要求——即"通情达理"的解读者的要求。这一要求包括,解释权利要求的拟制的本领域普通技术人员具备通情达理的理解能力和推理能力,掌握一般的、大众的技术知识和语言、语法等基本文化知识,倾向"通说",思考、理解、运用知识的方式、理论和方法上的信念、自然观和世界观等更为贴近所属领域的大众的范式标准。也就是说,这一拟制主体不爱标新立异,擅长循规蹈矩。

由以上的分析我们可以发现,法律对作为权利要求解释主体的"本领域普通技术人员"与作为创造性判断主体的"本领域普通技术人员",要求的侧重点有所差异。❷ 在权利要求的解释过程中,更强调解读者应当具有统一的、通常和特定领域的一般知识、思维习惯、推理方式、研究观点,强调大众的、通情达理

---

❶ 尹新天. 中国专利法详解 [M]. 北京:知识产权出版社,2011:272.

❷ 但是在等同的判断中,需要引入创造性判断的标准,因此在等同范围的确定中所拟制的判断主体和创造性判断中的拟制主体则并无不同。

的、不爱钻牛角尖的技术人员标准；而在创造性判断中，更强调解读者知识掌握的广度——不放过任何犄角旮旯、小众的现有技术，以及强调对创新能力的压制——技术人员只能具备一般的组合能力、不具备创造能力。从某种意义上说，解释的"技术人员"比创造性判断的"技术人员"更接近现实生活的存在主体。并且创造性判断的主体可能是交叉领域的团队，而解释的主体一般没有化身为团队的需要。

为什么强调权利要求的解释主体应当掌握一切现有技术的知识？按照前述的分析，在掌握知识方面，本领域普通技术人员这一虚拟的主体绝对是个"超人"，在现实中也许只有机器人能够做到，如此一来是否设置了过高的标准？其实并不尽然。设置这一虚拟主体的目的，意在穷尽所有的可能性。任何现有技术都属于所属领域的"前见"。虽然任一现有技术（即便是公知常识）在实际的状况下都不大可能被任何主体所掌握，但是却必然会被某一或者某些主体所掌握，从而构成这部分公众的"前见"。从理论上说，只要所属领域的某项知识业已存在，则必已被某些主体所掌握，每一主体所了解的知识范围虽然不尽相同，但所有主体知识面所进行的叠加，则可以覆盖整个领域的现有技术。尽管甲不知道，但乙可能知道，即便乙不知道，丙也可能知道……归根结底总是有人知道。

确定解释主体标准的第一项重要意义在于帮助解读者进行解释。解读者至少有了解读立场方面的指引，知道应当以何标准、何眼光开始理解的过程。第二项重要意义在于提高判断的客观化，抹杀解读者的个性，追求解释结论的统一，减少不同主体所具备的不同主观因素所带来的不确定性。第三项意义在于确定解释资料的范围，也即什么样的知识可以被纳入解读者所掌握的"前见"予以考虑。

第2章 专利权的逻辑边界——以权利要求解释为中心

我们可以曾关生一案为例对解释主体予以讨论。❶ 在该案中,曾关生提出了"一种既可外用又可内服的矿物类中药"的专利申请,该申请在说明书中表明其属于对"古方丹药"的改进。原申请说明书中的处方成分使用的计量单位是"两",在国家知识产权局向申请人发出的第二次意见通知书中,审查员认为申请中使用的单位"两"不属于标准国际计量单位,申请人遂以"1两=30g"的换算公式将所有成分单位修改为g。该修改是依照"1斤等于16两"的旧制,计算出1两=31.25g,再省略尾数得出的。国家知识产权局、专利复审委员会及随后的一、二审法院均认为申请人的此种修改超出了原申请文件的内容,因为原申请文件中并未在任何地方记载此种换算标准。❷ 在再审程序中,曾关生补充提交了1977年4月5日下发的《国务院批转国家标准计量局等单位关于改革中医处方用药计量单位的请示报告》,其中记载:"……中药计量单位的换算,按十两为一斤的市制的'一钱'等于'5g';十六两为一斤的旧制的'一钱'等于'3g',尾数不记。"再审法院认为,根据上述《请示报告》,且从《中药学》《矿物本草》《中药药剂学》等教科书、技术手册中记载的相关内容来看,采用的均是"一两=30g"的换算关系;而且,在中药配方领域,不同的省略方式之间仅有细微区别,采用不同的省略方式并不会导致技术方案发生实质性的改变,因此,在旧制的基础上选择不同的尾数省略方式,均属于本领域技术人员能够直接、毫无疑义地确定的内容,并不会引入新的技术内容,损害社会公众的利益;亦不会出现"有可能实质上改变本发明的技术方案,将不能实施的技术方案改为可以实施的技术方案"的情

---

❶ 曾关生诉国家知识产权局专利复审委员会专利驳回复审行政纠纷案,最高人民法院(2011)知行字第54号行政裁定。

❷ 除此以外,还存在两种换算方式,一是"1两=50g",二是"1两=31.25g",即不省略尾数。

形。遂裁定撤销二审判决，指令二审法院再审本案。

在上述案件中，最高人民法院着重从判断主体的角度分析了申请人所使用的未记载在原申请文件中的换算公式是否导致修改超范围的问题。再审法院重点考虑了三项因素：第一，专利申请所属的"中药配方"或者"古方丹药"技术领域存在对组分配比比例要求并不十分严格的领域特点，基于该特定技术领域的特点，所属领域的技术人员具有与普通公众不同的知识水平和评判眼光；第二，虽然存在多种可能的换算方式，但是在所属领域中，尤其是"古方丹药"领域中，申请人所使用的换算方式是最为常用的方式；第三，在中药配方领域中，换算成"g"后尾数省略与否，由此引起的成分含量轻微变化，并不会由此带来药效方面的重大变化，并不会导致技术方案的实质性修改。由此案可见，对任何专利权保护范围的界定，都不能脱离所属领域的技术特点，必须首先确定权利的"听众"，构建虚拟的解读者的知识体系，并以其目光审视涉案专利的保护范围。

拟制统一的解读主体不失为一种巧妙的办法。既然判断的主观性不可避免，那么在规则上可以尽量用客观化的标准统一主观判断过程，也即"以拟制的客观标准解决主观标准问题"。❶ "以拟制的方式确定一个可资参照的抽象的客观标准，不仅是减少主观标准主观性的重要方式，更是为社会树立一般性的行为标杆。"❷ 当然，拟制的制度不是完美的。拟制的含义就是"脱离实际"，否则也不需要拟制了。解读者首先要将自己改造成"本领域普通技术人员"，像"本领域普通技术人员"一样思考，这一过程本身就具有强烈的主观性，因为每个人心目中的"本领域普通技术人员"的形象不尽相同，能够在多大的程度上实现成功转

---

❶❷ 孔祥俊. 商标法适用的基本问题 [M]. 北京：中国法制出版社，2012：107.

型也存有疑问。因而,解读者将自己拟制成什么样的"人",如何拟制,仍然具有相当大的弹性,在拟制过程的起点上即已掺杂了主观因素。但是,在没有更好的解决方法的语境下,这种拟制是一种不得已而为之的次优方案,有客观化的拟制总比完全主观化的不可捉摸的状态强。在此情况下,主观随意性虽然无法完全消除,但至少受到了约束和限制。

2.3 确定前见——解释资料

2.3.1 权利要求的语境范围

我们已经强调,在现代专利体系中,权利要求在权利边界的划定方面处于中心地位。同时,我们已经强调应当在语境中理解语言的含义,语境是文本形成的来龙去脉。因而,我们应当在语境中理解权利要求语言的意义。

权利要求追求简洁、效率,是以牺牲完整性为代价的。只有从专利说明书的内容出发才能真正了解完整的发明创造,权利要求反映的只不过是发明创造抽象而成的"骨架",是对说明书丰富内容的提炼,对权利要求语言文字的理解,离不开说明书所提供的技术语境,应当将其置身于说明书这一背景之中。我们应当假定在所有的情况下解读者都会阅读说明书和附图理解权利要求的字面含义,因为经验表明,不阅读说明书就难以理解发明的"精髓"。因此,各国在以权利要求为中心确定专利权保护范围的同时,不约而同地规定说明书❶可以用以解释权利要求。"我们

---

❶ 由《专利法》第26条第3款"说明书……必要的时候,应当有附图"的规定可知,附图在我国是作为说明书的一部分而存在的,因而《专利法》第59条第1款将"说明书"与"附图"并列起来规定,可能意在强调附图与文字一样也具有解释作用。下文一般统一将"说明书及附图"表述为"说明书"。就实际的解释作用而言,附图对应于具体实施方式,是对专利物的具体描述,其只是示例性的,相当于发明的具体实施例。附图的作用之一是帮助理解,一般情况下不能从中读出排除或者限制保护范围的意思表示。

专利权的边界——权利要求的文义解释与保护范围的政策调整

不能在真空的环境中探求专利权利要求的普通含义,而是必须从说明书和专利审查档案中去探求。"[1] 回顾一下本章第 2.1.2 节所举的 "put on" 的例子,只有理解了言说者的对话目的、意图、有关场景、说话的背景等语境,才能够准确地把握言说者所传递出来的信息,明白权利人是在何种意义上使用有关的表述。

每个人基于成长环境、学习和生活经历的不同,被决定的 "前见" 也不尽相同。为了消除个体化的差异,法律规则的应对策略必然是统一语境("前见")。语用学认为,语境的确定除了语言因素外,还包括言说者的动作、表情、语调语气等非语言因素,但是,在专利权利要求含义的确定中,所能依赖的一般只有语言因素。这些语言因素的范围十分广阔,可以说,所有影响言说者和解读者的知识和推理的因素,都是语境因素、"前见" 内容。语境的范围是开放性的、包罗万象的。然而,基于信息成本的考虑,规则无法容纳所有的语境因素,只能作出有限的截取。语境的范围如何,决定着什么样的前见可以被纳入解释者的考量范围。

说明书是权利要求最为直接和重要的语境。权利要求仅仅提供了发明客体的 "骨架",背后的信息需要通过语境去发掘。只有阅读并理解了说明书之后,读者才能明白发明人基于什么样的技术背景作出发明创造,所要解决的技术问题是什么,发明目的、意图、所要达到的效果又是什么。有时还能够从说明书中读出更多的信息,例如发明的动因、发明的过程、发明的原理、应当避免的缺陷、所要克服的已有技术中的不足等。

而在说明书以外,什么样的资料可以纳入解释者的视野,实际上是什么范围的 "前见" 可以作为影响解释结果的知识基础的

---

[1] *Medrad, Inc. v. MRI Devices Corp.*, 401 F. 3d 1313, 1319 (Fed. Cir. 2005).

第 2 章 专利权的逻辑边界——以权利要求解释为中心

问题。公知常识类的证据,包括工具书、通用教科书或者教材,一方面具有权威性,另一方面属于所属技术领域中的基础性知识资料,是假定的"本领域普通技术人员"所通常应当掌握和能够容易地接触到的"前见"。而对于审查档案是否可以用以解释权利要求,各国有着不同的做法。实质上,不同做法的根本区别在于解释的成本考虑。审查档案与公知常识类证据不同,是特定专利形成过程中的资料。在不同的法域背景下,取得该资料的获取成本是不尽相同的。对此我们将在下文中予以分析。

总之,语境不是平面的,语境是历史的、多维度的。从历史解释方法的视角来说,专利文献的形成并非一蹴而就,在撰写的过程中,体现了撰写人使用语言文字的意图,传达出众多的信息。多大范围的语境被允许纳入解释者的视野,取决于两个方面的因素,一是有关资料与权利要求内容的关联程度,二是解释成本。

美国联邦巡回上诉法院在 $Phillips\ II$ 案中,将解释资料划分为内部证据和外部证据。法庭认为,权利要求、说明书和专利审查档案等是解释权利要求术语的内部证据,字典、专家证言等是解释权利要求时可以使用的外部证据,外部证据的作用不如内部证据,并且应当结合内部证据使用。❶

在我国,只有说明书及附图的解释地位是法定的。《专利法》第 59 条第 2 款规定:"说明书及附图可以用于解释权利要求"。虽然该条文并未指出其他的解释资料,但是因其采用了"可以"一语,并非"封闭式"的撰写方式,而是"开放式"的列举,因此并没有排除其他解释资料在确定"前见"中的作用,解释依据并非仅仅只有说明书和附图。

最高人民法院在 2009 年颁布的司法解释中扩展了解释资料

---

❶ 详情可参见本章第 2.3.5 节的有关内容。

的范围。《最高人民法院关于审理侵犯专利权纠纷案件应用法律若干问题的解释》第 3 条第 1 款首先扩展了内部证据的范围："人民法院对于权利要求，可以运用说明书及附图、权利要求书中的相关权利要求、专利审查档案进行解释。"该条第 2 款则明确了外部证据的解释地位及范围："以上述方法仍不能明确权利要求含义的，可以结合工具书、教科书等公知文献以及本领域普通技术人员的通常理解进行解释。"该规定表明，除了《专利法》规定的说明书及附图外，作为内部证据的相关权利要求、专利审查档案，以及作为外部证据的工具书、教科书等公知文献、本领域普通技术人员的公知常识均对所涉的权利要求具有解释作用。

由此可见，中国在司法解释的层面上也基本借鉴了美国的做法，采纳了内部证据和外部证据的划分，解释资料的范围也基本与美国一致。在学理上和实践中，内部证据和外部证据的范围甚至有进一步扩大的倾向。除了前述的说明书、附图、其他相关权利要求、审查档案以外，内部证据还包括：同一权利要求的其余部分、生效的授权、确权行政决定和判决书、分案申请对应的母案申请❶等；而外部证据还包括：通用字典、辞典、百科全书、技术手册、技术标准、技术专著、专家证人的证人证言、❷ "由

---

❶ 分案申请是为了克服单一性的问题，允许在母案申请中已经披露、但不能保留在母案申请中的发明创造另行提出专利申请、同时保留原申请日（即母案申请日）的一种制度。因此分案申请的内容不得超出母案申请文件公开的内容，母案申请披露的内容对分案申请构成限定作用。有关案例参见邱则有诉山东鲁班建设集团总公司侵犯专利权纠纷案，最高人民法院（2011）民申字第 1309 号民事裁定。需要注意的是，分案申请的内容不得超出母案申请公开的内容，指的是分案申请的权利要求、说明书记载的内容不得增添母案申请权利要求、说明书中未曾披露的内容，而不是指分案申请权利要求请求保护的范围不得超出母案申请权利要求请求保护的范围，分案申请权利要求请求保护的范围完全可以与母案申请权利要求请求保护的范围不一致。

❷ 在美国，还包括发明人的证言，但在我国，一般认为发明人与案件存在利害关系，而较少采纳这种形式的外部证据。更为重要的理由应当是，解释应当站在解读者的角度看问题，而并非探究发明人或者撰写人的内心原意。

三名或三名以上不同的作者公开发表的共同观点或认识"❶等。

对于权利要求与说明书、附图的关系,《专利法》第 26 条第 4 款规定:"权利要求应当以说明书为依据。"由于该条款规定在"专利申请"一章的项下,而第 59 条属于"专利权的保护"一章的内容,这容易使人产生一种错觉,认为前者属于专利权效力评价条款,只有专利授权、确权过程中才得以适用,而后者属于权利保护条款,只有在侵权过程中才存在适用余地。然而,这种根源于立法技术缺陷的割裂式的解读方式损害了专利制度的体系性。第 26 条第 4 款与第 59 条第 2 款应当结合起来理解,才能充分发挥专利制度的规范目的。也即,权利要求与说明书并非相互毫无联系的文件,相反,它们是楼房与地基的紧密关系,恰当的权利要求应当是以说明书为依据、在说明书披露技术方案的基础上进行适当概括的权利要求,也正因为这种概括关系,说明书、附图当然可以用于解释权利要求。

2.3.2 内部证据

内部证据和外部证据划分的依据是是否与所涉专利直接相关、是否体现撰写者创设语言文字时的意图。内部证据直接指向特定的专利,记载了撰写人的所思所想,与有关专利的联系程度极为紧密,而外部证据或者指向宽泛,❷ 或者从撰写人以外的外部人的身份给出解释,❸ 故与有关专利的联系较远,针对性不强,相关性较弱。

前文已经详细讨论了说明书的作用。除了说明书和附图以

---

❶ 国家知识产权局专利复审委员会第 601 号无效宣告请求审查决定持此观点,但此观点的合理性尚待观察。

❷ 如通用辞典、技术词典等。

❸ 如专家证人。但严格地说,专家证人只有关于有关语言文字在特定领域中的通常含义的证言具有证人证言的效力,而对于涉案具体语言文字在所涉专利中的特别含义,通常只具有参考的意义,而不能取代法官的判断。

专利权的边界——权利要求的文义解释与保护范围的政策调整

外,各国允许进入解读者视野的解释资料并不完全相同。在内部证据方面,德国、英国等欧盟国家和日本、美国的做法截然相反,它们均不承认审查档案对权利要求具有任何的解释作用。德国认为竞争者没有查阅审查档案的义务。而美国、日本则将审查档案作为重要的解释资料,其作用仅次于说明书和附图。这两种做法背后的根本原因在于信息成本的考虑。如果承认审查档案的解释作用,那么公众需要额外付出一笔信息处理成本,除了阅读说明书之外,还需要阅读与专利有关的所有公共记录,对于某些审查历史过程复杂的专利而言,这些记录的内容不在少数。

在中国,《最高人民法院关于审理侵犯专利权纠纷案件应用法律若干问题的解释》第 3 条规定了审查档案的解释地位,第 6 条还赋予其在"禁止反悔"原则适用中的重要解释地位。❶ 不过,审查档案中的全部内容是否都具有解释作用,其中何种内容具有解释作用,现行规定并未进一步明确。❷ 而且,美国的判例认为,审查档案虽然优先于字典、工具书等外部证据,但其重要性不如说明书,对此,我国的态度则尚不明朗。

反对审查档案的一项理由是审查档案引入了更大的不确定性。专利审查档案反映的只是专利局和申请人交涉的过程。双方是否就某项议题此达成了合意,是否是最终的交涉结果,以及申请人所作出的哪些意见陈述最终被审查员所接受从而对最终授权产生积极影响,从审查档案的记载来看并不十分清楚。此外,申请人的意见陈述往往随意性较大,不如说明书那样严谨,作为解

---

❶ 该条规定:"专利申请人、专利权人在专利授权或者无效宣告程序中,通过对权利要求、说明书的修改或者意见陈述而放弃的技术方案,权利人在侵犯专利权纠纷案件中又将其纳入专利权保护范围的,人民法院不予支持。"

❷ 2003 年公布的《最高人民法院关于处理专利侵权纠纷案件有关问题解决方案草稿(征求意见稿)》第 20 条曾规定:"专利说明书及附图以外的其他专利档案可以作为解释权利要求的参考文件。前款所称专利档案,是指在专利授权和维持程序中所形成的所有文件和记录。"该征求意见稿最终并未形成司法解释。

第2章 专利权的逻辑边界——以权利要求解释为中心

释资料可能面临二次解释的问题,引入审查档案作为划界依据,在某些情况下使得已经深受模糊性困扰的划界问题雪上加霜。"由于申请历史文件所代表的是专利商标局和申请人之间进行中的谈判,而不是谈判的最终结果,他常常不如说明书那样清晰,因此在权利要求解释方面的用途要小一些。"❶ 可以说,审查档案在多大程度上具有解释作用,与在具体专利的审查过程中,审查员在多大程度上采纳了意见陈述而影响授权决定直接相关。

反对审查档案作为解释资料的更为有力的一项理由是引入新的语境增加了公众的解读成本。如果将审查档案排除在解释资料之外,则可以强化权利要求在确立权利逻辑边界方面的唯一地位,增强了权利要求的公示公信力,有利于减少公众在划界方面的搜寻成本。假如记载在审查档案中的权利人与审查员之间的交流也能够对权利要求的逻辑边界产生影响的话,那么公众为了获得准确的划界信息,不仅需要阅读权利要求书、说明书和附图,还需要研究审查档案的全部内容。虽然从理论上说,如果肯定审查档案的影响,申请人既可能在发给审查员的通知答复中限缩权利边界,也可能扩张权利边界,但是在实务中,由于通知与通知答复是申请人与审查员之间"讨价还价"的过程,作为公众代表的审查员,既无法定义务也无动机指出申请人过分自我缩小范围的撰写方式,其一般只会指出申请人"胃口太大"之处,因而申请人的答复只要涉及权利边界问题,则几乎都是在退让。基于这一特定事实判断,如果审查档案起到与权利要求同等的划界地位,那么审查档案与权利要求共同划定的区域比单独由权利要求界定的区域小,公众不阅读审查档案,就有可能信赖权利要求所划定的较大的范围,而放弃实施通过在审查档案中的意见陈述自我放弃的那部分范围的技术方案。权利人可通过这种方式,通过

---

❶ *Phillips v. AHW Corp.*, 415 F.3d 1303, 1317 (Fed. Cir. 2005) (en banc).

专利权的边界——权利要求的文义解释与保护范围的政策调整

权利要求划定一条虚拟的"恐吓线",再通过意见陈述进行退守,维持其有效性,这无疑是一种取巧的做法。所以,允许审查档案成为解释资料之一,在权利的诞生期,不利于鼓励申请人尽可能将完整的、全部的划界信息均记载在权利要求书中。

从理论上说,是否将审查档案作为解释资料,对于"前见"内容的影响是显而易见的。笔者认为,审查档案在权利要求的文义解释方面具有难以代替的重要作用,主要体现在以下四个方面。

第一,审查过程的信息交流在权利信息的单方陈述模式之外提供了对话机制的重要补充。回顾本书第1章第1.2.5节中权利信息理论的有关内容,权利信息是典型的"陈述型"的信息表达方式,除了潜在的交易者,专利权人和潜在的侵权人之间并不直接对话。在缺乏对话机制的权利信息系统中,解读者无法通过"追问"或者"反复交流"的方式将信息处理成本内部化于信息生产者。即使是最大善意的信息生产者,也只能事前对信息接收者的需求进行揣测,但在缺乏事后反馈的情况下,这种不可避免地存在错误的事先预测无法得以及时调整,无法完全实现信息处理成本的内部化。而如果存在对话机制,信息生产者事前预测的内容可以在对话中被不断地修正,从而更好地贴近信息接收者的需求,言说者也由此可以不断地调整表达内容,从而降低信息强度,提高信息传递的效率和准确性。审查过程是权利人和代表解读者一方的审查员之间的交流过程,在这一过程中,审查员对解读者关心的问题向申请人"追问",申请人也由此得到中肯的反馈,从而对之前没有意识到的问题进行明确、对模糊之处进行澄清、对不适当的表述进行修改,从而有效地降低了总信息成本。这一过程并不完全反映在修改后的权利要求和说明书之中,大部分内容体现在审查档案之中。在授权之后,对于广大的具有与审查员同样困惑的公众,通过阅读审查档案,能够更为容易地理解专利及其保护范围。审查档案的这一作用是说明书及其他资料所

第 2 章 专利权的逻辑边界——以权利要求解释为中心

无法取代的。

第二,审查档案所发挥的另一个不可替代的作用是引入新的语境。审查员在授权过程中常常引入新的、在说明书中未被描述和考虑的对比文件。针对新的对比文件,申请人需要强调其发明与这些对比文件的区别,很可能由此对专利的保护范围作进一步的限缩。"通过证明发明人是如何理解其发明,以及发明人是否在申请过程中限缩了发明范围从而使权利要求的范围比原先的要窄,申请历史文件还是经常能够说明权利要求语言的含义的。"❶

第三,人的认识是有局限的,在审查的过程中,有可能出现权利人、审查员在当初均意料不到的情况,出现在申请之时考虑不周的问题,通过审查过程中的意见陈述,至少给予了申请人以某种程度上的补救机会。如果缺少这一机会,那么整个专利申请、授权制度将走向机械,在避免有授权前景的发明创造因形式上的问题而被驳回方面缺乏灵活性。而如果允许申请人通过有限度的意见陈述获得挽救专利申请的机会,那么这一陈述必然对权利的保护范围具有限定作用。

第四,从实践操作来看,审查过程中的意见陈述对最终授权具有举足轻重的作用。如果不考虑审查档案对权利要求的解释作用,那么在授权时申请人所作出的澄清和解释就不应当对审查员是否给予授权的判断产生影响,反之,如果审查员在授权时考虑了申请人的有关陈述,那么这些陈述就应当构成权利要求用语的重要语境。

实际上,审查档案所记载的内容是比较重要的语境。"申请人的陈述不仅定义术语,而且也设定了藩篱,对权利要求的含义进行限制。"❷ 如果说明书和附图从某种意义上来说是对权利要

---

❶ *Phillips v. AHW Corp.*, 415 F. 3d 1303, 1317 (Fed. Cir. 2005) (en banc).

❷ *Autogiro Co. of America v. United States*, 384 F. 2d 391, 399 (Ct. Cl. 1967).

求的"注释"和"注解"的话，那么审查档案的采用无疑丰富了注释的形式。

法律制度是体系化的产物，赞成和反对审查档案解释地位的区别作法各有其社会和制度背景。专利授权过程中所形成的审查档案越是容易被公众获得，其地位也可以越重要；公众获取审查档案的成本越高，其地位也相应地应当降低。对审查档案采取的不同态度，与各国公众对审查档案取得的难易程度有关。需要指出的是，审查档案是否容易获得是一个变量，有关部门增加相关的投入，会降低获得的难度，使得审查档案的查阅完全可以和说明书一样方便。因此，审查档案查阅的公开化、便利化是有效减少公众信息处理成本的重要手段。信息成本方面的忧虑，可以通过技术上的手段进行处理。目前在我国，审查档案的公开获取已不存在技术上的障碍，尽快实现通过互联网的方式查询审查档案应当成为下一步技术层面上的改革方向，这一举措势必将有利于降低公众的信息搜索和获取成本。

至于专利权人从意见陈述中谋取不正当利益的担忧，在笔者看来，尚不足以成为反对审查档案解释作用的充分理由，但其却可构成对审查档案的解释作用进行限制和完善的重要理由。具体的规则设计将在本章第 2.5 节中予以讨论。

除了审查档案以外，与审查档案可作为解释资料的理由相类似，驳回复审决定书、无效宣告请求审查决定、就驳回复审及无效宣告请求审查决定不服提起的行政诉讼判决书，也均应具有与审查档案同等的地位。❶ 在美国，审查档案的范围不限于专利局

---

❶ 《审查指南》第四部分第一章第 6.3 节"审查决定的出版"规定："专利复审委员会对其所作的复审和无效宣告请求审查决定的正文，除所针对的专利申请未公开的情况以外，应当全部公开出版。对于应当公开出版的审查决定，当事人对审查决定不服向法院起诉并已被受理的，在人民法院判决生效后，审查决定与判决书一起公开。"

程序中的有关陈述,还包括后续程序中的陈述。❶

2.3.3 外部证据

从比较法上,各国对于不同的外部证据的态度有所不同。英国认为字典毫无用处,其他主要国家则大多认可字典在解释权利要求方面的证据效力;专家证言在英国、德国、美国均具有重要作用,而在中国,其重视程度有所不及,一般更认可工具书、技术手册等客观性较强和利害关系较弱的证据。

笔者认为,绝对排除字典解释作用的做法在认识上是存在偏差的。外部证据的内容实际上是被推定的言说者和解读者共有的背景知识。外部证据并非争议发生之后才出现或者寻找而来的事后解释的工具,其解释地位的正当性源于其属于理解的先决基础。也即,在专利申请日之前,外部证据所反映的释义在当时已在先存在于作为本领域技术人员的解读者的脑海之中,属于解读者"前见"的一部分。要推翻这一先前给定的明确的"前见",必须有内容丰富的同样明确的相反限定。外部证据只不过是这一"前见"的载体而已。

专家证人的证人证言是特殊的外部证据。其对于裁判者理解技术方案的原理和运作机制是有帮助的,对于了解本领域普通技术人员在申请日时对某技术术语的通常含义的理解,也有一定作用,但是这一作用基于以下两方面的原因被打了折扣。一是利害关系的问题。专家证人是特别针对特定的案件发表意见的,尤其在受一方当事人的委托作出陈述的时候,其立场的中立性会受到一定的质疑,相对而言,法院指定的专家证人比起当事人单方委托的专家证人所作的证言效力要高一些;二是人类主观局限的问

---

❶ ROBERT C. KAHRL, *Patent Claim Construction*, Aspen Publishers, 2003, 6—43. 转引自:闫文军. 专利权的保护范围:权利要求解释和等同原则适用. 北京:法律出版社,2007:101.

题。争议发生之时往往离专利申请日已隔相当时日,技术术语的含义有可能在此期间内发生一定的变化,人们的记忆可能发生模糊、混乱、张冠李戴的情况,专家证人是否能够准确地还原申请日当时的术语含义并无十足的把握。因而,相较于字典、工具书等无利害关系的、早已固定下来的"专家证言"而言,专家证人的证言效力只能屈居其后。

外部证据也有层次之分。对于某些日常生活的常用语,只需要以日常经验法则即可解释清楚,其含义即便对于外行的法官而言也是显而易见的;有些术语属于各行业通用词汇,虽然具有一定的专业性,但可由通用字典提供一般含义;有些术语属于特定领域的专业词汇,此时则需要借助专业字典、教科书等外部证据予以解释。就优先顺序而言,依照特别优先于普通的原则,如果某一术语既具有通用含义,又具有特别含义,应当采纳所属技术领域的特别解释含义。

2.3.4 内部证据优先原则及其修正

美国法院在判例中确立了内部证据优先于外部证据的解释原则。"在公共记录清楚地描述了专利发明的范围的情形下,依赖任何外部证据都是不合适的。"❶ 联邦巡回上诉法院给出了外部证据在整体而言没有内部证据可靠的五项原因:第一,外部证据不是专利的一部分,不具有说明书的特点——在申请时制作,用于解释专利的范围和含义;第二,外部出版物可能不是熟练技术人员撰写的,或者不是为熟练技术人员而写的,因此可能没有反映所属领域技术人员的理解;第三,专家报告和证言是为了诉讼目的而提交的,可能会受到偏见的影响,尤其是专家并非有关领域的熟练技术人员或者不经过交叉询问时,偏见的影响可能更严重;第四,外部证据的范围并不明确,各方

---

❶ *Vitronics Corp. v. Conceptronic, Inc.*, 90 F.3d 1576 (Fed. Cir. 1996).

第 2 章　专利权的逻辑边界——以权利要求解释为中心

都会选择对其更有利的外部证据，而后由法院承担过滤的工作；第五，过度依赖外部证据存在贬低权利要求、说明书和申请历史文件所组成的公共记录的风险，从而损害了专利的公示功能。❶

虽然前文已经谈到，外部证据并不总是会带来额外的信息处理成本，因为本领域普通技术人员在相当程度上本身就已经掌握了有关概念在该领域的特定含义，但是，基于以下两个方面的原因，这种成本无法完全消除。

首先，本领域普通技术人员是虚拟的概念，他掌握着本领域一切通常的知识这一假定本身在现实生活中是不可能存在的。所有的义务主体所拥有的背景知识的交集才能够成为本领域普通技术人员掌握的全部知识内容，而对于每一个作为个体的义务人而言，其不可能获得和牢记所有的技术背景知识，而只可能拥有部分知识。对于超出其掌握范围之外，或者记忆模糊的背景知识，义务人必然需要付出相应的信息搜索和理解成本。作为整体的义务人群体，对于与特定发明创造有关的特定领域知识，总是有这些、那些的人并不知晓，这部分技术人员所承担的信息搜寻、处理成本也归属于社会总成本的一部分。

其次，作为外行的裁判者不可能事先熟悉有关领域的背景知识。虽然裁判者一般不主动搜集有关的背景知识，❷ 而由权利人和义务人双方进行举证，由此省略了相当的信息搜寻成本，但是双方所提供的背景知识仍然需要裁判者进行理解、衡量，考虑哪一方的证据与特定发明创造具有更为紧密的联系，其可信度更

---

❶ *Phillips v. AHW Corp.*，415 F. 3d 1303，1318—1319 (Fed. Cir. 2005) (en banc)。

❷ 事实上，由于当事人并不了解法官对于本领域知识的熟悉程度，出于成本节约的考虑，提供的知识资料往往并不充足，法官仍然常常需要付出信息搜寻成本，来了解所属领域的技术常识。

高,这些活动均需要付出理解的成本。而裁判者理解结果的不确定性也成为社会总成本的一部分。

因而,内部证据优先于外部证据的规则具有信息成本方面的合理性。首先,内部证据的使用降低了解读者的信息搜寻成本。内部证据的信息被创设出来的目的就是描述发明客体或者解释权利的保护范围,其内容直接指向特定的发明创造,和所涉权利最为相关,总是和权利要求的内容一同出现,不需要在浩瀚的现有技术的文献资料中找寻据以解释的外部资料。其次,内部证据优先规则能够降低理解成本。内部证据是与所涉权利最为相关的语境,与言说者距离越远的语境,理解起来就越困难,将其与表达的内容相结合的理解成本也越高,相反,关联度越高的语境,将文本置于该语境中理解就越容易,成本也越低。内部证据的使用由此降低了将普适含义整合进特定发明创造内容的消化、吸收、适用❶等信息理解成本。最后,说明书、意见陈述书将抽象的发明创造"有形化",通过描述、绘制应用发明的具体产品,使得解读者对于权利要求所保护的抽象客体的理解成本大为降低,❷ 解读者可以依赖对具体发明物的具象理解而更好地明白专利的保护客体。经验表明,为了迅速有效地理解发明创造,读者最优的策略是首先阅读说明书,再阅读权利要求。

从理论上说,字典和其他外部资料的范围是无边无际的,寻找和搜索这些资料的成本十分巨大。这也是强调内部证据优先于外部证据的主要理由之一。不过,字典的作用也不应被过分地贬

---

❶ 既包括能够适用的推理演绎成本,也包括不能适用而造成的无谓损失。

❷ See CLARISA LONG, *Information Costs in Patent and Copyright*, 90 Va. L. Rev. , 2004, 465, 486—488.

第2章 专利权的逻辑边界——以权利要求解释为中心

低。首先,字典、专业辞典等的范围是有限的,❶ 真正无限的外部资料是现有技术,而现有技术在解释权利要求的过程中不是必需的,在许多案件中,解读者并不需要求助于任何现有技术即能得出解释结论。其次,字典、辞典并非专利文献撰写完毕、出现语义争议之后才找寻、理解和运用的资料,相反,作为所属领域技术人员"前见"的重要内容,它们是撰写人撰写专利文献的基础,工具书是对普通前见的归纳和概括,并没有脱离本领域技术人员的范式概念,工具书的编纂者和专利文献的撰写人在背景知识方面具有相当广泛的共识,对于熟悉所属领域的撰写人来说,许多工具书是现成的,在撰写过程中事前即予以参考,在许多情形下并不需要付出太大的成本即可在争议中搜索到相关的资料。再次,正因为工具书系对现有的范式概念进行收纳,对广泛接受的概念进行文字化、概念化、清晰化,对工具书的理解,以及将其与所涉具体的发明创造相结合,对于本领域普通技术人员来说,并非从零开始的工作,相反,在阅读专利文献的过程中,解读者即已经随时将业已掌握的领域知识(相当程度上与工具书的内容相同)与所涉发明相互印证、融合、交叉理解,虽然囿于知识储备的多寡,这一过程仍然需要付出成本,但是该成本并不如同外行使用有关材料的成本那么大。而作为"外行"的裁判者则可通过举证责任的分配,将举证负担交给双方当事人,从而降低信息搜寻成本。最后,从提供清晰、简单、易操作的规则的角度

---

❶ 据学者统计,1995年4月5日至2004年6月30日之间,美国联邦巡回上诉法院使用了70种外部定义材料,包括26种通用英语材料和44种专业资料。See JO-SEPH SCOTT MILLER & JAMES A. HILSENTEGER, *The Proven Key: Roles & Rules for Dictionaries at the Patent Office & the Courts*, 54 Am. U. L. Rev. 转引自 CHRISTOPHER A. COTROPIA, *Patent Claim Interpretation and Information Costs*, 9 Lewis & Clark L. Rev. , 2005, 57, 88. 考虑到收集样本的广泛性以及专业领域的多样性,辞典等定义资料的种类其实并不庞大。例如,在法律领域,常用的英文辞典有牛津、朗文和布莱克,其数量是相当有限的。

而言，字典规则有其优势，也有助于建立简单和明晰的预期，从而降低了信息处理成本。❶

笔者所持的观点是，外部证据优先还是内部证据优先并不是绝对的，这取决于一个重要而又容易被忽视的因素——那就是专利所属领域范式化的程度有多高。对于一个较为成熟、已经形成学术共同体、对专业术语的含义已经具有普遍共识的技术领域，专业词典等外部证据的作用相比而言更为重要，除非说明书中强烈地排除或者改变了有关术语的通常含义，否则按照通常含义的理解是合乎各方普遍预期的。而在一个仍然处于成长期的、术语使用混乱、远未达到范式化的领域，说明书在何种意义上使用有关的术语则更为重要，因为在该领域中，统一背景知识的环境尚未形成，容许不同的技术人员在更为个性的基础上使用有关的术语是正当的。

上述观点也可采用另一种表述：越是通常、具有普遍、广为接受的含义的词汇和句子，如果要赋予其与通常含义有别的含义，越是需要明确的内部证据语境对其进行"重塑"；越是不具备通常含义的语言，则对说明书定义明确性的要求越是可以相应地放松。因为通常含义习惯化越显著的语言，其"不可推翻性"也越强，越需要使用明示的语言、而不是使用隐晦的语境才能改变其含义。

最后，需要强调的是，任何规则的适用都会引发信息成本，不同规则之间的成本差别也许没有想象中的大。借用科斯定理的思想，规则一旦设定，那么市场总能够达到最优的配置。规则一旦确定，就会给权利人提供明确的预期。例如，如果我们选择了"字典优先"规则，那么在此明确预期的激发下，撰写人在权利

---

❶ R. POLK WAGNER & LEE PETHERBRIDGE, *Is the Federal Circuit Succeeding? An Empirical Assessment of Judicial Performance*, 152 U. Pa. L. Rev., 2004, 1105, 1176.

要求的措辞方面将变得更为慎重，将翻阅更多的工具书资料使其撰写内容规范化，同时使有关语言的使用符合本领域普通技术人员的通常预期。为了避免未来的不确定性，撰写人很可能自发地将其在撰写中使用的工具作为附件的形式在说明书中予以列明，或者在说明书中指明其所参考的相关字典。❶ 这些市场的自发行为无疑提高了信息生产成本，但大大降低了信息处理成本，同时能够享受规则简明带来的优势。相反，如果我们选择"内部证据优先"规则，撰写人在有意识地概括保护范围的同时，也意识到说明书除了起教导功能以外，还具有定义、限定、赋予权利要求语言文字含义的功能，那么，其将更为重视通过下定义的方式对权利要求的关键用语进行界定。所以，对于专利系统而言，相较于不同规则之间的取舍，也许更为重要的是保持规则的稳定性、一致性和可预期性，这也符合本书的理论预设——权利要求文义解释的全部精髓在于恒定性。

2.3.5 两种理论的争论

在美国，对于说明书在解释权利要求中的作用存在两种平行的理论。第一种理论认为在解释过程之初，为了更好地理解发明，就应当审视说明书的内容，通过理解和使用说明书来定义权利要求的用语。第二种理论则认为，对说明书的参考应置于解释过程的末端，只有在说明书明确下定义，或者排除某种含义的情况下，才使用说明书对权利要求的用语进行解释。❷ 这两种理论在对待说明书的态度上差别迥异，分别可被称为"广义使用说"和"狭义使用说"。前一种做法更为依赖说明书，而后一种做法

---

❶ 实际上，具体规则的设计也可以向着降低信息处理成本的方向指引。例如，相对应地，一种可行的方法是要求撰写人在说明书中指明其所参考的相关字典，从而将外部证据内部化，这种方式显然可以显著地降低事后的搜寻成本和争议。

❷ CHRISTOPHER A. COTROPIA, *Patent Claim Interpretation and Information Costs*, 9 Lewis & Clark L. Rev., 2005, 57, 77—78.

专利权的边界——权利要求的文义解释与保护范围的政策调整

更依赖字典、辞典和工具书,故笔者也将其称为"直接语境含义优先原则"和"普通含义优先原则"。❶

之所以会产生这样的区别,是因为这两种理论的拥护者分别强调了两条不同规则的重要性:

1. 任何权利要求的用语都应当在有关说明书的基础上进行解释。❷

2. 任何说明书中出现的限制除有明确指明外都不应当读入权利要求。❸

"普通含义优先原则"的典型代表是美国联邦巡回上诉法院在 Texas Digital Systems 一案中的意见。❹ 在该案中,法庭认为词典、百科全书和专著在协助法院判断权利要求术语的通常和习惯含义方面,是特别有用的依据。词语通常有多种字典含义,所以必须参考内部证据以决定何种字典含义与发明人对诉争术语的用法最接近。在两种情况下,权利要求的术语与字典中的普通含义可能不一致。一是申请人自己作为词典的编撰者,明确地为术语赋予了一个不同于其通常含义的定义,二是发明人使用明确的排除或者限制性的语言,明确放弃部分权利要求的范围。否则的话,应当假定相关术语采用了字典中的普通含义。法庭进一步解释了采用上述方法的原因——"旨在对付本院所说的专利法上的主要恶行之一——将说明书的限制性特征读入权利要求中"。作为总结,以上的方法可概括为:通

---

❶ "将字典提升到如此重要位置的主要问题是,它使得调查关注词语的抽象含义,而不是权利要求术语在专利背景下的含义。" *Phillips v. AHW Corp.*, 415 F. 3d 1303, 1321 (Fed. Cir. 2005) (en banc).

❷ *Microsoft Corp. v. Multi－Tech Sys., Inc.*, 357 F. 3d 1340, 1347－1348 (Fed. Cir. 2004)

❸ *Locite Corp. v. Ultraseal Ltd.*, 781 F. 2d 861, 867 (Fed. Cir. 1985)

❹ *Texas Digital Systems, Inc. v. Telegenix, Inc.*, 308 F. 3d 1193 (Fed. Cir. 2002).

过查看字典等外部证据,"确定该领域熟练技术人员所赋予权利要求中术语的含义,进而利用内部记录从那些可能的含义中选择出与发明人的词语用法最一致的一个或数个含义"。其优点是:"可以更准确地判断发明人所意欲界定的限制范围的全部宽度(Full Breadth),从而更容易地避免将[发明人]意图之外的限制不适当地引入权利要求。"❶ 由此可见,该法庭虽然也强调在每个案件中都必须参考说明书等内部记录,但是,其认为首先需要依赖字典等外部证据确定"全部宽度"的含义,然后再求助于说明书,判断说明书是否明确给出了与字典通常含义不同的含义,或者明确排除了部分含义,说明书的解释作用也仅限于所述两种例外情形。

在 Phillips Ⅰ 一案中,法庭产生了分裂,多数意见和少数意见分别代表了"直接语境含义优先原则"和"普通含义优先原则"。❷ Texas Digital Systems 案的观点受到少数意见的热烈支持。他们认为,对涉案专利权利要求中"导流隔板"(Baffe)一词的理解,第一步应当是确定该术语的通常含义,在说明书没有赋予其特别含义,也没有在说明书和审查过程中弃权时,通用字典中的定义应当被采纳。❸

上述观点在 Phillips Ⅱ 案中受到了美国联邦巡回上诉法院满席审法庭的批驳和推翻。该法庭在判决中详细分析了上述两种方法,旗帜鲜明地支持了"直接语境含义优先原则"。"法院在开始其决策过程时所阅读的资料与熟练技术人员所阅读的相同,即专

---

❶ *Texas Digital Systems, Inc. v. Telegenix, Inc.*, 308 F.3d 1193, 1205 (Fed. Cir. 2002).

❷ *Phillips v. AHW Corp.*, 363 F.3d 1207, 1212—14 (Fed. Cir. 2004) ("Phillips Ⅰ"), vacated by 376 F.3d 1382 (Fed. Cir. 2004) (en banc).

❸ *Phillips v. AHW Corp.*, 363 F.3d 1207, 1218 (Fed. Cir. 2004) ("Phillips Ⅰ"), vacated by 376 F.3d 1382 (Fed. Cir. 2004) (en banc).

利说明书和申请历史文件"。❶ "在我们看来,这一方法❷不适当地限制了说明书在权利要求解释中的角色"。❸ "仅仅赋予说明书如此有限的角色,特别似乎要求说明书中关于权利要求语言的任何定义必须是明示的,并不符合我们[过去]所说的说明书是'理解系争术语含义的唯一最佳指导''说明书像字典一样明示或者暗示权利要求术语的含义'的结论。❹ "重要的是,该领域普通技术人员不仅仅要在特定权利要求的背景下阅读诉争的权利要求术语,而且要在整个专利(包括说明书)的背景下阅读该术语。"❺

笔者认为,"普通含义优先原则"和"直接语境含义优先原则"所代表的两种策略的争论是相对语义主义(Relatively Literalness)和相对语用主义(Relatively Contextuality)倾向的角力。其背后大体上分别对应着以哈特为代表的分析实证主义和以富勒为代表的实用主义的不同哲学思潮。二者的根本分歧在于是否承认说明书的语境使权利要求具有"隐含"的含义,也即说明书对权利要求语言的理解是否具有影响力。

对上述两种理论无法绝对地以对、错的二元观点予以评价。从规则明晰、易操作的角度而言,*Texas Digital Systems* 案所肯定的"普通含义优先原则"无疑具有优势,并且容许权利人在其说明书描述的基础上进行适当扩张,可以有效地避免对权利保护范围的不当限缩。但基于以下三个方面的原因,"直接语境含义优先原则"具有更强的妥当性。

---

❶ *Phillips v. AHW Corp.*, 415 F. 3d 1303, 1313 (Fed. Cir. 2005) (en banc).
❷ 指字典含义优先的做法。
❸ *Phillips v. AHW Corp.*, 415 F. 3d 1303, 1320 (Fed. Cir. 2005) (en banc).
❹ *Phillips v. AHW Corp.*, 415 F. 3d 1303, 1320—1321 (Fed. Cir. 2005) (en banc).
❺ *Phillips v. AHW Corp.*, 415 F. 3d 1303, 1313 (Fed. Cir. 2005) (en banc).

第 2 章 专利权的逻辑边界——以权利要求解释为中心

首先，从理解的过程来说，*Texas Digital Systems* 案的方法有违认知规律。依照本章前述的语境理论，语境的存在，使得语言表达不仅有明示的，也有暗示的含义。语言文字蕴含的信息远比明确表达出来的多。一旦解读者阅读并理解了说明书的语境，回过头来阅读权利要求，往往能够读出字里行间的"言外之意"，这些含蓄地隐含在文字背后的含义也正是权利人通过权利要求有限文字所无法充分表达出来的信息内容。赋予权利要求的用语以通常含义，一方面完全否定了语境的作用，另一方面使解读者摆脱阅读说明书后业已形成的残留认知也有相当的难度。"权利要求术语的'通常含义'是普通技术人员在阅读完整个专利文件之后所理解的含义。"❶

其次，从语境理论的角度而言，*Texas Digital Systems* 一案的方法使权利要求过于脱离其直接语境，而指向间接语境，解释结论可能与本领域技术人员所理解的发明人所希望保护的东西产生面目全非的隔阂。因为字典的含义是抽象的，是为了获得更广泛的普适性和更高的概括性而存在的。"通用字典会竭力收集特定词汇的全部的、从最广为人知到鲜为人知的用法……一个术语的多项字典含义，将不可避免地超出'专利权人或其代表在其原始申请悬而未决时所理解'的权利要求的解释范围"。❷ "离开内部证据，过分依赖字典，会产生这样的风险：将技术人员所理解的权利要求术语的含义转化为脱离了特定说明书背景的抽象的含义"。❸ "'发明人应当理解并正确描述什么是他的发明，以及他对什么主张专利权……'使用字典含义会与［最高法院］的这一指示发生冲突，因为该字典并非专利申请人自己为描述发明而

---

❶ *Phillips v. AHW Corp.*, 415 F. 3d 1303, 1321 (Fed. Cir. 2005) (en banc).

❷ *Phillips v. AHW Corp.*, 415 F. 3d 1303, 1321-1322 (Fed. Cir. 2005) (en banc).

❸ *Phillips v. AHW Corp.*, 415 F. 3d 1303, 1319 (Fed. Cir. 2005) (en banc).

专利权的边界——权利要求的文义解释与保护范围的政策调整

编写的"。"即使是技术词典或专著也可能存在上述缺陷。""事实上，专利与专著之间的[词语用法上的]不连贯性很普遍，因为专利本质上是在描述某些新东西。""词典或专著……可能选择一种与理解特定权利要求语言无关的含义"。❶ 并且不同字典对同一术语的解释也可能并不同一，以哪一词典为准也存在疑问。字典的含义一般扩张而不是限缩了语言含义的范围。"如果地区法院在每一个案子中都从宽泛的字典含义出发，而没有完全地考虑说明书是如何含蓄地限制了该含义，这一错误将系统地导致权利要求的解释过于宽泛。"❷

反过来，如果置语境于不顾，解读者只能以权利要求文字的通常含义理解保护的客体内容，进而划定保护的范围。然而，同样在第1章中我们已经指出，语义模糊产生语义歧义，词、句存在多项竞争性的通常含义是相当普遍的现象，解读者无从知晓应当以哪一项含义为准。更为重要的是，权利要求用语的通常含义的语义范畴十分广阔，但权利人仅仅、也应当仅仅是在能够实现发明目的的意义上使用有关的语言，如果超出了这一范围，专利权所保护的客体与权利人意图保护的客体、发明人作出真正贡献的发明客体、可以且应当受到专利法保护的客体相比，很可能相去甚远。如此一来，要么对权利范围的理解过宽，要么权利要求将成为无根的飘萍，对它的解读将成为"普洛透斯的面庞"，有多少个解读者存在，则有多少种解释结论。

最后，严重依赖说明书的一个理由是，说明书并非完全不提供划界的信息，除了教导本领域技术人员如何实施专利技术以外，说明书的另一项作用是记载现有背景技术、本发明与现有技术的差别并展示专利技术的有益技术效果之所在。这一作用至少提供了相当

---

❶ *Phillips v. AHW Corp.*, 415 F. 3d 1303, 1322 (Fed. Cir. 2005) (en banc).

❷ *Phillips v. AHW Corp.*, 415 F. 3d 1303, 1321 (Fed. Cir. 2005) (en banc).

第 2 章 专利权的逻辑边界——以权利要求解释为中心

多的划界信息,因为现有技术正是专利保护范围的天然尽头。

我们再来分析"直接语境优先原则",该原则可能受到批判的第一项理由是,如果所有权利要求的用语都被说明书所语境化,那么"权利要求得不到说明书的支持""反向等同原则"的适用等问题可能都不复存在了,因为如果所有语言都可以被特定语境合目的地限缩的话,此时权利要求被认为是说明书中所使用的含义,那么就不会出现权利要求概括过宽的情形。这种意见很可能进一步得出一项推论,即可以在无效和侵权程序中采取不同的解释规则:在无效程序中,为防止概括过宽,应当以最宽泛的普通字面含义理解权利要求的用语,衡量权利要求的相关用语是否概括适当,而在侵权程序中,为了避免权利范围过大,应当以说明书等语境限缩理解权利要求的用语,即限缩权利的保护范围。

上述观点忽略了一项重要的事实判断前提——本领域技术人员公知专利法允许权利人适当概括。回顾本书第 1 章图 1.7 的内容,如果专利说明书披露的内容在本领域技术人员有限的联想能力进行扩张的条件下,足以支撑起权利要求用语通常含义的全部范围,那么以字典含义确定保护范围是合适的,此时"直接语境优先原则"并不会排斥字典含义解释。因为本领域技术人员阅读了有关全部资料之后,能够明白权利人是在说明书所披露具体实施方式的意义上使用有关的术语,而不是在说明书所披露的具体实施方式的范围内使用有关的术语。但如果专利权人只是在特定的语境下使用有关的语言,本领域技术人员无法合理联想到通常含义范围内的所有实施方式都能实现发明教导的目的,那么字典主义的做法显然扩大了专利权的保护范围,违背了权利范围应当与专利权人所主张的范围相一致的基本原则,此时"直接语境优先原则"的适用同样也是合适的。

"直接语境优先原则"第二项且更为重要的被批判理由是,严重依赖说明书存在将具体实施例读入权利要求从而不恰当地缩小权利保护范围的弊端。这一批评的确中肯。

在 Phillips II 案中，美国联邦巡回上诉法院也承认，避免将说明书的限制性特征读入权利要求是应当遵循的基本原则，并且，"在实际操作中，很难区分'使用说明书解释权利要求的含义'与'将限制性特征从说明书中引入权利要求'。"❶ 不过，法院同时认为，如果将关注点放在理解普通技术人员如何理解权利要求的术语上，则上述界限划分还是具有合理的确定性和可预见性的。例如，即使说明书仅仅描述了单个实施例，也不能将权利要求的范围仅仅解释为限于该实施例，因为"该领域普通技术人员很少会将权利要求的术语的含义限制在实施例确切描述的范围内"。❷ 法庭还乐观地认为，大可不必为无法作出划分而担心，"在很多时候，[本领域技术人员]在读过说明书之后就可以明白：专利权人究竟是在解释具体的发明实施例以实施上述[教导他人实施专利技术]目标，还是意图让权利要求范围与说明书中的实施例保持严格一致。专利权人在说明书和权利要求中使用某一术语的方式，通常会使得这一区分变得很清楚。"❸ 当然，法庭也认识到，在有些案子中，对实施例是定义保护边界还是仅仅示例性的判断仍然存在困难，但法庭认为这些无法回避的问题与"将权利要求的范围严格限制在说明书所披露的实施例的范围内，或者将权利要求的语言与说明书割裂"的两种做法相比，"可能会更准确地把握实际发明的保护范围"。❹

虽然解读者将发明范围界定在具体实施方式方面显然能够降低信息处理成本，但是应当始终抵御这一"诱惑"。Phillips I 案中的少数意见正是认为多数意见犯了不当引入说明书具体实施方

---

❶❷❸ Phillips v. AHW Corp., 415 F.3d 1303, 1323 (Fed. Cir. 2005) (en banc).

❹ Phillips v. AHW Corp., 415 F.3d 1303, 1323—1324 (Fed. Cir. 2005) (en banc).

第2章 专利权的逻辑边界——以权利要求解释为中心

式从而不当地限制了权利要求保护范围的错误。需要指出的是，防止将说明书的具体限定读入权利要求本身是需要付出成本的，❶ 解读者自然不自然地对具体的发明物保有更为深刻的印象，而天然地排斥抽象的东西。使用说明书大大减轻了解读者的认知负担（Cognitive Burden）。然而，拒绝说明书对权利边界的普遍影响同样也需要付出成本。因为为了更好地理解发明客体，学习发明智慧，解读者不得不通读说明书，并且，为了衡量所涉专利是否符合授权条件，也必须阅读说明书。此时，解读者的脑海中已经充满着说明书传达的信息，要求完全排除这些信息，不仅使解读者产生困惑，也不符合人类认知的客观规律，其所付出的成本也是庞大的。两相比较，排斥说明书解释作用所付出的成本要比防止用说明书不当限定保护范围的成本更大一些。这是因为：首先，字典的含义本身是抽象和概括的产物，很难提供"有形化"的东西，难以降低认知负担，反而需要二次理解、在众多义项中选择、将其抽象含义适用于具体语境，这些都抬高了解释成本。其次，在许多情况下，字典所提供的通常含义仍然需要置身于具体的语境中进行理解，从使用目的来说，权利要求的语言并非总是迎合字典、提供与之范围相当的含义，撰写人仍然有可能在与字典不同的意义上使用有关的术语。语言的字典含义具有多义性，每一义项都是语境契合的——义项的选择需要在具体的语境中选择，而这一语境毫无疑问主要是说明书、审查过程中的意见陈述等。再次，字典含义不总是能够奏效。有些"新的语言"在现有的字典中难觅踪迹，有些技术领域的术语使用混乱，尚未范式化，或者缺乏权威的工具书，或者不同的工具书给出的含义并不相同。在这些场合中，字典规则并无用武之地。最后，

---

❶ CHRISTOPHER A. COTROPIA, *Patent Claim Interpretation and Information Costs*, 9 Lewis & Clark L. Rev., 2005, 57, 87.

为了理解发明创造，解读者本来就需要阅读说明书，说明书是最为有效的理解工具，利用说明书进行解释并不需要付出额外的搜寻、阅读成本，而外部证据需要被发现、被理解、被适用、被选择，这些成本并非必需，而是可选择的。例如，虽然计算机能够事先获得全部的字典含义，但是语义的模糊和歧义使得计算机仍然很难根据上下文的语境模糊识别语言的含义，计算机翻译软件至今无法准确地在不同语言间实现畅通的传译。

因此，笔者认为，妥当的解释规则应当是，牢记图1.7文本与解读范围的图形的关系，始终将说明书作为一种技术教导看待——说明书是权利请求保护的原点，而权利要求所欲保护的范围是基于原点的发散。不能忽略解读者的能动作用，而不考虑其依照已有知识进行有限演绎的能力。

实际上，"任何权利要求的用语都应当在有关说明书的基础上进行解释"与"任何说明书中出现的限制除有明确指明外都不应当读入权利要求"两项标准并非水火不容。第一条规则保证了权利要求限定的客体与说明书的教导相一致，第二条规则确保了说明书对于发明的具体实施方式的详细描述不至于成为保护范围的不恰当限制。虽然"狭义使用说"（"普通含义原则"）是贯彻第二条规则的有效手段，但是该理论过于激进，其副作用和杀伤力足以抵消它所能带来的有益效果。在采纳"广义使用说"（"直接语境含义优先原则"）的同时，辅之以"避免读入"的基本原则和具体规则，可以实现上述两项规则的兼容，最终将权利的边界界定在适当的位置上。

与内部证据优先原则的修正相类似的是，更为全面的方案应当是既考虑说明书等内部证据的解释作用，也考虑字典和技术辞典等外部证据的作用。一方面，通过对说明书的理解，了解发明人所直接作出的客体的范围；另一方面，通过阅读外部证据，了解所属领域技术人员根据已有的知识是否可以在更为宽泛的范围

第2章 专利权的逻辑边界——以权利要求解释为中心

内、在不需要付出创造性劳动和过度实验的情况下即可实施发明所间接教导的、未出现在说明书具体描述中的客体。这一过程也是符合虚拟解释主体的解释过程的。因为在我们的假设中,作为本领域普通技术人员的解读者事先已经掌握了所属领域所有术语的通常含义,其在阅读了说明书之后,能够将具体语境与其所掌握的通常含义进行对比、糅合和交叉理解,在更为全面的语境下理解权利要求的语言。事实上,真正的本领域普通技术人员的脑海中不可能仅装载着普通含义,或者仅铭记着说明书的教导而解读权利要求相关用语的含义,相反,更符合实际的情况是间接语境和直接语境在解读者的脑海中"共鸣",均对解读的主观过程产生重要的影响。此外,权利要求的撰写者也被推定为本领域普通技术人员,❶字典、技术辞典等资料是撰写人在提出申请之时可以获得并被法律推定已经获得的资源,同时撰写人也有理由相信将来的解读者也掌握着,或者能够获得这些参考资料,因此,并不能因为说明书的存在而忽视辞典等工具书的作用。"法院查阅不同材料来源的顺序并不重要,重要的是法院应当根据专利法上的规则和政策赋予这些材料来源以适当的权重。"❷

当然,相对于具备相当背景知识的同业竞争者等解读者而言,这种做法给法院提出了更高的要求,因为法院还需要在具体专利中衡量说明书所直接和间接教导的内容究竟有多大,而在缺乏有关技术领域普通知识背景的情况下对于间接教导的内容的发掘是有一定难度的。对于"内行"的解读者而言,越依赖于说明书的语境,解读成本越低,❸但"外行"的裁判者则相反,越依

---

❶ 至少在法律上以所属领域普通技术人员的标准对撰写者提出要求。

❷ *Phillips v. AHW Corp.*,415 F. 3d 1303,1324 (Fed. Cir. 2005) (en banc).

❸ HENRY E. SMITH, *The Language of Property*:*Form, Context, and Audience*, 55 Stan. L. Rev. ,2003,1177,FN255.

赖于说明书的语境，裁判者的解读成本越高。❶虽然裁判者所面临的困难可以通过举证责任的分配而得以减轻，但法官至少要付出理解所属领域普通背景知识的努力，需要通过不断的学习将自己培养成为所属领域的普通技术人员。所以"普通含义优先原则"对于法院是具有相当诱惑力的。但正如本书第1章第1.2.3节所强调的那样，抵御这种"自利化"的诱惑是裁判者所应具备的优秀品质之一。

2.4 锁定前见——解释时机和解释时点

2.4.1 解释时机

权利要求的语言是所有解释过程的出发点。❷问题是，在什么情况下需要引入除权利要求以外的资料解释权利要求？是在必要的时候，还是在任何时候权利要求都需要解释？以解释时机是否应当存在前提条件为标准，存在"前提条件说"和"无条件说"两种不同的观点。

前提条件说认为，只有当权利要求所使用的概念、词语、文字表述不清楚，或者明确定义了特定含义，或者排除某项含义，或者所包含的某些技术方案无法实现的情况下，才应当对权利要求的语言的含义进行解释。❸最高人民法院在早期的于2002年判

---

❶ 对于"外行"的裁判者而言，在多数情况下都需要通过当事人的举证和证据的使用使得裁判者对专利技术内容的理解与虚拟的本领域普通技术人员的理解一致。

❷ See Vitronics Corp. v. Conceptronic, Inc., 90 F.3d 1576, 1582 (Fed. Cir. 1996).

❸ 例如，有观点认为："权利要求保护范围的解释应当是积极和主动的，但是应具备一定的前提条件。在权利要求的术语存在特定含义、说明书明确放弃某些技术方案、权利要求所包含的某些技术方案无法实现或者权利要求的术语存在多种含义等情况下，才需要对权利要求加以解释。但是，不能使用说明书对权利要求书的保护范围仅仅加以限制。"参见：张鹏. 论权利要求保护范围解释的原则、时机和方法 [M] // 国家知识产权局条法司. 专利法研究（2009）. 北京：知识产权出版社，2010：273.

第2章 专利权的逻辑边界——以权利要求解释为中心

决的"机芯奏鸣装置音板的成键方法及其设备"发明专利侵权纠纷案❶的判决中指出:"说明书和附图只有在权利要求书记载的内容不清楚时,才能用来澄清权利要求书中模糊不清的地方,说明书和附图不能用来限制权利要求书中已经明确无误记载的权利要求的范围。"从该判词看,最高人民法院限制了"澄清"的"条件"或者"时机":如果权利要求书中记载的内容是清楚的,就不能使用说明书和附图来限制权利要求的含义,当然也更不能使用其他材料来限制权利要求的含义。不过,从2009年《最高人民法院关于审理侵犯专利权纠纷案件应用法律若干问题的解释》第2条❷规定的内容看,对权利要求结合说明书的理解并未设定前提条件。

从比较法上看,各国对此做法不一。美国法院的做法几经反复,最终基本采取了无前提条件说。在 *Autogiro* 一案中,联邦索赔法院认为:"权利要求从其表面上看不可能做到清楚而无含混之处。"❸ 最近的案例认为:"即使权利要求的用语从表面上看是清楚的,还是需要从说明书出发,系统地、全面地理解发明的技术方案。人们之所以认为清楚,恰恰是通过解释得到的结果,而不应仅仅是简单地观察权利要求的'外表'就给出的'断言'。"《欧洲专利公约》第69条使用了"the description and drawings shall be used to interpret the claims"的表述,其中"shall"一词的使用表明用说明书、附图解释权利要求是"应当"的。《欧洲专利公约》第69条的议定书则进一步规定解释权利要

---

❶ 宁波市东方机芯总厂诉江阴金铃五金制品有限公司侵犯专利权纠纷案,最高人民法院(2001)民三庭第1号民事判决。

❷ 该条规定:"人民法院应当根据权利要求的记载,结合本领域普通技术人员阅读说明书及附图后对权利要求的理解,确定专利法第59条第1款规定的权利要求的内容。"

❸ "Claims cannot be clear and unambiguous on their face." *Autogiro Co. of America v. United States*, 384 F. 2d 391, 396 (Ct. Cl. 1967).

专利权的边界——权利要求的文义解释与保护范围的政策调整

求应当谨防两个极端,极端之一是将专利的保护范围严格限定在对权利要求的文字用语的字面理解上,说明书和附图仅被用于解决权利要求用语模糊的情形,另一个极端是将保护范围扩大到本领域技术人员在考虑说明书和附图之后,所认为的权利人所期待的范围。❶ 而日本法院既有采取前提条件说的做法,也有采用无前提条件说的先例,并不完全统一。❷

笔者认为,回顾本书导论中关于"解释"和"理解"的含义辨析,前提条件说和无前提条件说的争议实则为概念之争,对此问题的分析取决于我们对"解释"一词是作广义还是狭义理解。

如果将"解释"等同于"理解",那么在任何时候都有解释的问题。我们已经强调,语义是语言的某种含义在特定语境中的可能性,不把握具体的语境,就无法准确地确定语义。对语义的理解离不开具体语境的理解,从这个意义上说,在任何时候都需要"理解",否则无从确定"前见",进而准确把握文字的含义。"理解和理解对象之间的关系优先于理解和理解对象,正如说话者和被述说对象之间的关系是一种运动实现的过程,这个过程不

---

❶ *Protocol on the Interpretation of Article 69* Article 1:[General principles] Article 69 should not be interpreted as meaning that the extent of the protection conferred by a European patent is to be understood as that defined by the strict, literal meaning of the wording used in the claims, the description and drawings being employed only for the purpose of resolving an ambiguity found in the claims. Nor should it be taken to mean that the claims serve only as a guideline and that the actual protection conferred may extend to what, from a consideration of the description and drawings by a person skilled in the art, the patent proprietor has contemplated. On the contrary, it is to be interpreted as defining a position between these extremes which combines a fair protection for the patent proprietor with a reasonable degree of legal certainty for third parties. Article 2:Equivalents For the purpose of determining the extent of protection conferred by a European patent, due account shall be taken of any element which is equivalent to an element specified in the claims. 笔者注:第2条是2000年修订时增加的。

❷ 闫文军. 专利权的保护范围——权利要求解释和等同原则适用[M]. 北京:法律出版社,2007:221.

第2章 专利权的逻辑边界——以权利要求解释为中心

可能在关系的任何一方成员中具有坚固的基础。"❶ 解释者与解释文本之间是一种运动的、相互对话的关系,理解的过程是一个将文本内容和自身知识储备之间进行反复求证的过程。这一过程不仅存在于解释者和解释对象之间,也存在于作为解释对象的权利要求和作为语境的说明书之间。而如果将"解释"理解为"限制",那么"解释"应当存在时机的问题,否则,将与"说明书中的限制不得读入权利要求"的基本原则,也即与权利人有权获得适当的"上位"概括的原则相矛盾。

但无论持何种观点,有一点是确定无疑的,那就是理解权利要求的文字含义离不开对说明书和附图的阅读。即便认为解释权利要求存在特殊的时机,那么在没有阅读说明书之前,也很难确定权利要求的文字是否"模糊不清"。事实上,前提条件说很难解决的一个问题是如何确定是否存在"模糊不清"。模糊是语言的本质特点,可以说,在任何情形下,语言文字都或多或少存在模糊之处,语义的精确性只是相对的。笔者认为,不管权利要求本身看起来是否清楚,都应当通过阅读全部专利文件对发明创造进行全面理解,通过说明书和附图对权利要求进行印证,不可在缺少说明书的"真空中"仅仅依据权利要求的文字含义作为确定权利要求保护范围的依据。通过阅读权利要求书、说明书和附图,可以帮助理解发明或者实用新型的技术方案。对于权项语言,并不应当仅局限于术语本身的解释,而应当综合考虑说明书中所记载的发明创造所属的技术领域、所要解决的技术问题及所取得的技术效果。即将技术领域、技术问题、技术效果与技术方案综合起来考虑来解读权利要求,这实际上是从广义上用说明书和附图"解释"、理解权利要求。

---

❶ 汉斯-格奥尔格.伽达默尔. 诠释学Ⅱ:真理与方法——补充和索引 [M]. 洪汉鼎,夏镇平,译. 台湾:时报文化出版企业有限公司,1995:39. 转引自:何卫平. 通向解释学辩证法之途 [M]. 上海:上海三联书店,2001:238.

专利权的边界——权利要求的文义解释与保护范围的政策调整

在早期的"酸角饮料的制备方法"一案❶中，涉及对权利要求中"配以酒石酸，柠檬酸，醋酸，糖等辅助成分配制成饮料"这一特征中各种辅助成分之间是"且"的关系还是"或"的关系的解读。❷ 说明书公开的几个实施例表明，配以三种酸之中的任何一种就可以实现发明目的。审查机关认为，专利说明书在确定专利的保护范围中发挥解释和澄清的重要作用，即可以对权利要求作出适当扩大或缩小解释，或者对模糊的概念加以澄清……本专利独立权利要求中记载的三种酸，结合专利说明书（包括实施例）分析，可以认为这三种酸作为辅助成分是并列关系，并非在饮料中必须同时添加三种酸才能完成其专利的发明目的。在专利说明书的实施例中，不仅没有同时加入三种酸的实例，还明确说明可以只加一种酸，也可以不加酸（酒石酸 0～0.25 克）。据此，审查机关认定权利要求中这几种成分之间的关系应当理解成选择关系而不是并列关系。

在上述案件中，以逗号分割的各辅助成分从语言习惯上更容易被理解为同时具备的"且"的关系，只有在特殊情形下才可能被理解为"或"的关系。如果不阅读说明书的内容，仅从表面上看，权利要求的字面含义是清楚的，即辅料必须含有"酒石酸，柠檬酸，醋酸，糖"四种成分，但在阅读了说明书之后，本领域技术人员能够理解权利要求的用语属于特殊的情况，应当以"或"的选择关系确定各成分的相互关系。这与本章第 2.1.2 节中所举的"put on"的例子相似，在不同的语境下，词、句的不

---

❶ 参见：国家知识产权局专利复审委员会第 927 号无效宣告请求审查决定。

❷ 该权利要求为："一种果汁饮料的制备方法，其特征在于：a）是以名为酸角（罗望子属 . Tamaridus—Indicus）的果实的肉质部分为原料，b）制备方法是将酸角经分拣——清洗——去壳——热水浸渍——过滤——澄清等步骤处理，c）以上述制得的酸角原汁，浓缩汁为主，配以酒石酸，柠檬酸，醋酸，糖等辅助成分配制成饮料，不添加任何食用色素和糖精。"

同义项之间的可能性也随之变化。当然，如果把本案放在权利诞生的背景下进行考虑，则结果也许有所不同。如果本案发生在实质审查过程中，由于逗号在通常情况下表示"且"的可能性要大于"或"，为了使权利要求表面上看起来即足够清楚，尽可能消除歧义，理想的做法是申请人主动修改，或者由审查员指出权利要求中存在的上述缺陷，将有关语言修改为"配以酒石酸，柠檬酸，醋酸，糖等辅助成分中的一种或数种配制成饮料"，或者在各个成分之间加上"和/或"的连接词。

无独有偶，在广州新绿环阻燃装饰材料有限公司、付志洪诉台山先驱建材有限公司侵犯实用新型专利权纠纷一案❶中，涉案"玻镁、竹、木、植物纤维复合板"实用新型专利的权利要求1限定了复合板"由镁质胶凝竹、木、植物纤维复合层和玻纤网格布层或竹编网增强层组成"。❷ 对于其中的复合层的组分"镁质胶凝竹、木、植物纤维"三者之间的关系究竟是并列关系还是选择关系，原被告双方发生了争议。专利说明书记载：本实用新型的目的在于提供一种……采镁质胶凝材料作为凝固剂，竹、木、植物纤维为填充材料……的玻镁、竹、木、植物纤维复合板。说明书在将该专利与现有技术进行对比时称：采用镁质胶凝植物纤维复合层和玻纤网格布层或竹编网增强层多层结构复合，具有强度好、防火、防潮、抗水、隔热、隔音多种功能……说明书在描述具体实施例时称：镁质胶凝植物纤维层是由氯化镁、氧化镁和竹纤维或木糠或植物纤维制成的混合物。

---

❶ 参见：最高人民法院（2010）民申字第871号民事裁定书。
❷ 涉案专利的权利要求1为："一种玻镁、竹、木、植物纤维复合板，它由镁质胶凝竹、木、植物纤维复合层和玻纤网格布层或竹编网增强层组成，其特征在于：镁质胶凝竹、木、植物纤维复合层至少有两层，玻纤网格布层或竹编网增强层至少有一层，两层镁质胶凝竹、木、植物纤维层置于玻纤网格布层或竹编网增强层的下面和上面。"

专利权的边界——权利要求的文义解释与保护范围的政策调整

一审法院认为,从"镁质胶凝竹、木、植物纤维复合层"的通常含义理解,该复合层并列采用了竹、木、植物纤维三种材料,但在专利说明书实施例中,该复合层被赋予特定含义,即竹、木、植物纤维三种材料的采用是三者择一。根据该特定含义,说明书公开的技术内容范围将比权利要求1请求保护的范围宽。根据权利要求1的记载优先原则,本案应当以权利要求1记载的技术内容确定该专利权的保护范围,即该复合板并列采用了竹、木、植物纤维三种材料。被控侵权产品有镁质胶凝材料与植物纤维材料复合层,不含竹、木材料,所以被控侵权产品与专利不同。二审法院认为,如对权利要求书中记载的内容产生不同理解,容易产生歧义,可以结合说明书对权利要求进行解释。在说明书实施例中,复合层对竹、木、植物纤维三种材料的采用是选择关系,三者具备其中之一即可,而非竹、木及植物纤维三者必须同时具备。遂撤销一审判决,判定侵权成立。❶

最高人民法院再审认为,如果对权利要求的表述内容产生不同理解,导致对权利要求保护范围产生争议,说明书及其附图可以用于解释权利要求。仅从本专利权利要求1对"竹、木、植物纤维"三者关系的文字表述看,很难判断三者是"和"的关系还是"或"的关系,应当结合说明书记载的相关内容进行解释。根据说明书实施例的记载,权利要求1对"竹、木、植物纤维"三者关系的表述,其含义应当包括选择关系,即三者具备其中之一即可,而非竹、木及植物纤维三者必须同时具备。

在本案中,二审法院及再审法院均认为权利要求的表述内容容易"产生不同理解",导致对权利要求的保护范围产生争议,此时说明书及附图可以用于解释权利要求,这一做法仍然强调了解释时机,其背后隐含着这样一种担心——如果不强调解释时机

---

❶ 参见:广东省高级人民法院(2009)粤高法民三终字第195号民事判决书。

的话，说明书和附图的"解释"可能会演变为"限制"权利要求，从而不当扩张或者限缩了保护范围。这一担忧不无道理，表面上看，这一思想与本书的观点存在矛盾之处，不过，实质上二者并无根本区别。除非权利要求在字面上明确排除了某种技术方案（含义）的可能性，否则语言文字总是或多或少地存在理解的空间。正如本案与前述"酸角饮料的制备方法"一案中所显示的那样，以逗号隔开的各个术语之间的关系，虽然在通常情况下解释为并列关系的语义可能性更大，但没有完全排除选择关系的语义解释可能性，由此，结合说明书的语境有助于得到确切的含义。即使在权利要求的语言本身即排除了说明书中记载的技术方案的情况下，阅读说明书仍然有助于强化权利要求语言存在自我限缩的观点，阅读说明书、以说明书解释权利要求得到的结论并未修改权利要求，反而维护了权利要求。因而，我们仍然可以坚持在任何情形下都应当以说明书解释权利要求的观点。

在张连勤诉天津市泰冠建材工贸有限公司侵犯实用新型专利权纠纷一案❶中，涉案"具有多种截面形状用于混凝土中的轻质多孔材料填充体"实用新型专利的权利要求1限定了填充体由"多孔材料、隔离层、加强层组成"。❷ 说明书在具体实施方式部分载明："当轻质多孔材料强度较高或者施工现场能对填充管采取良好的保护措施时，加强层可以取消。"被控侵权技术方案使用的填充体只包括多孔材料、隔离层，没有使用加强层。法院认为，虽然专利说明书中提到了在一定条件下加强层可以取消，但这一技术方案并未记载在权利要求中，因此不应以说明书这一记载确定专利权的保护范围。由于被控侵权产品的技术方案缺少了本专利"加强层"的技术特征，因此未落入本专利的保护范围。

---

❶ 参见：北京市第一中级人民法院（2006）一中民初字第1830号民事判决书。
❷ 涉案专利权利要求1为："具有多种截面形状用于混凝土中的轻质多孔材料填充体，其特征在于该填充体由多孔材料（1）、隔离层（2）、加强层（3）组成。"

专利权的边界——权利要求的文义解释与保护范围的政策调整

在本案中,权利要求1的语言明确限定了填充体包括"加强层",这一记载本身强烈地表明"加强层"是请求保护的技术方案中必不可少的技术特征,而通过阅读说明书的记载,将说明书的内容和权利要求的内容两相对照,解读者更加强化了权利要求所请求保护的技术方案中必须有"加强层"这一结论,如果对"解释"采包含"理解"、排除"限定"的概念,那么这一过程无疑也是解释的过程。

在清华大学、机械电子工业部设计研究院诉北京威肯机器电子设备有限公司侵犯专利权纠纷一案❶中,涉及对名称为"催化反应低温解吸除氧系统"的实用新型专利权利要求所载的"在解吸器与软管之间增设一条回水管"的"增设"一词的理解。被控侵权物在解吸器与软管之间只有一条回水管,被控侵权人认为权利要求中的含义是原来在解吸器与软管之间至少有一条回水管,再增设一条回水管,就是至少有两条回水管。专利说明书中载明:回水管的作用是降低软水箱中水的含氧量,以保证除氧水在软水箱氧量很大或水温很低时也能稳定达标,同时使软水箱起到给水箱的作用,以适用锅炉负荷的变化。说明书同时指出,现有技术都采用给水箱,自然不存在回水管。法院认为:根据对说明书的阅读理解,增设一条回水管指的是从无到有的增设,而不是从一条到两条的增设。

在本案中,权利要求中使用"增设"一词的同时没有指明参照物究竟为何物。如果参照物是原来就存在的另外一条回水管,那么被控侵权人的理解是正确的。而通过阅读说明书之后,解读者能够清楚地确定参照物是其他部件,而不是回水管。同理,如果本案发生在实审过程中,应当建议申请人将"增设"一词修改

---

❶ 本案案号不详,一审审理法院为北京市第一中级人民法院,一审宣判后,被告提起上诉,后因双方达成赔偿协议而撤回上诉。具体案情参见郭禾.知识产权法案例分析[M]. 2版. 北京:中国人民大学出版社,2006:151—152.

为"设有"。

综上所述，语义模糊是普遍的现象，绝大多数的字、词、句的含义都是范畴概念，词汇、语句的常用含义和生僻用法具有复合性。某些权利要求的内容，当人们以通常含义理解时，本身看起来似乎是清楚的，但在阅读说明书和附图之后，才知道原来专利文献是在特殊的语境中、在生僻的意义上使用有关语言，前后所得出的结论有时可能南辕北辙。

2.4.2 解释时点——"前见恒定"规则

语言系统是时间的函数，语言文字的含义也随着时过境迁而发生变化。❶ 站在历史长河的不同时点解释权利要求语言文字的含义，会产生不同的解释结论，权利的边界也因此而发生变动。

无论是内部证据，还是外部证据，其所构成的语境都在申请日之时便固定下来，此即为"语境恒定"。权利要求语言的含义应当被冻结在专利申请日。❷ 专利法明确要求专利文献应当以申请日作为解释时间点。❸ 无论在权利的效力判断还是侵权判定中，对包括权利要求书、说明书、附图在内的整个专利文献都应当以申请日为解释的时间点。即使随着社会的变迁和科技的发展，权利要求中使用的用语有了新的含义，也仍然应当按照撰写时的含义进行解释。对此可称为"前见恒定"规则。其合理性主要体现在以下四个方面。

首先，专利权人不能在同一项专利权中要求保护申请日后才作出的新的发明创造，一旦权利人在专利文献中增添了新的技术

---

❶ 参见第 1 章第 1.1 节的讨论。

❷ CHRISTOPHER A. COTROPIA, "*After—Arising*" *Technologies and Tailoring Patent Scope*, 61 N. Y. U. Ann. Surv. Am. L. , 2005, 165.

❸ 我国《专利法》和《专利法实施细则》、司法解释、《审查指南》对此均无明确规定。美国专利法第 132（a）条禁止请求保护申请日之后的新发明客体，可被认为以申请日解释权利要求的法律依据，35 U.S.C. § 132 (a) (2000).

内容、变更了发明客体、修改了技术方案,那么他理应丧失享有在先时机优势的原始申请日。既然专利权人享有早先的原始申请日带来的先发优势,那么作为权利划界依据的权利要求也应当以当时的境况加以理解。不能因语言的变化而将申请日之后发展的新的技术内容、技术方案通过旧瓶装新酒的方式实质性地添加到专利文献和保护范围中去。

其次,申请日之后发展的技术是申请人提出申请之时所不可预见的,其主观上对此不存在请求保护的主观意图,客观上也非申请人所作出的技术贡献,在字面含义范围内将申请日之后的新技术"解释"进保护范围之中不具有正当性。

再次,专利申请及权利的有效性只能以发明创造作出之时的眼光进行评判,任何以事后更为远大和博识的见解评价之前发明贡献的做法对于发明人都是不公正的。专利权利要求只是对申请之时已经固定下来的说明书的归纳和总结,得到说明书支持的权利要求也只能是那些基于说明书以及当时现有技术的内容概括得到的权利要求,如果赋予权利要求的用语以未来某个时点的含义,那么这些权利要求的保护范围很有可能远远脱离了当时的技术语境,也可能包含了当时尚不能实施的技术方案,从而轻而易举地被宣告无效。权利要求的字面含义在侵权判定和效力性评判中应当一致,只有这样,得到保护的才恰好是应当保护的,而应当保护的也恰好是能够得到保护的,应然与实然的保护范围才能丝丝入扣、对应统一。

最后,虽然等同原则适用的重要政策目的是覆盖日后技术(After-Arising Technologies),但是其必须满足"三基本""无需付出创造性劳动"等较为严格的标准,而权利要求语言的字面含义的扩张却只受语言系统和技术观念变化的影响,没有任何限制。对于那些落入权利要求演化之后的字面含义但又不能满足等同原则适用条件的技术方案而言,以侵权日作为解释时点,将不

第 2 章 专利权的逻辑边界——以权利要求解释为中心

适当地扩大了权利的保护范围，违背了保护与贡献相适应的基本价值取向。

Schering 案较为典型地反映了"前见恒定"与合理确定权利人贡献的对应关系。❶ 在该案中，Schering 公司的涉案专利涉及多种作为干扰素的人类多肽，权利要求限定了一种白细胞干扰素的重组 DNA 分子编码以及该重组 DNA 分子的用途。权利要求使用了"IFN－α1"指代白细胞干扰素，因为"IFN－α1"更为具体地在物理性质上限定了一种特定的多肽，如在分子重量、与特定抗体的密切结合关系和氨基酸序列顺序等方面具有明确的指向性。该案的争议焦点是"IFN－α1"是否包含了所有的"IFN－α1"子类型，尤其包括那些在专利申请日之后出现的种类。美国联邦巡回上诉法院认为，权利要求的术语"IFN－α1"只能被赋予申请日之时的含义。原因有两个方面。首先，权利要求通常只能以发明转让（Assign）❷ 之时本领域熟练人员给予它们的含义进行理解。其次，权利要求只能被赋予能够获得说明书支持的含义，而该含义也只能以申请日之时的理解为准。在本案中，说明书只记载了一种"IFN－α1"，而并不包含其他子类型，说明书也不可能记载其他子类型，因为在申请日时它们还没有被发现。因此，在发明申请之时，本领域熟练人员既不知道其他现已知晓的"IFN－α1"子类型的存在，更不用说确定这些子类型，因而这些新的多肽不属于专利权的保护范围。

在 Phillips II 案中，联邦巡回上诉法院重审："权利要求术语的通常和习惯含义，是指在发明之时，即该专利申请的有效申请日，对该领域熟练技术人员而言，该术语所具有的含义。"❸

---

❶ *Schering Corp. v. Amgen, Inc.*, 222 F. 3d 1347 (Fed. Cir. 2000).

❷ 在美国的专利制度中，往往通过转让（Assign）程序将专利申请从发明人的手中转移至日后的权利人——一般是实施专利技术的企业手中。

❸ *Phillips v. AHW Corp.*, 415 F. 3d 1303, 1313 (Fed. Cir. 2005) (en banc).

按照"前见恒定"规则，解释所得到的权利保护范围是缺乏弹性的，保持权利的活力，使之对因技术发展而产生的微小变化保有足够的追及力从而覆盖"日后技术"是等同原则所要解决的问题。❶

2.5 统一解释结论——解释方法

词素、词、短语、句子、语篇是意义载体的五个层面。其中最为重要的研究对象是词汇和句子。❷ 权利要求是技术文献，其目的在于描绘真实世界中的技术方案，其内容无外乎包括发明要素和要素之间的相互关系，因此其中最重要的解释对象也是词（概念）义和句义，大致相当于语义学中的词汇语义和句子语义。

作为"先入之见"，字、词的含义、语法、句法和语言习惯都是在文本解释的过程中"先行设定了的东西"，它们不言自明、无需论证，是解释者所共同拥有的知识、所秉持的最后一道底线。在"先入之见"的地基之上，解释者通过解释学的方法论与实践理性构建起解释结论的大厦。

如前所述，权利要求的文义解释所欲实现的目标是追求不同理解者解释结论的同一。而这一目标的实现需要通过统一解释方法来加以保证。在所有解释方法中，最为重要的就是文义解释和逻辑解释方法。

具体而言，解释是通过对包括说明书和附图在内的解释资料的阅读，分析说明对权利要求的内容进行澄清，尽可能明确不清楚之处、技术术语的多义之处、自造词含义不明之处、与通常含义不一致的特定含义术语的特别之处，理解权利人在什么样的语

---

❶ CHRISTOPHER A. COTROPIA, "*After—Arising*" *Technologies and Tailoring Patent Scope*, 61 N. Y. U. Ann. Surv. Am. L., 2005, 166—167. 当然，除了等同原则外，还有英国所采用的"目的解释论"，详见本书第 3 章第 3.3.2 节的分析。

❷ 李福印. 语义学概论 [M]. 北京：北京大学出版社, 2007：19.

境下使用权利要求中的语言，从而由技术领域、所要解决的技术问题、所欲获得的技术效果来综合理解和明确权利要求技术方案的全部含义。

2.5.1 特别定义解释

某一技术领域的语言系统是一个有限开放的体系。基于范式理论，专利文献的撰写者不可能另辟蹊径，完全创设一套自有的语言词汇，撰写者属于历史，受制于历史。但是，专利是对客观世界的创造，除非是仅仅将现有的技术进行组合，否则总会提出一些新的东西。此时撰写者有两种选择，一是创设新的符号、词汇，并自由地赋予其全新的定义，另一种是使用已有的字、词，并对其作出不同于已有含义的定义，前者属于创设，后者属于转用。在实践中，创设汉字的情况是极为罕见的，创设符号代码、词汇的情况也较为有限，转用的情况是比较多见的。专利权人在选择技术术语和表达方式方面享有一定的自由，虽然出于降低公众信息处理成本的考虑，在权利形成的过程中对撰写方式有着规范化的要求，但一旦获得授权，解读者应当尊重权利人作为词典编撰者所享有的使用特别定义的权利。2009年《最高人民法院关于审理侵犯专利权纠纷案件应用法律若干问题的解释》第3条第1款即规定："说明书对权利要求用语有特别界定的，从其特别界定。"

作为撰写者而言，他对新创设的字、词是相当敏感的，一般均会较为详细地界定其含义，而对于转用的字、词，撰写者却常常有意识或者无意识地放弃在说明书中给其下一个明确的定义，这往往是争议的根源——说明书中公开的下位实施方式是否属于对特定术语作出了与通常含义不同的特别定义。此外，特别值得注意的是，语法是无法创设的，如果撰写者使用了自创的独特的语法、句法，则失去了与公众交流的平台。在此存在两个基本前提，一是应当使公众以尽可能低的信息成本理解公开的信息（价值判断前提),二是现有的语法已完全足以满足撰写者描绘新发明的需要(事实判断前提)。除非有相反的证据足以推翻上述两个基本前提,否则法律不应当允许撰写者创设语法。❶

在东莞富增泡棉塑胶有限公司诉福建省富增鞋材发展有限公司侵犯发明专利权纠纷一案❷中,原告拥有名为"废弃聚氨酯泡棉的回收利用方法"的发明专利,该专利权利要求1所限定的反应原料之一为"甲苯二异氰酸脂(TBl)"。❸ 专利说明书记载:"本发明……通过使用特殊甲苯二异氰酸酯(TBl)及进蒸汽加热,可急速成型并裁切(注:本方法使用之特殊甲苯二异氰酸酯为TDI-90,内含较高成分之2-4TDC,反应较一般T-80为强,在较低温及较短时间作聚合反应,并增强其韧性及拉力。以下TDI-90简称TB1)"。被告采用的技术方案除了使用了TDI-80或MDI取代了TBl以外,其他技术特征与权利要求1均相同。原告主张权项语言"甲苯二异氰酸脂"系上位概念,其应涵盖了TDI-90、TDI-80等下位概念,《审查指南》第五部分第一章第3.2节要求专利文件应当使用汉字,故权利要求中所使用的"甲苯二异氰酸脂"之后的"(TB1)"属于附图标记,不具有限定作用,因此被控方法构成相同侵权;此外,原告认为,其提交

---

❶ 如果撰写者创设了新的语法,那么其法律后果是依照现有的语法,有关表述不清楚,从而导致权利要求不能满足清楚表达的要求,或者说明书无法满足充分公开的要求,从而导致专利申请被驳回或者专利权被宣告无效。由于中文和外文的语法结构并不完全相同,因此国外的申请人在进入中国时应当特别重视翻译的问题。应当尽量避免直译,最好是在全面理解发明创造的基础上进行意译。

❷ 参见:福建省泉州市中级人民法院(2007)泉民初字第10号民事判决书、福建省高级人民法院(2008)闽民终字第391号民事判决书。

❸ 权利要求1为:"一种废弃聚氨酯泡棉的回收利用方法,其特征是:将废弃聚氨酯泡棉(00)进行粉碎(11)得到粉末(19);向粉末(19)中加入辛酸亚锡(T-9)、甲苯二异氰酸脂(TBl)聚丙二醇(PPG)原料并充分混合;辛酸亚锡(T-9)、甲苯二异氰酸脂(TBl)聚丙二醇(PPG)原料发生聚合发泡反应,将所述'粉末'包裹在新生成的聚氨酯泡棉产品之中。"

的证据显示，分别以 TDI－90、TDI－80 作为生产原料的再生泡棉产品性能参数是基本等同的，因此本案即便不构成相同侵权，也构成等同侵权。一审法院认为，TB1……是化工原料英文名称的简称，在附图中使用，而非附图标记；说明书中载明，TB1 为特殊的甲苯二异氰酸酯，为 TDI－90。而且说明书的有益效果部分强调了 TB1（TDI－90）的作用……凸显出 TB1（TDI－90）在实现提高生产效率这一发明目的中的重要作用……TB1（TDI－90）在本发明中是具有显著进步的必要技术特征，与一般的甲苯二异氰酸酯有着实质性的不同，也就是说，与 TDI－80 并不等同。因此，法院判定本案既不构成相同侵权，也不构成等同侵权。二审法院认为，从说明书中可以明确得出"甲苯二异氰酸酯（TBl）"指的是"TDI－90"，从字面上明确排除了被控侵权方法使用的"甲苯二异氰酸脂 TDI－80"，专利说明书中明确记载，TDI－90 的性能优于 TDI－80，即明确将 TDI－80 排除在专利保护范围之外，根据专利禁止反悔的要求，原告不得再将 TDI－80 作为本专利等同替换参考的技术手段。故驳回了原告的上诉，维持原判。

　　本案中，关于相同侵权的问题，专利权人对技术术语进行了特别定义，使用了自创的"TB1"作为专门指代"甲苯二异氰酸酯 TDI－90"的符号，《审查指南》关于在专利文件中使用汉字的规定系针对外文的使用而言的，其意在强调不能使用外文撰写专利文献，并非绝对排除非汉字符号的使用。在说明书中，专利权人特别采用了"注"的形式说明使用 TDI－90 与使用 TDI－80 的不同技术效果，并明确使用了"TDI－90 简称 TB1"这一典型的下定义的方式，"TB1"显然属于化工原料代号而非附图标记。因此在本案中应当认为"TB1"属于专利权人自行编纂的词汇，其内涵和外延受到说明书的拘束，其确切含义指的就是"甲苯二异氰酸酯 TDI－90"。

以上的解释结论应当同时在侵权和无效程序中得以适用。但在授权阶段，为了尽可能降低语境依赖，从而降低未来听众的信息处理成本，可以采取从严适用的规则：如果说明书没有明确定义或者明确排除，则可从最宽泛的意义上理解有关术语，如果因此而使有关权利要求不具备授权条件，则可通知申请人进行修改。

特别定义解释方法与避免上位概念下位化之间的界限相当容易混淆，在实践中的适用难点体现为如何区分说明书对权利要求的术语进行了特别定义还是只是示例性地披露下位的具体实施方式，两者的法律后果截然不同：前者的特定定义对有关术语具有限定作用，而后者不具有划界意义上的限缩性。这一问题也等价于在什么情况下断定说明书的有关表述是下定义还是举例子。

笔者认为，解决此问题的基本原则是从说明书的措辞上寻找线索，并区分有关术语是自造词还是转用词。对于转用词，将特别定义解释方法作为普通含义解释方法的例外情形，也就是说，只有在特定的情形下，才可适用特别定义解释方法。特定的情形通常指说明书中采用了"本发明所称的……是……""是指""指的是""含义为""即"等典型的下定义的语义指代方式，那么在无相反证据推翻的情况下，应当认为说明书对有关术语进行了明确的定义，从而对该术语在权利要求中的范围产生限定作用。例如，"本发明的硝酸盐包括硝酸和硝酸的成盐化合物"。除此以外，在一般情况下，说明书中的有关说明性文字应属示例性的，是为了履行充分公开的义务所进行的对某一特定的技术方案的描述，而不属于对多项技术方案的提炼和概括。对于自造词，情况则有所不同，原则上应当以说明书对应的描述性内容作为该术语的定义，也就是说，说明书中对该自造词的解释说明应当被认为对该自造词作了特别定义。此时不宜对有关术语进行"上位化"的重新概括，否则，有关术语的内涵和外延将丧失确定性，因为

第2章 专利权的逻辑边界——以权利要求解释为中心

不同解释主体概括所得的范围可能大相径庭。如前述案例中，权利要求使用了 TB1 的自造符号，而说明书中载明"以下 TDI－90 简称 TB1"，此时可认为 TB1 的含义就是 TDI－90。❶

在福建多棱钢业集团有限公司诉启东市八菱钢丸有限公司侵犯发明专利权纠纷一案❷中，涉案"一种钢砂生产方法"的发明专利权利要求 1 使用了"两级破碎"的术语，❸ 该术语在所属领域中并无明确的含义。说明书中对此进行了说明："本发明的创新之处在于：……4. 本发明采用两级破碎，粗碎用颚式破碎机，细碎用辊式破碎机……对于粗大的冲切料本发明采取先用颚式破碎机将其轧碎成小块，而后进行细碎，破碎成钢砂……"在《化工辞典》中，对"破碎"定义为"用机械方法使大块固体物料变成小块的操作"；并有"粗碎"和"细碎"设备之分。其中，按被粉碎物料的大小和所得粉碎成品的尺寸分类，"粉碎设备"可以分类为：粗碎或预碎设备：处理直径 40～1500 毫米范围的原料，所得成品的直径是 5～50 毫米，如颚式压碎机等；中碎和细碎设备：处理直径 5～50 毫米范围的原料，所得成品的直径是 0.1～5 毫米，如滚碎机等。被控侵权方法的不同之处在于仅选用生产轴承时冲切下来的 7～10 毫米的冲片作为生产原料，淬火根据需要进行，破碎设备只使用双辊破碎机，即辊式破碎机，7～10 毫米的冲片被直接投入双辊破碎机中，通过该机器两组单独传动的辊轴，相对旋转产生的挤轧和磨剪力破碎物料，一次性生

---

❶ 需要注意的是，本案除了说明书对自造词的含义进行了说明以外，说明书中对 TDI－80 和 TDI－90 的比较分析也是非常重要的解释依据。在所有的案件中，对整个专利文献的各部分进行综合分析都是必不可少的。

❷ 参见：最高人民法院（2010）民申字第 979 号民事裁定书。

❸ 涉案专利权利要求1、2为："1. 一种钢砂生产方法，其特征在于将轴承厂生产轴承时冲切下来的边角废料，进行淬火，淬火后分两级破碎，筛分得到不同粒度的钢砂，制得多棱形的钢砂。2. 根据权利要求 1 所述的一种钢砂生产方法，其特征在于所述经破碎后的钢砂，再进行回火后筛分，得到不同粒度的钢砂。"

专利权的边界——权利要求的文义解释与保护范围的政策调整

产出投入料10%～30%的成品钢砂，之后，通过筛分，将未成品筛选出来，再次投入双辊破碎机中，以此循环，生产出成品钢砂。

最高人民法院认为，虽然"两级破碎"在相关行业领域并没有明确的定义，但说明书中的记载指明了"两级破碎"具有的特定含义，并且该界定明确了涉案专利权利要求1的保护范围，所以应当以说明书的界定理解权利要求用语的含义。"两级破碎"应当理解为是先进行粗碎和后进行细碎的"两级破碎"。根据一、二审法院查明的"粉碎设备"的分类，各个破碎级别的设备所处理的原料直径范围以及加工出的成品均不相同，并且粗碎或预碎设备的出料成品直径范围为中碎和细碎设备的进料直径范围，因此，涉案专利的"两级破碎"中，"粗碎级"破碎和"细碎级"破碎应当理解为是相互独立的两个步骤，"粗碎级"的出料为"细碎级"的进料，工序一先一后，不能理解为"粗碎级"和"细碎级"可以合并或者替代。被控侵权方法仅使用一种双辊式破碎机进行钢砂加工，只存在"细碎级"破碎，不存在"粗碎级"破碎，缺少涉案专利"两级破碎"中的粗碎。被控侵权方法使用辊式破碎机进行破碎的手段、实现的功能和达到的效果与涉案专利"两级破碎"并不基本相同，故二者不构成等同。

在本案中，虽然涉案专利说明书没有使用诸如"是指"之类的下定义的用语，但权利要求所使用的"两级破碎"系权利人的自造词，本身不具有广为接受的普通含义，对其含义只能通过说明书的有关描述予以确定，也即说明书有关"两级破碎"的记载内容应当被认为是对该自造词汇的特别定义，而非仅仅是从举例说明的意义上解释有关术语的含义，否则，自造词的范围将变得模糊不定，因为无论借助说明书的语境，还是本领域技术人员所掌握的通常语境，都无法对有关术语的范围作出相对固定的界定。因此，在权利要求中采用的自造词应当也只能在说明书披露的描述性内容的范围内进行理解。

2.5.2 普通含义解释

除了明确定义、明确排除两种情况以外，专利权利要求中的非自造术语应"给予其普通和习惯的含义"。普通含义解释的合理性基础在于，首先，如果发明人没有赋予某一术语与其通常含义不同的特别含义，从"非均衡论"的角度可以合理推断，发明人正是希望赋予术语以通常含义，才没有特别地界定其含义，因而以普通含义定义是顺理成章的事情；其次，发明人是本技术领域典型的技术人员，而专利文献的读者是本技术领域其他技术人员，某一术语在本领域中的通常含义，是学术共同体得以无障碍地交流和便捷地传递信息的范式，因而，不仅在解释的过程中可赋予特定术语以通常含义，而且法律鼓励申请人使用现有词汇的通常含义，在申请过程中限制申请人赋予现有术语不同于通用含义的特别含义，以减少认识混乱以及为界定概念所付出的额外成本；最后，在许多情形下，权利要求术语的通常含义属于上位概念，说明书中的具体实施方式属于下位方式，也就是说，通常含义的覆盖范围往往较大，避免以下位实施方式代入权利要求的对应术语从而限缩权利的保护范围，是允许适当概括的重要规则保证，如果权利人没有特别指明其所采用的术语具有与众不同的特别含义，则应当尊重其要求适当概括以周延保护其发明创造的意愿，以实现权利的充分保护。

普通含义解释所指的"普通含义"，绝不等于最宽泛含义、通用字典含义。普通含义亦有层次之分，既有普罗大众所理解的最为宽泛的"普通含义"，也有面对特定技术人群的某一领域的较狭义的"普通含义"。语境理论要求解读者需要结合专利所属的技术领域，从专利文献的总体来理解权利要求相关用语的含义，而不是完全适用普通含义的"最广泛含义"。如果从说明书的语境中（尤其是考虑发明目的）并不能得到权利人在特别的意义上使用有关语言的结论，那么才可以以最宽泛的普通含义理解

专利权的边界——权利要求的文义解释与保护范围的政策调整

有关语言。❶ 因而,专利权利要求文义解释中所指的普通含义,是面对特定范围的解读者的普通含义,而非面向所有解读者的日常用语的普通含义。例如,民法上的"善意购买人"中的"善意",并非指的是"有善心的购买人",在具有法律背景的人看来,指的是"在买卖中对于出卖物品的权利瑕疵不知道也不应当知道的购买人"。又例如,在竹地板生产这一特定的领域,竹材重组强化成型所使用的原材料"竹丝"一词的含义并非普通公众望文生义所理解的竹制的像丝线、棉线、头发丝粗细的"丝",而是直径如同筷子般大小的"条"。❷

美国联邦巡回上诉法院曾经在一份判词中对普通含义的层次性有过有趣的举例:"本案中出现的'正常'(Normal)一词,〔在不同的情境中对不同人〕有着不同的'惯常'(Customary)含义:精神病医院中的精神科医生(对其而言'正常'指的是健全的精神状态),寻求适当剂量的药剂师(对其而言'正常'的剂量将因体重或者其他因素的不同而发生变化),婚姻律师(对其而言'正常'的婚姻很可能指一段寻常的婚姻,例如随时面临离婚危机的婚姻),在油泵技术领域中的油井钻探工人。换言之,许多字典常常为含义在不同字典中变化多端的,以及随着时间流逝语言含义发生变化的单一词汇提供多项复合含义。如果不通过合适的语境选择一种字典的含义,法庭将可能错误地从某本字典以及某份说明书中向权利要求引入某种〔错误的〕限制。因此,当法庭依赖于字典含义时,必须额外地进行探索,在多本可能的字典、多段可能的时间中所体现出来的多项可能含义中选

---

❶ 参见本章第 2.5.3 节的讨论。

❷ 参见:安吉雅风竹业有限公司诉国家知识产权局专利复审委员会、第三人宜兴市尧龙竹木制品有限公司专利无效行政纠纷案,北京市第一中级人民法院(2009)一中行初字第 1685 号行政判决书、北京市高级人民法院(2010)高行终字第 706 号行政判决书。

第2章 专利权的逻辑边界——以权利要求解释为中心

择实质上［最合适的含义］。"❶

在有些情况下，对某些术语，本领域技术人员所理解的含义与普通公众没有什么不同，"即使对于技术外行的法官来说，也可能是显而易见的"，❷ 在此情况下，该词汇的含义是广为接受的通常含义。但在另外一些情况下，虽然字典含义在相当大的程度上证明了多种普通含义的内容，但普通含义不等于字典含义。普通含义往往与技术领域联系在一起，事实上，技术领域也正是语境的题中应有之义，特定技术术语具有不同于其他领域的特别含义。

普通含义解释绝非仅仅对权利要求的语言进行语义解释。贯穿本书的一项重要思想是，任何语言的解释都是其语义含义与语境含义的结合。对权利要求含义的确定，一定是将其与说明书公开的内容相互印证的、交融理解、反复求证的过程，而不是孤立地只对权利要求的用语进行"破译"的工作。在美国 *Typhoon* 案❸中，原告 Typhoon 公司主张权利要求中的"用作信息收集装置的存储器"（Memory for Storing [a] Data Collection Application）应当被理解为"可具有信息收集功能的装置的存储器"（Memory be [ing] Capable of Storing the Data Collection Application），但是，地区法院和联邦巡回上诉法院均认为对上述权利要求用语的理解应当解释为存储器的功能就在于存储信息收集装置（即存储器中必然包含有信息收集装置），并且从说明书公开的内容上看，所有实施例中的存储器均包含有信息收集装置，而不仅仅是"能够"包含，因此对 Typhoon 公司的主张不予支持。

---

❶ *Ferguson Beauregard/Logic Controls*, *Div. of Dover Resources*, *Inc. v. Mega systems*, 350 F. 3d 1327, 1347—48 (Fed. Cir. 2003). Concurrence.

❷ *Phillips v. AHW Corp.*, 415 F. 3d 1303, 1314 (Fed. Cir. 2005) (en banc).

❸ *Typhoon Touch Tech. v. Dell*, *Lenovo*, *Toshiba*, *Fujitsu*, *Sand Dune Ventures*, *Panasonic*, *Apple*, *HTC*, *and Palm*, 659 F. 3d 1376, 1380—1381 (Fed. Cir. 2011).

2.5.2.1 第一层含义

普通含义解释的第一层含义是相对于特别定义解释而言的,其规则是说明书对于词语有特别定义的,从其特别定义,优先于该词语的普通含义,没有特别定义的,以普通含义理解。当然,这一规则的前提是这一词语具有普通含义。

如果上下文、专利说明书和专利审查档案没有指明权利要求用语具有特定的含义,则应认为权利要求中的用语使用的是其"普通和习惯的含义"。例如,在 York 案[1]中,涉及对"substantial"这一常用形容词的解释。专利的客体是小型卡车平板的保护性衬垫。权利要求中载明突出物"延伸到整个高度的绝大部分(Substantial Part)"。对于其中的"Substantial Part",专利权人主张突出物只延伸到足以支持承载锁定栓就可以了,而被告则认为突出物必须延伸到使其具有锁定功能。法院认为,如果权利要求是被告所称的这种意思,则权利要求应当写明"达到足以固定装置的高度",在没有明示地赋予权利要求中的用语以新的含义的意图时,权利要求的用语的含义就是其普通含义。本案中,权利要求中的用语没有表明突出物具有承载锁定功能,因此,"Substantial Part"的含义就是其普通含义"绝大部分"。

2.5.2.2 第二层含义

普通含义解释的第二层含义是对于句意的理解,应当按照普通的语言表述习惯进行理解。对句义的理解通常包括对词汇的理解和语法的理解。

台达电子工业股份有限公司诉国家知识产权局专利复审委员会、第三人黄世昌发明专利无效行政纠纷一案[2]便涉及汉语语法

---

[1] York Products, Inc. v. Central Tractor Farm & Family Center, 99 F. 3d 1568 (Fed. Cir. 1996).

[2] 参见:北京市中级人民法院(2011)一中知行初字第1172号行政判决书、北京市高级人民法院(2012)高行终字第675号行政判决书。

的通常理解问题。❶

在该案中,台达电子公司拥有名称为"散热装置及其扇叶结构"的发明专利,案件的争议焦点之一是权利要求5是否以说明书为依据、能否得到说明书的支持。❷ 权利要求5为:"如权利要求1所述的散热装置,其特征在于,该第一扇叶结构设置于该散热装置的入风口端或出风口端。"❸ 该权利要求所指的第一扇叶结构指的是本发明改进后的扇叶机构,其特点是(由权利要求1所限定)"叶片的内侧叶缘具有一垂直端面或斜面而于其轴向上高于该轴壳的顶面,使该轴壳的顶面的空气被引导至该叶片底端"(如图2.1入风口端的扇叶所示)。本专利说明书第3页第27至第30行记载(独立成段):"此外,一轴流式风扇中的动叶和静叶的数量可以不止一组,本发明的第三实施例,如图5B(即图2.1)所示,其包含一组静叶和两组动叶分别位于入风口和出风口端。入风口端的动叶设计应用本发明的扇叶结构,出风口端则不限定。当然,动叶和静叶的数量也可以再增加,并可作不同顺序上的排列组合。"

专利复审委员会认为,由说明书的上述记载:"仅可得到出风口端可安装有动叶,而不能得到出风口端的动叶一定采用本发明的扇叶结构,即第一扇叶结构,更不能得到入风口和出风口端均采用第一扇叶结构,即第二扇叶结构与该第一扇叶结构的结构相同,故权利要求5中'第一扇叶结构设置于出风口端'的技术

---

❶ 该案虽然主要针对的是说明书所使用的语句的解释,但是,同样采用语言文字表述的说明书的内容也同样存在解释的问题,对其的解释规则与权利要求应当一致。只不过说明书的描述一般较为详尽,解释的必要性有所下降而已。详见本书第1章第1.1.4节的讨论。

❷ 同时,权利要求5的附加技术特征是在实质审查过程中修改而来的,因此还涉及具有该特征的权利要求是否存在修改超范围的问题。

❸ 此外,权利要求6~8、13、19和29也含有相同的特征。

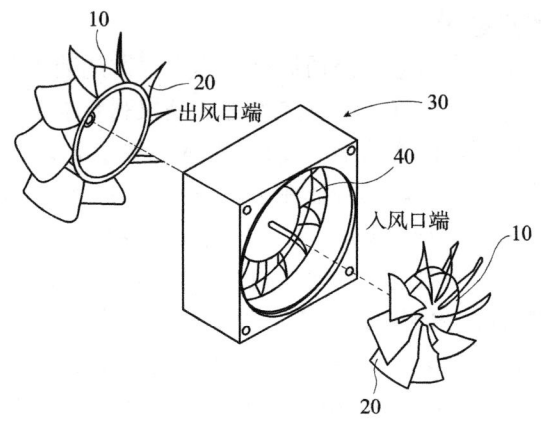

图 2.1 "散热装置及其扇叶结构"发明专利说明书附图

方案得不到说明书的支持。"❶ 在诉讼过程中,专利复审委员会进一步认为,说明书"出风口端则不限定"的含义是入风口端应用本发明的扇叶结构,出风口端不应用本发明的扇叶结构,且这一理解可以得到附图 5B 的证实。而第三人则认为在出风口端进行技术改进不符合本领域普通技术人员的常理,因为通常不可能再把只为增加入风的技术改进再用于出风口,因为二者没有相同的技术问题。

法院认为:"对说明书文字含义的确定,应当将其置于该部分文字所处的语境,以本领域普通技术人员的通常理解为准。具体到本案中,首先,结合上下文,并就通常的文义解释方法和语言习惯而言,'入风口端的动叶设计应用本发明的扇叶结构,出风口端则不限定'的含义应当为:入风口端的动叶设计应用本发明的扇叶机构,出风口端则不限定是否应用本发明的扇叶结构,亦即,入风口端应用本发明的扇叶结构,出风口端或者应用本发

---

❶ 参见:国家知识产权局专利复审委员会第 15369 号无效宣告请求审查决定。

明的扇叶结构，或者应用非本发明的扇叶结构；其次，附图5B虽然在出风口端仅描绘了应用非本发明扇叶结构这一种技术方案，然而，说明书附图是对某一特定具体实施方式的记载，当说明书文字记载中存在明确的更为丰富的技术信息内容时，说明书公开的内容不应当仅受附图内容的限制；再次，虽然第三人指出出风口端应用本发明的扇叶结构无法解决本发明所要解决的增加入风气流量的技术问题，然而，第三人并未提交证据或者通过充分说理的方式证明在出风口端应用本发明的扇叶结构将带来何种技术问题或劣势，以至于本领域技术人员排斥在出风口端应用本发明的扇叶结构的技术方案。"综上，法院推翻了被诉行政决定的有关解释结论。

　　本案的争议焦点在于对"入风口端的动叶设计应用本发明的扇叶结构，出风口端则不限定"一句的理解，我们可作如下具体分析：首先，从语法解释的角度，"出风口端则不限定"不仅省略了"出风口端"之后的主语，也省略了"则不限定"之后的宾语，按照语法规则，这种省略属于避免重复的省略，也即前半句的主语"动叶设计"和宾语"应用本发明的扇叶结构"在后半句中被省略。通过还原，该句话的完整表述是"入风口端的动叶设计应用本发明的扇叶结构，出风口端的动叶设计则不限定应用本发明的扇叶结构"，因此，法院根据通常的语法解释方法将"出风口端则不限定"解释为"出风口端则不限定是否应用本发明的扇叶结构"，亦即，"出风口端或者应用本发明的扇叶结构，或者应用非本发明的扇叶结构"。其次，从词汇解释的角度理解，"限定"一词的通常含义是"把……拘束于……"，"不限定应用"指的是"可应用，也可不应用"，而不应被理解为"不采用"。其次，在解释过程中，虽然语言文字是最主要的表意工具，但同时不能忽略标点符号的作用。我们不妨重新审视说明书第3页第27～30行整段话的语言，该段话的结构是："……，……，……，如图5B

所示，其包含一组静叶和两组动叶分别位于入风口和出风口端。入风口端的动叶设计应用本发明的扇叶结构，出风口端则不限定。当然，动叶和静叶的数量也可以再增加，并可作不同顺序上的排列组合。"该自然段一共有三句话，"如图 5B 所示"出现在第一句话中，最后一句话明确表达了与图 5B 不同的技术方案，那么对第二句话的理解，也不能当然地得出一定受第一句话中出现的"如图 5B 所示"的约束，也即，三个句号表明每一句话都为相对独立的意思表达。再次，附图的解释地位等同于实施例，实施例公开的是最为下位的具体实现方式，与美国联邦巡回上诉法院在 *Phillips II* 案中所强调的内容相类似，❶ 法院在本案中认为本领域普通技术人员对权利要求或者说明书文字的理解，只要没有发现权利人存在明确的自我限制的意图，一般不得以实施例对权利要求有关语言的含义进行限制。一项基本的规则是，除非有明确的相反限定，对于描述发明创造客体所采用的文字含义，应当以本领域普通技术人员根据上下文理解的通常的最大范围的含义进行理解。这一规则的合理性建立在允许适当概括的原则基础之上——作为理性人的权利人不会对描述的范围作非常规的限制。最后，从技术方案客观上是否能够实施的角度而言，在本案中，并无证据表明出风口端应用本发明的扇叶结构将带来何种技术问题或劣势，以至于可以合理地解释权利人为什么要作出如此的限制，本领域技术人员也难以将出风口端不应用本发明的扇叶结构的技术方案作为不可实施的技术方案从而将其在说明书中公开的内容中加以剔除。

2.5.2.3 第三层含义

专利法允许撰写人在说明书公开的具体下位实施方式的基础上，在权利要求中进行适当的上位概括，只要这一概括符合该技

---

❶ *Phillips v. AHW Corp.*, 415 F. 3d 1303, 1323 (Fed. Cir. 2005) (en banc).

第 2 章 专利权的逻辑边界——以权利要求解释为中心

术领域通常的"贡献—回报"认知，即认为权利要求中记载的超过说明书公开的部分属于本领域技术人员能够由专利说明书教导的内容很容易联想到或者获得的技术方案，能够满足权利要求以说明书为依据的法定要求。事实上，解释者是能动的，解释过程并非机械地将文本所承载的信息复制到解释者大脑中的过程。解释是有限创造的思维活动。文本背后隐藏着部分信息，要么是文本的局限造成的，如篇幅、语言、简洁的要求等，要么是撰写者有意为之的结果，如隐藏"技术诀窍"等，真实的解释过程往往可以根据解读者自身的"前见"发现部分隐藏的信息，并将这些信息同文本中显性地表达的意思一起共同形成最终的解释客体。

这由此给权利要求的解释带来一个问题，当一个概括的权利要求的字面范围超出说明书具体实施方式的情况下，应当如何确定其保护范围？普通含义解释的第三层含义是在此情形下应当以本领域普通技术人员在全面阅读了整个专利文献的基础上所合理确定的"最宽泛的通常"含义进行理解。也就是说，无论在说明书中是否进行过明确的披露，权利要求中术语的含义都可以覆盖到与其字面含义（在具体的语境下）相当的范围，而不受说明书中具体实施方式的限制。

在 CCS 案中，❶ 美国联邦巡回上诉法院的观点反映了普通含义解释的第三层含义。在该案中，CCS 公司的专利权利要求将椭圆形的 Trainer（Elliptical Trainer）限定为"往复运动的部件"（Reciprocating Member）。"部件"（Member）一词在实施例中只给出了包含一条直的横杆的结构，而被控侵权技术方案中同样具有可"往复运动的部件"，但该部件包括多重复杂的弯曲结构。法院认为被控侵权技术方案落入专利权利要求的保护范围，即使专利说明书并没有披露包含多重弯曲结构的具体实施

---

❶ *CCS Fitness, Inc. v. Brunswick Corp.*, 288 F. 3d 1359 (Fed. Cir. 2002).

方式。

在 CCS 一案之后，美国联邦巡回上诉法院在 Beckson 案中，❶ 再次适用普通含义解释原则对权利要求的术语进行了解释。在该案中，权利要求使用了"倾斜的排水凹槽"（Sloping Drain Groove）一词用以限定自动排水、防渗漏的船只窗户（Self－draining，Leak－resisitant Boat Window），虽然专利附图中只显示了长且狭窄的排水槽，但法院认为"凹槽"一词的字典含义并非那么狭义，并且说明书文字部分对凹槽的描述从含义上也较为宽泛。此外，法院认为专利权人还有意使用了更为广义的"排水结构"（Draining Structures）一词形容所述凹槽。因此，所述"倾斜的排水凹槽"一语不应当被狭义地解释为附图所描绘的结构。

当然，从以上两案也可以看出，即使我们一再强调普通含义解释方法的重要性，但是如果说明书实施例公开的内容较少时，普通含义解释往往存在较大的争议。说明书具体公开的范围与权利要求请求保护的范围差距越大，这一争议可能就越激烈。这一现象鼓励了撰写人或权利人尽可能披露更多的实施例，因为即便存在普通含义解释的支持，自我保护的做法同样重要。普通含义解释同样存在裁量空间，专利公开的具体实施方式越丰富，则权利要求的相关术语被狭义解释的可能性就可能越低。

2.5.2.4 第四层含义

某些词汇，不仅在特定技术领域中被作为专业术语被广泛使用，并且也属于不具备专业背景的普通公众在日常中常常使用的词语。这些词汇往往历史悠久，使用频率高，人们不仅容易忽略它们精确的内涵和外延，而且在长期的使用过程中，不同的使用者有意无意地在不同的场合使用它们、利用它们指称不完全相同

---

❶ *Beckson Marine, Inc. v. NFM, Inc.*，144 Fed. Appx. 862（Fed. Cir. 2005）.

的客观事物，久而久之，这些词汇的含义随着时间的推移会发生细微的变化，其边界变得越来越模糊。并且，经验越丰富的解读者，其所看到的同一词汇的使用方式就可能越多样，所理解的该词汇的含义也有可能越模糊。

普通含义解释的第四层含义是：当权利要求所使用的词语含义在普通技术人员的理解中具有模糊性时，推定其与说明书中所使用的相同术语具有相同的含义。

在菲尔马·安德烈亚斯·斯蒂勒公司诉衢州力恒动力机械制造有限公司侵犯发明专利权纠纷一案中，❶ 菲尔马公司所拥有的"油箱注油口密封盖"发明专利的权利要求1记载："一种油箱注油口用的密封盖，……其特征在于：……夹紧件之间有一个由互成角度的面构成的环形空腔……"❷ 案件的一个争议焦点是对于权项语言"空腔"应当如何理解。被控侵权产品的上下两个夹紧件明显形成了一个互成角度的面，两夹紧件中间构成一环形非封闭的空间。被告抗辩称，权利要求所限定的"腔"应当被理解为"物体内部空的部分"，应当是密闭的空间，因此被控侵权产品的技术方案与专利技术方案并不相同。在专利说明书中，多处使用了"环形空间"一词替代"环形空腔"，而且说明书附图明确地显示所谓的"环形空腔"是非封闭的"空间"（如图2.2所示，附图标记9表示的就是"环形空腔"）。法院认为权利要求已经限定了"空腔"由"互成角度的面构成"，故否定了被告的抗辩理由，判定侵权成立。

---

❶ 参见：浙江省杭州市中级人民法院（2007）杭民三初字第425号民事判决书、浙江省高级人民法院（2008）浙民三终字第284号民事判决书。

❷ 权利要求1为："一种油箱注油口用的密封盖，尤适用于由内燃电动机驱动的携带式工作机械，具有一个突出注油口的密封盖和一个操作密封盖用的手柄，其特征在于：密封盖包括两个彼此沿轴向可相向运动夹紧件，夹紧件之间有一个由互成角度的面构成的环形空腔，腔内有一径向可扩张的密封垫。"

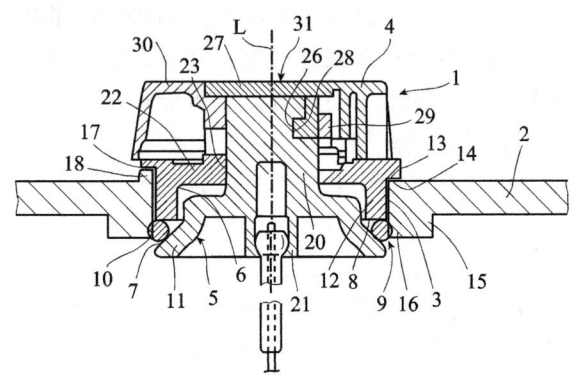

图 2.2 "油箱注油口密封盖"发明专利说明书附图

在本案中,权项语言使用的"空腔"一词具有模糊性,其既属于机械领域的专业术语,也属于日常生活中的常用词汇。也许这一词汇过于普通,以至于机械领域的普通技术人员都觉得精确确定其含义是件"钻牛角尖"的事情。但是,一旦落实到权项语言中,就不得不对"空腔"的含义作出准确的定义。在汉语中,人们使用"空腔"多指完全封闭或者几乎完全封闭的空间,但也不完全排除在部分封闭、部分开口的情形下使用"空腔"一词。而"空间"一词的包容性要强得多,既可指完全封闭的空间,也可指部分开放、部分封闭的空间,甚至可以指代完全开放的空间。因此,对于权利人而言,更为有利的做法是在当初撰写权利要求时使用更具有概括性的"空间"而不是"空腔"一词。不过,在本案权利人业已使用"空腔"一词时,对其所进行的普通含义解释应当对照说明书及附图予以确定。当权利要求所使用的词语含义在普通技术人员的理解中具有模糊性时,应当推定与说明书中所使用的相同词语具有相同的含义。首先,在本专利的说明书中,"环形空腔"和"环形空间"被作为同义词互换使用,而"空间"一词如前所述,并不必须是封闭的空间;其次,专利说明书实施例也使用了"环形空腔"一词,在无相反说明的情况下,实施例附图所揭示的结构应当被认为与实施例文字描述的客体属于同样的东西,而附图明白无误地显示了"空腔"并非封闭的结构。更为重要的是,一项基本的解释规则是:除非进行了明确的排除,权利要求的术语应当被解释为覆盖了所有说明书具体的实施方式。该规则的法理基础在于说明书具体实施方式属于发明人已经作出的实实在在的发明创造的核心内容,在无明确自我限缩的情况下,不应当将其作出的贡献从其所期待的保护范围中剔除出去。在本案实施例已经明确公开了"空腔"为非封闭的空间结构的情况下,将其作"封闭空间"的解释显然使得发明人作出的发明创造是一回事,而对权利要求的语言"解释"得出的保护客体却是另一回事,这不符合制度设计的初衷。

2.5.3 合发明目的解释

合发明目的解释是最依赖语境的解释方式,或者说是最能体现"语境依赖"的解释方式。发明的目的和技术效果对权利的保护范围具有重要的影响。对于权利要求的理解,离不开对发明的目的、效果以及能被本领域技术人员识别的权利人的主观愿望[1]的探究。在具体案件中,合目的解释原则的适用既有可能限缩也有可能扩张,还有可能等同于权利要求语言的通常含义范围。不过,以语境确定含义,在一般情况下往往限缩了常规含义(字面通常含义)的范围,只有在特殊的情况下,其在扩张方面才存在一定的空间。[2] 因而,在权利要求含义的确定中,合目的解释一般在字面上缩小了权利的保护范围,排除了在文字上落入但从技

---

[1] 这一"愿望"不是权利人内心真正的主观意图,而是本领域技术人员领会的客观化了的"主观意图"。

[2] 但由于"捐献原则"的存在,扩张的空间受到极大的压缩。因为权利要求字面含义之外的技术方案被认为是权利人放弃的技术方案,即使该方案是符合发明目的的。

术效果上无法实现发明目的的技术方案。合目的解释的精髓在于"限定"二字。在等同原则的适用中,等同的要件之一是达到"基本相同的效果",也有合目的原则的适用,因此无论在文义解释还是等同原则的判断中,合目的解释都体现了其以发明目的限定边界、防止过度扩张权利的作用。

在 *Phillips II* 案中,美国联邦巡回上诉法院满席审法庭详细地展示了发明目的的发掘过程。❶ 在该案中,对于案件的争议焦点——权利要求中所限定的"缓冲隔板"(Baffles)一词是否需要以锐角或者钝角设置、相互交叉形成临时的阻隔物,或者说权利要求 1 是否包括缓冲隔板与钢壳墙体呈直角的技术方案(也即被控技术方案),地区法院认为"说明书及其图表中每一个提到缓冲隔板的地方都表明该隔板与墙面之间有一个非 90 度的角度","以这一角度放置缓冲隔板使得它们成为临时互相连锁(Intermediate Interlocking),但又不固定的内部阻隔物"(如图 2.3 所示,缓冲隔板为 FIG.2 所示的 30、31),因此地区法院认为所述缓冲隔板必须"从钢壳墙体向内与墙面成钝角或锐角",必须在墙体组件内部形成一个互相连锁的阻隔物的一部分。而联邦巡回上诉法院认为,虽然说明书中提到了发明的目的之一是缓冲隔板以一定的角度从墙体外壳向内伸出,以便使穿透外壳的物体(如子弹)偏离方向,且在所有的附图中,缓冲隔板与墙体均呈钝角或者锐角,但是,法庭指出,说明书还讨论了缓冲隔板所实现的其他数个目的,如"缓冲隔板的重叠的末端使得缓冲隔板互相重叠和交叉,在相对的两面墙体之间形成了一个临时阻隔物,……这些缓冲隔板因此形成了小的空腔,能够填入隔音或者隔热材料,或者填入岩石阻止投射物。"因而,涉案专利的说明书解释了权利要求所述的缓冲隔板所实现的多重目标,而非仅实

---

❶ *Phillips v. AHW Corp.*, 415 F.3d 1303 (Fed. Cir. 2005) (en banc).

现使例如子弹一类的投射物改变方向这一项目的。缓冲隔板的含义不应当被严格地解读为要求其在任何情形下都要实现所有的功能。"专利宣称一项发明实现数个目标这一事实,并不要求每个权利要求都被解释为仅仅限于能够实现所有目的的结构"。"我们认为,该领域的熟练技术人员不会将涉案专利披露的内容和权利要求解释为:从墙面一侧向内伸出的结构物只有[在与墙面]形成锐角或者钝角的情况下,才是一个'缓冲隔板',如果放置成直角,就不是一个'缓冲隔板'"。

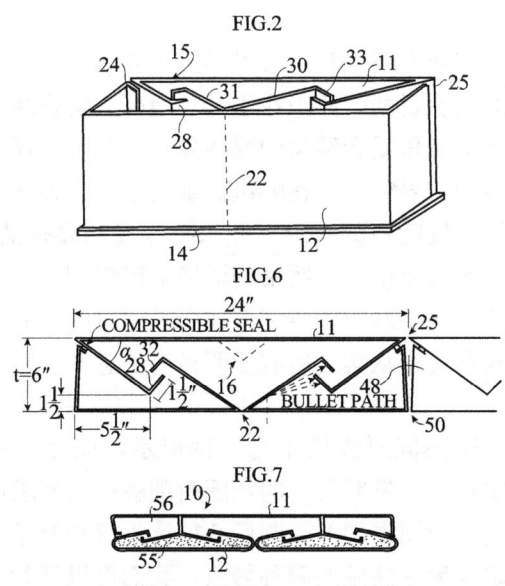

图 2.3 "钢制外壳囚舱设施"发明专利说明书附图

发明创造的多发明目的是较为普遍的现象。即便是同一个发明主题,也可能有多种不同的具体实施方式,这些具体实施方式所要解决的技术问题的侧重点可能有所不同,实现的发明目的也可能有所差异。能够实现所有发明目的的实施方式是最优选的实施例，但并不意味着权利人的保护范围只能局限于该最优选的发明客体。只要发明的某项具体实施方式能够实现足以获得授权的某项最低的发明目的，即可被纳入权利要求的保护范围之中。保护范围最大的独立权利要求可涵盖所有能够实现该发明目的的实施方式。至于可以实现多发明目的的较优实施方式，则可通过撰写从属权利要求的方式得以在较小的范围内予以保护。以从属权利要求所保护的范围较小的优选技术特征限定独立权利要求的保护范围，将不适当地剥夺了权利人基于最低发明贡献所能获得的最宽范围的保护。

美国联邦巡回上诉法院之所以在 *Phillips II* 案中不厌其烦地分析专利的发明目的，原因在于针对地区法院将缓冲隔板限缩解释为与墙体呈锐角或者钝角的缓冲隔板，其需要还原发明人可获得最大范围的边界究竟是在哪里。事实上，在该案中，联邦巡回上诉法院依照发明目的解释，并未扩张权利要求的字面范围，也没有反对地区法院使用说明书的语境解读权利要求的做法，其纠正的只是地区法院忽略了专利存在多发明目的或者要求对保护范围最大的权利要求从实现所有发明目的的意义上限缩解释的错误做法。

Phillips II 案同时提供了另一种启示，在合发明目的的解释中，在足以实现最低发明目的的范围内理解权利要求的有关语言的目的是避免将说明书中的限制性特征读入权利要求，对照联邦巡回上诉法院与地区法院的两种做法，我们可以清楚地看到，通过阅读全部专利资料、理解发明人所教导的最低发明目的所确定的权利所能覆盖的范围，要比拔高发明目的所得到的解释范围更大，这一做法全面肯定了发明人的贡献，避免步入以过于苛刻的眼光抹杀发明人创新贡献的误区。

合发明目的的解释是以一种综合的眼光将专利文献作为一个整体加以看待。为了获得准确的合发明目的的解释结论，解读者应当全面阅读说明书、附图，通盘考虑技术背景、发明所解决的技术问题、技术方案及其技术效果，因而，合发明目的解释是一种关注于全局的整体解释方式。

从某种意义上来说，合发明目的解释与判明专利权人的保护意图有相当的重合之处。不过，发掘专利权人的主观意图确认的是社会公众所通常理解下的解读者所认为的申请人的主观意图，而不是专利权人事后陈述的意图，哪怕该陈述与权利人申请时的主观活动内容完全一致。只要社会公众在阅读权利要求、说明书的相关内容后无法确认该意图的存在，则不可将其作为理解权利客体的因素之一。此种做法的目的是避免权利内容和范围的主观重构。正如英国的目的解释论所解释的那样，权利要求的解释真正解释的是公众阅读了专利文献的全部内容之后所理解的申请人请求保护某某技术方案的意图。

任文林诉上海佳乐美木业有限公司、东方家园北京丽泽装饰建材有限公司专利侵权纠纷一案❶是较为典型的案例。在该案中，涉案"积木地板"发明专利权利要求1为："一种积木地板，它包括积木地板料，积木地板料指经过加工的、具有一定规格的单个木质材料，其特征是由多个积木地板料（1、4、5、6、7、8、9、15、16、17、18、20、23、25、30）连接成积木地板块（10、19、26、28）。"在专利说明书中对发明目的的实现途径进行了描述："1. 积木地板料。利用边角余料、树枝树桠等碎小木头制成积木地板料……地板料正面……可呈方形、圆形、多边形或不规则形状，可［像］小孩的积木玩具那样有大有小、长短不一。可呈上大下小、上方下圆的形状"。"2. 积木地板块。由多块积木地板料联接而成"。"3. 积木地板，它由积木地板料或/和

---

❶ 参见：北京市第二中级人民法院（2004）二中民初字第6988号民事判决书、北京市高级人民法院（2005）高民终字第172号民事判决书。

积木地板块组成。"专利说明书还记载:"本发明的目的是提供一种积木式地板,即用类似积木玩具那样的碎小木块做地板,它能避免上述不足,且带来良好的使用效果,低廉的成本,积极的环保效应。"被控侵权产品所用的材质具有统一的规格,每块木地板均为形状、外观、面积相同的长方形。

一审法院认为,在独立权利要求中举出了15种积木地板料的形状,本专利使用的是一种类似小孩玩具积木一样的基础材料,该种积木地板料具有正面面积小、大小及形状都很随意的特性。本专利所要达到的技术效果就在于它超越了普通地板对板材的选材及规格的严格要求,它所要实现的目的是充分利用边角余料,节约资源。被控侵权产品选材严格,并非利用边角余料、树枝树桠等碎小木头制成,此特征更接近于公知技术,而不具有独立权利要求中积木地板料的技术特征,也无法实现本案专利所能达到的效果和目的。故被控侵权产品未侵犯专利权。

二审法院认为,涉案专利独立权利要求1积木地板料的特定的形状由权利要求1中的具体数字代表。上述具体数字所代表的具体形状对于权利要求的保护范围当然具有限定作用。被控侵权产品中的每组地板均由五块单体地板料组成,与权利要求1中具体数字所限定的特定形状显然不同,也不等同。

在本案中,"积木地板""积木地板料""积木地板块"中的"积木"一词,在地板生产、加工技术领域中并非规范术语,没有确切的含义,其语义域是相当模糊的。在涉案专利说明书中,也没有对何谓"积木"进行明确的定义,应当结合说明书的描述,探究发明目的,深入了解专利权人是在什么背景下使用"积木"一词。本案说明书对涉案发明创造的创新之处作了详细的介绍,表明涉案专利对现有技术的贡献在于充分利用边角料,从而实现环保和成本的降低,此即涉案专利的发明目的。为了达致此目的,地板的用料是有内在限制的,并非所有的拼接用材都可被

第2章 专利权的逻辑边界——以权利要求解释为中心

认为是涉案专利所指的"积木地板料",只有那些能够实现发明目的、达到发明创造所欲达到的有益技术效果的"积木地板料",才属于涉案专利权利要求所能够保护的范围。❶

OBE-工厂·翁玛赫特与鲍姆盖特纳有限公司诉浙江康华眼镜有限公司侵犯发明专利权纠纷一案❷是另一典型案例。在该案中,涉案专利为"弹簧铰链的制造方法"发明专利,弹簧铰链是与眼镜腿相配合的眼镜部件。该专利权利要求1为:"一种制造弹簧铰链的方法。该铰链由至少一个外壳、一个铰接件和一个弹簧构成,其特征是该方法包括下述步骤:提供一用于形成铰接件的金属带;切割出大致与铰接件外形一致的区域;通过冲压形成一圆形部分以形成铰接件的凸肩;冲出铰接件的铰接孔。"从权利要求所使用的文字来看,并没有明确限定各步骤之间是否存在先后顺序,也不清楚"切割出大致与铰接件外形一致的区域"中"大致"一词的含义。专利说明书对发明目的进行了如下描述:"这种弹簧件一般由一个铰接件、一个锁紧件和一个弹簧件组成,由于这些零件的尺寸很小,组装相当复杂。又由于这些零件通常都是散装料供给,所以首先需要麻烦的找正,才能把各件组装在正确的位置上。所以,本发明的任务在于,提供一种弹簧铰链的

---

❶ 本案另有需要探讨的问题,即权利要求中的附图标记在侵权判定中是否对保护范围具有限定作用。《专利法实施细则》第19条第4款规定:"附图标记不得解释为对权利要求的限制。"之所以作此规定,主要原因是附图标记的作用是使权利要求的特征能够与说明书中公开的具体实施方案中的部件、步骤相互对应,便于解读者在阅读权利要求的时候,能够借助说明书更为充分、具体、形象的描述进行理解。如果将附图标记所代表的具体结构、步骤特征"代入"权利要求,很可能使得原本概括过的相关特征的"范围"被实施例中具体的"点"所取代,从而不适当地将说明书中的下位特征读入了权利要求之中。因此,虽然前述《专利法实施细则》第19条第4款规定在"第二章专利的申请"一章之下,但是该解释规则同样也应当适用于侵权案件中。

❷ 参见:北京市第一中级人民法院(2002)一中民初字第5048号民事判决书、北京市高级人民法院(2006)高民终字第1367号民事判决书、最高人民法院(2008)民申字第980号民事裁定书。

经济制作方法,并改进零件的搬运,因而产生良好的经济效益"。"在本发明中,用金属带加工的铰接件在铰接件仍与金属带连接时进行弹簧件和最好锁紧件安装,这样在部件组装之前一方面取消了铰接件的中间加垫,另一方面又取消了铰接件的找正"。"组成的部件不从金属带上切断,因而搬运到弹簧铰链外壳中使用特别方便。"经一审法院勘验,被控侵权方法的加工过程为:1.人工将从金属带材送入冲压机冲下铰接件(铰接件与金属带材完全分离);2.人工用钳子夹住铰接件前部,用锻压机将铰接件后部(凸肩延伸部分)砸圆;3.人工用钳子夹住铰接件前部,将铰接件插入打孔机内打孔;4.人工用铅丝从铰接件前部圆孔中穿过,将若干个铰接件穿在一起后用抛光轮抛光。

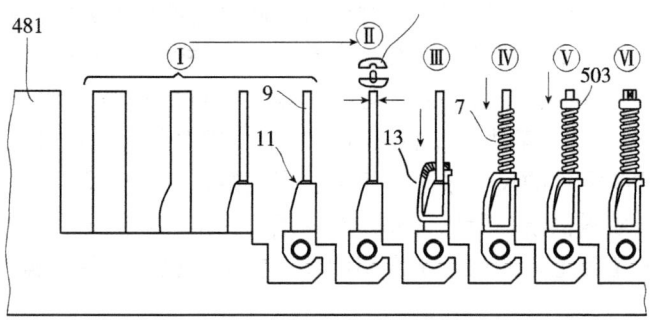

图 2.4 "弹簧铰链的制造方法"发明专利说明书附图

一审法院认为,涉案专利权利要求 1 是弹簧铰链中一个零件——铰接件的加工方法,弹簧铰链一般是由一个铰接件、一个锁紧件、一个弹簧及外壳组成,由于上述零件尺寸很小,组装相当复杂,而且通常是散装料供给,所以首先需要麻烦的找正,才能把各件组装在正确的位置,故在本方法专利中,用金属带加工的铰接件在铰接件仍与金属带连接时进行弹簧件和锁紧件的安装。虽然被控方法为在金属带材上通过冲压的方式冲下铰接件,与涉案专利在铰接件安装弹簧件装配单元之前仍与金属带连接存在不同,但被控侵权加工铰接件的方法与权利要求 1 的保护范围无明显差异,遂判定侵权成立。二审法院认为,涉案专利技术方案是建立在铰接件同金属带料不分离且各步骤先后顺延的情况下实现的,这既是涉案专利的发明目的,又是涉案专利方法的特征和效果的体现。将铰接件从金属带料分离下来或步骤变化均无法实现涉案专利方法的技术效果和技术目的。被控加工方法与专利方案所采取的铰接件同金属带料不分离且各步骤先后顺延的方法不同,二者既不相同也不等同。

在再审程序中,争议的焦点有两项,一是权利要求 1 的各个步骤之间是否存在先后顺序,二是权利要求 1 表述的"切割出大致与铰接件外形一致的区域"是否意味着在切割步骤中,铰接件与金属带料不分离。对于第一个焦点问题,再审法院认为,不应以权利要求没有对步骤顺序进行限定为由,不考虑步骤顺序对权利要求的限定作用,而是应当结合说明书和附图、审查档案、权利要求记载的整体技术方案以及各个步骤之间的逻辑关系,从本领域普通技术人员的角度出发确定各步骤是否应当按照特定的顺序实施。本案中,供料步骤必须在其他步骤之前首先实施,而说明书中没有记载、本领域普通技术人员也难于预见可以在切割步骤之前实施冲孔步骤或冲压步骤也能够实现涉案专利的发明目的,因此,切割步骤应当在冲压步骤和冲孔步骤之前实施。对于第二个焦点问题,再审法院认为,"大致与铰接件外形一致的区域"使用了含义模糊的技术术语,有必要查明该特征的确切含义。首先,涉案专利的发明目的在于提供一种弹簧铰链的经济制作方法,并改进零件的组装和搬运,产生良好的经济效益。实施例中描述了:"首先切割铰接件的基本形状,并形成凸肩 9 的基本形状和连接在凸肩 9 上并在以后具有铰接孔范围 497 的至少一部分。"装配实施例亦表明在制造铰接件以及装配弹簧铰链的过程中,用于形成铰接件的区域以及制成的铰接件始终属于金属带的一部分，直至将锁紧件、弹簧件、套环等安装在制成的铰接件上之后，才将铰接件从金属条481上切掉。除上述实施例外，说明书及附图中并没有记载将用于制造铰接件的区域从金属带上完全切割下来，对独立于金属带的"区域"或者单个的铰接件毛坯进行加工的技术内容，也没有给出相关的技术启示。涉案专利由此避免了使用昂贵的切削加工方法，取消了铰接件的找正，亦有利于弹簧件、锁紧件的装配以及零件搬运，实现了弹簧铰链的经济加工。此外，根据从属权利要求3、4的保护范围、权利人在实质审查程序中的意见陈述（禁止反悔）、发明人的声明和背景技术的介绍等，也表明"大致与铰接件外形一致的区域"是金属带的一部分，未与金属带分离。被控侵权方法虽同样使用金属带材作为制作铰接件的原料，但是其系使用冲压机将铰接件毛坯从金属带材上完全冲落下来，后续的砸圆、打孔等工序均是针对单个的铰接件毛坯进行，每次仅能加工一个铰接件，并且在后续的工序中始终需要人工固定单个的铰接件毛坯，不仅工艺复杂效率低，亦不便于弹簧等其他零部件的装配以及零件的搬运。被控侵权方法相对于权利要求1仍然是一种落后的生产工艺，二者采取的技术手段具有实质性的差异，实现的功能亦有不同，被控侵权方法也不能实现权利要求1所具有的有益效果，没有落入涉案专利权的保护范围。

在本案中，权利要求1从文字上并未明确限定各个步骤之间的顺序，也没有对"大致"的含义作进一步的解释，如果严格按照语义解释的方法，那么应当认为权利要求1包含的范围较广，各个步骤之间的顺序进行任意排列组合的各种技术方案均属于权利要求的保护范围，而"大致"也应当作普通理解，即满足"大体上""基本上"的条件即可，本身并不含有切割之后铰接件仍然有小部分毛坯体与金属带相连接的限制。然而，对于步骤顺序，本领域技术人员结合公知常识，并通过说明书的阅读，能够

第 2 章 专利权的逻辑边界——以权利要求解释为中心

确定第一、第二步骤必然是供料、切割，否则无法实现发明目的。而对于"大致"的理解，通过阅读说明书，本领域普通技术人员能够清楚地确定该发明创造的创新之处在于改进组装、搬运和找正的困难，为达致此发明目的，在加工铰接件的过程中，将铰接件从金属带切割出来时，不能完全将铰接件冲落，必须留有小部分连接之处，这样，在后续的加工工艺中，铰接件在与金属带处于连接状态下即与弹簧件等其他部件安装，并搬运到弹簧铰链外壳中使用。如果在切割铰接件的过程中，铰接件即与金属带完全分离，本领域技术人员在专利说明书的教导下，结合所能掌握的通常技术知识，难以预料或者难以在不付出创造性劳动的情况下，设计出新的技术方案，以至于能够使切割工序中即已完全脱离金属带的铰接件实现经济制作、搬运便利等发明创造所欲实现的技术效果。因此，依照合发明解释规则，涉案专利权利要求1的保护范围并不如同字面含义所确定的那样宽，而是受到了发明目的的限缩。

从结果上而言，上述任文林案、OBE 案所体现的合发明目的解释规则在权利要求所明示的技术特征之间"增加"了隐含的技术特征，从某种意义上说，通过特定的解释方法，引入了原权利要求中不曾记载的"新"的技术特征，将权利要求宽泛字面语义所包含的、不能实现发明目的的技术方案排除在保护范围之外，以能够符合发明目的的标准，有限制地缩小了权利要求的保护范围。不过，在实践中需要注意的是，为了避免这种解释方法的任意性，对发明目的的确定尤其需要谨慎。正如 *Phillips* 案所展示出来的那样，发明目的的确定本身带有主观色彩，而发明创造所可能实现的多发明目的性，又使得发明目的、技术效果有着层次之分。如果将发明创造的有益技术效果标准抬得太高，会使得那些具有一定效果、但效果次之的技术方案因过于严格的解释被挡在保护的大门之外，从而抹杀了权利人的相关贡献，挫伤发明者的积极性。因此，从某种意义上说，对发明目的的确定实则是对发明人技术贡献点的确认，这一判断应当慎重、严谨、全面，既不能操之过严，也不应失之过宽。

任何裁判结果的作出总是可能引发争议，如果说任文林案、OBE案存在反对声音的话，那么这种观点认为：合发明目的的限缩引入了新的技术特征，损害了权利要求的公示功能，带来了更大的不确定性，更合理的做法应当是提起无效程序，在该程序中严格依照字面含义确定保护范围，以权利要求得不到说明书的支持，或者权利要求请求保护的技术方案相较于现有技术不具备新颖性、创造性等理由宣告专利权无效。不得不说，这一观点具有相当的市场。该观点引发了我们进一步的深思——如果任文林案、OBE案中的专利权被置于无效程序中经历考验，其保护范围的确定与上述侵权诉讼中所得出的结论是否应当有所不同？能否有所不同？两个程序的标准是否应当统一？还是可以存在差别？合发明目的的解释规则是否能够在无效程序中得以适用？

在目前的实践中，在无效程序中适用合发明目的的解释原则的案例较少，❶ 更多的无效案件适用了"仅记载于说明书中的技术特征不得引入权利要求"的原则、以最宽泛字面含义解释权利要求。而在侵权诉讼中，主流的观点和做法认为应当进行目的限缩解释，如"专利权利要求的解释应符合发明目的，不应把具有专利所要克服的现有技术缺陷或者不足的技术方案纳入保护范围"，❷ 只有这样，才不至于使垄断权扩张至不合理的领域范围。

---

❶ 前述OBE案即为一例。该案的涉案专利历经无效程序，在该程序中，专利复审委员会认可了权利要求限定的四个步骤之间具有"先后顺延"的关系，参见国家知识产权局专利复审委员会第7135号无效宣告请求审查决定。不过，该决定中也没有进一步明确该"先后顺延"是否指的是依次实施的顺序。

❷ 奚晓明：充分发挥知识产权判职能作用，为推进社会主义文化大发展大繁荣和加快转变经济发展方式提供有力司法保障——在全国法院知识产权审判工作座谈会上的讲话（2011年11月28日）。

第 2 章 专利权的逻辑边界——以权利要求解释为中心

在目前"严格分离主义"的制度下,在两个程序中依照不同的解释规则确定任文林案、OBE 案中的涉案专利权的保护范围,至少在操作层面上并不会出现困难。最高人民法院在 OBE 一案中适用了合发明目的解释规则,也并不意味着其对于无效案件也树立了相同的标杆。不过,不同程序区别对待的做法至少在逻辑上存在矛盾之处。其道理显而易见:在无效程序中,以最宽泛的严格字面含义确定保护范围,而在侵权程序中,以要求符合发明目的的条件限缩保护范围,使权利人"两头不得利",权利的无效风险增加,而得到救济的可能性下降。这一冲突在非分离主义的法制条件下没有生存的空间,因为如果被告在同一程序中请求宣告权利无效,或者提出效力抗辩,无论是当事人还是裁判者,都不可能对同一权利要求的范围给出不同的解释结论。滋生这种冲突的土壤正是"严格分离主义"制度。

如果我们能够建立起在不同的程序中应当标准一致的共识的话,那么进一步需要回答的问题是,无论是在目前的制度条件下,还是畅想未来,设想有朝一日我们能够在同一个程序中同时解决侵权和效力的问题,我们应当倾向于最宽字面范围解释标准,还是倾向于合发明目的的解释标准? *Phillips II* 案表明了美国法院的态度,即选择后者,而中国应当选择何种标准,这是一个政策性问题。

拥护统一适用合发明目的解释标准的观点认为,这种解释方式使包含创新内容的发明创造避免了被无效的命运。以前述任文林案、OBE 案为例,假定在无效程序中适用最宽字面含义标准,那么权利人可能将丧失整个专利权,哪怕其的确在各自的领域中作出了某种程度的创新;而适用合发明目的的解释规则,一方面避免了权利人一无所有的糟糕处境;另一方面使权利的保护范围得以与其发明贡献相适应,是对权利人较为公平合理的处理方式。而赞成统一适用最宽泛字面解释规则的理由则认为,这种解释方式避免了申请人、权利人浑水摸鱼、谋求不当宽泛保护的弊端，如果采用合发明目的解释规则，权利要求保持了一种字面上的大范围威慑，对于那些粗略阅读权利要求、"浅尝辄止"的阅读者来说，其很可能信赖权利要求字面上所体现出来的大范围，而放弃实施那些本不应当受保护的、不能实现发明目的的落后技术方案的念头，这不仅侵蚀了公众的自由，损害了公众的利益，也在客观上鼓励了权利人在撰写过程中放弃自我约束，通过一种"漫天要价"的方式要求宽泛的保护——因为这种撰写方式并不会带来任何不利后果。

上述两种观点均不无道理，任何制度都有两面性，不可能存在只有利而无弊的规则。美国的制度选择有几个方面的原因。一是作为权利人国、创新大国、技术输出国，这种做法有助于增进国家整体利益；二是在美国的环境下，权利人易于"抱团"，形成利益共同体影响公共政策；三是美国的专利从业共同体的整体知识经验、法律素养的发展水平较高，因为高水平的专利律师、代理人、法务人员更可能有着相应的意识、能力和知识去发掘权利要求文字背后的语境隐藏信息，并得出较为统一的结论。上述讨论不妨作为我国进行有关制度选择的借鉴。从长远来看，我国也势必走向创新强国的道路，专利从业人员的整体水平也必将不断提高，合发明目的解释规则也许最终能够成为我国在不同程序中统一适用的主流规则。

2.5.4 避免将说明书中的特征读入权利要求——避免保护范围的下位化

虽然说明书和附图在解释权利要求技术内容的过程中发挥着重要的作用，但是它们依然不能作为划界的直接依据，其解释地位始终处于从属的地位。虽然本书一再强调语言的含义应当被置身于具体的语境中进行理解，而语境的存在不可避免地将在某种程度上影响被解释的语言的范围——扩张或者限缩其严格字面含义,但是,这并非表明,说明书可以不受限制地改写权利要求的内容。事实上,引入语境所扩张或者限缩的只不过是权利要求严格的字面含义(Strictly Semantic Meaning),而不是其实际的含义(Pramatic Meaning),相反,依照语境解释所还原的解释结论恰好是权利要求的语言所真正要传递出来的信息内容。也就是说,我们使用说明书等语境资料对权利要求进行解释,并不是为了修改权利要求,恰恰相反,是为了追求权利要求的本来意义。如果仅仅按照权利要求的语言进行纯粹语义上的分析,那么最终的结论反而偏离了它们所真正要传递的东西,而通过结合语境的解释过程,所得到的才是真正契合权利要求内在含义的结果。简言之,引入语境进行解释表面上扩张或者限缩了权利要求的保护范围,似乎动摇了权利要求的划界核心地位,但实质上恰恰严丝合缝地展现了权利要求所寻求的确切范围,维护了其中心地位。

不过,"往前一小步,真理也变成了谬误。"引入语境进行解释虽然是确定确切保护范围的必由之路,然而,如果在解释的道路走过头,则迈向了以说明书"重述"权利要求的另一个极端。就通常情况而言,解释的前提(限度)是权利要求中已经明确记载的被解释的技术特征。将权利要求中没有的特征"解释"入权利要求,这种做法已经超出了"解释"的范畴,而是"添加""增加""补入",这必将损害权利要求的公信力,权利要求作为权利藩篱的核心地位将从根本上被撼动,又回到了从前以说明书界定保护范围的具有过多不确定性的环境中去,依赖权利要求提供确定性和可预期性的政策目标也将落空。避免"读入"的规则目的是避免对权利保护范围的不当限缩,在可专利性的判断中避免不应当授权的权利得以维持,在侵权判断中避免应当保护的权利得不到保护。

专利权的边界——权利要求的文义解释与保护范围的政策调整

美国联邦巡回上诉法院在 CCS 案中，❶ 认为至少在四种情况下可以限制权利要求术语的普通含义：

第一，专利权人作为自己的词典编纂者，并且在说明书或者审查档案中明确地进行了争议术语的定义。

第二，内部证据（包括说明书和审查档案）表明专利权人以特定的实施方式为基础来使之区别现有技术、明白无误地排除某含义或者表明特定的实施方式对于发明而言是至关重要的。

第三，当权利要求的术语不明确时，法院将求助于其他的内部证据来确定其含义。

第四，如果权利要求的术语采用功能加手段的限定方式，并使用了"以实现……功能"（Means for）的撰写方式，专利法规定将该术语限定于在实施例中披露的相应结构、材料或者步骤及其等同方式。如果没有使用"以实现……功能"的用语，那么将不被认为是功能加手段的限定方式。在 CCS 一案中，法庭没有将"往复运动的部件"依次解读为功能加手段的技术特征，因为根据词典，"部件"（Member）一词在现有技术中具有众所周知的普通含义。

该法庭认为，只要不符合上述四项例外情形，权利要求中的术语就应当按照普通含义进行解释。按照本书的划分原则，上述前三项均属于权利要求文义解释的规则，而第四项情形则属于保护范围的政策性限缩。

在实践中，中国的法院也逐步形成了类似于美国的"避免以说明书具体实施方式限缩权利要求的保护范围"的规则。最高人民法院在早年的一份判决中，即认为"说明书和附图不能用来限

---

❶ CCS Fitness, Inc. v. Brunswick Corp., 288 F. 3d 1359, 1366 – 67 (Fed. Cir. 2002).

制权利要求书中已经明确无误记载的权利要求的范围。"❶ 2009年《最高人民法院关于审理侵犯专利权纠纷案件应用法律若干问题的解释》第 3 条第 1 款规定了"特别定义解释方法"："说明书对权利要求用语有特别界定的，从其特别界定。"而如果由此不能明确权利要求含义的，"可以结合工具书、教科书等公知文献以及本领域普通技术人员的通常理解进行解释"，❷ 也即按照普通含义解释方法进行解释。与 CCS 案总结的前三项规则相比，我国的司法解释明确了与之相似的第一项规则。

避免保护范围下位化，关键是划清普通含义解释和特别定义解释的界限。普通含义解释和特别定义解释是一对反义词，二者互相排斥。从表面上看，二者的分界线似乎是清楚的，但是在实际操作中，区分二者有很大的难度。虽然基本的规则是，除非说明书中有特别定义，否则说明书中记载的下位特征不应被读入权利要求中，但是，"读入"和"特别定义"的分野不总是那么明确。

在徐永伟诉宁波市华拓太阳能科技有限公司侵犯发明专利权纠纷一案❸中，涉案"太阳能手电筒"发明专利权利要求 1 限定了"一种太阳能手电筒，其包括有手电筒的筒体……的外表面固定有太阳能电池板……太阳能电池板与在外面的、保护太阳能电池板的、透明的罩盖组成可脱卸的部件……该部件能够通过可脱卸的连接结构安装固定在筒体的外表面安

---

❶ 宁波市东方机芯总厂诉江阴金铃五金制品有限公司，最高人民法院（2001）民三提字第 1 号民事判决书。

❷ 《最高人民法院关于审理侵犯专利权纠纷案件应用法律若干问题的解释》第 3 条第 2 款。

❸ 参见：最高人民法院（2011）民提字第 64 号民事判决书。

装孔上。"❶ 说明书实施例记载了涉案专利的发明目的是方便电池板的更换,在更换时,要拧开电筒后端盖,从而实现电池板与透明罩盖的拆卸。被控侵权产品的太阳能电池板与透明罩盖安装固定在筒体的外表面上,并将紧固件与筒体后部里表面进行配合固定,但其手电筒筒体后端盖经过高压冲压后固定在手电筒的筒体上,无法通过人力正常打开。一审法院判定侵权成立。二审法院则认为,本案专利的发明目的在于采用透明的罩盖对太阳能电池板进行保护,并采用可脱卸式的安装结构,方便拆换太阳能电池板。被诉侵权产品筒体后端盖经过高压冲压后固定在手电筒的筒体上,无法通过人力正常打开。因此,被诉侵权产品的筒体后端盖并不具备本案专利的"可脱卸的连接结构"这一必要技术特征,从而也使其太阳能电池板与透明罩盖之间无法进行脱卸和更换,也不具备本案专利的"太阳能电池板与在外面的、保护太阳能电池板的、透明的罩盖组成可脱卸的部件"这一必要技术特征。遂判决撤销一审判决、驳回原告的诉讼请求。❷ 最高人民法院再审认为,实施例只是发明的例示,因为专利法不要求也不可能要求说明书列举实施发明的所有具体方式。因此,运用说明书及附图解释权利要求时,不应当以说明书及附图的例示性描述限制专利权的保护范围。否则,就会不合理地限制专利权的保护范围,有违鼓励发明创造的立法本意。本案专利权利要求书并未记

---

❶ 涉案专利权利要求1为:"一种太阳能手电筒,其包括有手电筒的筒体、灯头、灯座、开关,灯头与筒体进行连接,筒体里内置有充电电池作为电源,同时手电筒上安装有控制电源断通的开关,筒体的外表面固定有太阳能电池板,太阳能电池板的输出与筒体内的充电电池进行并联连接,其特征在于所述的太阳能电池板与在外面的、保护太阳能电池板的、透明的罩盖组成可脱卸的部件,同时,筒体的表面开有配合的安装孔,罩盖的前部有前缘部分,与安装孔的前沿是插接连接,罩盖的后端面上开有小孔,紧固有紧固件,紧固件与筒体的后部里表面进行配合固定,使该部件能够通过可脱卸的连接结构安装固定在筒体的外表面安装孔上。"

❷ 参见:浙江省高级人民法院(2010)浙知终字第11号民事判决书。

第2章 专利权的逻辑边界——以权利要求解释为中心

载电筒"后端盖",仅在说明书的实施例部分及附图部分有所提及,不能将"后端盖"作为界定本案专利权保护范围的依据。同时,专利权利要求1中的"可脱卸"是指电池板与罩盖之间的可脱卸以及罩盖、电池板与筒体之间的可脱卸,而后端盖的开合是指后端盖与筒体之间的可脱卸,两者并非同一含义。专利审查档案进一步印证,后端盖不属于本案专利所述"可脱卸连接结构"的组成构件。因此,专利权利要求中"可脱卸"部件或者连接结构等技术特征与后端盖能否开合无关。被诉侵权产品的后端盖不能通过人力打开,并不意味着其不具有专利权利要求中的"可脱卸"特征。被诉侵权产品具备了专利权利要求1的全部技术特征,落入本案专利权的保护范围。

在本案中,争议焦点一是说明书实施例中记载的太阳能手电筒的后端盖可拆卸的描述内容究竟是属于示例性还是定义性的,争议焦点二是本专利的发明目的究竟如何确定,换言之,是否应当通过"合发明目的解释原则"对权利要求中的"可脱卸"特征进行限缩性解释。对于争议焦点二,二审法院大体上采取了"合发明目的解释原则",其认为专利的发明目的之一是采用可脱卸式的安装结构,方便拆换太阳能电池板。这一目的的实现不仅要求太阳能电池板及罩盖是可脱卸的,而且筒体后端盖也应当是可拆卸的,否则使用者不借助专业工具难以实现太阳能电池板的拆卸、更换。❶ 但这一认定的问题在于权利要求限定了太阳能电池板安装在筒体的外表面上,而透明罩盖位于电池板的外面,按照这一描述,即使不打开筒体后端盖,也可通过技术上的手段实现太阳能电池板和罩盖的脱卸,这与被控侵权产品在不打开后端盖的情况下是否能够实现电池板的方便拆卸无关。由此可见,"合

---

❶ 此外,在审法院对二审法院关于"可脱卸的连接结构"即为筒体后端盖的认定进行了纠正,认为根据权利要求的限定,"可脱卸的连接结构"指的应当是太阳能电池板及其外面的透明的罩盖组成的部件。

目的解释原则"的适用既需要确认"目的"为何,也需要合理确定实现该"目的"的对应技术手段为何,说明书实施例中的下位技术特征不应被读入权利要求中。

总结本章第 2.5.1 节至第 2.5.3 节的内容,"避免将说明书的技术特征读入权利要求的原则"与"语境解释"的区分主要包括两种情况:一是明示性的界定,对应于特定定义解释原则,既包括权利人在说明书中明确使用了"本发明所称……是指""其含义为"之类非常明确的下定义的表达,也包括说明书对自造词的说明描述。二是非明示性的,对应于合发明目的解释原则,如果权利要求的普通含义包括明显不能实现发明目的的技术方案,或者权利要求的语言并不绝对排除说明书在比普通含义更广义的基础上使用特定术语,或者说明书在不同于普通含义的生僻含义的基础上使用特定术语,且上述另辟蹊径的使用方式能够更好地契合发明目的,则一般应当认为权利要求的术语是在说明书的特别含义的意义上进行使用的。如果权利要求中的上位概念在本领域内具有通常的含义,与下位概念之间没有明显的矛盾冲突之处,应当认为权利人进行了上位概括,不应当用实施例中的具体结构去限定权利要求中相应术语的含义;反之,权利要求中的概念与说明书中的对应特征之间存在明显的不一致之处,或者该概念的含义存在模糊之处,在本领域中并不具有通常的确切含义,那么说明书的语境对该概念的含义有着强烈的影响力。

如果不属于上述情形,那么允许适当概括的规则发生作用,应当认为权利人是在宽泛的意义上使用特定的表述,避免用说明书对权利要求进行限定。

当然,在有效性审查中,上述第二种情形在某些情况下,涉案专利会被认为存在权利要求不清楚、得不到说明书支持等缺陷,而存在被宣告无效的风险。因此,申请人应当尽量避免第二种情形的撰写方式,尽可能将隐藏的信息显性化,如果有特别定义需求的话,尽量采用第一种情形,即在说明书中采用明确特别定义方式赋予权利要求用语特别的含义。总而言之,在无效程序中,模糊存在风险,清晰减少争议。不过,以上使用"某些情况"的措辞也表明,采取隐性的表达方式也不总是会带来无效的后果,专利制度应当在某种程度上为避免权利无效提供弹性机制。

2.5.5 为避免权利无效提供弹性

在最为充分、周到地保护专利权人利益的专利制度环境中,鉴于语言文字在界定保护范围方面的局限性,法律不仅应当为权利在民事侵权中的适当扩张提供某种灵活性,而且应当为权利在无效程序中避免无效提供一定的弹性。我国的专利制度通过等同原则的确立和适用,为专利权民事权利的保护提供了适度扩张的弹性,但在避免无效方面,却缺少相关的规则和法律思维。尤其是在"严格分离主义"的语境下,大部分受理侵权案件的法院无法接触无效案件,而受理无效案件的专利复审委员会等国家机关往往缺乏审理侵权案件的经验,两项程序之间相互隔离,缺少经验、规则的融汇和信息的沟通,彼此之间对对方的做法不甚了解,特别容易形成"各搞一套""各自为政"的局面,也缺少培养裁判者体系化思维的实践土壤。在现实中,慢慢形成了这样一种倾向:受理无效案件的行政机关担心,如果在无效程序中将权利范围确定得过于狭窄,而侵权法院在广义上理解权利要求,会使得专利权的保护过度;同样的,受理侵权案件的法院或者行政机关则担心,如果将保护范围界定得过大,无效审查机关如果狭义理解权利要求,也会使得保护力度过大。在上述忧虑的影响下,无效审查机关逐渐形成了"最广义理解权利要求"的传统,而侵权法院则常常从说明书的语境出发"限缩"权利要求的字面

专利权的边界——权利要求的文义解释与保护范围的政策调整

范围。❶ 不难发现，上述做法导致了对专利权人十分不利的后果——维持权利有效性的难度增大，而寻求保护的可能性下降，导致专利权人"两头不得利"。当然，这一问题并非中国所特有，世界各国的专利审查机构均有广义理解权利保护范围的情况，其深层原因在于审查机构的工作目标和自我定位，例如，美国专利商标局的"最广义理解原则"就受到了本国学者的批判。❷ 不过，在权利保护和效力审查统一的法域中，这一矛盾没有实施"严格分离主义"的中国来得尖锐。统一审理不同类型案件的法官在其中起到了很大的作用，这些法官不仅有着可专利性审查的丰富经验，而且谙熟侵权判断的规则。并且更为重要的是，在同一个程序中处理效力问题和侵权判定问题也在制度上保证了保护范围划界结论的统一。如果现今的中国在短时间内还不具备打通两个程序的条件的话，那么至少在制度上应当尽可能保证统一不同程序中的权利划界标准。特别定义解释、普通含义解释、合发明目的解释等解释规则不仅可在侵权程序中作为划界的原则，而且在无效程序中也应当同样适用。针对各国普通存在的效力判断方面的"最广义解释原则"，尤其应当强调在规则和审理思维方面提供避免权利无效的灵活性的重要性。

一个被反复讨论的案例是诚加兴业股份有限公司诉国家知识产权局专利复审委员会、第三人东莞企石东山俊明塑胶五金制品厂专利无效行政纠纷案。❸ 该案涉及"具有宽视野的潜水面罩"

---

❶ 需要注意的是，前文已经强调，这种"限缩"并非真正的限缩，而是与权利要求文字用语的表面含义相比较而言的"限缩"，实则探究的是权利要求内容的真正含义。

❷ DAWN-MARIE BEY, CHRISTOPHER A. COTROPIA, *The Unreasonableness of the Patent Office's "Broadest Reasonable Interpretation" Standard*, 37 AIPLA Q. J., 2009, 285.

❸ 参见：国家知识产权局专利复审委员会第 3817 号无效宣告请求审查决定、北京市第一中级人民法院（2002）一中行初字第 523 号行政判决书、北京市高级人民法院（2003）年高行终字第 38 号行政判决书。

第 2 章　专利权的逻辑边界——以权利要求解释为中心

实用新型专利,案件的一项争议焦点是权利要求中的"镜面"一词应当如何理解。涉案专利说明书记载:本实用新型的目的在于提供一种具有宽视野的潜水面罩,除具有较宽的视野外,具有安全可靠、可大量生产以及成本低等特点。现有技术有以曲面玻璃做成可提供较宽广视野的设计,但因造价昂贵无法推广,究其原因,是因为镜面玻璃必须使用不易破裂或破裂时不产生尖锐、危险状态的"强化玻璃",而强化玻璃大都是平面的,若欲制成非平面状态,不但制作上有困难,而且成本昂贵,不适合大量生产,在批量生产上也不易克服厚度、平整度、透光均匀度等问题。专利说明书附图 1、2、3、4 中清楚地显示所用镜片为平面,❶但是,专利权利要求并未明确限定"镜面"为"平面镜面"。❷

专利复审委员会在无效宣告请求审查决定中认为,与对比文件中的"拱形曲面玻璃"相比,本专利权利要求并未将"镜片"限定为"平面的",而"镜片"这一技术术语本身不能排除"镜片"形状为"曲面"的情况,故不能认为上述"拱形曲面"是本专利相对于对比文件的区别技术特征,因此权利要求相应特征不具备新颖性。

一审法院认为,根据《专利法》第 56 条第 1 款的规定,❸ "在解释专利权利要求时,应以权利要求书记载的技术方案的内容为准,而不是严格以在权利要求书中使用的文字字面意思为准。因此,确定一项专利的保护范围,应当分析说明书及其附图,在全面考虑本专利所属的技术领域、背景技术、技术解决方

---

❶ 附图 5、6 的镜片则无法看清是平面的还是曲面的。

❷ 该专利权利要求 1 为:"一种具有宽视野的潜水面罩,其特征在于,其构成包括一副框、一镜面、一面罩及一主框;副框:其框缘配合镜面的框缘,其夹掣镜面及面罩而与主框结合成一体;镜面:是由正向镜片与两侧的侧向镜片以粘合方式结合而成;面罩:具有与镜面外缘结合框缘,该框缘可置入主框的框槽内;主框:具有与面罩、镜面的外缘,副框的框缘结合的框槽,其与副框可结合成一体。"

❸ 即现行《专利法》第 59 条第 1 款。

案、目的和效果的基础上加以确定。说明书及其附图可以对权利要求书字面所限定的技术方案作出合理的扩大或者缩小的解释。在本案中，通过阅读本专利的说明书及其附图，应当知道：本专利的背景技术中，既有采用平面镜片也有采用曲面镜片的，但要实现本专利的发明目的，克服所述两个背景技术中存在的缺陷，本专利的技术方案必然要采取平面镜片的技术特征。这一点能够从说明书及其附图中得到毫无疑义的解释。因此，通过说明书及其附图的解释，应当认为权利要求书中的技术特征'镜片'仅指平面镜片，曲面镜片所构成的技术方案不在本专利的保护范围内"。"在第3817号无效决定中，专利复审委仅依据本专利权利要求书字面记载的技术特征'镜片'，就认为'镜片'既包括平面镜片也包括曲面镜片，而没有引入说明书及其附图对权利要求进行解释，缺乏法律依据"。

二审法院认为，"在权利要求书中存在理解不明之处时，可以结合从属权利要求的说明书及附图对其作出合理的或澄清的解释，同时也应对说明书及附图中表述和示意内容进行综合分析后判定。本案中，本专利的说明书中阐明'亦有以曲面玻璃做成可提供较宽广视野的设计者'，但由于该设计存在一系列的生产难度和产品缺陷，故而形成本专利的设计：为安全需要，镜面使用强化玻璃，而强化玻璃又大都是平面的，因此，通过黏合方法将镜片结合为一个整体，从而导致了产品整体的形状、构造或其结合产生变化。另外，附图中所示意的正向镜片呈水平状态，亦表明说明书的表述，并可作出镜片为平面的判断结果。综上，通过说明书及附图的文字说明和解释，加之附图示意，本专利的权利要求中所述'镜片'系平面镜片。专利复审委在审查本专利的权利要求时，未将说明书及附图的解释说明部分结合示意图作出综合分析的判定不当。"

本案专利所涉技术虽然简单，但其中存在的法律问题却引发了激烈的争论。反对的意见认为，专利权的保护范围是以权利要求的字面保护为准，本案权利要求中的"镜片"应认为包括"平面镜片"与"曲面镜片"，如果将其保护范围由说明书及其附图的解释缩小为"平面镜片"，实际上是变更了权利要求的保护范围，容易造成对权利要求保护范围的不同解释，进而造成保护范围的不明确。

笔者认为，对本案的讨论可集中在以下几个方面。

第一，我们已经强调，无论《专利法》第59条第1款，还是《欧洲专利公约》第69条第（1）款，均强调保护范围是由权利要求的"内容"，而不是由权利要求的"文字字面"来确定。这一措辞的变化在表面上看似差别细微，但所指的含义却大相径庭。权利要求的"内容"并非权利要求所使用的文字的严格语义含义，而是在一定语境下解读者所理解的实际含义。因而，以权利要求的文字字面范围来确定专利保护范围的做法过于机械，并不可取。

第二，本案法院的观点类似于美国联邦巡回上诉法院在CCS一案中总结的以说明书限制权利要求有关术语普通含义的第二点规则，也即如果说明书明白无误地排除了某种含义（技术方案），那么权利要求的有关术语并不包含该含义（技术方案）。这一规则也可以表述为，专利权的保护范围并不包括说明书所明确排除或者描述的发明创造所要超越的技术方案。在本案中，本领域普通技术人员在阅读了说明书后，能够非常明确地得出涉案发明创造不采用"曲面镜片"这一现有技术的技术信息。

第三，在本案中采取一、二审法院的解读方式，并不会使专利权人攫取不当利益，因为这一在权利效力判断中得出的解释结论，与侵权程序完全一致。假定围绕涉案专利发生侵权纠纷，那么在侵权判定中，同样存在权利的保护范围不得包含发明创造所要克服的落后技术方案的规则，如果被控侵权产品采取了"曲面镜片"的技术方案，那么应当认为其不落入涉案专利的保护范围。因此，无效程序中的上述解释结论与侵权判定是一致的，二者的标准是统一的。

第四，在某种程度上提供避免权利无效的机制是一项重要的政策考量。对于本就无法在民事侵权程序中获得宽范围保护的权利，以字面最宽范围原则进行解释，并使之被宣告无效，对专利的撰写水平提出了过于苛刻的要求。我们不妨将发明和专利申请过程看作为一种投资，避免无效的机制在某种意义避免了"非全赢即全输"（Win All or Lose All）的风险，将鞭策和回报的主要对象对准了发明创新的天才贡献而不是撰写的文字组合能力。尤其是在我国不对实用新型专利申请进行实质审查的情况下，实用新型专利权人丧失了一次重要的接受指导并修正的机会，专利授权后存在瑕疵的可能性更大，对避免权利无效机制的需求更强烈。

第五，提供避免无效的弹性所针对的都是多少存在"问题"的"瑕疵专利"，面向的是一项已经尘埃落定的授权专利，其所涉及的规则针对的只是无效和侵权程序，而对于处于形成期的专利权而言，在实审程序中审查员应尽可能指出权利要求的瑕疵。例如如果本案发生在实质审查阶段，则审查机关应当通知申请人将"曲面镜片"的技术方案予以排除，在权利要求中加入"平面"的限定词，使得根据权利要求的表面陈述即可明确其含义。❶ 因为语境依赖程度越低，越能节约解读者所付出的信息处理成本。正如反对意见所认为的那样，涉案专利最终的撰写方式对于公众的预期并非完全没有损害，除了审慎的解读者需要花费一定的时间精力才能消除困惑以外，对于少数没有仔细阅读说明

---

❶ 不过本案专利为实用新型专利，并不经过实质审查，无从获得审查员的检验，从这个意义上说，长远来看，对实用新型专利申请也应当进行全面的实质审查。

书、走马观花的粗心读者而言，该专利的权利要求至少保持了一种表面上的大范围的威吓。不过，一旦如同本案专利的发明创造获得授权，则不宜再以实质审查所遵循的"最宽字面含义"原则解释该专利的权利要求，法律应当推定所有的解读者均是仔细阅读了专利文献全文的审慎的本领域熟练技术人员。

第六，本案之所以引发如此多的争议，很大程度上是因为多年的"严格分离主义"制度运行给人们带来的思维定势。如前所述，在"严格分离主义"的制度环境下，从事无效审查工作的裁判者更倾向于以权利要求的严格字面含义限定权利的保护范围。直至今日，相同性质的争论在许多案件中仍时有发生。笔者认为，在无效程序中，审查已经获得授权的专利权的思路与在实质审查过程中，审查尚处于完善阶段的专利申请的思路应有所区别，裁判者应当谨防将实审中严格的审查标准套用到无效程序中来。

在无效程序中弹性解释权利要求的做法还可参考四川天一科技股份有限公司诉国家知识产权局专利复审委员会、第三人成都天成碳一化工有限公司专利无效行政纠纷一案。❶ 涉案专利为"用甲醇生产二甲醚的方法"的发明专利，案件的争议焦点在于与对比文件相比，本专利权利要求1限定的反应系统是否省略了甲醇回收塔，这一区别是否使得本专利具备创造性。权利要求1载明："用甲醇生产二甲醚的方法，包括如下步骤：……原料甲醇和从二甲醚精馏塔塔釜采出的以甲醇和水为主要成分的混合液在汽化提馏塔中汽化分离……脱水反应系统的以二甲醚、甲醇和水为主的反应产物从中、下部进入二甲醚精馏塔……二甲醚精馏

---

❶ 参见：国家知识产权局专利复审委员会第14019号无效宣告请求审查决定、北京市第一中级人民法院（2010）一中知行初字第977号行政判决书、北京市高级人民法院（2011）高行终字第109号行政判决书。

塔塔釜中的混合液送入汽化提馏塔进行汽化分离。"❶ 在对比文件（证据3）中，二甲醚精馏塔塔釜排出的混合液首先要进入甲醇回收塔分离和回收甲醇，然后再进入汽化分离塔（相当于本专利的汽化提馏塔），因此权利要求1是否明确排除了甲醇回收塔的使用是认定是否存在相应区别技术特征、进而进行创造性判断的先决条件。专利复审委员会、一、二审法院均认定该区别特征存在。因为专利说明书将对比文件作为本专利的背景技术，且记载："现有方法的特点之一是设有甲醇回收塔"，"本发明采用兼有汽化原料甲醇以及分离回收二甲醚精馏塔塔釜混合液中的甲醇双重功能的汽化提馏塔，不但省去甲醇回收塔及其配套设备的投资，还使回收二甲醚精馏塔塔釜混合液中的甲醇的能耗大幅度降低"。此外，在附图（工艺流程图）中，也没有绘制甲醇回收塔。结合权项语言"原料甲醇和从二甲醚精馏塔塔釜采出的以甲醇和水为主要成分的混合液在汽化提馏塔中汽化分离""二甲醚精馏塔塔釜中的混合液送入汽化提馏塔进行汽化分离"的表述，法院认定本领域技术人员可以确定"该技术方案限定了二甲醚精馏塔与汽化提馏塔的直接连接关系，即限定了二甲醚精馏塔塔釜液不再经过甲醇回收塔的处理，而直接进入汽化提馏塔的技术特征"。

在本案中，仅从权利要求1的字面理解，并不能绝对排除二甲醚精馏塔塔釜中的混合液需要先经甲醇回收塔分离甲醇的技术方案，但是，通过阅读说明书和附图之后，本领域普通技术人员能够清楚地认识到设置甲醇回收塔的技术方案是本专利所要改进

---

❶ 涉案专利权利要求1为："用甲醇生产二甲醚的方法，包括如下步骤：a.甲醇含量为70wt%～99.99wt%，杂质以水为主的原料甲醇和从二甲醚精馏塔塔釜采出的以甲醇和水为主要成分的混合液在汽化提馏塔中汽化分离，从塔顶出来的甲醇蒸汽送入甲醇脱水反应系统，从汽化提馏塔塔釜釜液连续排出系统；b.脱水反应系统的以二甲醚、甲醇和水为主的反应产物从中、下部进入二甲醚精馏塔，从二甲醚精馏塔塔顶或塔上部侧线采出口采出纯度为80wt%～99.99wt%的二甲醚产品，二甲醚精馏塔塔釜中的混合液送入汽化提馏塔进行汽化分离。"

的现有技术,这强烈地表明本发明的技术方案是省略了甲醇回收塔的。本案权利要求1实际上是排除式的权利要求——在是否具备甲醇回收塔的问题上,是封闭式的、排除包含该设备的技术方案的,而在其他未在权利要求中载明的设备方面,是开放式的,也即无论是否设置这些设备,相应技术方案均属于权利要求的保护范围。从撰写的角度而言,排除式的权利要求是有一定难度的。从更为严格的标准来看,本专利权利要求1似应当撰写为"二甲醚精馏塔塔釜中的混合液不经过甲醇回收塔即送入汽化提馏塔进行汽化分离",但加上"不经过甲醇回收塔即"是比较啰嗦的表述,在说明书已经明确排除了包含甲醇回收塔的技术方案的情况下,如同本专利的撰写方式在实践中应当也是准许的。

但是,提供避免无效的弹性是有限度的,限缩性解释技术术语的范围以使得权利要求避免被无效这一做法存在内在的客观界限。考虑这一界限的根本出发点当是公众的信息处理成本和确定预期。无论是"避免将说明书的特征不当读入权利要求",还是普通含义解释与特别含义解释方法的分野,都是这一限度的具体体现。

在精工爱普生株式会社诉国家知识产权局专利复审委员会、第三人郑亚俐等三主体专利无效行政纠纷一案[1]中,涉案专利是名称为"墨盒"的发明专利,是99800780.3号发明专利申请的分案申请,而99800780.3号发明专利申请是进入中国国家阶段的国际申请(PCT/JP99/02579)。涉案专利权利要求1使用了

---

[1] 参见:国家知识产权局专利复审委员会第11291号无效宣告请求审查决定、北京市第一中级人民法院(2008)一中行初字第1030号行政判决书、北京市高级人民法院(2009)高行终字第327号行政判决书、最高人民法院(2010)知行字第53号行政裁定书。

"存储装置"的术语，❶但其原始申请文件——99800780.3号发明专利申请公开文本的权利要求和说明书中并未出现独立使用的"存储装置"的用语，而是使用了"半导体存储装置"或者指代"半导体存储装置"的"所述外部存储装置"的概念。

专利复审委员会认为，"半导体存储装置"是"存储装置"的一种，本专利原说明书和权利要求书中针对的是半导体存储装置，不涉及其他类型的存储装置，也不能直接且毫无疑义地得出墨盒装有其他类型的存储装置，本领域技术人员并不能从原说明书和权利要求书记载的"半导体存储装置"直接且毫无疑义地确定出"存储装置"，因此本专利权利要求的修改不符合《专利法》第33条的规定，应被宣告无效。

一审法院认为，申请人将"半导体存储装置"修改为"存储装置"，将保护范围扩大到所有类型的存储装置，超出了原始申请文件的范围，遂判决维持被诉决定。

二审法院对"半导体存储装置"的含义进行了解释，其认为，本专利原说明书已经载明本专利所解决的技术问题在于"打印设备必需带到厂家，并且记录控制数据的存储装置必须更换"，而且背景技术也记载了"其中在一个墨盒上设置了半导体存储装置和连接到存储装置的一个电极"。此外，原说明书其他部分均使用"半导体存储装置"。本领域技术人员通过阅读原权利要求书及说明书是可以毫无疑义地确定本专利申请人在说明书中是在"半导体存储装置"意义上使用"存储装置"的。另外，无论是

---

❶ 涉案专利权利要求1为："一种装于喷墨打印设备的托架上的墨盒，用于通过一供墨针向喷墨打印设备的打印头供应墨水，该墨盒包括：多个外壁；一供墨口，用于接纳所述供墨针，形成为多个壁的第一个上；一存储装置，由所述墨盒支承，存储关于墨水的信息；一电路板，安装在与所述多个壁中的第一壁交叉的所述第二壁上，所述电路板位于所述供墨口的中线上；和多个接触点，形成在所述电路板的外露表面上，用于将所述存储装置连接到喷墨打印设备，所述触点形成多个列。"

第 2 章 专利权的逻辑边界——以权利要求解释为中心

修改前还是修改后的技术方案,"存储装置"实际上是在"半导体存储装置"的意义上使用,并未形成新的技术方案,本领域技术人员也不会将其理解为新的技术方案。本专利权利人在实质审查阶段答复通知书的意见陈述书中对"存储装置"作出明确限定,即对于"存储装置",意见陈述书记载"申请人解释,'存储装置'是指图 7(b)所示的'半导体存储装置 61'",且原说明书第 1 页倒数第 2 段记载"其中在一个墨盒上设置了半导体存储装置和连接到存储装置的一个电板",表明"存储装置"为"半导体存储装置"的简称。"存储装置"虽然有其普遍的含义,不仅包括半导体存储装置,还包括磁泡存储装置、铁电存储装置等多种不同类型,但在本专利所属特定的打印机墨盒领域,在背景技术中已经明确其所指的为"半导体存储装置"的前提下,本领域技术人员不会将其理解为作为上位概念的"存储装置"。遂判决撤销一审判决和被诉行政决定。

最高人民法院在再审程序中虽然在结果上维持了二审判决,但对二审判决中对有关"存储装置"的解释结论进行了纠正,其对原申请文件和申请人意见陈述中出现的"半导体存储装置"或"存储装置"的实际含义进行了逐一分析:第一,关于原始公开说明书中第一处和第三处"存储装置"用语的字面含义。原申请权利要求 2 中的"所述外部存储装置"是权利要求 1 中提及的"所述半导体存储装置"的代称。而原说明书"其中在一个墨盒上设置了半导体存储装置和连接到存储装置的一个电极"这一中文译文不确切,对照进入中国国家阶段的国际申请,应当翻译为"其中在一个墨盒上设置了半导体存储装置和连接到它的一个电极"。因此,此处所谓的"存储装置"一词实际上系误译所致,在本专利的原国际申请文件中并不存在。第二,关于原始公开说明书中第二处"存储装置"用语的字面含义。所属领域普通技术人员对于"存储装置"是半导体存储器等的上位概念是清楚、明确的。此处的"存储装置"用语应该理解为作为通常含义的泛指而非特指半导体存储装置。第三，申请人在意见陈述书中对"存储装置"的解释应理解为包含半导体存储装置的上位概念而不是特指性的半导体存储装置。综上，原始公开说明书所提及的第一处"存储装置"是"所述半导体存储装置"的代称，第二处"存储装置"是包含半导体存储装置的上位概念，第三处"存储装置"实际上系误译所致，申请人在意见陈述书中对"存储装置"的解释并非特指半导体存储装置。二审判决认定本专利原始公开说明书是在"半导体存储装置"意义上使用"存储装置"，"存储装置"为"半导体存储装置"的简称，认定事实不妥。对所属领域普通技术人员而言，通过综合该原始专利申请公开说明书、权利要求书和附图，很容易联想到可以用其他存储装置替换半导体存储装置，并推导出该技术方案同样可以应用于使用非半导体存储装置的墨盒。本案专利权人在提出分案申请时主动将原权利要求书中的"半导体存储装置"修改为"存储装置"，修改后，新的独立权利要求 1 和 40 与所属领域普通技术人员综合该原始专利申请公开说明书、权利要求书和附图的记载能够直接、明确推导出的内容相比，并未引入新的技术内容，符合《专利法》第 33 条的规定。遂裁定驳回再审申请。

在本案中，二审法院的解释方法更接近于特别含义解释方法，而再审法院的解释方法更接近于普通解释方法。前者通过说明书的"解释"，将通常为上位概念的"存储装置"理解为原始说明书中多次出现的下位概念"半导体存储装置"，认为无论是修改前还是修改后的技术方案，"存储装置"实际上是在"半导体存储装置"的意义上的使用，也即将修改后的"存储装置"的含义等同于修改前的"半导体存储装置"，并据此认定涉案权利要求的修改未超出原始申请文件记载内容的范围。然而，回顾关于特别定义解释与普通含义解释的界限的分析，一般只有在说明书进行了特别定义或者说明书对自造术语进行了描述的情况下，才应当认为说明书对权利要求的有关术语进行了特别意义上的含义限定。而本案中，"存储装置"一词在所属领域中具有通常含义，并非权利人自行创设的词汇，说明书中也未对其含义进行明确定义或者限定，并且通过再审法院的细致分析可知，本领域普通技术人员也难以在全面阅读原始说明书的基础上认定涉案专利的"存储装置"系在"半导体存储装置"的范围内所进行的狭义定义，因而"存储装置"与"半导体存储装置"的各自含义仍然是所属领域的通常含义，二者是上位概念与下位概念的关系，也就是说，从本领域普通技术人员的理解入手，难以预期"存储装置"与"半导体存储装置"具有相同的含义。

深入分析本案，事实上，无论是二审法院，还是再审法院，在判决中都隐含了这样一种政策倾向，即希望通过某种途径（政策工具）为避免权利的无效提供一定程度的关怀。不过，二者的途径有所不同。二审法院通过"解释权利要求"来解决"实质公平"的问题，而再审法院则透露出这样一种思想——"权利要求的解释"不应成为弹性过大的政策工具，与其牺牲"解释"的确定性，不如寻求其他路径解决"实质公平"的问题，如本案中，对"修改超范围"的标准或者尺度进行修正。总而言之，避免无效的解释弹性并非是无限的，其存在客观的限度。

如前文所述，实质审查过程中申请人的意见陈述对权利要求的有关语言和术语也具有解释作用，然而，意见陈述的解释作用往往比说明书小。即使在答复审查员的过程中，申请人明确表达了限制权利要求的意思表示，但如果没有对权利要求进行修改，或者写入说明书中（但修改说明书是受限制的），则不被认定为对权利要求的字面含义具有"解释"（限定）作用。

在清华大学诉专利复审委员会、第三人浙江安博特环保科技

专利权的边界——权利要求的文义解释与保护范围的政策调整

有限公司专利无效行政纠纷一案❶中,清华大学拥有"一种由纤维丝束和丝束节构成的过滤材料"的发明专利权,权利要求1没有限定纤维丝束的形状,❷ 说明书也未明确记载纤维丝束的形状。在实质审查的过程中,审查员曾经认为相对于对比文件,权利要求1不具备新颖性。对比文件系一份在先的实用新型专利申请说明书,其公告文本说明书载明:"本实用新型的任务是以如下的方式完成的:将所需的滤料球的直径d为间距,理齐的一束纤维(1)用细线或者细丝(2),紧紧地拦腰捆扎住,然后从相邻两个捆扎处的中央剪断,整理后得到的大致呈球形的绒团。"专利申请人就此提交意见陈述称:"本申请的特征在于该过滤材料由纤维丝束和丝束节组成,纤维丝束固定在丝束节中,权利要求1以纤维丝束描述滤料状态,亦即本申请中滤料上的纤维呈束状而不是球状。"但是,申请人没有修改其权利要求,也即其向审查员发出的"本申请中滤料上的纤维呈束状而不是球状"的书面陈述特征没有记载在权利要求中,尽管如此,审查员还是接受了申请人的意见陈述,并予以授权。不过,在无效程序中,专利复审委员会认为本专利权利要求1相对于对于上述对比文件的内容不具备新颖性和创造性,宣告涉案专利权无效。

一审法院认为,首先,"权利要求1中并未明确限定过滤材料的形状。权利要求中'纤维丝束'应为构成元件而非对过滤材料形状的限制,且'纤维丝束在丝束节两边长度相等或不等'是对纤维丝束与丝束节构成关系的限定,并未必然地隐含出过滤材料的形状。"其次,"权利要求1的限定中并未排除过滤材料的形

---

❶ 参见:国家知识产权局专利复审委员会第14166号无效宣告请求审查决定、北京市第一中级人民法院(2010)一中知行初字第849号行政判决书、北京市高级人民法院(2011)高行终字第307号行政判决书。

❷ 涉案权利要求1为:"一种由纤维丝束和丝束节构成的过滤材料,其特征在于所述的纤维丝束固定在丝束节中,纤维丝束在丝束节两边的长度相等或不等。"

状为'球形'。虽然，原告主观也许并不想让权利要求1囊括'球形'的技术方案，但考虑权利要求的保护范围时应当以其客观范围而非原告的主观范围为准。"再次，"原告还主张根据禁止反悔原则，实质审查过程中的意见陈述应当理解为对权利要求的保护范围的限定"，但根据《最高人民法院关于审理侵犯专利权纠纷案件应用法律若干问题的解释》第6条的规定，❶ "禁止反悔原则的适用为专利申请人、专利权人在专利授权或者无效宣告程序中'通过对权利要求、说明书的修改或者意见陈述而放弃的技术方案'。对于本专利而言，在专利授权程序中，原告（即专利申请人）既未对权利要求、说明书的修改，也未通过意见陈述而明确放弃'过滤材料为球状'的技术方案，原告的意见陈述仅为对权利要求与附件4的区别的论述而非对'球形'方案的放弃。因此本专利权利要求1的保护范围的确定不适用禁止反悔原则。"最后，"本专利权利要求书和说明书及其附图的记载内容并不能确定或解释权利要求1所述的'丝束节'具有原告所述的含义和作用。"综上，一审法院维持了被诉行政决定。

专利权人上诉认为，专利复审委员会和原审法院忽略了其在审查程序中客观解释的真实意图。二审法院认为，"本专利的权利要求书、说明书及附图均未明确将过滤材料限定为束状，本领域技术人员在阅读本专利权利要求及说明书后也难以认识到本专利的过滤材料为束状。虽然清华大学在本专利的授权过程中明确称'本申请中滤料上的纤维呈束状而不是球状'，但其并未将该特征明确记入权利要求书中。由于本专利的权利要求1既没有对'纤维丝束'及'丝束节'的形状进行明确限定，也没有明确记载'由纤维丝束和丝束节构成的过滤材料'的形状，尤其没有明

---

❶ 该条规定："专利申请人、专利权人在专利授权或者无效宣告程序中，通过对权利要求、说明书的修改或者意见陈述而放弃的技术方案，权利人在侵犯专利权纠纷案件中又将其纳入专利权保护范围的，人民法院不予支持。"

确限定其形状为排除'球状'的'束状',同样也没有明确记载'纤维丝束'是如何固定在'丝束节'中的。"因此上诉人的上诉理由不能成立。

对于本案有若干值得进一步深入探讨的地方。

第一,将本案与前述诚加兴业专利无效行政纠纷案相比,表面上看,"平面镜片"的限定特征被"读入"权利要求,而"束状纤维束"的限定特征未被"读入"权利要求,似乎二者存在矛盾,但深究其原因,却是由于不同的案件事实使然。在诚加兴业案中,"平面镜片"的特征不仅在说明书中予以了披露,而且说明书明确排除了"曲面镜片"的技术特征,因此在考虑了具体的语境之后,权利要求的保护范围并不包括含有"曲面镜片"的技术方案。而在清华大学案中,专利说明书不仅对"束状纤维束"未予特别强调,甚至没有提到"球状纤维束",更没有排除包含"球状纤维束"的技术方案。虽然在此案中,二审法院强调,如果希望某特征对权利要求意图保护的技术方案产生限定作用,应当将该特征写入权利要求中,但是,该案申请人并非主观上不愿意修改权利要求,进一步限定保护范围从而使权利要求维持有效,而是客观上无法这样做,因为这种修改很可能违反《专利法》第33条"修改不得超出原说明书和权利要求书记载的范围"的规定,❶从而被拒绝授权或者被宣告权利无效,专利申请人只能尝试在答复审查意见通知书中予以限定,争取符合"澄清性说明"的条件从而被审查员接受。实际上,本案原始申请文本从一开始即存在"硬伤",因为其不仅在原权利要求中,而且在原说明书中都没有记载相应的区别技术特征。以举轻以明重的法律解释方法我们不难推断,如果连权利要求、说明书的修改都不允许

---

❶ 《专利法》第33条规定:"申请人可以对其专利申请文件进行修改,但是,对发明和实用新型专利申请文件的修改不得超出原说明书和权利要求书记载的范围……"

第2章 专利权的逻辑边界——以权利要求解释为中心

超出原申请文件记载的范围的话,那么申请人答复审查意见通知书的意见陈述更不可超出原申请文件记载的范围。如果申请人的意见陈述可以超出原始申请文件中记载的内容、对权利范围起到限缩或者扩张作用的话,那么《专利法》第33条的立法目的将落空,因为申请人可以通过意见陈述的方式改变公开的范围,而规避修改不得超过原有记载范围的义务。由此可见,诚加兴业案与清华大学案裁判结果存在区别的表面原因是审查档案的解释作用不如说明书大,而背后真正的原因是"修改不得超出原申请文件"的制度限制,该问题的实质是申请人以及授权后的权利人修改权利要求或者说明书的自由度大小。在实质审查过程中,记载在说明书中的内容基本不会发生变化,而意见陈述的内容则很可能是原申请文件中未记载的新内容。"修改不得超范围"的要求越严格,审查档案的解释作用也越低,这是不同制度之间体系效应的作用使然。在授权后修改方式受严格限制的国家(如中国),对于发明人在发明过程中未检索到的现有技术对比文件,是否允许根据新的检索文件在权利要求中写入新的区别技术特征,采取的是相当严厉的态度。如果这一制度坚持下去,那么既然连权利要求都不允许引入新的特征限缩保护范围,那么在审查过程中的陈述就更不能起限缩作用了。

第二,虽然前文已经强调,在无效程序和侵权程序中,专利权的划界结论在理想状态下应当一致,然而,在"严格分离主义"制度仍然存续的环境下,为了减少这一制度的社会总成本,基于特定的政策考量,在有充分正当且合理的理由的极端情况下,可以允许划界结论在两个程序中不一致。本案即属于此种典型情况。假定涉案专利授权之后,权利人向他人发动了侵权指控,而被控技术方案与涉案专利的区别恰好只在于其采用的是球状的纤维束,那么涉案专利的权利要求1是否仍然如同在本案无效程序中那样,被界定为同时包括含有球状、束状纤维束的技术

专利权的边界——权利要求的文义解释与保护范围的政策调整

方案？答案很可能是否定的。在侵权诉讼中，本案权利人在实质审查过程中的意见陈述一般会引发《最高人民法院关于审理侵犯专利权纠纷案件应用法律若干问题的解释》第6条规定的"禁止反悔原则"的适用，由于权利人在审查过程中强调了"束状"纤维丝束这一特征的重要性，并且由此获得了有别于现有技术的区分性，审查员也基于此作出了专利授权决定，因而该意见陈述对日后侵权程序中保护范围的确定具有限定作用，发生禁止反悔的效力，权利人不得再对含有"球状"纤维丝束的技术方案主张权利。❶ 由此我们发现，在无效程序中，涉案专利的保护范围"大"——既包括含有"球状"纤维丝束，也包括含有"束状"纤维丝束的技术方案，而在侵权程序中，涉案专利的保护范围"小"——仅包括含有"束状"纤维丝束的技术方案，二者并不完全一致。但是，如果我们废除了"严格分离主义"的制度，侵权判定和有效性判断可以在同一个程序中进行的话，那么权利要求的解释结论可以统一在与无效程序相一致的基础之上，也即应当将涉案专利的保护范围解释为同时包括含有"球状"和"束状"纤维丝束，因为按照前文的分析，排除"球状"纤维丝束特征的技术方案并未被记载在原申请文件中，即使专利申请人在意见陈述中对此予以特别强调，也不能作为解释的依据。如此一来，在侵权诉讼中，顺理成章的处理结果是虽然被控侵权技术方案（含有"球状"纤维丝束技术特征）落入了涉案专利的保护范围，但被告提出的专利权无效抗辩成立，原告的诉讼请求被法院驳回。❷ 而在现行的"严格分离主义"的制度条件下，被告无权

---

❶ 有关禁止反悔原则的进一步探讨详见第3章第3.3节的有关内容。

❷ 当然，这是虚构的例子，其与真实案例可能存在的出入是，由于含有"球状"纤维丝束的技术方案是在先对比文件公开的内容，因而被控侵权人也可以选择提出现有技术抗辩，从而不进行专利权效力抗辩。为了论证的方便，在此有意识地排除被控侵权人提出现有技术抗辩的情况。

第 2 章 专利权的逻辑边界——以权利要求解释为中心

在侵权诉讼中提出权利效力抗辩，如果仍然在"大"保护范围的意义上理解涉案权利要求，那么侵权法院不得不作出落入保护范围的判决，但这一结论既不合理——权利人之所以获得授权正是因为其作出了自我限缩的陈述，也不经济——涉案专利权理应也很有可能在将来的某个时间点被宣告无效，侵权判决很有可能在将来被再审新证据推翻。由此我们不难发现，在目前的制度环境下，在无效程序中和侵权程序中对解释的方法和结论作出区别对待，其根本原因是为了节约社会资源，尽快地、公平地稳定社会关系和秩序，使不应得到保护的权利尽快地退出市场和技术的舞台。这是一种实用主义的哲学思维方式，是为了减少"严格分离主义"的制度创伤而不得已为之的法律规则，虽然这种做法难以在法律逻辑上获得自我圆满，但是不失为一种最有利于社会福利的功利主义的对策。笔者在此再次强调，就本书的观点而言，从长远来看，我国迟早应当逐步缓和直至取消"严格分离主义"制度。

第三，从本案中也可以隐约窥见实质审查与无效审查之间的复杂关系。无效程序设置的目的是弥补实质审查的局限，补充检索和审查实质审查程序遗漏的理由和证据，纠正实质审查过程中出现的错误。实质审查与无效审查在权利人信赖利益保护与错误纠正之间存在内在的冲突，需要综合权利人利益和公众利益进行平衡。在第 2 章第 2.2 节讨论的曾关生案中，最高人民法院认为以"1 两＝30 克"的换算标准所进行的有关修改并未超出原申请文件内容的一个重要理由是，修改的起因是应审查员的要求，而涉案修改方式在实质审查程序中最终也获得了审查员的认可。这一理由隐含了这样一层含义，如果实质审查的审查员没有进一步指出申请人应要求修改的瑕疵，而是接受了修改结果并予以授权，那么权利人基于此将产生信赖，应当受到某种程度的保护。保护信赖利益的方式可以体现为对于上述瑕疵提供避免无效的一定的灵活性，不应再以实质审查中所特有的严厉眼光审视权利的有效性问题。不过，与前面的本节讨论的主题相一致的是，这一灵活性存在限度。如在本案中，涉案专利"先天不足"，发明创造中没有给出足够的区别现有技术从而获得进步特性的技术信息，通过申请人后补的意见陈述，并不能追溯弥补申请日时的缺陷，此时，即便审查员宽容地接受了事后的补救，但这一授权行为本身是错误的，并不因其使得权利人获得了某种信赖利益而当然地免除无效程序的审查洗礼。

2.5.6 "影子技术特征"的解释

专利权利要求只需写明技术方案的"骨架"特征，"血肉"特征则可由作为本领域普通技术人员的解读者自行添附，此即为"骨架原理"。❶ 这些"血肉"特征并非可有可无的特征，相反，它们是完整的发明创造所不可或缺的必要特征。它们是如此普通寻常，以至于只要提起某一产品、技术方案或者技术特征，人们都会联想到与之相关的"血肉"特征的存在，因而出于节约撰写成本的考虑，法律不要求申请人事无巨细地将所有的琐碎特征都写入权利要求中。简单地说，权利要求就是拣具有可选择性的、特别的、关键的特征写，而不必记载那些如同螺钉、螺帽之类的司空见惯、必不可少、普通到任何技术人员都知道的特征。

"血肉"特征虽然是发明创造必不可少的技术特征，但与《专利法实施细则》第 20 条第 2 款❷所规定的"必要技术特征"含义有所不同。《专利法实施细则》所指的"必要技术特征"，是指那些使发明创造所要解决的技术问题必不可少的技术特征，而不是指那些产业化实施发明创造所应包含的必不可少的技术特征。

---

❶ 详见第 1 章第 1.1.4 节的讨论。

❷ 该款规定："独立权利要求应当从整体上反映发明或者实用新型的技术方案，记载解决技术问题的必要技术特征。"

"骨架原理"的一项重要法律后果是"影子技术特征"的存在。影子技术特征,也称为"隐含技术特征""幽灵技术特征",有广义和狭义之分。广义的"影子技术特征"是指未被记载在权利要求中,但本领域普通技术人员或者通过阅读说明书、附图,或者结合现有技术的内容能够确定存在的技术特征。而狭义的"影子技术特征"指未被记载在权利要求中,通过阅读说明书和附图也不能确定,但本领域普通技术人员公知发明创造应当具备的技术特征。广义的"影子技术特征"既包括狭义的"影子技术特征",也包括特别定义解释、合发明目的解释方法所得到的限定性特征,如前述诚加兴业案所确定的镜片为"平面"的特征,属于广义的"隐含特征",但不属于狭义的"隐含特征"。狭义的"影子技术特征"相当于"骨架原理"中的"血肉"特征。权利要求缺少狭义的"影子技术特征",并不导致其"缺少必要特征"而被宣告无效。下文对"影子特征"的分析均采用狭义的概念。

顾名思义,"影子特征"最大的特点就是其隐蔽性。由于技术特征的多、少直接影响着保护范围的大小,因而"影子特征"的有、无,也直接关系着权利边界的伸、缩。无论在侵权判定中,还是在权利有效性审查的过程中,"影子技术特征"的确认和解释都是一个重要的问题。

在深圳市中自汉王科技有限公司诉专利复审委员会、第三人深圳矽感科技有限公司专利无效行政纠纷一案[1]中。涉案专利为"名片型扫描器"的实用新型专利。与作为证据1的在先专利相比,证据1没有公开本专利权利要求1中的"一枢设于该支承架并与该光学扫描元件呈平行且具有一间隔距离的滚杆"的技术特

---

[1] 参见:国家知识产权局专利复审委员会第5701号无效宣告请求审查决定、北京市第一中级人民法院(2004)一中行初字第376号行政判决书、北京市高级人民法院(2005)高行终字第20号行政判决书。

征。专利说明书中载明:"滚杆两端各套设有一枢接套,可相对置于第一支承件与第二支承件上所设的枢接孔,使得滚杆恰可与光学扫描元件用以接触名片的扫描表面呈平行且具有一定间隔距离。第一、二支承件上的枢接孔大于滚杆两端的枢接套的外径,使得滚杆可于第一、第二支承件间的上、下方向做有限距离的活动。"(如图 2.5 所示,滚杆为 23,光学扫描元件为 22)但涉案专利并没有将上述"第一、二支承件上的枢接孔大于滚杆两端的枢接套的外径,使得滚杆可于第一、第二支承件间的上、下方向做有限距离的活动"的特征载入权利要求 1,权利要求 1 仅将有关滚杆的特征描述为"一枢设于该支承架并与该光学扫描元件平行且具有一间隔距离的滚杆"。❶ 专利复审委员会在创造性评判中认为:"上述区别技术特征能够解决现有技术中滚杆与光学扫描元件因没有间隔距离而导致的当名片放入扫描仪时会引起滚杆或光学扫描元件的较大位移,从而对扫描精度和稳定性等质量指标产生影响的缺陷。证据 1 为了解决减小浮动幅度的问题,设置了复杂的'单边浮动'结构,本专利与之相比采用滚杆与光学扫描元件平行且具有一间隔距离的更为简单的结构解决了同样的技术问题。"因此权利要求 1 具备创造性。

一审法院认为:"从本专利与证据 1 的区别技术特征仅可看出滚杆与光学扫描元件之间有间隔距离而不能得到滚杆与光学扫描元件之间的距离是可变的结论,而'枢设'作为本领域常用技

---

❶ 涉案专利权利要求 1 为:"一种名片型扫描器,将名片的资料转换为电子讯号而输出至一资料处理装置,其特征在于一容置空间的壳体,该壳体设有一名片入口及名片出口,名片入口与名片出口皆与该容置空间相通;一驱动、扫描装置,包括一固定于该容置空间内的支承架、一定位于该支承架的光学扫描元件、一枢设于该支承架并与该光学扫描元件平行且具有一间隔距离的滚杆、一设于该支承架的驱动马达,以及一设于该支承架上用以连接驱动马达及该滚杆的减速齿轮组;及一电性连接光学扫描元件及驱动马达的电路板,由该电路板可提供驱动马达的电源,并控制光学扫描元件资料的传输。"

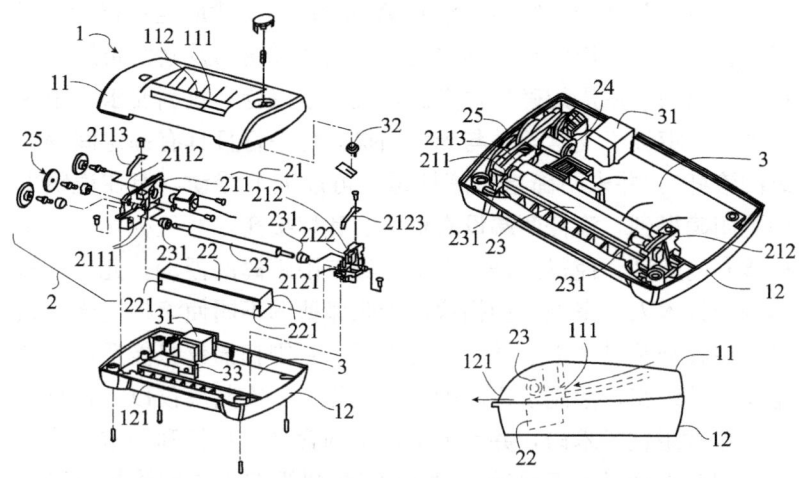

图 2.5　"名片型扫描器"实用新型专利说明书附图

术术语,其本身不具有上下浮动的含义,被告在庭审过程中所持的权利要求 1 中的滚杆可浮动的观点仅在说明书中记载,在权利要求 1 中并未记载,在评价创造性时不应予以考虑。由于权利要求 1 中的滚杆或光学扫描元件的不可移动性,故被告关于权利要求 1 的整体技术方案能够解决'较大位移'、提高精度和稳定性的认定有误,被告应当在重新审查的基础上作出决定。"

被告及第三人(权利人)不服一审判决提起上诉,二者的上诉理由并不相同。专利复审委员会上诉的主要理由为:对于扫描器设计领域的技术人员来说,扫描仪因纸张厚薄的不同使滚杆或光学扫描元件移动是设计中必然考虑的因素,滚杆或光学扫描元件上下浮动不必然必须记载在权利要求 1 中。权利人则认为:滚杆或光学扫描元件上下浮动虽未记载在权利要求 1 中,但对权利要求 1 理解不清晰或有歧义时,可通过阅读说明书和附图来理解,说明书和附图对此有详细描述。

专利权的边界——权利要求的文义解释与保护范围的政策调整

二审法院认为:"《专利法》第56条第1款❶应当理解为,当权利要求书中的用语含义不清时,应当用说明书及附图帮助理解权利要求书中用语的确切含义。本案中争议专利权利要求1中仅提到'一枢设于支承架并与光学扫描元件平行且具有一定间隔距离的滚杆',并未明确指出滚杆是否可以上下浮动,但在说明书中则明确提到,滚杆两端设有枢接套和枢接孔,并且枢接孔大于枢接套的外径,使得滚杆可以上下做有限距离的浮动。此外,对本领域技术人员来说,扫描仪因纸张厚薄的不同使滚杆或光学扫描元件移动是设计中必然考虑的因素,否则扫描仪只能适用于特定厚度的纸张,限制了产品的适用范围。一审判决仅以'枢设是本领域常用技术术语,并无上下浮动的含义,且权利要求1中未明确记载滚杆可上下浮动',即认定权利要求1中的滚杆不可上下浮动,并进而据此否定本案争议专利的创造性,有悖于事实和法律,对于矽感公司来说也有失公平,本院应予纠正。实际上,正是由于'一枢设于支承架并与光学扫描元件平行且具有一间距离的滚杆'这一区别技术特征具有非显而易见性,并且客观上带来了优于现有技术的效果,使得本案争议专利相对于证据1具有创造性。"综上,二审法院判决撤销一审判决,维持被诉行政决定。

在本案中,涉案专利权利要求1并未明确记载在说明书中公开的"滚杆可上下浮动"的特征是各方均无争议的事实,争议的实质焦点有三个,一是说明书及附图中公开的特征可以在多大程度上"读入"权利要求的含义中;二是"滚杆可上下浮动"是否属于"影子特征";三是如果不考虑"滚杆上下浮动",是否能够达到专利复审委员会在被诉决定中认定的技术效果。

第一,对于第一个争议问题,一审法院认为不应以权利要求

---

❶ 即现行《专利法》第59条第1款。

第2章 专利权的逻辑边界——以权利要求解释为中心

中没有记载、仅在说明书中记载的技术特征限定权利要求的保护范围;专利复审委员会在上诉理由中并不否认这一原则,而是借鉴了"隐含公开"的思想,认为存在"隐含限定",即本领域技术人员必然会采取上下浮动的技术手段;而二审法院同时采信了两项理由:既认可了权利人的主张,认为权利要求中的用语含义不清楚时,应当用说明书及附图来确定该用语的确切含义,故本案可以说明书的记载限定保护范围,也采信了专利复审委员会"隐含限定"的主张。❶ 由二审判决"对于深圳矽感公司来说也有失公平"一语不难看出法院在相当大的程度上体现了为避免权利无效提供弹性的审判思维。

就笔者的观点而言,避免权利要求保护范围的下位化、避免将未记载在权利要求、仅记载在说明书和附图的技术特征读入权利要求是一项应当坚持的基本原则。只有在例外的情形下,才可由说明书对权利要求的保护范围作出特别限定。而本案权利要求所采用的语言文字非常清楚地表明了其并不限定滚杆是否可以上下浮动,从文字本身来说含义是清楚的,没有限定本身并不构成含义模糊,按照通常的逻辑解释,其含义应当被理解为同时覆盖了"滚杆可上下浮动的技术方案"和"滚杆不可上下浮动的技术方案",因而尚不存在应当以说明书记载的内容"限定"权利要求含义的情形。试想,假定在民事侵权案件中,被控侵权技术方案所有对应特征均与本专利相同,同时滚杆枢接套与枢接孔之间几乎没有间隙、滚杆无法上下浮动,那么被控技术方案是否落入本专利权利要求1的字面范围之内?答案应当是肯定的。本案与诚加兴业案的不同之处在于,在诚加兴业案中,采用含有"球面"或者"曲面"镜片的技术方案是专利说明书中明确披露的所

---

❶ 当然,在本案中,无论是专利复审委员会,还是法院,都没有明确提出"隐含限定"或者"影子技术特征"的概念。

专利权的边界——权利要求的文义解释与保护范围的政策调整

要克服的技术方案,而本案中,"滚杆不可上下浮动"的技术特征并没有为说明书的明确用语所排除,说明书也没有强调"滚杆浮动"的好处(隐含排除不可浮动的方案),更没有通过下定义的方式将权利要求中的"滚杆"特指为"可上下浮动的滚杆",因而依照徐永伟案、❶ 精工爱普生案❷等适用的普通含义解释规则,不应当将"滚杆"的含义限缩为"可浮动的滚杆"。不过,应当指出的是,一审法院的解释结论存在不够严谨之处,其认为权利要求1中的滚杆或光学扫描元件存在"不可移动性",该结论被二审法院作为事实认定错误予以纠正。实际上,涉案权利要求1并未明确限定滚杆是否可以移动,其含义应当为既包含可移动的技术方案,也包含不可移动的技术方案,也即权利要求1在滚杆是否可移动的问题上包含了两项并列的技术方案,这是所有案件解释中均值得注意的问题。

第二,关于第二个争议问题。本案的关键是是否存在"影子特征"的问题。"影子特征"与"骨架理论"息息相关,其适用应当有严格的限定——只有在本领域技术人员公知在该技术领域中某一特征是普遍使用的必要特征、不使用该特征将导致技术方案的不可实施或者重大缺陷,以至于本领域技术人员都不愿意使用缺少该特征的技术方案时,才可适用。这其中存在两个方面的"公知",一是有关技术特征的内容是公知常识,二是在有关技术方案中必然具备该技术特征也是公知常识。典型的如螺栓等连接部件——虽然专利权利要求中没有限定,但本领域技术人员都知道,在没有这些连接部件的情况下,技术方案不可实施。"隐含特征"的确认等价于"公知的必要技术特征不必写入权利要求"的命题。某一技术特征是否公知,是一个相对的概念,公知也有

---

❶ 该案详见本章第2.5.4节。
❷ 该案详见本章第2.5.5节。

第2章 专利权的逻辑边界——以权利要求解释为中心

程度上的区别。某些公知常识的普及面广、接受程度高,是广为知晓、"极为"公知、无需举证的常识,而某些处于灰色地带的公知常识的接受度没有那么高,其是否成立仍有赖于证据的支持。因而,是否属于"影子特征"/"隐含特征",在某些情况下需要对此负有举证责任的主体予以证明。在本案中,"可浮动式"是否属于名片扫描仪或者扫描仪领域中公知的滚杆设置方式,是否可适用"影子特征"规则,存在争议,因为权利人、专利复审委员会均没有提交证据证明在该技术领域中使用浮动式滚杆的普遍性和必要性,或者证明锁定式滚杆(即横杆枢接套外径等于枢接孔径,横杆无法浮动)是见人都会抛弃的落后方案。如果对此能够予以充分举证的话,则本案的最终结论将更有说服力。

第三,从总结经验的角度而言,如果某一特征十分重要,即使存在"影子特征"的可能性,权利人也应当尽可能写入权利要求。如本案中,为避免日后的争议,申请人应当尽可能地将"浮动"二字添加到"滚杆"前面,而专利如果经历实质审查,则审查员最好能够指出申请人的撰写缺陷。我们不妨进一步假设,如果本专利权利要求1的争议特征改写为:"一枢设于支承架并与光学扫描元件平行且具有一间隔距离的可上下浮动的滚杆",那么则有说明书一展身手的舞台了。因为刚接触到权利要求、没有阅读说明书的解读者可能会对滚杆究竟相对于何种物体"可上下浮动"、如何实现"上下浮动"不甚了了,但在阅读了说明书之后则可"恍然大悟"。此时,认为权利要求用语含义不清、应当用说明书及附图帮助理解有关用语的确切含义的观点更容易被人所接受,说明书只提供解释语境方面的作用也更为凸显。

在无效程序中,"影子特征"的确为避免无效提供了一定的弹性,然而,权利人往往需要承担较重的举证责任。在罗地亚化

专利权的边界——权利要求的文义解释与保护范围的政策调整

学公司诉专利复审委员会、第三人海赛(天津)特种材料有限公司专利无效行政纠纷一案❶中,便涉及一端开放的数值特征在开放端是否存在隐含的范围限制,是否得到说明书支持的问题。涉案专利为名称为"基于铈和锆的混合氧化物的组合物及其前体、制法和应用"的发明专利。专利权请求保护的组合物是一种用于处理内燃机排放气体的催化剂。众所周知,催化剂(催化活性相)与反应物的接触面积越大,催化剂的效率一般就越高,因而,催化剂的比表面积,即单位质量物料所具有的总面积是个非常重要的参数。比表面积越大,催化剂的效率一般就越高。由于比表面积的测量有较大的难度,故在该领域中也常用总孔体积——单位质量物料所具有的孔洞体积衡量该参数。涉案专利公开了以铈和锆混合氧化物为主要成分的组合物的制备方法,权利要求9、14是该专利的核心产品权利要求,通过总孔体积限定了组合物,是典型的以物理化学参数表征的化学产品权利要求。如权利要求9为:"以铈和锆混合氧化物为主要成分的组合物,其特征在于它具有总孔体积至少是 $0.6 cm^3/g$。"❷ 本专利说明书的发明内容部分仅采用描述性语言对本发明组合物的总孔体积进行了相应记载:第一实施方式的组合物总孔体积是至少 $0.6 cm^3/g$,更具体地,可以是至少 $0.7 cm^3/g$,一般是 $0.6 cm^3/g \sim 1.5 cm^3/g$;第二实施方式的组合物总孔体积至少是 $0.3 cm^3/g$,这种体积主要是由直径至多 $0.5 \mu m$ 的孔提供。而在实施例部分,仅有实施例9和10得到了特定总孔体积的产品,即实施例9记载所得到

---

❶ 参见:国家知识产权局专利复审委员会第12760号无效宣告请求审查决定、北京市第一中级人民法院(2009)一中行初字第1121号行政判决书、北京市高级人民法院(2010)高行终字第112号行政判决书。

❷ 此外,权利要求14为:"以铈和锆混合氧化物为主要成分的组合物,其特征在于它具有总孔体积至少是 $0.3 cm^3/g$,这种体积是由直径至多 $0.5 \mu m$ 的孔提供的。"由于权利要求14与权利要求9性质相似,故下文以权利要求9为例进行讨论。

第2章 专利权的逻辑边界——以权利要求解释为中心

的产品具有的总孔体积为 $0.73cm^3/g$，实施例 10 记载所得到的产品具有的总孔体积为 $0.35cm^3/g$。

专利复审委员会认为，本专利对现有技术的改进在于制备一种总孔体积远大于现有技术的、以铈和锆混合氧化物为主要成分的组合物（催化剂），从本专利说明书记载的内容本领域技术人员能够概括得出本发明所述组合物的总孔体积应当在 $0.3cm^3/g$～$1.5cm^3/g$ 的范围内或与该范围接近的范围，但很难预见到权利要求 9～15 和 19 中总孔体积远超过 $1.5cm^3/g$ 的组合物都能得到说明书的支持。因此相关权利要求不符合《专利法》第 26 条第 4 款的规定。

罗地亚化学公司不服，起诉称：本专利权利要求中的技术特征"总孔体积至少是 $0.6cm^3/g$"并不包含"总孔体积（可以）远超过 $1.5cm^3/g$"这一极其宽泛而又不确定的含义，（催化剂的总孔体积）明显有一个"合理上限"。由于本领域技术人员并不清楚该"合理上限"的具体数值大小，因此根据《专利法》第 56 条❶的规定，有必要根据说明书及附图来确定该"合理上限"的大小和范围，而根据说明书的内容，本领域技术人员能够清楚地知道本发明的组合物的总孔体积的"合理上限"应该在 $1.5cm^3/g$ 附近，"总孔体积至少是 $0.6cm^3/g$"能够具体理解为"总孔体积为 $0.6cm^3/g$ 至 $1.5cm^3/g$ 左右"这样一个范围。因此包含技术特征"总孔体积至少是 $0.6cm^3/g$"的权利要求显然得到了说明书的支持。

一、二审法院均认为：在权利要求的保护范围是清楚的情况下，不需要用说明书及附图来解释权利要求的保护范围。由于权利要求 9 的保护范围是清楚的，因此对罗地亚公司依据说明书将"总孔体积至少是 $0.6cm^3/g$"具体理解为"总孔体积为 $0.6cm^3/g$

---

❶ 即现行《专利法》第 59 条。

至 1.5cm³/g 左右"的主张不能成立。对于本领域的技术人员来说，催化剂总孔体积的合理上限应当是任何以铈和锆混合氧化物为主要成分的组合物的总孔体积所能达到的最大值，本专利说明书未对该最大值予以描述，也未描述其以铈和锆混合氧化物为主要成分的组合物的总孔体积是否能够达到该最大值或者二者之间的关系，因此，对于本发明的以铈和锆混合氧化物为主要成分的组合物的总孔体积，本领域技术人员依据说明书的记载不能合理预期其能够达到所述最大值。即本专利权利要求 9~15、19 的技术方案得不到说明书的支持。

在本案中，权利要求 9 等限定了组合物总孔体积的下限，但没有限定上限，属于一端开放的数值限定权利要求，其是否能够得到说明书的支持，并不能简单地给出是与否的结论，归根结底应当判断这种限定是否符合《专利法》第 26 条第 4 款"权利要求书应当以说明书为依据"限定保护范围的立法目的——使专利权请求保护的范围与其所能获得保护的最大范围——对现有技术的贡献相适应。如果本领域技术人员根据说明书的教导，同时结合现有技术的内容，不能合理预测或者通过常规试验的方法容易地得到权利要求的概括内容，或者反向言之，本领域技术人员必须付出创造性劳动或者付出过度劳动或者试验才能够得到权利要求请求保护的所有技术方案，那么权利要求即概括了过宽的范围，违反了《专利法》第 26 条第 4 款的规定，从而不被允许。本领域技术人员判断概括是否得当的基础知识就是专利说明书和现有技术的内容。在本案中，如果专利说明书披露了通过试验或者理论推导的方法，所确定的组合物总孔体积的上限为 1.5cm³/g 左右或者略高于 1.5cm³/g，或者在所属技术领域中，公认的总孔体积的理论上限极值为 1.5cm³/g 左右或者略高于 1.5cm³/g，那么权利要求上限端开放的撰写方式并不妨碍其实质上隐含了总孔体积上限

第2章 专利权的逻辑边界——以权利要求解释为中心

为 $1.5cm^3/g$ 的特征。❶ 然而，从专利说明书的记载无法合理确定总孔体积的客观上限值，也没有证据证明在现有技术和现有理论中，所述组合物总孔体积的内在上限值是在 $1.5cm^3/g$ 左右，因此，权利人的相关主张无法得到证实。这一事实存在如下可能性：人类现有的知识和技术无法得知所述组合物的总孔体积的上限极值，该数值有可能远超过 $1.5cm^3/g$，$1.5cm^3/g$ 只是使用了本发明的方法所能接近的极值，如此，则本专利采用上限开放撰写方式的做法，显然超出了该发明创造的技术贡献，透支了未来的技术发展空间，请求保护了不应当获得保护的数值领域。

对于本案，需要特别说明的是，如果本领域技术人员通过现有知识的内容，可以确定某数值或者数值范围是明显违反客观规律的，或者是明显不可能达到的极值，那么即使在权利要求中，甚至在说明书中没有排除该数值或者数值范围，甚至没有描述、说明或者披露该数值或者数值范围，也不妨碍本领域技术人员在解释权利要求时，确定其存在"影子技术特征"，从而对权利要求的保护范围构成进一步的限定。例如，"绝对零度"是科学上公认的温度下限，如果权利要求仅限定了温度范围的上限。那么，本领域技术人员仍然能够确定权利的保护范围内在地存在下限，即可容易地排除达到以及低于"绝对零度"的温度范围。美国联邦巡回上诉法院对此甚至走得更远，在 Scripps 案❷ 中，该

---

❶ 这一论断的前提是"总孔体积为 $0.6cm^3/g$ 至 $1.5cm^3/g$ 左右"是能够得到说明书支持的数值区间，也即专利复审委员会在无效宣告请求审查决定中的观点。但本案中 $1.5cm^3/g$ 这一上限是否能够得到支持可能仍然存在争议，因为本专利说明书并没有给出这一上限附近的具体实施例，只是在文字描述中提及这一数值，也就是说，说明书并没有给出使用发明创造的方法得到 $1.5cm^3/g$ 左右总孔体积的产品的制备实验数据，$1.5cm^3/g$ 的上限值可能只能得到说明书表面上的而非实质上的支持。不过，为了论述的方便，本书暂且抛开这一争议。

❷ Scripps Clinic & Research Foundation v. Genentech, Inc., 927 F.2d 1565 (Fed. Cir. 1991)。

法院认为，如果开放式权利要求中含有内在的上限，即使该上限在之前是未知的，只要说明书公开的内容使得本领域熟练技术人员能够达到上述上限，则这种开放式的权利要求能够得到说明书的支持。

由对包含数值及数值范围特征的权利要求"影子特征"的讨论我们可以进一步推导出一项更为原则的规则：如果本领域技术人员根据其所掌握的背景知识，可以确定落入权利要求字面范围的某项技术方案明显不能实施，或者明显违反客观规律，或者明显存在严重缺陷，以至于通情达理的理性人都不愿意采用，那么即使在说明书中没有明确通过下定义的方式或者其他方式排除该技术方案，也应当认为权利要求存在相应的"隐含限定"，其保护范围排除了前述不可实施、违反自然规律或者存在严重缺陷的技术方案。

2.5.7 避免保护范围的上位化

避免将说明书中的限制特征读入权利要求是为了避免语言含义的下位化，其对应的反面是避免含义的上位化。避免下位化是为了避免保护范围的不当限缩，而避免上位化是为了避免保护范围的不当扩张。将权利要求中的概念上位化、扩大权利的保护范围，这在权利有效性审查中不适当地增加了无效的风险，而在侵权判定中却不适当地增大了落入保护范围的几率。

在实践中，将技术特征不当上位化的情形要远远少于将技术特征不当下位化的情况。究其原因，是因为在通常情况下，权利要求是对说明书的概括，二者之间存在上、下位的关系。将说明书的下位概念"读入"权利要求书所采用的上位概念的含义之中，不仅有现成的参照，并且具有难以抗拒的诱惑力——人类的思维总是对具体的、下位的、容易理解的东西印象深刻，下意识地排斥抽象的、上位的、难以捉摸的归纳，尤其是在阅读了说明书、了解了发明人创造的具体实施方式之后，人的惰性容易驱使

第2章 专利权的逻辑边界——以权利要求解释为中心

解读者将说明书披露的客体当作权利要求保护的客体，而不情愿花费时间去思考权利要求的用语是否还包含着更为丰富的内容、更为广泛的实施方式。在许多情形下，解读者的认识在不知不觉之中便从权利要求的高度概括的含义滑落向了说明书的沟槽中。因而，避免将权利保护范围的特征下位化，需要解读者不断自我提醒、尽可能地引入更多的说明书之外的"前见"资料、克服思维的惰性和实施例所带来的思维定式。

而与概念的下位化相反，概念的上位化是比较困难的。一般而言，说明书不太可能出现比权利要求更上位的概括，上位化没有现成的可资利用的结论，需要解读者自行归纳、总结、抽象，这是一个比较困难的过程。同样鉴于人类思维的惰性，人们对过于形而上的东西在潜意识中总是或多或少地予以排斥。不过，虽然解读者将保护范围上位化的情形是比较罕见的，但也同样应当不断提醒自己避免偶发的上位化思维倾向。

不当上位化的情形多发于无效案件，尤其是涉及新颖性、创造性的判断过程中，因为无效请求人有着提出术语上位化主张的激励，有时裁判者也可能不经意地接受这种观点，而在侵权案件中，因为等同原则的存在，权利人一般提出等同主张即可，不需要通过上位化保护范围的方式谋求大范围的保护。

在沈从岐、沈俊诉专利复审委员会、第三人叶新华专利无效行政纠纷[1]一案中，专利复审委员会宣告涉案"天下第一刀"实用新型专利权全部无效，一审法院经审理维持了无效宣告请求审查决定。其中一项争议焦点是专利权利要求3相对于对比文件是否具备创造性。权利要求3与证据1权利要求3的区别技术特征是："刀鞘内表面设有一凹槽；此处外表面为一楔形突起，在刀

---

[1] 参见：国家知识产权局专利复审委员会第5738号无效宣告请求审查决定、北京市第一中级人民法院（2004）一中行初字第379号行政判决书、北京市高级人民法院（2004）高行终字第442号行政判决书。

身与手把之间安有一带有弹簧的销子。"专利说明书对此技术特征的技术效果进行了描述:"刀入鞘后不会自动脱出,使用时只要稍加用力,刀即出鞘。"二审法院认为:本专利权利要求 3 描述了一种刀鞘与刀身锁定防脱的具体结构,与证据 1 权利要求 3 的具体技术方案相比是完全不同的,专利说明书中也记载了有关的技术效果。原审判决将权利要求 3 与对比文件的区别抽象概括为"定位防脱结构"与"摩擦防脱结构"的不同,进而认定选择"定位防脱结构"为公知常识,不具备创造性,[但]"定位防脱结构"相对于本案专利权利要求 3 的技术方案,"摩擦防脱结构"相对于证据 1 权利要求 3 的技术方案,[均]属于上位的概念。这种上位概念的对比方式忽略了本案专利权利要求 3 与证据 1 之间的具体区别技术特征,不能证明证据 1 给出了足够的技术启示,原审判决对本案专利权利要求 3 创造性的认定是不妥当的。同样,在被诉行政决定中,专利复审委员会例举了"门锁以及弹簧刀"来证明"定位防脱结构"是常见的防脱结构,但这只能说明"门锁以及弹簧刀"采用的是"定位防脱结构",而不能证明采用的是本案专利权利要求 3 所披露的"定位防脱结构",[被诉行政决定]也没有结合证据 1 作出进一步的对比,因此,该决定否定本案专利权利要求 3 的创造性证据不充分。本案专利权利要求 3 与对比文件相比具有实质性的特点和进步,而且体现出了有益的技术效果,应当维持有效。

技术特征概括得越上位,不同特征之间的共性就越多,所包含的范围交叉的可能性和程度就越大,越容易在新颖性、创造性的判断中,忽略发明创造和现有技术的差别,拉近它们之间的距离,最终低估发明创造的创造性和贡献高度。在本案中,二审法院否定了被诉行政决定将权利要求 3 的相应特征以及公知常识中的"门锁以及弹簧刀"的特征归纳为上位特征"定位防脱结构"的做法,也否定了一审判决将权利要求 3"刀鞘内表面设有一凹槽……刀身与手把之间安有一带有弹簧的销子"的特征和对比文件的特征分别归纳为上位特征"定位防脱结构""摩擦防脱结构"的认定。无论是"定位防脱结构",还是"摩擦防脱结构",都是技术方案的集合,涉案专利的结构虽然属于"定位防脱结构",但是所采用的是具体的特定种类的"定位防脱结构",这一不同与现有的、其他的具体的"定位防脱结构"的技术方案至少丰富了"定位防脱结构"的技术集合。从理论上说,在同一技术领域中具有可比性的技术特征之间,哪怕差异再大,只要对其进行无限上位化概括,总是能或多或少地找到某些方面的共性。因此,防止保护范围的上位化,同样是对权利要求进行文义解释的一个重要方面。

2.5.8 逻辑解释方法

对语义的确定离不开逻辑分析。逻辑学是语义学、语用学的要素之一。语言学的语义学、逻辑的语义学从不同的角度研究了语言的含义,❶ 它们之间存在千丝万缕的关系。在专利权利要求的文义解释中,从广义上说,无论是何种解释方式——包括特别定义解释、普通含义解释、合发明目的解释等,背后都隐藏着逻辑推理的影子;而从狭义上说,可以将逻辑的解释方法从其他文义解释方法中独立出来,借助简单的逻辑推演方式,解读者便能轻易解决很多问题,逻辑解释方法是权利要求的解释过程中容易而又非常好用的工具。

逻辑解释方法,也可以被称为整体解释方法、体系解释方法,其在权利要求解释中得以适用系以以下的逻辑前提为基础即专利文献的整体,无论是权利要求、说明书,还是申请人后续的意见陈述,它们的内容彼此之间存在内在的联系,可以被作为有

---

❶ 沙夫. 语义学引论 [M]. 罗兰,周易,译. 北京:商务印书馆,1979:(译者的话)Ⅲ-Ⅳ,(正文)49-50.

机统一的整体加以理解。而更深层次地,这种理解的整体性原则、体系解释原则是建立在对话的"合作原则"原点基础之上的——权利要求、说明书的内容之所以可以被推定为合乎逻辑、协调一致、没有冲突和矛盾,是因为解读者推定专利文献的撰写者所作出的所有"陈述"是符合对话的"合作原则"的四项基本规则的,❶ 否则,信息的交流将很难进行下去,信息之间的传递成本也将高企至参与各方无法承受的程度,最终导致整个专利制度的停转。

"权利要求的区别解释原则"(Doctrine of Claim Differentiation)是对美国法院判例总结命名而来的逻辑解释规则。"不同权利要求之间的差异也能够为理解特定权利要求术语的含义提供有用的指导。""比如,在从属权利要求中增加了特定的限制性特征,这一事实通常导致这样的假设,即诉争的限制性特征在独立权利要求中并不存在。"❷ 该原则的含义是,除非根据说明书及附图,或者申请人及权利人在实质审查、无效程序中的意见陈述,不同权利要求应当被解释为同一技术方案,否则,应当认为同一专利的不同权利要求有其各自不同的保护范围,每一项权利要求均非多余。❸

作为逻辑解释方法的一个方面,区别解释原则的基础源于朴素的逻辑常识以及对话的"合作原则"——不同的权利要求之所以被创设出来,盖因为其含义不同、保护范围不同,没有必要使用不同的语言重复表达同样的含义,否则,这一冗余的表达方式不符合对话"合作原则"中的量的原则。这一原则包括两种情况,一是除非有相反的证据,不同的独立权利要求请求保护的是

---

❶ 有关对话的"合作原则"参见本章第 2.1.3 节的讨论。
❷ *Phillips v. AHW Corp.*,415 F. 3d 1303,1315 (Fed. Cir. 2005) (en banc).
❸ 参见:张晓都. 专利权利要求区别解释原则——以一起专利侵权纠纷案为例[J]. 知识产权,2006 (6):55—56.

第 2 章 专利权的逻辑边界——以权利要求解释为中心

不同范围的技术方案（或技术方案的集合），二是除非有相反的证据，独立权利要求和直接或者间接引用该独立权利要求的从属权利要求有着不同的保护范围。上述第一种情况较为简单，实践中争议也并不大，第二种情况要显得复杂一些，使用的频率也较高，故本书将讨论的重点集中于第二种情况。

在通常情况下，相互存在引用关系和被引用关系的权利要求解释的逻辑推演过程和结论如下：假定被引用的权利要求为 A，其确定的保护范围为 a，引用权利要求 A 的从属权利要求为 B，其保护范围为 b。逻辑前提是为了使 A 与 B 存在差别，必然推理得出：

结论 1：$a \neq b$；

结论 2：$a > b$，$b < a$；

结论 3：$a \supset b$（a 真包含 b）；

结论 4：$b \subset a$（b 真包含于 a）。

上述四项逻辑结论虽然简单，但在解释过程中用途多多。在维特根有限公司诉专利复审委员会专利驳回复审行政纠纷一案❶中，原告提出的发明专利申请（名称为"用于建筑机械压轧辊的剥离装置和该建筑机械以及方法"）被国家知识产权局以不具备创造性为由驳回，原告不服提起复审，专利复审委员会维持了驳回决定。原告不服，向法院提起行政诉讼。在诉讼中，双方争议的核心是权利要求 1 相对于对比文件 1（一在先德国专利）是否具备创造性。

申请人的发明和对比文件 1 的发明主题都是压路机。对比文件 1 所公开的现有的压路机具有压轧辊、剥离装置，剥离装置沿输送方向设置在压轧辊之后等特征，其工作原理是压路机在原始

---

❶ 参见：国家知识产权局专利复审委员会第 31813 号驳回复审请求审查决定、北京市第一中级人民法院（2011）一中知行初字第 3243 号行政判决书。

地面上行进进行施工的过程中,压轧辊对路面进行压轧,之后的剥离装置(其下边缘类似于刮刀)对已被压轧辊压轧过的地面进行"刮平",重复这一过程,可以使疏松和起伏不平的地面获得被压实且平整的加工效果。相较于对比文件1的压路机,本申请的压路机在原有的剥离装置上增加了至少一个剥离刮刀,且借助于与剥离装置其他部件连接的可调节高度的安装装置,该剥离刮刀的高度可以调节。这样,本申请的压路机除了现有技术中已有的一片"剥离刮刀"(本申请中称为剥离装置的"下剥离部分",如下图附图标记20所示)外,额外增加了至少一个剥离刮刀(如下图附图标记10所示,通过可调节高度的安装装置16安装在下剥离部分之上)。权利要求1对此进行了限定,该权利要求为:

"一种建筑机械,特别是道路压轧机械(1)的压轧辊(2)用的剥离装置,其中,在最大压轧宽度内可以采用不同压轧宽度的压轧辊(2),该剥离装置包括至少一个剥离刮刀(10),该剥离刮刀沿输送方向设置在压轧辊(2)之后,以便可以进行高度调节,该剥离刮刀可以在被至少一个压轧辊(2)压轧或将要压轧的表面(3)上滑动,其特征在于,该剥离刮刀(10)覆盖最大压轧宽度,并且设有用于至少一个下剥离部分(20)的安装装置(16),该下剥离部分适用于至少一个压轧辊(2),该安装装置可以相对于剥离刮刀(10)进行高度调节,可以借助安装装置(16)将下剥离部分(20)定位在剥离刮刀(10)的宽度之内并且与压轧辊(2)相对应的位置上,其中,对于宽度和轮廓,下剥离部分(20)适于压轧辊(2)的外轮廓。"

原实质审查部门和专利复审委员会均认为,在现有技术的基础上增加一个剥离刮刀只不过是为了获得更为清洁的地面,这甚至是一个普通的常识,因而本申请不具备创造性(见图2.6)。

第2章 专利权的逻辑边界——以权利要求解释为中心

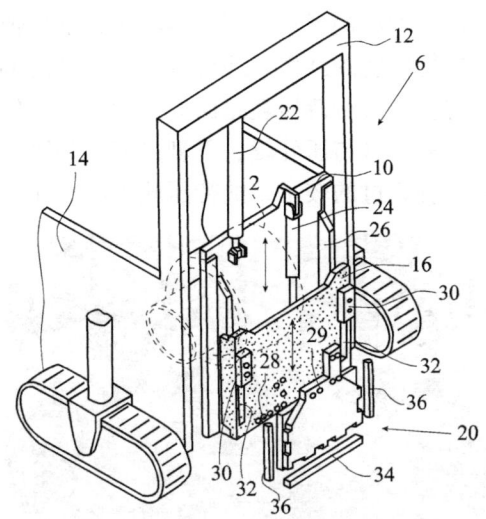

图 2.6 "用于建筑机械压轧辊的剥离装置和该建筑机械以及方法"发明专利申请说明书附图

对于本申请所能取得的有益技术效果,说明书第 10 自然段有如下记载:"本发明有利地允许当下剥离部分在压轧表面上滑动时、使剥离刮刀可以在被压轧的表面上滑过。由于安装装置可以独立于剥离刮刀进行高度调节,所以该剥离装置还可以用于以变化的压轧深度进行工作的情况。在这种情况下,剥离刮刀置于待压轧的表面上,或者与其具有一定距离,而借助安装装置,下剥离部位可适合于与变化的压轧深度相对应的相应压轧深度。"与此段文字相呼应,实施例文字部分及附图所公开的技术方案显示了下剥离部分与剥离刮刀分别具有不同的功能。下剥离部分与压轧辊的宽度相等时,起到与现有技术相同的"刮平"已被压轧辊压轧过(就本次压轧而言)的路面的功能。而剥离刮刀从深度上,设置在下剥离装置的上方,与待压轧(就本次压轧而言)的路面在同一个平面或者位于其上;从宽度上,剥离刮刀比下剥离部分更宽,这样,剥离刮刀不仅可在本次压轧中顺带"刮平"下一次压轧动作中待压轧的路面,还可以利用下剥离部分剥离的一部分压轧下来的材料进行待压轧路面的"刮平"工作,从效果上看,在本次压轧表面(与压轧辊、下剥离部分等宽)的旁边还形成了被剥离刮刀剥离过的较平整的待压轧表面(如图2.7所示)。

图 2.7 使用"用于建筑机械压轧辊的剥离装置和该建筑机械以及方法"发明专利申请技术的道路压轧机械的一种实际操作模式

不过,本申请说明书也没有忘记对剥离刮刀与下剥离部分等宽的技术方案进行说明和记载。说明书第 55 自然段载明:"当采用全部压轧宽度时,剥离装置最终也可以利用具有最大压轧宽度的下剥离部分 20 进行操作,于是,压轧表面 3 可以同时被宽度相同的剥离刮刀 10 和下剥离部分剥离,以便获得更高的清洁程度。"权利要求 11 对此技术方案予以了限定:"如权利要求 1 所述的剥离装置,其特征在于,下剥离部分延伸于剥离刮刀的整个宽度上。"

法院在本案判决中开篇即写道:"本院认为,原、被告双方的争议核心,在于对权利要求 1 保护范围的确定。"法院进一步

第 2 章 专利权的逻辑边界——以权利要求解释为中心

图 2.8 使用"用于建筑机械压轧辊的剥离装置和
该建筑机械以及方法"发明专利申请技术的
上述操作模式所达到的效果

分析认为:"本申请相对于对比文件 1 的核心改进在于增设了'至少一片剥离刮刀'。由本申请说明书第 10 自然段、第 11 自然段的文字描述,以及原告于诉讼程序中补充提交的本申请技术实物效果图❶可知,在剥离装置所包含的剥离刮刀与下剥离部分不等宽(下剥离部分宽度小于剥离刮刀)且将剥离刮刀置于待压轧的表面高度(或置于被压轧的表面之上与待压轧表面形成一定距离),而将下剥离部分借助安装装置的调节置于已压轧的表面高度时,可以同时形成待压轧和已压轧的两种清洁表面;由本申请说明书第 55 自然段的文字描述可知,当剥离刮刀与下剥离部分等宽时,已压轧表面可以获得更高的清洁程度。因此,本院认定,在分别采用剥离刮刀与下剥离部分等宽与不等宽的两种设置

---

❶ 即图 2.7、图 2.8。

方式时，其所要解决的技术问题、所获得的技术效果并不相同。第 31813 号决定重点考虑了等宽的情况，因此问题的实质在于本申请权利要求 1 的保护范围的确定，即所要求保护的是剥离装置能够在剥离刮刀与下剥离部分等宽与不等宽之间进行调节的一种技术方案，还是等宽、不等宽、可在等宽与不等宽之间进行调节的并列的三种技术方案。前者的保护范围较窄，但在进行创造性评判时，作为同一项技术方案，其在实现不同功能时的技术效果可以叠加考虑；后者的保护范围更大，但在进行创造性评判时，各技术方案的技术效果应当分别予以考虑，且只要并列的其中一项技术方案不具备创造性，则将导致整个权利要求不具备创造性。"

对于涉案专利权利要求 1 保护范围的正确确定，法院认为："首先，权利要求 1 虽然限定了'剥离刮刀覆盖最大压轧宽度'，并限定了'在最大压轧宽度内可以采用不同压轧宽度的压轧辊'，同时限定了'对于宽度''下剥离部分适于压轧辊的外轮廓'，然而，其并未明确限定在同一个剥离装置中，可以实现下剥离部分宽度在最大压轧宽度内按照需要进行选择的功能，也即没有明确排除下剥离部分与剥离刮刀等宽且下剥离部分不进行宽度变化的技术方案；其次，同一份申请文件的相关权利要求可以用于解释权利要求，权利要求 11 进一步限定了'下剥离部分延伸于剥离刮刀的整个宽度上'，由于该权利要求为权利要求 1 的从属权利要求，因此可推定其所保护的技术方案属于权利要求 1 所要求保护的一项下位特定技术方案，即下剥离部分与剥离刮刀等宽的技术方案属于权利要求 1 的保护范围。"因此，权利要求 1 所要求保护的并非剥离装置能够在剥离刮刀与下剥离部分等宽与不等宽之间进行调节的仅含有一项技术方案的较窄的范围，而是包括了等宽、不等宽、可在等宽与不等宽之间进行调节的并列的三种技术方案的较宽的范围。

第 2 章 专利权的逻辑边界——以权利要求解释为中心

在此基础上，法院认为就权利要求 1 所保护的"当剥离刮刀与下剥离部分等宽时"的那一种技术方案而言，"首先，剥离刮刀与下剥离部分处理的均为已压轧表面，不存在待压轧表面（就本次压轧而言）的剥离问题；其次，如本申请说明书第 55 自然段所指出的那样，当剥离刮刀与下剥离部分等宽时，相对于仅采用下剥离部分的对比文件 1，已压轧表面可以获得更高的清洁程度，然而，取得更高的清洁程度的代价是需要付出增设下剥离部分、安装装置及其他相关部件的成本，以及安装、维护等其他成本，对于本领域技术人员而言，其容易想到增加剥离刮刀可获得更清洁的表面，但同时也容易想到由此会带来更高的成本，在获得更清洁的表面与较低的成本之间作出选择是本领域技术人员的常规技术抉择……""由于权利要求 1 包含了不具备创造性的技术方案，因此权利要求 1 不具备创造性，对于权利要求 1 所要求保护的其他并列技术方案，本院不再予以评述。"

本案比较典型地反映了两个问题：

第一，本案权利要求 11 在权利要求 1 的基础上，进一步缩小了保护范围，仅仅要求保护下剥离部分与剥离刮刀等宽的技术方案，由此我们可以推知，当权利要求 1 的文字记载内容没有明确排除权利要求 11 的技术方案的情况下，其必然涵盖权利要求 11 的技术方案，而该技术方案正是相对于现有技术缺乏创造性的技术方案，因此，涉案专利申请权利要求 1 最终被认定为不具备创造性。由此可见，当被引用的权利要求的保护范围存有疑问时，以边界更为清晰的从属权利要求的保护范围来反推被引用的权利要求的保护范围是相当有效的逻辑解释方法。

第二，权利要求的保护范围往往是包含众多技术方案的"立体空间"，当权利要求中包含有多项并列的技术方案时，只要其中之一不具有可专利性，都会导致权利的效力损伤，使整个权利要求被驳回或者无效。❶ 因为此时，该权利要求覆盖了不应当获得授权的区域，使其成为范围过大的不当权利。因此，在撰写权利要求时，申请人应当细致地区分权利要求的字面范围之下究竟包含哪些技术方案，注意"剥离"那些不具有可专利性的方案。例如，对已有技术教导的部分和自己作出发明创造的部分进行细致区分，小心翼翼地在权利要求的撰写过程中将现有技术的内容剔除出保护范围，以避免垄断权的范围因延伸到不应获得保护的现有技术的范围而被驳回或者宣告无效。尤其在一些较为成熟的技术领域，现有技术较为密集，权利人更当保持谨慎。对于裁判者而言，也有必要认真梳理一项权利要求的内容究竟属于哪些并列技术方案的集合。

不过，逻辑解释方法看似简单、易用，但在推理的过程中，一定需要注意逻辑推理的严密性，避免"逻辑陷阱"。

在徐士广、张利君诉国家知识产权局专利复审委员会、第三人李洪权实用新型专利权无效纠纷一案❷中，原告拥有名称为"一种翻新的外轮胎"的实用新型专利，该专利的发明实质是在旧轮胎主体外径向安装同样由旧轮胎制成的胎冠或者胎面，由此充分实现废旧轮胎的翻新、再利用。该专利权利要求1、2分别为："1. 一种翻新的外轮胎，其特征在于：该外轮胎包括带有至少两层帘布层的旧轮胎主体和径向安装在该主体上的由开口环形带构成的胎冠或者胎面，以及用于闭合环形带开口部位的硫化接

---

❶ 不过，这一结论不能绝对化。如果权利要求所请求保护的并列技术方案明显可分，此时应当允许申请人或者权利人放弃部分技术方案，或者应当仅宣告不具备可专利性的技术方案无效，而维持具备可专利性的其他技术方案的有效性。比较典型的可分的虚构例子如权利要求："……所述的金属为铁或铜或铝"，如果"含铁"的技术方案不具有可专利性，应当允许专利权人保留"含铜""含铝"的技术方案。

❷ 参见：国家知识产权局专利复审委员会16209号无效宣告请求审查决定、北京市第一中级人民法院（2011）一中知行初字第2367号行政判决书、北京市高级人民法院（2012）高行终字第848号行政判决书。

缝。""2. 根据权利要求 1 所述的外轮胎，其特征在于：所述开口环形带由旧轮胎的胎冠或者胎面制成。"对比文件 1（一在先中国专利）公开了权利要求 1 中的"外轮胎包括带有至少两层帘布层的旧轮胎主体"的技术特征，对比文件 3（一在先日本专利）公开了"可以改善再生轮胎的静态平衡的再生轮胎制造方法"，该专利说明书记载："使另外从挤出机中挤出、不经过冷却处理的未加硫带状胎面橡胶 2 的前端切断端部起的缠绕开始点与旧轮胎胎体 1 上的上述不平衡标记 4 保持一致，缠绕一周形成环形带胎面……""……对此时闭合环形带胎面开口部位进行加压加热，进行加硫从而形成硫化接缝。"由此可见，对比文件 1、3 没有公开由旧轮胎制造胎体外径向安装的胎冠或者胎面的特征。专利复审委员会认定，相对于对比文件 1、3 的结合，本专利的所有权利要求均不具备创造性。

在行政诉讼中，法院首先肯定了权利要求 2 具备创造性。法院认为，本专利权利要求 2 明确限定了"开口环形带由旧轮胎的胎冠或者胎面制成"，"该特征与对比文件 3 在旧轮胎胎体外缠绕未加硫的环形带胎面的特征明显不同"（对比文件 1 更未公开该特征），"现并无任何证据表明，具体采用如本专利权利要求 2 所限定的于旧轮胎主体外径向安装由旧轮胎的胎冠或者胎面制成的开口环形带、并由硫化接缝对环形带开口部位进行闭合的技术方案属于本领域的公知常识；也无证据表明，在轮胎制造、翻新领域，未加硫胎与硫化旧胎之间的替换属于该领域的惯常技术手段或者公知常识"。"对比文件 3 的发明目的在于解决再生轮胎静态不平衡的技术问题，从该专利说明书的记载内容上看，采用未加硫的环形带为解决该技术问题的必要技术手段，对比文件 3 从整体上而言并未给出采用旧轮胎的胎面或者胎冠作为开口环形带也能解决上述技术问题的技术启示，因此，本领域技术人员并没有动机在对比文件 3 所公开内容的基础上将未加硫的环形带胎面替换为旧轮胎的胎面或者胎冠,从而得到本专利权利要求2的技术方案,因此权利要求2相对于对比文件1、3的结合并非显而易见"。"由本专利说明书记载的内容可知,本专利权利要求2的技术方案不仅实现了废物利用,而且可以采用不同型号的废旧轮胎制造翻新轮胎,从而提高了废旧轮胎的利用率,具有有益的技术效果"。

对于权利要求1的创造性,法院认为,问题的关键在于权利要求1保护范围的确定,也即该权利要求是否如同权利要求2那样限定了使用废旧轮胎制造翻新轮胎的开口环形带的技术特征,从而使其具备创造性。对此,原、被告双方各执一词。原告认为,权利要求1中记载的"用于闭合环形带开口部位的硫化接缝"的特征即限定了环形带必然是旧轮胎,其理由是只有熟橡胶对接处经硫化之后才会产生硫化接缝,而生橡胶对接处经硫化之后不会产生硫化接缝,并为此提交了经公证的实验录像及对比实验产品;而被告则认为对比文件3采用的是生橡胶,而该对比文件说明书中明确记载了生橡胶硫化后在拼接处也同样形成硫化接缝。

法院认为,由对比文件3专利说明书的记载可知,对比文件3的带状胎面橡胶为直接从挤出机中挤出的未加硫的橡胶,其于旧轮胎胎体上缠绕一周所形成的环形带亦为未加硫的橡胶,对比文件3专利说明书同时公开了在对闭合环形带胎面开口部位进行加压加热、加硫之后,可以形成硫化接缝,虽然原告提交的公证书所附的实验产品由外观可见旧橡胶对接加硫之后形成接缝、生橡胶对接加硫之后未形成明显接缝,但是该实验结果系于特定实验条件下所产生,在原告未提交其他证据的情况下,不足以证明在任何实验条件下对接生橡胶经硫化处理后均不产生接缝、而对接旧橡胶则均产生接缝,鉴于对比文件3专利说明书明确公开了对未加硫橡胶进行加温、加压、加硫处理后将形成硫化接缝,故对于原告关于权利要求1限定了硫化接缝即必然限定了开口环形带为旧橡胶的主张不予支持。在此基础上，法院进一步评述了权利要求1相对于对比文件1、3的结合不具备创造性。

对于本案，有一种观点认为，对于权利要求1的解释也可以采用"区别技术特征原则"，同样得出开口环形带的原料未作废旧轮胎限定的结论，理由是权利要求2在权利要求1的基础上进一步明确地限定了"所述开口环形带由旧轮胎的胎冠或者胎面制成"，因而权利要求1所采用的开口环形带的原料必然既包括权利要求2所限定的旧轮胎，也包括新橡胶（胎），否则权利要求1与权利要求2的保护范围相同，则属多余，由此可反推权利要求1包括了采用了新橡胶的技术方案（即对比文件3公开的技术方案），如此，可同样得到权利要求1不具备创造性的结论。

然而，法院在本案中并没有采用上述"区别技术特征原则"的分析方法确定权利要求1的保护范围，其原因在于，虽然依照该分析方法，可以得出权利要求2的保护范围与权利要求1不同的结论，但是无法得出权利要求1必然包括了开口环形带采用生橡胶作为原料并进行硫化的结论。因为从字面理解出发，权利要求1不仅包括了开口环形带由旧轮胎的胎冠或者胎面、或者由生橡胶制得的两种技术方案，还包括由其他旧橡胶（非取自于废旧轮胎的旧橡胶）制得的技术方案。而这一技术方案虽然没有为本专利说明书所披露，但是基于本专利说明书的教导，本领域技术人员并不需要付出创造性劳动即可联想得到，因而显然属于权利要求1的保护范围。假定原告所主张的"只要存在硫化接缝，即可认为开口环形带为熟橡胶"的理由成立，那么权利要求1和权利要求2的区别仍然是存在的，也即权利要求1的开口环形带的原料包括一切旧橡胶，而权利要求2的开口环形带只包括由旧轮胎回收而得的旧橡胶。因此，在本案中以区别特征原则进行分析，并不能必然得出权利要求1"并未排除生橡胶作为开口环形带原料"的结论。

由上述的分析可知,在不考虑其他不存在争议的技术特征的情况下,只有当限缩解释目标权利要求之后,目标权利要求的保护范围与作为参照的相关权利要求的保护范围一致时,才可适用区别技术特征原则。如徐士广一案所示,如果限缩解释目标权利要求1之后,该目标权利要求的保护范围仍然比权利要求2的保护范围大,则区别技术特征原则所得出的结论并不能成为限缩解释成立或者不成立的充分条件。总之,区别技术特征原则的适用应当遵循基本的逻辑规则,在适用的过程中一定要注意逻辑推理的严密性。

此外,值得注意的是,区别特征解释原则并非刚性的规则。从属权利要求的保护范围小于且属于其引用的独立权利要求的保护范围,这一命题的成立只有推定的意义,当有相反证据足以推翻这一推定时,则应排除区别特征解释原则的适用。即使排斥适用区别特征解释原则之后,得出了独立权利要求与从属权利要求的保护范围没有任何差别的结论,专利法上也没有必要通过无效的方式惩罚这种撰写方式。当然,在实质审查过程中,审查员可以指出这种重复表达的权利要求,并要求申请人进行修改。

2.6 与解释有关的其他问题

2.6.1 澄清性解释、限缩性解释及扩张性解释

澄清性陈述是相对于限缩性陈述、扩张性陈述的概念而言的,是指在授权、确权、侵权程序中,申请人或者专利权人在说明书公开的内容之外,通过意见陈述的方式对权利要求中语言文字的含义所作出的澄清、释明和补正。相应地,澄清性解释是指解读者对澄清性陈述的识别和解释的过程,与之相对应的概念是限缩性解释、扩张性解释。

澄清性陈述、解释的概念的存在意义在于其在法律效果上与

限缩性陈述、解释、扩张性陈述、解释存在重大区别。澄清性陈述与限缩性陈述、扩张性陈述是从法律效力的结果意义上进行区分的。澄清性陈述是可以被裁判者接受，并对权利保护范围产生作用的意见陈述，无论在实质审查程序、无效审查程序，还是在侵权程序中，如果相关意见陈述能够被定性为澄清性陈述，那么这一陈述的内容对权利要求含义的确定产生拘束作用。相反，如果有关意见陈述不属于澄清性陈述，而属于限缩性陈述或者扩张性陈述，那么，与仅记载在说明书中的技术特征类似，其不得对保护范围产生任何影响。也就是说，申请人或者权利人在申请程序、无效程序中所作出的意见陈述，并非所有内容都可被认定为澄清性陈述。

为了维护权利要求的公示性、稳定性，澄清性解释的范围是被严格限定的。澄清性解释的目的是将本来模糊的、存在多种理解的词汇、句子的含义清楚地固定下来，以避免歧义和多种理解。而如果申请人、权利人希望通过限缩权利要求含义的范围，来维持权利的效力，如为了防止与现有技术冲突，避免因过宽的保护范围被驳回或者无效，则不能仅通过限缩性陈述，而应通过将有关的限缩特征写入权利要求的方式来实现。限缩性陈述不应当被接受，即使申请人或者权利人作出了限缩性陈述，也不能被认为对权利的保护范围起到限缩作用。

为什么需要区分澄清性陈述和限缩性陈述，为什么需要引入澄清性陈述的概念，而不统一要求澄清性陈述和限缩性陈述均应当将有关的内容添加到权利要求中呢？一项重要的原因是我国目前行政规章对于专利文本的修改施加了较为严格的限制。《审查指南》对于实审过程中、无效程序中的修改时机、方式分别作了详细而充满限制的规定。在实践操作中，"修改超范围"的执行力度对申请人或者权利人也颇为不利。一旦对权利要求的原始文本进行修改，在许多情况下，申请人或者权利人并无十足的把握使这种修改符合《专利法》第 33 条的规定。为了降低日后被宣告无效的风险，有经验的代理人往往选择在意见陈述中进行澄清，而不是修改权利要求。例如在前述曾关生案❶中，当审查员指出申请文本应当采取国际计量单位，而不能使用旧制"两"时，假定申请人是以意见陈述的方式表明"两"与"克"的换算关系时，有观点认为在此情况下可以有效地避免修改权利要求超出原申请文本的范围、在日后被宣告无效的情况发生。❷

不过，尽管在实践中存在上述变通的做法，但在理论上，从立法本意来说，由于澄清性陈述对于权利要求的保护范围产生了实质上的影响，因而其应当与权利要求本身所记载的内容同质，也应当接受增加这种陈述是否导致"修改超范围"的审查。因此希望通过澄清性解释来缓和十分严厉的"修改超范围"的法律适用是有一定限度的，而且这一界限会随着"修改超范围"法律适用的宽、严变化而发生位移。

不可否认的是，即使申请人或权利人的有关意见陈述被划归为澄清性陈述，这种陈述也总是或多或少地为原始申请文本增添了新的技术内容，从最为严格的"禁止修改超范围"的眼光视之，这种名为"澄清"，实为"补充"和"修正"的做法很难通过授权测试。然而，在实践中为什么接受澄清性陈述？在法理上为什么应当接受澄清性陈述？比较有说服力的理由恐怕是这同样是为申请人或者权利人提供了一种避免申请被驳回、专利权被无效的弹性机制。

前文已经论及，专利权是权利人向公众发表的一场特殊的"演讲"，这种单方陈述缺少对话机制所能发挥的功能——在多回合的交谈中通过来自对方的意见反馈，发现对方的理解需求，修

---

❶ 参见：最高人民法院（2011）知行字第 54 号行政判决书。
❷ 任晓兰. 修改超范围的审查和制度设计：最高人民法院两则判例引发的思考[J]. 中国专利与商标，2013（1）：29.

第2章 专利权的逻辑边界——以权利要求解释为中心

正事先认为的对方可能更为容易接受某种表达方式的预判，使其认识到原先被忽略的问题的重要性，从而不断地调整言说方式、完善表达内容、改正讲述错误，最终降低解读者的信息处理成本。如果专利制度中缺少"对话机制"，那么信息处理成本可能变得如此之高，以至于使得有关的专利文本不应获得授权。意见陈述的价值在于模拟了对话机制，通过审查员、复审员甚至法官、社会公众与权利人方的信息沟通，实现了信息成本的降低，不仅有利于公众理解权利内容，也在一定程度上弥补了专利文本中的瑕疵和漏洞，挽救了其授权前景。

在徐宝安诉专利复审委员会专利驳回复审行政纠纷一案❶中，涉案专利申请的主题名称为"太阳能玻璃变径导流真空集热管自锁安装集热蓄水装置"，❷被诉行政决定认为，其中的"自锁安装"不属于本领域的常用技术用语，不清楚其具体含义，不知道其限定的是哪个装置，也不清楚其是通过哪个或哪些部件来

---

❶ 参见：国家知识产权局专利复审委员会第37180号复审请求审查决定、北京市第一中级人民法院（2012）一中知行初字第1330号行政判决书。

❷ 本申请10项权利要求的主题名称都含有该特征，如权利要求1为："1. 太阳能玻璃变径导流真空集热管自锁安装集热蓄水装置，由循环用的管状流体管腔、太阳能玻璃变径导流真空集热管、密封安装弹性常闭阀管件、密封件、保温材料、外壳、进出水保温管道、蓄水装置、冷凝冷却装置、框架、支架及紧固定位螺栓组成，其特征是：太阳能玻璃变径导流真空集热管或为单通管、或为双通管，单通管内安装有管状弹性防冻导流器，双通管内安装有棒状弹性防冻导流器；在管状流体管腔的管壁上安装有与太阳能玻璃变径导流真空集热管对应的密封安装弹性常闭阀管件，或管状流体管腔的管壁上开有两个与太阳能玻璃变径导流真空集热管对应的密封安装弹性常闭阀管件组成一组安装面；密封安装弹性常闭阀管件安装有密封圈，太阳能玻璃变径导流真空集热管通过密封安装弹性常闭阀管件、密封圈密封固定于管状流体管腔管壁上，通过紧固定位螺栓紧固定位，至少一只的太阳能玻璃变径导流真空集热管的一端或两端对应安装于管状流体管腔的管壁上，保温材料、外壳、框架和紧固定位螺栓与太阳能玻璃变径导流真空集热管、循环用的管状流体管腔互相连接，组成集热模块，与进出水保温管道连接，进出水保温管道与安置于集热系统上部的蓄水装置连接；蓄水装置内安装有给取水、进排气装置。"

实现这种自锁安装的,因此权利要求所要求保护的范围不清楚,不符合《专利法实施细则》第20条第1款的规定。❶

申请人在答复复审通知书的意见陈述中认为:"自锁安装"是限定"太阳能玻璃变径导流真空集热管"的,是通过"密封安装弹性常闭管件、密封件"来实现"太阳能玻璃变径导流真空集热管"的密封。其安装方式类似于日光灯的安装原理,即单通的"太阳能玻璃变径导流真空集热管"的管口处通过"密封安装弹性常闭管件"安装到"集热蓄水装置"中,"太阳能玻璃变径导流真空集热管"的尾端插装到"紧固定位螺栓"中,"太阳能玻璃变径导流真空集热管"受到"密封安装弹性常闭管件"回弹的压力实现自锁;双通的"太阳能玻璃变径导流真空集热管"两端的管口处通过"密封安装弹性常闭管件"安装到"集热蓄水装置"中,"太阳能玻璃变径导流真空集热管"受到"密封安装弹性常闭管件"回弹的压力实现自锁。

法院查明,从本申请说明书附图中可以看出(结合说明书有关附图标记说明),当太阳能玻璃变径导流真空集热管处于工作状态时,其尾端连接12定位托架、13顶紧螺栓、14定位螺栓等组成的部件,另一端即开口端与以下未通过附图标记予以特别指明、但在附图中可以明显看出的部件——20波纹管壁和18自锁安装管结的结合部向19波纹管腔中心延伸的平面部件相接(如实施例1,见图2.9)。此外,说明书记载20波纹管壁具有弹性。法院认为:"本申请说明书并未对'自锁安装'一词进行定义,故对其含义的确定,只能站在本领域普通技术人员的角度、通过全面理解说明书及附图公开的技术内容的基础上进行。从本申请说明书及附图所记载的技术内容来看,在太阳能玻璃变径导流真

---

❶ 指的是2001年修订的《专利法实施细则》,该规定在2008年修订《专利法》时成为《专利法》第26条第4款。

空集热管安装完成状态下,其尾端连接 12 定位托架、13 顶紧螺栓、14 定位螺栓等组成的部件,另一端即开口端与以下未通过附图标记予以特别指明、但在附图中可以明显看出的部件——20 波纹管壁和 18 自锁安装管结的结合部向 19 波纹管腔中心延伸的平面部件相接,并且从附图中可以看出,18 自锁安装管结与 12 定位托架分别对集热管的两端有容纳、固定作用。此外,20 波纹管壁具有弹性。根据本申请说明书及附图公开的上述内容,本领域普通技术人员可以合理推知,在集热管安装时,安装人员可以先将其开口端伸入 18 自锁安装管结中的空腔,并向开口端方向挤压 20 波纹管壁,同时将集热管的尾端插入 12 定位托架,再松开集热管,安装完成后 20 波纹管壁以其弹力使集热管的开口端得以与 20 波纹管壁和 18 自锁安装管结的结合部向 19 波纹管腔中心延伸的平面部件紧密相接,集热管的尾端与 12 定位托架紧密相接,最终达到将集热管固定在工作位置的安装目的,上述过程虽未在本申请说明书中予以明确记载,但其类似于日常生活中日光灯管的安装方式,本领域普通技术人员通过说明书及附图的记载,足以对'自锁安装'的上述含义予以确定。此外,'太阳能玻璃变径导流真空集热管自锁安装集热蓄水装置'中的'自锁安装'位于'太阳能玻璃变径导流真空集热管'和'集热蓄水装置'两个名词之间,故其修饰的必然是上述两个名词之一,本领域普通技术人员在阅读了本申请的说明书及附图的内容之后,并不会认为'集热蓄水装置'需要进行'自锁安装',可以唯一确定上述语句的含义为'太阳能玻璃变径导流真空集热管'作为'集热蓄水装置'的部件在安装的过程中可以实现'自锁安装'。综上,本申请权利要求书中的"自锁安装"的技术术语的含义是清楚的。"

在本案中,申请人可能没有将"自锁安装"这一特征作为涉案专利申请的关键发明点,没有对"自锁安装"及其所要解决的

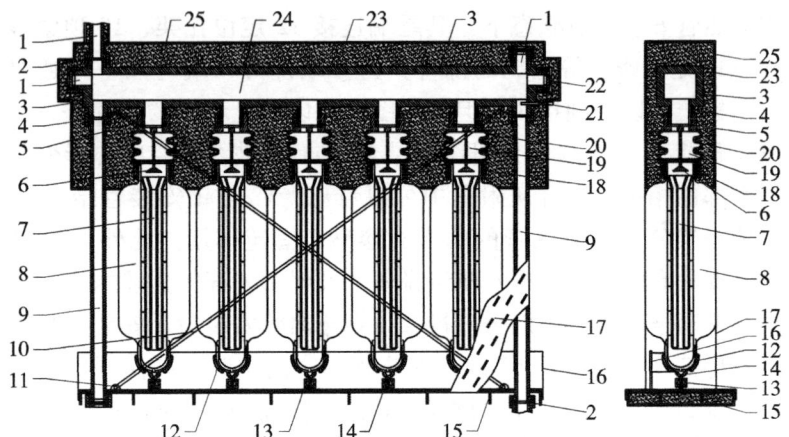

图 2.9 "太阳能玻璃变径导流真空集热管自锁安装集热蓄水装置"专利申请说明书附图

技术问题给予足够的重视,无论在说明书中,还是在权利要求中,申请人都将大量的笔墨花费在如何实现单只真空集热管破裂时形成密封、使水流不至于流出系统、防止系统瘫痪的发明目的之上。因而,"自锁安装"的含义在原始文件中处于模糊状态。不过,该技术信息隐含于说明书附图中,并且更为重要的是,申请人在答复复审通知的意见陈述中将"自锁安装"的原理解释为"类似于日光灯安装的原理",本领域技术人员结合说明书有关文字及附图的内容,不难进一步明确"自锁安装"的结构原理和含义,从为专利权避免驳回、无效提供弹性机制的思想指导下,法院认为可以认为申请人的有关意见陈述满足"澄清性陈述"的条件并予以接受,对权利要求的保护范围产生限定作用。在后续可能进行的程序中,无论是实质审查、复审、无效,还是侵权程序,上述解释均应发挥作用。

不过,对澄清性解释的争议并没有停歇。由徐宝安案我们也不难发现,接受澄清性陈述的一项副作用是拖延了审查程序、降

第 2 章　专利权的逻辑边界——以权利要求解释为中心

低了审查效率,对此,有必要通过辅助性规则和制度加以限制。在审查程序中,如果审查员或者复审员明确指出了相关的缺陷,申请人已经获得了澄清的机会,那么为避免审查程序的不当拖延,没有必要一而再、再而三地给予申请人发表意见的机会,也就是说,如果申请人没有及时抓住澄清的机会,那么应当自担后果。

反对接受澄清性解释的一项理由是这种做法动摇了权利要求和说明书在权利边界识别中的唯一公示地位。澄清性解释也存在"事后之明"的问题,❶ 在申请人没有加以澄清之前,公众很难明白权利要求的内容,往往在申请人解释之后,公众才"恍然大悟",由此,公众不得不付出额外的成本查阅审查档案,才能理解权利的四至。对此观点的回应,应当集中于公众阅读的文本范围的确定上。如果公众能够获得、接触、阅读到的文本仅限于权利要求和说明书,那么接受澄清性陈述自然存在很大的风险,不了解申请人意见陈述内容的解读者对有关的语义很可能摸不着头脑;而如果将解读的文本扩大到审查档案甚至后续程序形成的决定书、判决书,那么解读者的疑惑便可较为容易地被消除了。从辅助制度的层面而言,加大审查档案、决定书、判决书的公示力度,尽可能使它们能够如同专利文献一样容易地获得,能够有效地降低公众取得这些资料的成本。❷

当然,即使建立起完备的公示途径,使公众能够轻松地获得涉案专利有关的所有法律文件,也并不能显著地减少解读者的理解成本。如同徐宝安案的情况所示,公众即使阅读了说明书、审查档案、决定书之后,对"自锁安装"的含义也有可能不甚了

---

❶ "事后之明"的问题在创造性判断中比较常见,参见陈文煊. 发明创造性判定应避免"事后之明"[J]. 人民司法,2013(14):101—103.

❷ 目前审查档案的内容还无法直接从互联网获得,只能前往国家知识产权局查询。

了,只有在阅读了法院判决之后,才能较为清晰地确定该概念的含义。允许进入解释视野的资料链条越长,公众所需要付出的信息处理成本就越高。因此,对所截取链条的长短选择必然是在公众解读成本与专利权人挽救权利两项价值目标之间的利益平衡。

  无论如何,澄清性解释还是有其存在的独立意义和价值。澄清性解释有助于消除含义的混沌和朦胧状态。如果权利要求中的术语采用的含义并非普通含义,通过说明书的描述本领域技术人员可得到该术语的一项特别含义,但在说明书中申请人未进行特别定义,此时如果申请人进行修改,在目前的制度下很容易超出原权利要求和说明书记载的范围,但可以通过意见陈述的方式为权项用语下一个清晰的定义。例如,权利要求中使用了"专用设备"的术语,说明书中载明"专用设备包括……",也即公开了该"专用设备"的具体结构。从说明书的文字措辞来看,没有明确赋予权利要求中的"专用设备"以特别的定义,但也没有排除此意图。此时,对于权项语言中"专用设备",尤其是"专用"一词的理解,既可以广义地理解,包括一切已知的"专用设备",也可以狭义地解释,特指"专用"于本发明创造的设备,即说明书中具体公开的"专用设备"。如果申请人在意见陈述书中针对审查员发出的通知明确指出:权利要求中使用的"专用设备"指的就是说明书披露的具有特定结构的装置,而不是其他现有的设备,则此时可认为审查档案中的意见陈述属于澄清性陈述,由此可以此为依据进一步确定权利要求的字面含义。

  另一种澄清的情况是申请人或者权利人可以对说明书和权利要求书之间的关系予以说明。通常情况下申请人鲜有在专利文献中说明权利要求与说明书的关系,❶ 但针对审查员的疑问,申请人可能、也可以在意见陈述书中予以进一步明确,在说明书中未

---

❶ 例如在说明书中写明"权利要求中的某某东西指的就是某某"是极为罕见的。

进行定义的技术用语也可以在意见陈述中进一步进行概念化,这是表现形式更为灵活、受约束较少的意见陈述书有别于说明书的独特之处,因而其补充解释功能具有不可替代的地位。

最后,我们不妨将澄清性解释与合同解释、法律解释中的漏洞填补作一比较。漏洞填补在合同解释、法律解释中有重要的意义。合同漏洞填补的目的在于弥补当事人意思表示的欠缺,促成合同的成立和生效,鼓励交易,增进社会财富。法律漏洞填补的目的在于对法律未予规范的"飞地"通过一定的解释技术、遵循一定的价值判断规则和方法,拾遗补缺,从而弥补规范调整法律关系的缺口。与此相比,促使专利权有效的需求并不如同促使合同成立和生效的需求那样大,也不像法律那样,存在欠缺则可能引起社会福利的大幅贬损。专利权是私权,撰写缺陷的后果由权利人承担,是符合"非均衡论"的事实判断前提的。因而,漏洞填补的适用余地是有限度的,权利要求的漏洞填补解释,不如合同解释、法律解释那样发达。

2.6.2 澄清性解释在不同程序中的限定作用

如前所述,在审查的过程中,申请人为了获得授权,存在两种常见的陈述方式,一种是澄清性陈述,一种是限缩性陈述。澄清性陈述总是或多或少地引入了新的内容,往往伴随着术语内涵范围的限缩,因而在实践中,两者之间的界限不易区分,澄清性陈述的定性存在着较大的裁量空间。而澄清性陈述与限缩性陈述的法律后果却大相径庭,前者为审查员或者裁判者所接受,对保护范围的确定产生拘束力,后者不被接受,对权利的划界不产生影响。

上述情况在目前"严格分离主义"的制度语境下,带来一个令人困惑的问题:授权、确权程序与侵权程序对澄清性陈述的判断标准是否应当一致?侵权程序中是否需要作出澄清性解释、限缩性解释的区分?如果申请人在实质审查过程中所作出的有关意

专利权的边界——权利要求的文义解释与保护范围的政策调整

见陈述被审查员认定为属于澄清性陈述而被接受,❶那么在侵权程序中,是否必然也被作为澄清性陈述从而对权利要求的保护范围起限定作用?问题的复杂性在于,如果审查员在是否接受申请人的意见陈述方面存在失误,误将限缩性陈述定性为澄清性陈述,并对有关专利申请给予了授权,那么在侵权诉讼程序中,是否在保护范围的确定上对此予以纠正,忽略该意见陈述,认定有关的陈述对保护范围不产生影响?

如果在侵权程序中区分澄清性陈述和限缩性陈述,并认为限缩性陈述对权利的保护范围不产生影响,那么显而易见的,在侵权程序中,专利权的保护范围将过大。在目前的实践中,《最高人民法院关于审理侵犯专利权纠纷案件应用法律若干问题的解释》第6条"禁止反悔原则"的规定也基本否定了这种保护范围的确定方法。❷ 事实上,目前的司法政策"不仅在等同侵权中,在相同侵权中"也允许适用禁止反悔原则,因为限缩性解释很有可能就是在字面范围内进一步缩小保护范围,其恰好对应于侵权判定中的等同侵权中的禁止反悔问题。也就是说,在侵权程序中,申请人的意见陈述,无论最终被定性为澄清性陈述,还是限缩性陈述,都应当被认为对权利的保护范围起相应的限制作用。也即,一旦进入侵权诉讼,一切陈述均视为澄清性陈述,均对权利的保护范围起约束作用。❸

举一个虚构的例子。假定前述清华大学"一种由纤维丝束和

---

❶ 相反的情形则不太可能出现,因为如果审查员认定有关意见陈述不属于澄清性解释,而是限缩性解释,那么其对于该意见陈述很可能不予接受。

❷ 该条规定:"专利申请人、专利权人在专利授权或者无效宣告程序中,通过对权利要求、说明书的修改或者意见陈述而放弃的技术方案,权利人在侵犯专利权纠纷案件中又将其纳入专利权保护范围的,人民法院不予支持。"

❸ 不过,笔者认为,在禁止反悔原则的适用中,没有被审查员或者裁判者接受、对维持权利效力不产生影响的意见陈述不对权利的边界产生限定作用。

丝束节构成的过滤材料"发明专利一案，❶ 在无效宣告程序作出最终结果之前，权利人向被控侵权人提出了侵权之诉，那么在该诉中，虽然"球状"纤维束特征的引入属于限缩性陈述，本不应当被审查员所接受，对权利的保护范围也本不应当产生限定作用，但侵权法院适用禁止反悔原则，在侵权判定中却可得出保护范围仅限于"球状"纤维束，而不包括"束状"纤维束的结论。

由此可见，在"分离主义"的制度框架下，授权、确权中的保护范围与侵权中可能存在不一致的情形。这种做法"不合逻辑"，但是是在目前"严格分离主义"制度环境下符合社会效率最大化的无奈之举，是最小化社会成本的一种实用主义的做法。

如果在侵权程序中，侵权法院对权利人在授权程序中所作出的意见陈述作出区分，并对限缩性陈述不予接受，那么权利人就此将获得大范围的保护，但该意见陈述如果在以后可能进行的无效程序中被认定为限缩性陈述的话，则涉案专利权很可能不当覆盖了现有技术，或者具有其他不可获得授权的缺陷，最终被宣告无效。此时，在权利无效之后反过来还需要通过再审的程序推翻之前花费了大量社会资源、司法成本所作出的侵权判决。这一过程过于冗长、繁复，进入了明知不应保护却不得不加以保护的怪圈，不利于节约资源、减少程序往复。

我们不妨设想，如果破除"严格分离主义"的制度，也就扫清了统一不同程序解释结论的障碍。在既处理侵权判定又处理效力争议的同一个程序中，裁判者可以以"应然"的标准审查有关的专利文本，对澄清性陈述、限缩性陈述进行甄别。如果认为有关的意见陈述属于澄清性陈述，那么对权利的保护范围起到限定作用，发挥禁止反悔原则的功能，如果不属于澄清性陈述，那么有关的意见陈述不产生约束效力，以宣告权利无效或者不予保护

---

❶ 案情参见第 2 章第 2.5.5 节的有关内容。

的方式解决问题。例如在前述假想的清华大学"一种由纤维丝束和丝束节构成的过滤材料"发明专利侵权纠纷案中,如果被告可以在侵权程序中提出专利权效力抗辩或者反诉专利权无效,那么法院将对权利人在实质审查过程中作出的"球状"纤维束的意见陈述性质进行判断,进而得出该陈述属于限缩性陈述、不得被接受的结论,从而在对专利权的有效性判断中作出专利权无效或者不应获得保护的判决结果。这种做法既符合"逻辑",又保证了效率。

2.6.3 解释不能

解释不能在专利驳回、无效程序中以"权利要求不清楚"的形式存在。"权利要求应当清楚"的要求是在实质审查中使权利要求标准化、格式化,从而降低公众阅读成本的一项重要规则。

如果运用各种方式仍不能确定权利要求语言文字的含义、产生多种相互矛盾的含义,或者不接受限缩性陈述、扩张性陈述,仅在可接受的澄清性陈述的范围能进行解释仍然不能得到清楚限定的保护范围,那么将产生解释不能的结果。❶ 解释不能应当在穷尽所有能够接受的解释方法之后仍然不能得出清晰含义的情形下适用。在维护权利人利益的情况下,应当考虑公众的接受能力和接受成本。

在饶家叙诉专利复审委员会驳回复审行政纠纷一案❷中,涉案专利申请"中西药组方静脉滴注"的权利要求中,在组方成分

---

❶ 澄清性解释与解释不能有密切的关系,如果通过澄清性解释仍然不能清晰地确定权利的保护范围,那么将导致解释不能,反之,澄清性解释却不限于克服权利要求不清楚缺陷的情形,在新颖性、创造性等等其他缺陷的补正中,也同样存在澄清性解释的适用场合。

❷ 参见:国家知识产权局专利复审委员会第 1810 号无复审请求审查决定、北京市第一中级人民法院(2003)一中行初字第 645 号行政判决书、北京市高级人民法院(2004)高行终字第 66 号行政判决书。

第 2 章 专利权的逻辑边界——以权利要求解释为中心

中使用了"GNC"（如"5%GNC＋板蓝根＋Vit c"）、"Co."（如"Co. Nacl＋板蓝根＋Vit c"）、"GS"（如"10%GS＋板蓝根＋Vit c"）的缩略语符号，该专利申请被驳回。申请人在对复审通知书的答复中仍然没有明确所用符号及缩略语的具体含义。在诉讼中，其认为 GS 是葡萄糖的缩写，但其提交的《医学拉丁语》一书也并未指明"GS"的含义；而被告提交的《英汉化学化工词汇》(1984 年 8 月第 3 版) 中"GS glycol succinate"的含义为"乙二醇丁二酸脂"。法院认为，无证据证明权利要求中的这些缩略语及符号对本领域普通技术人员来说是公知的，且含义是确切的，在说明书中亦未作出相应的注释或说明，以使所属领域的技术人员能够清楚、准确地理解该发明。故维持了驳回涉案专利申请的驳回复审决定。❶

在本案中，虽然被告所提交的《英汉化学化工词汇》与涉案专利所属的医药领域相距甚远，并不足以证明其所主张的"缩略语及符号具有多种含义"的意见，但是原告并没有提交证据证明在医药领域所涉缩略语的确切含义，在不作出进一步限定的情况下也无法明确。而这进一步的限定通常导致修改超出原申请文本的范围，因而其权利保护客体本身是不清楚的，保护范围也无法准确确定。

在潘文妃、吴家奕诉专利复审委员会、第三人厦门豪帝卫浴工业有限公司专利无效行政纠纷一案❷中，涉案"一种洁具用盖子和坐垫的安装支架"实用新型专利权利要求 5 出现了在说明

---

❶ 该案的驳回理由引用的是《专利法》第 26 条第 3 款即"说明书应当对发明或者实用新型作出清楚、完整的说明，以所属技术领域的技术人员能够实现为准"的规定，不过，鉴于法律条文在特殊情况下存在竞合的现象，涉案专利实际上也同样不符合"权利要求应当清楚"的可专利性要求。

❷ 参见：国家知识产权局专利复审委员会第 15165 号无效宣告请求审查决定、北京市第一中级人民法院（2011）一中知行初字第 193 号行政判决书、北京市高级人民法院（2011）高行终字第 1369 号行政判决书。

书、独立权利要求中均未出现的"固定杆"一词,并限定了"支架与转轴连接后可绕固定杆做圆周向转动调节"。而说明书中仅有"定位杆"的记载,附图也仅标记了"定位杆",且权利要求5同时出现了"固定杆"和"定位杆"两个概念。专利复审委员会认定该权利要求中的"固定杆"以及"支架与转轴连接后可绕固定杆做圆周向转动调节"含义不清楚。原告对此予以解释认为,"固定杆"即为"定位杆"。❶

  法院认为,一般而言,在无相反证据的情况下,对权利要求中使用的不同术语应作不同的解释,本专利权利要求5中限定了"所述的带杆的定位支架其底部的螺丝安装孔为长条形""所述的定位杆与转轴的连接部分为圆形,这样支架与转轴连接后可绕固定杆做圆周向转动调节",从字面来看,其未对固定杆的位置、结构作出任何限定或解释说明,仅是指出"支架与转轴连接后可绕固定杆做圆周向转动调节",而且在该权利要求中还同时限定了"定位杆",在权利要求5所引用的权利要求1中,限定了定位杆设在洁具支座的相应位置上,并穿过长条形槽孔插合于转轴,与转轴连接,但权利要求1并未提及权利要求5中的"支架"及"固定杆",从其限定中也无法将权利要求5中的固定杆与权利要求1中的定位杆相关联,因此在权利要求5中同时存在"定位杆"与"固定杆"的情况下,根据权利要求1、5的限定无法将"固定杆"与"定位杆"关联起来,即无法直接、毫无疑义地得出"固定杆"就是"定位杆"。此外,本专利说明书中针对"固定杆"也仅存在与权利要求5相同的表述,说明书附图中也

---

❶ 涉案专利权利要求5为:"根据权利要求1所述的一种洁具用盖子和坐垫的安装支架,其特征在于所述的带杆的定位支架其底部的螺丝安装孔为长条形,螺丝可装于长条形孔的任何位置,所述的定位杆与转轴的连接部分为圆形,这样支架与转轴连接后可绕固定杆做圆周向转动调节,两者结合使得螺丝可在一定平面范围内的任何位置安装。"

未明确标注出"固定杆",从而本领域技术人员根据本专利说明书及其附图也无法确定"固定杆"就是"定位杆"。

在本案中,法院之所以没有接受专利权人的解释,是因为当同一个权利要求同时出现"固定杆"和"定位杆"的不同概念时,虽然将"固定杆"解释为"定位杆"是一种可行的解释方式,解释而得的技术方案也能够实施,但如此一来该权利要求的保护范围将出现复杂的情况。权利人无法证明当"固定杆"与"定位杆"并非同一装置时,权利要求所限定的技术方案绝对不可实施,以至于该技术方案明显不应属于权利要求的保护范围,也即权利人未能绝对排除"固定杆"与"定位杆"不属于同一部件时所构成的技术方案的可行性。因此,无法证明本领域技术人员可以唯一地、清楚地确定"固定杆"的确切含义指的就是"定位杆"。

总而言之,澄清性解释在从解释不能的手中挽救专利的努力存在内在的界限。如果申请人或者权利人的"解释"仍然不能确定解释结论的唯一性,或者明显增添了原始申请文本中不曾有过的新的技术因素和内容,那么这种"解释"就不属于能够被接受、从而对明确权利要求的保护范围起积极作用的"澄清性解释"。

2.7 权利要求解释是法律解释问题还是事实认定问题

在美国,权利要求解释是法律解释问题还是事实认定问题,是一个关系重大的热门话题。由于本书所采用的"权利要求解释"的概念较美国为窄,所采用的"专利权边界的确定"的概念相当于美国法院所讨论的"权利要求解释"的概念,因此以本书的概念观之,此问题应当为"专利权边界的确定应当是法律解释问题还是事实判断问题",但为了便于比较法的讨论,暂且在此节中使用"权利要求解释"一词代替"专利权边界的确定"一词。

在研究此问题之前,首先应当明确此问题在不同社会背景下的意义。

在美国,分清权利要求的解释是法律解释问题,还是事实认定问题,目的是为了解决一项重要的程序问题——如果定性为事实问题,那么应当交由陪审团裁决,对陪审团判定的事实问题,法院无权审查;如果定性为法律解释问题,那么法院——无论是地区法院,还是联邦巡回上诉法院,都可以对此发表不同的意见,并作出不同的裁决。

中国并没有如同美国那样的陪审团制度,因而中国也不会面临美国那样的难题。但是,在中国研究这个问题仍然具有以下的重要意义:如果是权利要求的解释是法律解释问题,那么就不宜交由第三方鉴定机构鉴定,或者说法院不应接受鉴定机构关于权利边界的鉴定结论的拘束,因为鉴定机构仅能就具体事实问题发表专门性意见,反之,如果权利要求的解释是事实判断问题,则可以交由鉴定机构鉴定,也可以甚至应当采信鉴定结论。

另有一种观点认为,如果权利要求的解释是法律解释问题,那么专利权的保护范围属于法院主动审查的对象,既不受各方当事人是否提出该争议主张的影响,也不受当事人所主张的具体内容的影响,法院完全可以依照自己对权利要求的理解,作出与各方当事人主张均不相同的权利边界的确定;反之,如果权利要求的解释是事实认定问题的话,那么对于各方当事人无争议的事实,法院是否能够作出不同的认定,就会被打上大大的问号,二审法院对于当事人上诉未涉及的事实认定问题,能否主动干预,也存有相当大的疑问。但笔者认为,这一理由并不充分。因为即便权利要求的解释是事实认定问题,但由于权利范围的确定对涉案当事人以外的其他不特定主体将产生影响,因而这一事实认定的外部性将使得法院有充分的理由对权利划界的问题予以主动干预。

法律是人为设计的产物,法律上的概念典型地体现着法的第二性原理。权利要求解释的定性问题具有很强的目的导向性。试图仅仅通过逻辑分析的方法得出客观的结论是不现实的。事实上,美国联邦最高法院在 Markman 一案中之所以将权利要求的解释定性为法律解释问题,本身就是为了便于法院尤其是联邦巡回上诉法院将权利要求的解释作为利益调节的工具,以践行一定的司法政策。如果将这一重要问题的判断被当成事实问题交由陪审团判断,则法院,包括地区法院、联邦巡回上诉法院、联邦最高法院无疑丧失了至为有力的政策平衡器,法院在专利法实施过程中所应起到的社会控制功能也势必被大大削弱,设置联邦巡回上诉法院统一全国专利审判标准的机构改革目的也势必在很大程度上落空,这无疑也是权利人和社会公众所不愿意看到的。因此,美国采取了实用主义的立场,美国联邦最高法院在 Markman 一案中实际上回避了对问题属性的论证,而是认为由受到专门训练、教育和经验的法官来进行这一工作比陪审团更为胜任。[1]

从本质属性上分析权利要求解释究竟是法律解释问题还是事实认定问题,所得出的结论实际上取决于观察者的角度,持不同意见者并没有在同一个层面进行交锋,这种纯理论的讨论方式没有太大的意义。而从目的导向上来看,为最终实现专利制度对于经济生活的调节作用,有必要将其最终的决定权交由公共政策的实现机关——法院行使。此外,权利要求解释的问题具有很强的外部性,在个案中的解释结论,其影响力不只及于个案,而会对未参与案件审理的其他社会公众产生影响。权利效力范围的宽窄对不特定第三人的利益会产生直接的影响,可能改变社会公众的合理预测。因此,此问题不仅涉及参与诉讼的各造基于个案的私益,同时也涉及不特定的公共利益,并不能如同事实问题那样因各方当事人的一致意见而免受第三方审查,自然也有必要由更为

---

[1] *Markman v. Westview Instrument*, 116 S. Ct. 1384, 1387 (1996).

中立和独立的法院进行判断。

从目前的审判实践来看，也基本上将权利要求的解释当作法律解释问题对待。在沈其衡诉上海盛懋交通设施工程有限公司侵犯实用新型专利权纠纷一案❶中，最高人民法院认为，禁止反悔原则是对等同侵权的限制，为了维持专利权人与社会公众之间的利益平衡，不应对人民法院主动适用禁止反悔原则予以限制。在认定是否构成等同侵权时，即使被控侵权人没有主张适用禁止反悔原则，法院也可以根据业已查明的事实，通过适用禁止反悔原则对等同范围予以必要的限制。又如，在普鲁玛·普拉特&吕贝克有限公司诉国家知识产权局专利复审委员会、第三人山东新华医疗器械股份有限公司实用新型专利无效行政纠纷一案❷中，法院认为：虽然各方当事人对涉案专利权利要求的解释没有争议，但"对于专利权权利要求保护范围的确定，应当由人民法院依职权进行，不应受当事人主张的限制"。

不过，虽然实务界对于狭义的"权利要求解释"属于法律解释问题基本达成了共识，但是对于等同原则适用的定性问题，仍然莫衷一是。争论的焦点集中在等同原则的审查是否应当依当事人申请而进行。肯定说认为，在原告未明确主张等同原则的适用时，法院不应依职权适用等同原则，作出等同侵权成立或者不成立的判定，如果法院判定相同侵权不成立，那么原告可另案以等同侵权的案由再次提起诉讼；否定说则认为，等同原则的适用不以原告是否明确主张为前提，法院可依职权进行审查，但在作出等同侵权成立与否的判决前，应当围绕等同侵权的适用组织各方当事人举证和辩论。上述两种立场势均力敌，目前在实践中也尚未达成共识。

---

❶ 参见：最高人民法院（2009）民申字第 239 号民事裁定书。
❷ 参见：北京市第一中级人民法院（2011）一中知行初字第 2307 号行政判决书。

第 3 章　权利边界的政策调整

专利权的保护强度主要受四个方面因素的影响。一是权利保护范围，二是权利保护强度，三是权利所能控制行为的范围，四是执法程序。权利保护范围无疑是其中极为重要的一环。对于专利权保护强度的政策调整，离不开对保护范围进行政策调节这一重要手段。

本书导论已经论及，专利权保护范围的政策调整属于价值判断问题。事实上，哲学解释学并不排斥价值判断。先见、前理解均包含着解释者的价值取向、立场、是非观、好恶偏向，解释者的视野总是糅合着事实判断和价值判断的结论，尤其是海德格尔的"先入之见"，有时候，这种"先入之见"还是相当顽固的东西，它左右着人们的理解，也决定着人们的行为方式。

但是，作为本体解释论的哲学解释学，并没有对价值观的形成过程加以过多的讨论，对于专利权保护范围的研究，同样重要的是告诉我们在什么情况下形成什么样的价值判断，为什么会形成这种价值判断，判断制度优、劣之间的原因是什么，背后的决定因素的变化与价值观的变迁具有什么样的关系。这些问题并非哲学解释学所关注的焦点，因此，我们不得不求助于更为契合的"导师"，以社会分析方法作为研究权利保护范围变动的方法论。哲学解释学与社会分析方法并非不可兼容，本书也对它们分别所针对的问题在理论上作了清晰的划分，最终权利的边界将以二者融合的方式而达到妥当的确定。从这个意义上说，以多重方法论研究专利权边界确定问题的复合式论证方式是妥当的。

专利权的边界——权利要求的文义解释与保护范围的政策调整

专利制度必须被作为整体经济体系的一部分来加以认识。❶我们应当在整个经济体系、创新体系的框架下考虑专利制度的问题。专利制度从来就是全局性的、战略性的问题。知识产权更多地应当被认识为实现公共政策的工具，创设并保护这样一种权利的根本目的是为了实现公共利益。

虽然语言文字确定了权利保护的客体，大致划定了权利的边界，给权利人戴上了枷锁，但是，"法律是人造之物"，文字的约束作用和能力本身纯粹是规则赋予的产物，其效力根源于法律的"赏赐"。是否仅仅考虑权利要求语言文字的含义，是否超越语言文字的含义，是否扩大、缩小语言文字含义所圈定的范围，是否给予不同性质的语言文字以同等的划界权重，具有相当大的腾挪空间。这一广阔的弹性空间容纳着利益衡平和政策考量的智慧。

除了专利制度本身的政策属性必然使人们在确定专利保护范围的时候自然不自然地运用政策性思维之外，专利权的概念涉及诸多模糊的概念，其保护范围也具有很强的弹性和不确定性，"因而具有施加政策影响和进行导向性法律适用的较大余地和空间。"❷政策空间是权利演进的生命因子。"仅仅立足于固定的概念或者法律标准，那是一种技术性思维，在法律适用中还是不够的"。"只有植入价值和政策，用价值和政策指导法律的适用，法律适用才不是僵硬的和冷冰冰的，才能充满活力"。❸"寻求概念精髓及其深层含义的法官，在成功获取概念的核心后，仍然可能会发现该概念涉及政策和正义"。❹

---

❶ 我国《专利法》将其立法的目的表述为"促进科技进步"和"经济社会发展"，与之相比，日本专利法采用的是"产业发展"的提法，长期以来，日本的专利系统的运作是为了确保工业控制和使用创新，用语上的不同反映了立法理念上的一丝细微差异。

❷ 孔祥俊. 商标法适用的基本问题[M]. 北京：中国法制出版社，2012：82.

❸ 孔祥俊. 商标法适用的基本问题[M]. 北京：中国法制出版社，2012：92.

❹ 本杰明·N.卡多佐. 法律的成长法律科学的悖论[M]. 董炯，彭冰，译. 北京：中国法制出版社，2002：135.

以公共政策为导向的专利制度必然是充满实用主义色彩的。社会分析方法在此处几乎可以同义于"实用主义"。实用主义从某种意义上说就是折中主义，❶ 秉持实用主义的立场往往要求我们在两个极端的做法之间实现某种程度的妥协。就如同本书随后所要揭示的那样，实用主义的方法论是以政策为导向调整专利权弹性范围的核心。

3.1 弹性边界与公共政策

3.1.1 保护专利的目的是政策性的还是伦理性的

对于为什么要建立专利制度、创设和保护专利权，大致存在两种不同的理论。

第一种理论是伦理性的。这种理论认为，包括专利权在内的知识产权，是人类智力成果的结晶，是创造者人格的延续。作为人类创造之物，无形的智力成果与有形的物在地位上不应当有何不同。任何人皆不得不劳而获而享用他人的劳动成果——无论这一成果是有形之物，还是无形的"知识"。仅保护有形物，而不保护无形智力成果的歧视做法缺乏道德上的公平性和平等性。这一理论也被称为回报理论。❷

应当说，基于伦理的合理性论证是具有一定说服力的，它从道义上给出了保护智力成果的一般性理由。然而，这种观点无法从保护强度等方面对具体制度进行进一步细致的指引，因而只能作为一般性的理论学说而在具体问题的把握上被束之高阁。

第二种理论是政策性的。这种理论认为，专利制度的全部目

---

❶ "实用主义的关键在于强调对问题的适度把握。""实用主义颇像中国的中庸之道，有明确的度。"张芝梅. 美国的法律实用主义 [M]. 北京：法律出版社，2008：184—185.

❷ ADAM MOSSOFF, *Rethinking the Development of Patents: An Intellectual History*, 52 Hastings L. J., 2001, 1255, 1550—1800.

的在于激励创新、增进社会福利。《专利法》第1条即规定，建立专利制度的宗旨之一是"有利于发明创造的推广利用"。TRIPS第7条将协议的目标定位为"有助于技术创新以及技术转让和传播"，"使技术知识的创造者和使用者互相受益并有助于社会和经济福利的增长及权利和义务的平衡"。❶ TRIPS序言部分明确提出了宣言性的主张："承认各国保护知识产权体系潜在的公共政策目标，包括发展和技术目标。"美国联邦宪法也有类似的条款。❷ 从实证效果上看，虽然很难获得专利在促进社会整体福利方面的全方面数据，但是在企业层面上，专利对于市场竞争主体的正面作用有着扎实的统计数据支持。❸

从历史分析的方面看，人们对专利制度的合理性理论建构呈

---

❶ TRIPS第7条"目标"规定："知识产权的保护和执法应有助于促进技术革新和技术转让与传播，使技术知识的创造者和使用者互相受益并有助于社会和经济福利的增长及权利和义务的平衡。"

❷ The Congress shall have power "[t]o promote the progress of science and useful arts, by securing for limited times to authors and inventors the exclusive right to their respective writings and discoveries". U. S. Const., art. I, § 8, cl. 8.

❸ 国家知识产权局、国家统计局和全国组织机构代码管理中心三部门的研究数据显示，2010年，有专利申请企业平均产值利润率为8.8%，无专利申请企业平均产值利润率为7.9%，有专利申请企业的主营业务收入、新产品销售收入、新产品出口额、利润总额和工业总产值依次分别是无专利申请企业的2.2倍、6.8倍、8.2倍、2.4倍和2.1倍，开展专利活动的企业的平均经济效益明显好于企业平均水平。平均每个有专利授权企业的主营业务收入、新产品销售收入、新产品出口额、利润总额和工业总产值分别是无专利授权企业的2.2倍、6.3倍、5倍、2.2倍和2.1倍，从产值利润率看，有专利授权企业为8.5%，也高于无专利授权企业的8%。有关数据来源于：国家知识产权局·专利统计简报［EB/OL］.［2012－12－20］. http://www.sipo.gov.cn/ghfzs/zltjjb, 2011 (17). 有趣的是，从程度上看，有专利授权企业的优势不如有专利申请企业的大，特别是代表市场创新的新产品指标、代表效益追求的利润指标和代表增产增收的产值利润率，有、无专利授权企业的差距均不如有、无专利申请企业大，其根本原因仍有待探究，一种可能的解释是"learn－by－doing"（在实践中领会）对企业生产水平的提高具有更强的刺激作用，"更能促进企业经济效益的是创造专利的过程而不是收获专利的结果"。

第3章 权利边界的政策调整

现出先伦理后功利的历史轨迹。

以等同原则为例，其在美国创立的初衷是实现衡平。"公平"的观念促使法院意图阻止剥夺权利人从其发明创造获得利益的"不公平"的行径。❶ 法庭带着"专利欺诈""剽窃""不择手段的抄袭者（Copyist）"的眼光看待对于专利进行微小变化的侵权。❷ 但是随着社会环境的发展变迁，美国联邦法院虽然仍然保留着衡平观念，但是分析问题的价值基础已经悄然发生了改变。在 Warner—Jenkinson 一案中，联邦最高法院拒绝了有关要求基于衡平原则救济的请求，❸ 在 Festo 一案中，最高法院进一步强调等同原则的合理性在于弥补语言工具的缺陷，弥合语言文字在描述发明创造方面的效率缺陷。❹ 在数十年光阴过后，等同原则的存在价值从抽象的公平理论转向了以经济效率和意图中立的哲学为基础。实用主义的正当性论证方式正成为被普遍接受的潮流。

这种实用主义的思潮对于整个专利制度的演变和具体规则的改变具有广泛而强有力的解释力。

公共政策的经济目标是最终满足人类生存和发展的各种需求

---

❶ *Graver Tank & Mfg. Co. v. Linde Air Prods. Co.*, 339 U.S. 605, 607 (1950).

❷ *Graver Tank & Mfg. Co. v. Linde Air Prods. Co.*, 339 U.S. 607−608 (1950). 美国联邦最高法院在该案中认为："允许在没有复制每一个字面细节的情况下对专利发明进行模仿，将会使得专利保护变得空洞无用。这样的限制会使得不择手段的抄袭者有机可乘（甚至鼓励）：对发明进行不重要的和非实质性的改变或替换，虽然没有增加什么，却足以使得剽窃（Pirate）的内容超出权利要求的范围，因而也落到法律保护的范围之外。"

❸ *Warner—Jenkinson Co. v. Hilton Davis Chem. Co.*, 520 U.S. 17, 34−35 (1996).

❹ "字面含义主义（Literalism）可以节约司法资源，但显然不是最有效率的规则。" *Festo Corp. v. Shoketsu Kinzoku Kogyo Kabushiki Co.*, 535 U.S. 722, 731−733 (2002).

专利权的边界——权利要求的文义解释与保护范围的政策调整

和期待——拥有健康、长寿、舒适、丰富的物质和精神生活、洁净健康的自然环境等。为满足这些需要，公共政策可提供多种多样的解决方式，如税收调节、国民整体素质教育等。但是，经验表明，长期来看，"决定一个社会改善其满足这些需要和需求的能力的速度的一个最主要的因素是技术创新。专利系统在创新机器中是一个至关重要的齿轮。"❶

研发和创新是一项高风险的事业，往往需要投入大量的高素质的人力资源和高技术含量的工具与设备。❷ 而且，越是高新、前沿科技，投入、周期与风险也就越大。由于研发结果的不可预知性、研发成果商业前景的难以预判性，许多的研发道路事后被证明是"死胡同"，这些投向失败方向的投资损失便成为"沉没成本"（Sunk Cost）。❸ 回收研发成本的能力创造了创新激励。❹ 专利制度为专利权所提供的激励回报，不仅应当允许权利人回收开发该项技术所付出的代价，而且从社会整体看，应当允许其回收整个创新过程中的沉没成本。

专利权客体的本质是信息，其无形性决定了其仅存在于人们的观念之中。信息的消费具有非排他性、共享性、易传递性。专利信息一旦公开，"就像空气一样到处弥散"，❺ 任何人使用该信息均不会影响其他人的使用，使用的过程中也不会对信息造成损耗。专利客体是一种"公共产品"。创新的成果是如此容易地被

---

❶ 亚当·杰夫，乔希·勒纳. 创新及其不满：专利体系对创新与进步的危害及对策 [M]. 罗建平，兰花，译. 北京：中国人民大学出版社，2007：前言第 2 页.

❷ See MARK A. LEMLEY, *The Economics of Improvement in Intellectual Property Law*, 75 Tex. L. Rev., 1997, 989, 994.

❸ See MARK A. LEMLEY, *The Economics of Improvement in Intellectual Property Law*, 75 Tex. L. Rev., 1997, 989, 994—995.

❹ See MARK A. LEMLEY, *The Economics of Improvement in Intellectual Property Law*, 75 Tex. L. Rev., 1997, 989, 994—996.

❺ 董涛. 专利权利要求 [M]. 北京：法律出版社，2006：270.

第3章 权利边界的政策调整

复制，以至于几乎不需要花费复制者过多的成本。❶ 公共产品不具备消费的竞争性，任何主体使用发明创造的行为均不会影响其他主体的使用行为。❷ 如果缺少法律赋予的排他权控制力，发明者则无法通过独占权的方式控制产品的价格，从而无法保证获得足以回收所有成本的利润，从而缺少从事高成本、高风险的创新活动的激励；相反，可以很方便地搭他人便车的预期激励着模仿者坐享他人的劳动成果。专利法为此提供了法律上的担保，即通过赋予创造者排他性的权利保证创新的私有化，从而为发明者提供经济上的足够激励，最终促进创新。总而言之，创新本身的公共产品属性决定了没有足够的激励，在市场环境下就难以有冒险的创新行为及其公开。❸

专利权作为一项财产权，还有降低技术使用风险从而降低创新市场风险的作用。专利权不仅可以防止其他公司使用，而且可以在制造、销售运用该项技术的产品时享有一定程度的安全性，避免出现被其他竞争者要求停止生产或者支付费用的情况。专利被作为权利创设出来，也具有防御属性。

专利制度是一项着眼于长远的制度，以当下的制度代价换取长远的制度红利。保护专利权的主要目的是对未来创造的激励，

---

❶ JOSEPH SCOTT MILLER, *Building a Better Bounty: Litigation—Stage Rewards for Defeating Patents*, 19 Berkeley Tech. L. J., 2004, 667, 681-682. 不过，这只是一个总体的分析，在某些情况下，复制他人的技术也不见得很容易。这可以使商业秘密在某种程度上取代专利权巩固先发优势。例如，随着线宽的不断缩小，以纳米线宽计量的半导体芯片电路的反向工程也变得越来越困难。当然，困难只是相对的，从理论上说，没有无法破解的技术，反向工程的技术也在不断地发展，问题的解决只是时间上的问题。

❷ DAN L. BURK & MARK A. LEMLEY, *Policy Levers in Patent Law*, 89 Va. L. Rev., 2003, 1575, 1605.

❸ See JOSEPH SCOTT MILLER, *Building a Better Bounty: Litigation—Stage Rewards for Defeating Patents*, 19 Berkeley Tech. L. J., 2004, 667, 680-681.

专利权的边界——权利要求的文义解释与保护范围的政策调整

而不是仅考虑眼前的经济福利。实施专利权所保护的技术方案不具有竞争性,在同一时刻,同一发明创造可以被无限多的主体同时使用,并且这种使用不会导致智力成果的任何损耗。从这个意义上说,对专利技术方案的当下推广和运用,是有利于整个社会的,给其以一段时期垄断权的保护,恰恰提高了公众运用新科技的成本,甚至在权利人自己不实施也不许可他人实施的情况下,有用的技术被"闲置",社会无法得到科技进步的惠泽。但是,如果没有专利制度的推力,从长远来看,潜在的科技创新者对创新的激情难以为继,他们面临着非常现实的问题——在没有收益的情况下进行高成本、高风险的研发行为等于自杀。虽然创新者的"先发优势"在一定程度上也能给其以经济回报,但是在许多领域,这一"先发优势"的回报并不足以充分弥补创新者付出的成本,更遑论产生任何现实的收益了。专利制度的目的在于防止"搭便车"(Free-riding)。相对于投资于有形财产、资本工具的商业活动,对发明创造这种智力成果的投资更容易被他人以极低的成本"搭便车"。❶ 搭车者无需付出发明的固定成本(沉没成本),故而能以等于或略高于边际成本的价格参与竞争,这迫使发明创造者不得不降低价格,最终使得发明者无法获得足够的收益回收他所付出的沉没成本。❷ "自由搭车"的现象如果不受限制,将没有人愿意创新为他人"做嫁妆"。专利制度也有利于资源的优化配置。有些独立发明人、小型实验室、小公司拥有发明创造的成果,但是他们可能没有实施的条件,例如生产线、工人、营销、售后服务等,技术成果的产权化使它们可以通过转让或者许可的方式让其他有能力的市场主体完成技术成果运用的商业化。

---

❶ See KATHERINE J. STRANDBURG, *What Does the Public Get? Experimental Use and the Patent Bargain*, Wis. L. Rev., 2004, 81, 104—105.

❷ 威廉·M. 兰德斯, 理查德·A. 波斯纳. 知识产权法的经济结构 [M]. 金海军, 译. 北京:北京大学出版社, 2005: 294.

第3章 权利边界的政策调整

如此一来,善于创新的发明人和善于商业运作的商人各得其所,有利于发挥各自的资源特长和优势。如果没有专利制度,发明人没有获得任何经济利益的前景,自然也没有任何意愿向他人传授他的发明创造,"我没有什么好处,为什么要让你占便宜?"

专利制度强化了"先发优势",并通过法律手段保证了"先发优势"的领先时期。专利制度通过法律的强制力人为地创造了稀缺。将无形的发明创造转变成可被识别、可流转的"财产",正是这种稀缺造就了专利权的价值。对于那些没有商业化资源的小发明家来说,专利制度虽然不能为其建立和巩固"先行优势",但是人为创设的财产权可以使其获得交易的对价,或者作为筹集资金进行创意商业化的融资担保物,或者作为吸引投资资金的优良资产,最终使伟大的创意可以商业化。总之,只要优秀的发明创造可以享有权利,市场机制的作用就能够使之造福人类文明。

当然,专利制度只是众多创新激励工具中的一项,在专利制度以外还存在其他的创新激励机制。第一种激励机制是先发优势,这是一种源自市场自身的激励机制。[1] 然而,基于有形财产获得的回报在相当多的领域中不足以产生足够的利润,以支撑通常高额、高风险的研发成本。[2] 第二种激励机制是政府提供奖励或者事先的"悬赏"。通过经济利益的市场激励机制的专利制度必然只能鼓励有商业前景的发明创造。一些短期内看不到商业化前景的基础研发项目有赖于政府的资助。例如,美国联邦政府在2003年提供的研发资助高达1170亿美元。[3] 但是,无论是事先

---

[1] 亚当·杰夫,乔希·勒纳. 创新及其不满:专利体系对创新与进步的危害及对策 [M]. 罗建平,兰花,译. 北京:中国人民大学出版社,2007:44.

[2] See GLYNN S. LUNNEY, Jr., *Patent Law, the Federal Circuit, and the Supreme Court: A Quiet Revolution*, 11 Sup. Ct. Econ. Rev., 2004, 1, 39.

[3] 美国联邦贸易委员会. 促进创新:竞争与专利法律政策的适当平衡 [M]. 转引自:尹新天. 专利权的保护 [M]. 北京:知识产权出版社,2005:542.

专利权的边界——权利要求的文义解释与保护范围的政策调整

的激励还是事后的资助,都面临无法准确计算激励金额的问题。因为计算出向不同的创新发放合适的奖金金额是异常困难的。在大部分情况下,一项专利权的重要性是很不确定的。通过市场机制能够针对不同的发明创造大体提供适当的激励标准。❶

在所有反对专利制度的声音中,最为有力的恐怕是"反公共产品"(Anticommons)理论。"反公共产品"理论系针对"公共产品"理论而提出的,是指权利持有人虽然拥有了排他性的稀缺资源使用权,但是其本身并没有有效地利用该资源,也没有其他主体使用这一资源,从而使得资源无法被充分使用,由此造成资源的闲置浪费,从而酿成"反公共产品"的悲剧。❷ "反公共产品"现象并非专利体系中特有的现象,在存在财产权交易的市场中,都可能出现无法优化配置资源的市场失灵,不过,在专利乃至整个知识产权制度中,基于权利的无形性、权利的重叠性,这一问题较为突出。一个典型的例子是,在历史上,作为二极管专利技术的后续技术,三极管的发明创造即使取得了技术上的巨大飞跃,并且获得了专利权,但由于其是在二极管技术的基础上开发的,落入了二极管专利的保护范围,二极管的专利权人迟迟不

---

❶ 但专利制度失灵的状况也非罕见,典型的有以下两种情形:一是对发明创造商业化的过程过于漫长,浪费了大量的时间以至于在专利到期时开发者尚未能够回收成本或者获得足够的市场回报;二是发明创造属于最终商业产品的中间产品,而后续开发困难重重,以至于在专利到期时真正能够获得商业成功的产品尚未研制成功或者取得足够的市场回报。目前,有些国家的专利制度对此制定了一些针对措施。例如关于前者,在药品领域,美国允许药物专利权人申请延长专利的保护期,延长的时间等于向美国食品和药品管理局(FDA)提交药品审批的时间。但关于后者,目前没有太好的解决办法。一项可能的解决方式是《专利法》规定的不视为侵权的规定不包括利用已有专利技术研发该技术的改进技术,也即实施他人专利技术研发新技术的行为仍然构成侵权。不过,由于此种侵权行为发生在内部实验室,专利权人在举证上存在困难,实践中对侵权行为很难加以控制。

❷ MICHAEL A. HELLER, *The Tragedy of the Anticommons: Property in the Transition from Marx to Markets*, 111 Harv. L. Rev., 1997, 621—622.

第3章 权利边界的政策调整

同意通过许可的方式授权在后权利人使用其专利技术,致使大大优于二极管技术的三极管技术在历史上长期不能被推向市场。❶虽然此案例只是一个特例,在大多数情况下,基础专利和改进专利的权利人之间因利益的一致性,往往能够达成交叉许可协议,但是谈判成本以及某些基于经济利益之外的考量因素仍然可能阻碍协议的达成,在这些情形之下,专利制度未能增进社会的福利。

虽然有"反公共产品"理论的有力诘难,但是还不足以从根本上动摇专利制度的合理性根基。一方面,专利法通过强制交叉许可制度对此问题作出了回应。❷ 另一方面,更为重要的是,从整体效率而言,专利制度仍然是促进创新的最为有效的政策工具。"反公共产品"理论指出的制度弊病也只是以激励创新的最理想状态为参照物,而非以不存在专利制度为参照系提出的立论,事实上,如果没有专利制度的激励作用,三极管的改进技术可能根本不可能在短期内创造出来,也无从出现前述的"反公共产品"的悲剧;相反,即便在先权利人和在后权利人之间未能达成协议导致先进技术无法及时造福人类,但至少该项技术已经被创造出来,并于在先技术到期后的将来摆脱束缚,此外,这一新技术的出现也为将来更进一步的技术改进、创新和发展提供了科学思想上的启迪。综上,接受"反公共产品"理论的逻辑后果是

---

❶ 亚当·杰夫,乔希·勒纳. 创新及其不满:专利体系对创新与进步的危害及对策[M]. 罗建平,兰花,译. 北京:中国人民大学出版社,2007:47.

❷ 《专利法》第51条第1款规定:"一项取得专利权的发明或者实用新型比前已经取得专利权的发明或者实用新型具有显著经济意义的重大技术进步,其实施又有赖于前一发明或者实用新型的实施的,国务院专利行政部门根据后一专利权人的申请,可以给予实施前一发明或者实用新型的强制许可。"该条第2款规定:"在依照前款规定给予实施强制许可的情形下,国务院专利行政部门根据前一专利权人的申请,也可以给予实施后一发明或者实用新型的强制许可。"不过,从适用的实际效果来看,实践中极少出现这样的案例。

完善而不是废除专利制度。

总之，我们应当将专利制度视为整个经济体系的一环加以考察。专利只是激励创新的一种制度手段，是创新体系之下的组成部分，但是也是其中最为重要的政策工具，难以为其他替代品取代。专利制度的正当性基础主要在于经济效率而非道德伦理。

3.1.2 政策的钟摆式变动

创新是实现社会整体福利最大化的最为根本的推动力之一。虽然专利制度优先于税收、政府资助等其他工具，是促进创新的最为重要的公共政策手段，但是，过度的保护会带来反创新的恶果。低质量的大量授权、昂贵的诉讼成本，正日益成为新产品和新工艺推向市场的强大阻力。专利制度一旦失控，向反创新的方向滑落，将变得非常可怕。❶

创新是一个渐进的、累积的和无限延伸的过程。向首先作出发明创造的创新者提供垄断权激励与压制潜在创新者的后续创新❷之间的紧张关系是专利制度本身所固有的。这种紧张关系产生了一种类似于"代际公平"的利益平衡需求。在先创新与在后创新之间在保护强度上存在此消彼长的关系，倾斜保护一方的创新将威胁到另一方的创新。对在先创新保护力度过大，则在后创新空间被压缩从而不利于创新激励，对在先创新的保护力度过小，则精明的投资者在一番成本收益的精打细算之后放弃许多不

---

❶《创新及其不满：专利体系对创新与进步的危害及对策》一书即着眼于讨论病变的专利制度对创新的负面影响。各种病变包括申请人更容易获得授权、更难挑战专利权的有效性、诉讼成本高企以至于无辜的被告更倾向于支付赔偿金而不是坚持到底等，"当前系统的病状是由更强的专利保护、授予专利标准的降低以及在技术变化迅猛的行业中大量没有价值的专利的出现等因素共同造成的。"专利"已经变成一场危险而昂贵的武器竞赛，现在这种竞争在削弱而不是促进至关重要的技术创新过程。"参见亚当·杰夫，乔希·勒纳. 创新及其不满：专利体系对创新与进步的危害及对策 [M]. 罗建平, 兰花, 译. 北京：中国人民大学出版社, 2007：17, 33.

❷ 后续创新包括外围设计创新、改进创新、替代创新等。

划算的创新,也不利于创新激励。因而,在理想状态下,这种"压制"应当处在合适的水平之上,并且在保护在先创新的同时,尽可能降低因保护一些过强的专利而阻碍后续创新的风险。"发明人依赖法律的承诺而作出发明,而公众则应当被鼓励在发明人的独占权之外寻求新的发明创造。"❶

这种高空走钢丝式的平衡需要相当高的宏观政策把握水平。专利法律制度是精细的体系,任一具体规则的设计都会在天平的某一端加上或重或轻的砝码。每一次规则层面的调整,背后都是公共政策对专利制度这一"工具"效用的反思与反应。政策是以时间为变量的函数。从长期来看,各国专利政策均存在钟摆式摇摆的趋势。也即,当问题出现时,人们总是或快或慢地作出某种反应,导致政策发生转向,专利体系由此产生变化。但经常地,这种调整事后又被证明是反应过度的产物,从而再次引发政策进行反向的回拨。历史经验表明,专利制度和政策在激励和反激励、竞争和垄断之间不断地进行调整,呈现出螺旋式上升的过程。

荷兰在历史上一度取消了专利制度,是这种过度反应行为的典型体现。当时荷兰的专利制度存在两个严重的问题,一是使用注册制而不是审查制,二是对专利权进行保密,只有期满才予以公布。这两项糟糕的制度严重阻碍了创新、加强了垄断,成为荷兰于1869年7月废除专利系统的直接原因。

在德国,权利保护范围的确定经历了早期周边限定——而后中心限定——再次向周边限定转化的政策调整轨迹。

美国的情况则更为典型。在权利保护范围的界定方面,美国法院最初采纳中心限定理论,随后逐渐向周边限定发展,继而为

---

❶ *Festo Corp. v. Shoketsu Kinzoku Kogyo Kabushiki Co.*, 535 U.S. 722, 731 (2002).

专利权的边界——权利要求的文义解释与保护范围的政策调整

了保护权利人的利益,使其免受文字僵化的束缚,萌生了等同原则,再而因等同原则适用过滥、过宽,导致权利的不确定性,损害了公众的稳定预期,又引发了通过禁止反悔原则、捐献原则等限制等同原则适用的新一轮政策转向。在权利保护范围界定的实际尺度方面,美国国会于 1982 年批准设立了统一的专利上诉法院,即美国联邦巡回上诉法院,该法院集中管辖对美国专利商标局申诉委员会作出的决定不服而提起的诉讼案件,以及对联邦地区法院作出的专利侵权纠纷判决不服而提起的上诉案件。美国联邦巡回上诉法院在成立之后的几年中,采取了"亲专利权人"的立场。统计表明,在该法院设立后的第一个年度,支持专利有效的判决从历史上的平均 35% 猛增到 45%,第二年度这一数字甚至迅猛增加到 67%。这一"亲专利权人"的做法大大增强了公众申请专利的积极性。在 1985~2006 年的 20 年间,美国的专利申请量增加了 4 倍,专利授权量增加了近 3 倍。❶ 然而,专利申请量和授权量的大幅增长也带来了负面作用,这导致美国法院自 20 世纪 90 年代中期以来开始了新一轮的政策调整。

以上事实表明,在最大限度地增添经济利益刺激专利生产和最大限度地增加公众知识使用自由以及保护交易安全的两个极端之间,政策体现出明显的钟摆式摇摆的轨迹。专利政策的变革所体现出来的这种钟摆式摇摆现象出现的主要原因是技术的发展、新技术领域的出现、越来越细致的社会分工、越来越高的交易流转安全性、便捷性要求等创新环境的变化对政策的需求发生了显著的变化,以及国家整体科学技术发展水平的变迁,次要原因是针对新制度"用药过猛"的情况,减少给药、减轻不适应症的呼声所推动的政策矫正、反应过度的回调。

---

❶ 参见:亚当·杰夫,乔希·勒纳. 创新及其不满:专利体系对创新与进步的危害及对策 [M]. 罗建平,兰花,译. 中国人民大学出版社,2007:96—98.

这种政策的变动具有不可避免性。专利政策的作用机制异常复杂，其后果与制度设计者当初的设想有时相距甚远，政策的调整往往在解决一个问题的同时，又带来一个新的问题。诸如"保护力度强好，还是保护力度弱好"这样一个争论不休的全球性的共同问题，其后果也往往不是一目了然、立竿见影的。这种调整后果的不可预料性、滞后性正是政策不断调整的一个重要原因。政策是对现实生活变化的积极反应。政策是由众多规则所组成的"组合拳"所构成的，适时的调整并不是坏事。随着经济结构、产业发展水平、科技发展状况、社会发展水平、国家竞争力等因素的变化，政策的摇摆是发挥专利制度鼓励创新机制的正常新陈代谢。就如同前述"强保护好还是弱保护好"的问题，在不同的时空中会得出不同的结论。

专利政策的钟摆式摇摆既不是哪个国家的孤立现象，也不是我们所要极力避免的糟糕情况，相反，其是法律规范对现实需求的及时反应，是专利制度永葆健康机理的秘诀。

3.1.3 全球经济与地方发展、发达国家利益与发展中国家经验的冲突与兼容

任何理论的生命力均受制于特定的适用环境。前文对专利制度"有贵的总比没有的好"的正当性价值分析在具有较强的创新能力的国度环境中要比在创新较不发达的国度环境中具有强得多的说服力。发展中国家为专利权提供保护甚至提供强有力保护的做法，带有典型的"双刃剑"特质。

技术研发具有明显的"先发优势"。任何科技创新都不是凭空出现的，是一个长期日积月累的过程。现代技术的发展和更新换代，极少在一片旷野中作业，往往基于前人的大量科技积累。"一步落后，步步落后"是当今科技研发竞争的真实状态。"跨越式发展"虽然并非天方夜谭，但能够成功的例子却是屈指可数。保护专利权将使得专利权人确保通过法律的力量保持对他人10

专利权的边界——权利要求的文义解释与保护范围的政策调整

年、20年的领先优势,大大强化了这种"先发优势"。

英国知识产权委员会于 2002 年 9 月公布的《知识产权与发展政策的整合》(*Integrating Intellectual Property Rights and Development Policy*) 罕有地以发达国家的资源作出了一份同情发展中国家的报告。该报告指出,"知识产权保护最为直接的影响是对那些拥有知识和具有创造能力的人有利,同时提高了那些没有知识和创造能力的人的使用成本,在大多数科技基础薄弱的发展中国家,通过鼓励国内创新这一模式取得的利益的作用微弱,但是他们仍然要面对由保护技术(主要是国外的)所带来的成本。因此从整体上看,知识产权体系的成本和获利不可能公平地分配。"这一报告一针见血地道出了专利制度在利益分配方面的不平等性。

对于后发国家而言,最符合眼前利益的激进做法是及时淘汰落后工艺,引进和大力推广他国的先进科技,并拒绝为此提供产权保护,免于支付高额的技术使用费。发展中国家是否可以先拒绝建立专利系统保护发明创造,等其国民迅速学习其他国家公开的技术,在短时间内紧跟、追上领先者的步伐之后,再保护专利权呢?❶ 这一想法对于发展中国家无疑具有极大的诱惑力。在各个技术领域研发能力都比较落后的发展中国家,推翻专利制度的"拿来主义"可能才是最优的选择。印度作为最大的仿制药生产国,从本国的利益出发,在 2005 年之前一直拒绝为药品提供任何专利保护。印度的做法无疑取得了很大的成功,一跃成为全世界主要的仿制药生产国,全球 80% 的廉价抗癌药和抗逆转录病毒药(防止艾滋病的主要药品)均是由印度厂商生产。在历史上,18 世纪末、19 世纪初的美国曾经变相地施行过这一政策。英国知识产权委员会公布的《知识产权与发展政策的整合》报告

---

❶ 当然,前提是该国具备必要的研发和技术实施的基础条件。

第 3 章 权利边界的政策调整

指出,当时作为技术净进口国,美国于 1790~1836 年在长达 40 多年的时间里仅向本国的国民和居民授予专利权,即使 1836 年开始允许外国人申请专利,对外国人的专利收费仍然是对美国公民收费标准的 10 倍之多(如果是英国人则再多出 2/3),直到 1861 年,美国才给予外国申请人国民待遇。

但是,这一做法在现今的国际经济和贸易秩序下已经难以为继。

第一,拒绝保护意味着丧失参与全球分工,分享经济一体化和贸易自由化的利益的机会。在经济全球化的浪潮中,国际分工的趋势日益明显。科技含量低的劳动密集型产业向劳动力成本低廉的发展中国家转移,发达国家的劳动力则越来越多地向科技含量高的研发型工作岗位流动。发达国家创造科技、发展中国家创造产品的国际分工使得发展中国家取得了对发达国家的有形产品的贸易顺差以及无形技术使用费方面的贸易逆差。如果发展中国家拒绝对外国人的专利权提供保护,那么发达国家势必通过提高有形产品关税等措施消除贸易逆差。TRIPS 之所以成为加入 WTO 的必要前提和重要附件,正是由于发达国家不遗余力地将开放本国市场作与要求他国保护其知识产权的问题捆绑起来。实际上,使用、复制他人的技术节约了大量的研发成本,提高了市场竞争力,只要任何一国拒绝或者降低保护水平,则技术出口国的相应经济利益则会在该国流失掉。从日本于 2002 年 7 月制定的《知识产权战略大纲》可窥见端倪。该大纲对其从前重视国内专利申请、忽视国际申请的做法进行了反思,提出要有全球性竞争的意识,并且政府应当通过多种手段向他国施压,敦促他国加强知识产权保护。大纲明确指出:"作为政府,要对发生侵权国家的中央政府和地方政府开展强有力的工作,最大限度地行使 WTO 的'与贸易有关的知识产权协议'(TRIPS)等协议中赋予的权利","对非 WTO 成员的国家也要通过两国间的谈判,迫使其加强知识产权保护","以坚决的态度进行双边谈判和多边协商,保护我国产业界和国民的利益"。❶ 在历史上,荷兰一度废除了专利制度,但"来自德国和其他地方贸易伙伴无情的压力"迫使荷兰不得不放弃了这一做法。❷ 印度在 2005 年之后同意给予药品以专利权的保护,也正是因为其加入 WTO 之后需要履行 TRIPS 义务的无奈之举。

第二,拒绝保护使国内产业缺乏创新的外在推动力。除了少数最不发达国家,几乎所有的国家都或多或少地存在保护本国自主知识产权的内在需求。大部分发展中国家并非在任何技术领域中均处于全面落后地位。除非取消给予外国权利人国民待遇,否则保护不足也势必损害一国国内自主创新的动力。一味地模仿,就不会有研发资源、智力资本的投入,就越难以形成创新研发所需要的基础和传统,甚至无法形成自主创新的意识。一味地模仿只能一条路走到黑,易于产生"路径依赖",陷入"内卷化"的泥潭无法自拔。依靠模仿和照搬,发展中国家永远不可能扭转技术进口国和创新落后国的地位。

第三,拒绝保护不利于引进国外的非专利技术。专利技术并非科学技术的全部,有大量的科学技术通过商业秘密的方式被权利人"珍藏"起来,为了达到更佳的技术效果,许多专利技术需要和非专利技术相配合。如果一国知识产权的保护水平过低,势必影响非专利技术的引进,国外权利人在无法获得充分保护的情况下,是不愿意在该国实施非专利技术的,这使得拒绝为专利提供保护的国家无法真正完整地获得先进技术。所能免费获得的技术在许多情况下也只是"照葫芦画瓢"的表面技术。

第四,拒绝保护不利于国内产业界熟悉国际规则、参与全球

---

❶ 转引自:尹新天. 专利权的保护 [M].2 版. 北京:知识产权出版社,2005:9.
❷ 亚当·杰夫,乔希·勒纳. 创新及其不满:专利体系对创新与进步的危害及对策 [M]. 罗建平,兰花,译. 北京:中国人民大学出版社,2007:82.

竞争。即便国内技术使用人在宽松的保护环境下模仿、复制了国外权利人的技术，在国际贸易中，这些产品无法出口，寸步难行，因为在普遍保护专利的国际环境下，国际权利人早已在主要的市场中布下"天罗地网"。由于企业没有自主核心技术，也无法创立自主品牌，最后只能参与低附加值的低端产品市场竞争，或者只能将产品销往没有专利布局的国家——这往往是不受权利人重视的次要市场，长此以往，该国也无法拥有自主的知识产权核心竞争力。

综上所述，在今天全球一体化日益加深的环境下，拒绝或者降低专利的保护力度的国家势必被边缘化，被排挤在全球化的盛宴之外，逐步被潮流所抛离。

发展至今日，发展中国家所受到的国际压力越来越大。美、欧等发达国家和地区已经不再满足通过国际条约推动他国建立纸面上的知识产权制度，而是在政策层面、执法力度和效果层面施加加强保护的国际压力，并以此作为降低关税水平、进一步开放国内市场的对等条件。而众多发展中国家之所以同意提供高水平的专利保护，无疑是从"总账"上计算得失，认为在知识产权保护中外流的经济利益可以从产品贸易的获利中得到充分的回填，总整体上甚至略有盈余。但是，近年来发展中国家也逐步认识到，虽然这种国际秩序很可能是"双赢"的局面——随着市场蛋糕越做越大，南、北国家之间都可以获得更大的利益，但是由于科技创新的附加值更高，发达国家的获益更多，也就是说，国际贸易的利益分享机制在发达国家和发展中国家中未必是对等的。而且令人沮丧的是，这种秩序相当稳定，通过一种国际性的专利制度，发达国家进一步巩固了其技术上的"先发优势"，发达国家与发展中国家的技术差距很可能在日益拉大，而不是缩小。2004年，巴西和阿根廷在世界知识产权组织成员大会上提出了《关于建立世界知识产权组织发展议程》的提案，实际上意图将包括专利在内的知识产权制度从国际贸易体系中单独抽取出来进行成本收益的核算。它们不再满足于通过一揽子国际协议"算总账"时才能获得的可怜的净收益，而希望在单独考虑知识产权制度时，便能获得更多的收益，减少技术贸易的"赤字"，向收支平衡的方向发展，而不是一直处于很可能不断恶化的逆差之中。预料之中的是，发达国家对此表达了强烈的反对。这一问题触及今日世界经济版图和贸易格局的核心——国际分工的布局和利益瓜分的生态链。在发达国家不断强化自身核心竞争力的今天，上述提案只能是美好的愿景，难以成为现实。

没有人否认专利制度具有刺激创新的价值，但关键问题是站在国家利益的立场上，刺激的究竟是"自主创新"还是"他主创新"。促进创新与促进自主创新之间并不能完全画等号。对于最不发达的发展中国家而言，专利制度并不体现为自主创新的助推器，而对于其他的发展中国家而言，从自身利益最大化的角度出发，应当努力争取自主地选择适合社会、经济、科技发展阶段的权利保护强度和政策水平。

3.1.4 中国的现实政策土壤

专利制度对于发展中国家而言，既是挑战，也是机遇。作为经济持续高速发展的最大的发展中国家，中国在通过专利制度推进创新方面具有特殊性。一方面，从总体科技发展水平而言，中国仍然落后于国际上公认的创新大国、强国和技术出口国。另一方面，中国也具有巨大的研发潜力，科研力量和整体国力都为加速创新发展奠定了良好的基础。在不同的技术领域，中国的自主创新呈现出发展不均、与发达国家差距不一的现象。如果仅考虑专利制度本身的成本收益，过强、过弱的保护都不利于中国自主创新能力和科学技术的发展。通过政策的调节，充分合理地利用国际条约允许的空间，我们完全可以把阵痛降低到最低的限度。

第3章 权利边界的政策调整

在中国实施专利制度的最初20多年中,专利制度主要体现的是作为舶来品的国际经验,追随美、日、德等国的做法,移植国外的制度。但是随着市场化改革的不断深化、对外开放水平的不断提升,现今中国所面临的国内、国际环境已经发生了深刻的变化。内生需求正逐步取代外部压力,成为专利制度改革和专利政策制定与实施的主要推动力。包括保护范围界定在内的专利制度的演进逐步由外力推动型向内生需求型、由被动接受型向主动选择型转变。在这一重要的历史转型期,专利政策的选择尤其需要注重社会实际状况的调查,保持足够的敏锐性和警惕性,做好随时调整的准备。

由于我们将专利制度筑基于经济效率的正当性之上,淡化政治、文化、传统、意识等因素对制度的影响,因而什么样的政策适合中国,主要需要从经济发展阶段和专利布局态势的状况入手分析制定、实施有关专利政策所需要重点考量的因素。按照直观的体验,没有人会否认我国的创新整体水平与发达国家仍具有相当差距,但我国究竟处于创新进程中的哪一阶段,需要研究有关的统计数据。

从发展增长趋势方面看,中国具有持续向好的态势。在国内申请中,发明专利申请的比例不断提高。2011年,国内三种专利申请中,发明专利申请比例达到27.6%,比两年前提高1.5个百分点,比7年前提高4个百分点,比10年前提高13.4个百分点(见图3.1)。❶

从发展前景看,中国自主创新的意识和水平在不断提高。自2002年至2011年,中国PCT国际专利申请保持了年均36.2%的高速增长,世界排名从第15位上升至第4位,增速位居全球

---

❶ 数据来源:国家知识产权局. 中国知识产权年鉴 2012 [M]. 北京:知识产权出版社,2012:626.

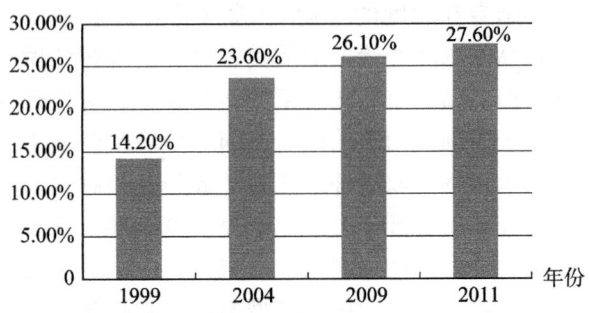

图 3.1　国内申请中发明专利所占比例

首位,❶ 2011 年达 16406 件,比上年增长 33.4%。❷ 表 3.1 显示了我国申请人向美、欧、日、韩四局提交的发明专利申请数量呈现大幅增长。❸

表 3.1　我国申请人向美、欧、日、韩四局提交发明
专利申请增长情况(2002~2011 年)

	USPTO	EPO	JPO	KIPO
2002 年	888 件	170 件	74 件	62 件
2011 年	10545 件	2548 件	1401 件	719 件
增长倍数	11.9	15.0	18.9	11.6

可以说,以数量和发展速度计,中国已经成为专利大国,然而,在质量上,情况仍然不容乐观(见图 3.2)。

---

❶ 数据来源:国家知识产权局. 专利统计简报 [EB/OL]. [2012-12-20]. http://www.sipo.gov.cn/ghfzs/zltjjb, 2012 (19).

❷ 数据来源:国家知识产权局. 专利统计简报 [EB/OL]. [2012-12-20]. http://www.sipo.gov.cn/ghfzs/zltjjb, 2012 (5).

❸ 表 3.1 引自国家知识产权局. 专利统计简报 [EB/OL]. [2012-12-20]. http://www.sipo.gov.cn/ghfzs/zltjjb, 2012 (19).

第3章 权利边界的政策调整

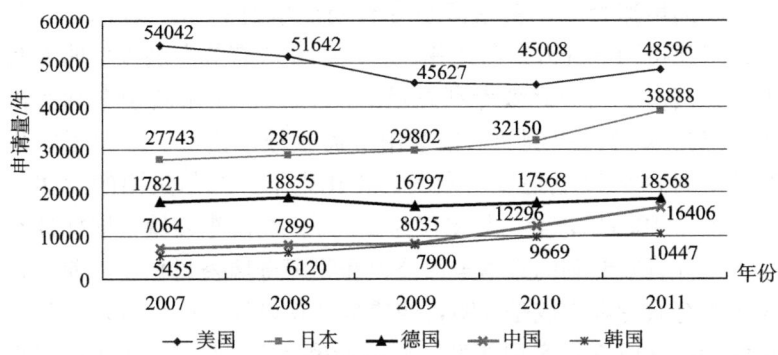

图 3.2 中、美、德、日、韩 PCT 专利国际申请量变化趋势图❶

在创新主体竞争力层面上，中国与发达国家差距巨大。汤森路透集团旗下的知识产权咨询公司公布的 2012 年度"全球百强创新者"榜单中，❷ 共 47 家美国机构、32 家亚洲机构、21 家欧洲机构上榜，中国机构无一上榜。❸

在国内专利类型方面，截至 2011 年年底，国内企业拥有的有效专利中，发明专利所占比重为 15.1%，实用新型专利占总量的比重为 40.9%，外观设计专利占 33.7%。与发明专利

---

❶ 图 3.2 引自：国家知识产权局. 专利统计简报 [EB/OL]. [2012-12-20]. http：//www.sipo.gov.cn/ghfzs/zltjjb, 2012 (19).

❷ THOMSON REUTERS NAMES THE WORLD'S TOP 100 MOST INNOVATIVE ORGANIZATIONS FOR 2012 [EB/OL]. [2012-12-23]. http：//thomsonreuters.com/content/press_room/legal/739597? y=yjwt08&y=yjwt08. The complete report [EB/OL]. [2012-12-23]. http：//top100innovators.com. 汤森路透集团是全球著名的企业及专业情报信息提供商，该报告于 2012 年 12 月 4 日发布。

❸ 创新主体主要由企业构成，也包括研究所、大学。该榜单主要依据知识产权数据决定企业是否进入榜单。这些数据包括四个方面：专利数量、被授予专利的成功率、专利组合的全球覆盖范围以及专利影响力。入围的企业必须在 2009 年至 2011 年拥有 100 项创新。

23.4%的增速相比，实用新型专利同比增速高达30.6%，专利质量未获得明显提升。与此相比，国外在华有效专利以发明专利为主，其占到国外有效专利总量的79.1%，实用新型专利所占比重仅为2.4%。❶ 例如，在家用电器领域，松下、西门子在华有效专利80%以上是发明专利，相比之下，海尔集团的发明专利比重为18.4%，美的集团仅为2.0%；在汽车领域，同样拥有两千余件有效专利的日本丰田公司和我国奇瑞公司相比，前者在我国的有效专利六成是发明，四成是外观设计，而后者六成是外观设计，三成五是实用新型，发明专利不到5%。❷ 这在一定程度上说明我国的技术创新以外围技术和外观设计为主，创新多在外壳少在内核。❸

从授权率上看，2011年我国发明专利本国人申请比例高达79.0%，但是本国人授权比例却只有65.3%，差值为13.7个百分点，说明外国人在华专利申请的质量要优于本国专利申请人。❹ 相比之下，美、欧、日、韩的差值分别为－0.2、－2.1、1.0、1.4个百分点。❺

从维持时间❻上看，2011年国内专利平均维持年限为5.7

---

❶ 国家知识产权局. 专利统计简报 [EB/OL]. [2012－12－20]. http：//www.sipo.gov.cn/ghfzs/zltjjb, 2012 (11).

❷ 国家知识产权局. 专利统计简报 [EB/OL]. [2012－12－20]. http：//www.sipo.gov.cn/ghfzs/zltjjb, 2010 (11)

❸ 国家知识产权局. 专利统计简报 [EB/OL]. [2012－12－20]. http：//www.sipo.gov.cn/ghfzs/zltjjb, 2010 (5).

❹ 国家知识产权局. 专利统计简报 [EB/OL]. [2012－12－20]. http：//www.sipo.gov.cn/ghfzs/zltjjb, 2012 (19). 但由于授权要滞后于申请，故尚不能由上述数据计算出精确的授权率差距。

❺ 差值为负值则说明对本国人的授权率高于对外国人的授权率。

❻ 在法定期限内，为维持专利，专利权人每年需要交纳维持费，由于维持费逐年上升，因而维持时间成为衡量专利质量、技术水平和市场经济价值的最重要参数之一。

年,而外国在华专利平均维持年限为 8.7 年。如图 3.3 和图 3.4 所示,外国在华发明专利的维持年限实现了对国内专利的全面超越。❶ 有效发明专利中,国内维持时间 10 年以上的有 8.2%,较上年提高了 0.7 个百分点,而国外维持时间 10 年以上的有 32.8%,比上年提高了 1.6 个百分点;从数量上来看,国外在华维持 10 年以上的有效发明专利数量达到 113384 件,是国内专利的近 4 倍。❷ 国内有效发明专利数量排名前两位的华为公司和中兴公司维持 10 年以上的比例分别为 11.1%和 7.3%,而国外排名前两位的松下和三星则达到了 32.0%和 27.1%。❸

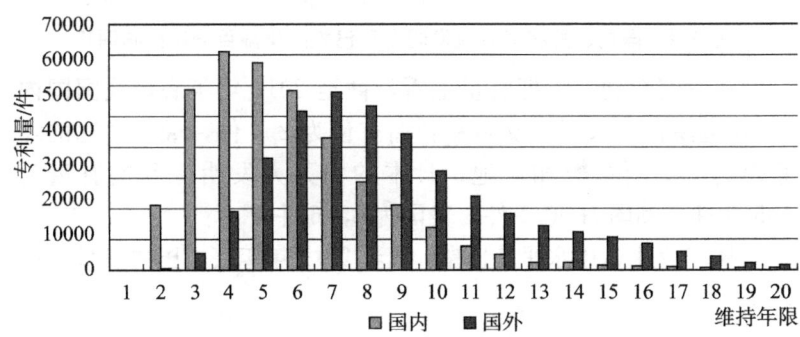

图 3.3　国内、外在华有效发明专利维持年限分布图❹

---

❶　尤其需要考虑的是维持年限的统计自申请日起算,而国内发明专利的授权时间平均约为 3 年左右。数据来源:国家知识产权局. 专利统计简报 [EB/OL]. [2012-12-20]. http://www.sipo.gov.cn/ghfzs/zltjjb, 2012 (11).

❷❸　国家知识产权局. 专利统计简报 [EB/OL]. [2012-12-20]. http://www.sipo.gov.cn/ghfzs/zltjjb, 2012 (11).

❹　图 3.3 引自:国家知识产权局. 专利统计简报 [EB/OL]. [2012-12-20]. http://www.sipo.gov.cn/ghfzs/zltjjb, 2012 (11).

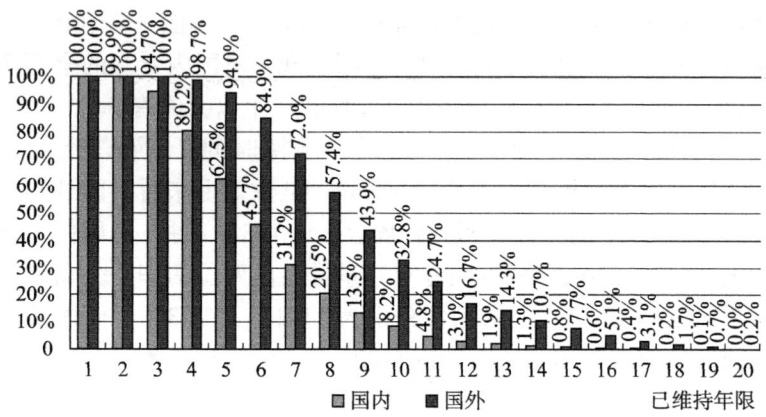

图 3.4 国内、外在华有效发明专利已维持年限百分比分布图❶

从发明专利人均拥有量上看，截至 2011 年年底，我国国内（不含港澳台）每万人发明专利拥有量为 2.4 件，最为发达的北京市为 26.8 件。❷ 相应地，日本的每万人发明专利拥有量为 105.3 件，韩国为 96.1 件，美国为 35.6 件。❸

从产业化运用水平❹上看，截至 2011 年年底，国内有效发明

---

❶ 图3.4引自国家知识产权局. 专利统计简报［EB/OL］.［2012－12－20］. http：//www. sipo. gov. cn/ghfzs/zltjjb，2012 (11).

❷ 排名第二、第三的上海市、广东省仅有13.5件、5.6件。数据来源：国家知识产权局. 专利统计简报［EB/OL］.［2012－12－20］. http：//www. sipo. gov. cn/ghfzs/zltjjb，2012 (11).

❸ 国家知识产权局. 专利统计简报［EB/OL］.［2012－12－20］. http：//www. sipo. gov. cn/ghfzs/zltjjb，2012 (17).

❹ 职务发明、企业拥有的发明比例是产业化水平的重要指标，因为与非职务发明相比，职务发明资金保障稳定、技术研发实力强，市场前景相对较好，专利维持的意愿和能力也更强；非职务发明人由于其专利转化难、推广难，承受市场冲击的能力较弱，获得专利后维持专利的难度相对较大；同理，企业发明相对于个人发明、高等院校发明，其面向市场的针对性更强，产业化的能力、资金保障水平也较高，例如，国内企业有效发明专利平均维持年限为5.9年，而大专院校平均维持年限仅为4.8年。数据来源：国家知识产权局. 专利统计简报［EB/OL］.［2012－12－20］. http：//www. sipo. gov. cn/ghfzs/zltjjb，2012 (11).

第3章 权利边界的政策调整

专利中，职务发明与非职务发明的比例分别为 83.0% 和 17.0%，而国外在华发明专利的此项比例分别为 98.0% 和 2.0%。国内企业发明专利占国内授权的比重仅为 51.8%，❶ 与此相比，美国 2010 年企业授权的总量比例高达 91.9%，美国国内企业占国内发明专利授权量的比例达 88.3%，美国国内企业是其国内创新的绝对主力。❷

从 PCT 国际专利❸申请量方面看，2011 年我国占世界的份额仅为 9.0%，远低于全部专利申请量占世界的份额（19.8%）。❹

从技术许可贸易上看，2006~2009 年 4 年间，我国专有权利使用费和特许费出口收入共计 15.11 亿美元，进口支出共计 362.39 亿美元，逆差达到 347.28 亿美元，是仅次于运输服务的第二大服务贸易逆差行业。❺ 并且，专有权利使用费和特许费国

---

❶ 国家知识产权局. 专利统计简报 [EB/OL]. [2012-12-20]. http://www.sipo.gov.cn/ghfzs/zltjjb, 2012 (9).

❷ 数据来源：国家知识产权局. 专利统计简报 [EB/OL]. [2012-12-20]. http://www.sipo.gov.cn/ghfzs/zltjjb, 2011 (14).

❸ 调查表明，PCT 申请的研发投入高于一般发明专利。近 40% 申请人的申请平均研发成本在 50 万元以上，而在发明专利申请人中，只有约 20% 的申请平均研发成本在 50 万以上。PCT 申请成本也较高（如我国权利人的 PCT 申请成本高达全部成本的 58.4%），在相当程度上过滤了经济效益低下、创新程度不高的专利申请。以上数据表明 PCT 申请技术含量和质量高于一般发明专利。数据来源：国家知识产权局. 专利统计简报 [EB/OL]. [2012-12-20]. http://www.sipo.gov.cn/ghfzs/zltjjb, 2010 (16). 维持年限方面的数据也支持了上述观点。据统计，通过 PCT 途径申请并获得授权的专利，八成以上维持年限集中在 4~11 年，维持 5 年以上的占 97.7%，维持 10 年以上的占 35.9%。国内申请人以 PCT 途径申请的发明专利维持年限在 5 年以上的占 96.1%，维持 10 年以上的也达到 25.3%，均远远高于国内有效发明专利维持的平均水平。这说明以 PCT 途径申请的专利具有更高的技术含量。数据来源：国家知识产权局. 专利统计简报 [EB/OL]. [2012-12-20]. http://www.sipo.gov.cn/ghfzs/zltjjb, 2012 (11).

❹ 国家知识产权局. 专利统计简报 [EB/OL]. [2012-12-20]. http://www.sipo.gov.cn/ghfzs/zltjjb, 2012 (5).

❺ 国家知识产权局. 专利统计简报 [EB/OL]. [2012-12-20]. http://www.sipo.gov.cn/ghfzs/zltjjb, 2010 (14).

际收支逆差呈现逐年增加的趋势。2006年逆差为64.3亿美元，2007年为78.5亿美元，2008年为97.48亿美元，2009年达到107亿美元。直至2011年，我国专用权利使用费和特许费出口也仅为7亿美元。❶

在国内有效发明专利数量方面，直到2011年年底，国内权利人拥有的发明专利数量才以微弱优势首次超过国外权利人在华拥有的专利数量，达到351288件，占全部发明专利数量的50.4%，❷ 在国际专利分类的35个领域中，国内数量占优的领域也才首次超过半数，达到18个。❸ 但是，以下几个方面的原因使得该数据未能充分体现自主创新的实际情况。一是上述有效发明专利的数量包括港、澳、台权利人所拥有的权利，实际上，不含港澳台的国内有效发明专利量仅为318155件，❹ 占全部发明专利数量的45.7%。二是国内权利人中，有相当部分的权利人属于外商投资设立的全资、合资企业，如国内有效发明专利排名前30位的企业中，有15家是外资企业或者台资企业。三是某些技术领域从表面上看国内权利人占有优势，但缺乏国际竞争力。最为典型的是药品领域。❺ 虽然截至2009年年底，国内权利人拥有的有效药品发明专利共计13328件，比重达71.8%，远高于国

---

❶ 国家知识产权局. 专利统计简报 [EB/OL]. [2012—12—20]. http：//www.sipo.gov.cn/ghfzs/zltjjb, 2012 (19).

❷ 国家知识产权局. 专利统计简报 [EB/OL]. [2012—12—20]. http：//www.sipo.gov.cn/ghfzs/zltjjb, 2012 (11).

❸ 国家知识产权局. 专利统计简报 [EB/OL]. [2012—12—20]. http：//www.sipo.gov.cn/ghfzs/zltjjb, 2012 (19).

❹ 国家知识产权局. 专利统计简报 [EB/OL]. [2012—12—20]. http：//www.sipo.gov.cn/ghfzs/zltjjb, 2012 (17).

❺ 药品是最为重要的专利领域之一，在2009年全球PCT公布量中仅次于计算机技术领域，在35个领域中排名第二，数据来源：国家知识产权局. 专利统计简报 [EB/OL]. [2012—12—20]. http：//www.sipo.gov.cn/ghfzs/zltjjb, 2010 (7).

第3章 权利边界的政策调整

外权利人的28.2%，❶但2009年我国药品PCT公布量仅占全球份额的2.6%。初步估算，我国的药品专利只有3%能走出国门，❷主要原因是国内权利人拥有的药品发明专利虽然数量庞大，但是大多以中药为主，很难打入国际市场，而我国权利人所有的世界主流的化学药的专利数量相对于发达国家仍然处于绝对的劣势。

在对外专利布局方面，截至2011年年底，中国权利人在《欧洲专利公约》(European Patent Convention，EPC) 成员国有效发明专利为17457件，占EPC成员国有效发明专利总量的0.5%；在美国有效发明专利为11125件，占0.5%；在日本有效发明专利为1113件，占0.08%；在韩国有效发明专利为779件，占0.13%。而在我国的有效发明专利中，EPC成员国、日本、韩国和美国依次占12.5%、22.0%、4.2%和9.5%。可见我国海外有效发明专利数量极少，"走出去"与"引进来"的专利落差极大，与美日欧韩的技术逆差十分严重（见表3.2）。

表3.2 截至2011年年底各局有效发明专利按来源地分布状况❸   单位：件

来源地	EPO	JPO	KIPO	SIPO	USPTO
EPC成员国	2025057	82165	35843	87375	314161
日本	384184	1346997	100282	153140	449577
韩国	42313	21061	466957	29450	77031
中国	17475	1113	822	351288	11125

---

❶ 数据来源：国家知识产权局《专利统计简报》2010年第5期，而截至2011年年底，国内有效药品发明专利迅猛增长至23889件，比重增长到78.9%，国内比重在35个领域中排名第二，数据来源：国家知识产权局. 专利统计简报 [EB/OL]. [2012-12-20]. http：//www.sipo.gov.cn/ghfzs/zltjjb，2012 (19)。

❷ 2009年全球药品PCT公布量为12200件，我国在该领域的公布量为317件，数据来源：国家知识产权局. 专利统计简报 [EB/OL]. [2012-12-20]. http：//www.sipo.gov.cn/ghfzs/zltjjb，2010 (7)。

❸ 表3.2引自：国家知识产权局. 专利统计简报 [EB/OL]. [2012-12-20]. http：//www.sipo.gov.cn/ghfzs/zltjjb，2012 (19)。

续表

来源地	EPO	JPO	KIPO	SIPO	USPTO
美国	697661	78461	40791	66214	1099943
其他	128995	12285	5950	9472	161791
合计	3295685	1423416	650645	696939	2113628

以上的大量数据充分说明，与美、欧、日、韩等创新强国相比，我国在创新水平、能力、效率、质量方面仍然存在较大的差距，在相当一段时期内我国依旧难以扭转技术逆差的局面。以此为思考的起点，就不难理解与美国、欧洲等技术输出国采取的"亲专利权人"的政策相比，我国在大多数规则——包括权利界定方面相对偏向技术使用者的根本原因之所在了。

3.1.5 专利泡沫与外观主义思维

本书前文已谈及全球性的"专利丛林"的现象。在专利政策层面上，有必要对此问题作更为细致的讨论。

在"专利丛林"中，存在的不仅有制造氧气和养分的高大乔木，也有许许多多的"灌木丛"和"杂草"，这些不当授权损害了专利制度所欲发挥的竞争机制。"问题专利"已经不是授权合理不合理的问题，而是会带来严重的反创新效果的问题。它们就像癌细胞一样，混迹在正常的细胞之间，对总体的生态系统产生致命的伤害。

"专利丛林"的一大不利后果是损害了竞争。市场的开放和自由进入是该市场保持足够自由度的标志。创新的累积效应❶造就了高科技行业的寡头竞争。以航空客机制造领域为例，目前大

---

❶ 以美国为例，在1986年至2010年的25年间，在美国获得发明专利授权1000件以上的企业有340家，共获得发明专利授权1527728件，占该时期发明专利授权累计总量的46.6%。前10名的发明专利授权量均超过了2万件，这些跨国公司已在美构建了庞大的专利网络，发明专利授权数量优势明显。数据来源：国家知识产权局. 专利统计简报 [EB/OL]. [2012—12—10]. http://www.sipo.gov.cn/ghfzs/zltjjb, 2012 (14).

型客机制造市场为空客、波音两大巨头所垄断，客机发动机制造领域的主要参与者有通用电气、罗·罗、普·惠三大公司，而同一客机制造厂商往往与不同的发动机制造商签订发动机供应协议，这使得储备着优质专利的发动机制造厂商之间尽量避免提起专利侵权诉讼，因为诉讼禁令的强大杀伤力会造成波音或者空客公司相关型号客机面临重新装配发动机、重新设计飞机、重新采购短舱等相关配套部件、迟延交付飞机、已交付飞机停飞等一系列严重后果，❶ 最后很可能损害自身的利益。何况竞争对手也完全可能以其自身的专利提起诉讼，双方由此步入了互相毁灭的"专利核战争"。在理想的状态下，企业可以通过研究在先的权利作出避免侵权的决策，但是在侵权难以避免的时候，只能通过拥有专利的方式进行"进攻性防御"。这是专利"军备竞赛"出现的根本原因。

这些掌握着"专利核大棒"的企业虽然彼此极力避免互相攻伐，但却可以利用手中的专利武器阻止新的竞争者进入这个市场。只要拒绝向后来者颁发专利许可，就可以轻而易举地将潜在竞争者挡在市场大门之外。历史悠久、进入市场较早的企业拥有的专利存货十分可观，其不断增加、更新现有的专利储备，对后来者形成巨大的先行优势。年轻的企业很难绕过这些经营多年的天罗地网，这使得不同的竞争者无法站在同一条公平的起跑线上。技术标准在电子技术领域非常重要。不受任何管制的标准将许多新进入行业的小公司挡在市场之外。虽然新进入行业的公司可能在某方面作出了卓越的创新，但是面对老技术标准的围堵，这些公司的创新在谈判中难以取得主动权，在许多情况下被迫丧失技术优势。在此情形下，垄断形成，因为小公司可自由进入市场是该市场未被垄断控制的重要标志。过多、过滥的专利只会徒

---

❶ 陆峰. 罗·罗的"亮剑"——揭示罗·罗诉普·惠专利侵权案内幕的少数派报告 [J]. 电子知识产权, 2012 (7): 39-40.

增公众的搜索成本，成为新进入领域的后发企业进入市场的额外"门票"，造成了掌握着"专利肥皂泡"的先发企业的事实垄断地位，最终损害的是自由竞争的市场秩序。

在相对成熟的技术领域，开辟新的技术道路不仅在技术层面异常困难，而且所要付出的成本是难以计量的。无论是维持数量庞大的专利申请费、维持费，❶还是大量的诉讼开支、调查和预警支出，都不是实力一般的小公司所能承受的，以至于实际上为后来者筑起了无法逾越的进入门槛。在技术密集的行业中，专利丛林的存在形成了事实上的"自然垄断"。如在计算机、通信设备硬件、软件领域中，大量专利使得新进入者面临专利困境。在密密麻麻的专利封锁、围剿下，如果不能取得同样具有一定数量、质量的专利池，很容易因为侵权被逐出市场。为了进入这个行业，许多企业只好耗费巨资购买他人的专利，显而易见，这种谈判很难是平等的。较小的或者新进入的公司为了避开他人在先布置的专利组合，不得不绕开这些专利。当绕开变成一种奢望——例如代价极其高昂以至于企业无法承担时，后发企业只能选择避让这一技术领域，转向其他领域发展。如果各个领域都出现了严重的进入阻碍，那么理性的资本只能转向房地产、大宗商品等等对于创新没有任何帮助的行业，甚至从事种种"博傻"赌局，催生金融泡沫、远离实体经济。

专利丛林进一步异化，进入"泡沫"时代之后，专利权不再是激励创新的润滑剂，而是创新发动机齿轮上的沙子。专利过多、过于密集损害了专利制度本来应有的防止重复开发的作用。

---

❶ 申请一项美国专利并维持 20 年有效的平均费用是 2 万~3 万美元，如果在其他国家申请还要缴纳更多的费用，许多计算机和通讯巨头往往拥有高达数万件的专利，如富士通株式会社拥有的专利高达 8 万多件。参见松本祥治，吴锦伟. 好发明并不意味着好专利——谈如何评估选择可用于许可的专利 [J]. 电子知识产权，2012 (5)：52.

第 3 章 权利边界的政策调整

检索的成本如此之大，以至于在足够审慎的调查之后，都有可能顾及不到潜在的在先专利，在研究和产品开发完毕之后，仍然面临着侵犯他人在先权利的风险。企业竞争的重点不是开发更好的产品，而是通过专利诉讼来拖延竞争对手的研发进程以及产品进入市场的速度。真正创新的公司很可能反过来受到无效专利的打压和骚扰。创新公司不得不付出更多的成本来应对正在发生或者潜在的诉讼挑战，创新的注意力被分散和转移，向市场推出新产品的速度被延缓。为进入市场所需付出的额外的"保护费"提高了推出新产品的成本，最终将通过抬高产品或者服务价格的方式转嫁到消费者身上。专利诉讼日益使得律师而不是创新的企业家和科学家成为专利大战的主角。

当一项不具有可专利性的专利权能够获得保护时，其所起到的示范作用必将是激起专利申请的狂潮。企业秉持着"先下手为强"的信念疯狂地投向对现有技术"跑马圈地"的运动中去。美国在亚马逊"单击"专利案件之后出现的商业方法专利申请的膨胀浪潮即生动地诠释了这一担忧。最终结果是在这个行业中，专利制度阻碍而不是鼓励了创新。❶

在专利领域，存在聚集（Cumulative）效应。在专利权体量越大的技术领域中，企业申请后续专利的欲望就越强。请注意，这里应当区别"创新"和"申请专利"两个概念。虽然"创新"与"申请专利"在大部分语境中的含义是重合的，但是，在聚集技术领域（Cumulative Industries）中，是"申请专利"的强烈需求而不是"创新"的需求在推动着大量专利的出现。没有专利就要落后挨打。理性的市场竞争参与者的最佳策略是在创新的基础上形成一两个"扎实"专利，再通过"撰写专利文件"，申请

---

❶ 亚当·杰夫，乔希·勒纳. 创新及其不满：专利体系对创新与进步的危害及对策 [M]. 罗建平，兰花，译. 北京：中国人民大学出版社，2007：70.

专利权的边界——权利要求的文义解释与保护范围的政策调整

一些创新程度并不高的专利,以形成"似模似样"的"专利池"。其结果是,几十项专利中真正具有创新价值的专利只有个位数,更多的是服务于竞争需要的虚张声势的"专利灌木丛"。这是近年来"专利泡沫"越吹越大的原因之一。这不仅是发达国家所面临的新问题,如同瘟疫一样,这种现象也已经向发展中国家蔓延。即使将来中国成长为技术大国、技术净出口国,在后创新的空间问题也始终应当引起我们的高度重视。

即使不当授权的专利占据的比例较低,但有时在行业发展的关键时期颁发的关键专利所带来的扭曲作用是相当巨大的,错误颁发的专利给错误权利人带来的"市场先行优势"长期存在,即使专利权事后被宣告无效,这一优势也不会因此而消失。就如同其他财产权一样,不同专利之间的价值差异悬殊、分布不均,少数专利占据了所有专利的大部分价值。即使问题专利在数量上仅占据很小的比例,但它们的布局有可能是事先有意为之的结果,其加权价值可能会非常大。❶

总而言之,专利丛林使得后来者进入市场变得十分困难,不当专利混迹其中,压制了后续创新的空间,提高了运用后续创新的成本,降低了后续创新的净利润。专利丛林拖累了创新,提高社会运行成本,成为一种新式的垄断。这一问题将成为我们不得不解决的问题。专利政策的目标应当指向"去泡沫化",鼓励高质量的、真正应当获得授权的专利申请,专利申请量和授权量均应当控制在合适的数量范围之内。

中国的情况同样不容乐观,专利泡沫在中国正以一种看得见的速度不断发酵。以发明专利为例,2002~2011年,申请受理量年均增长高达23.3%,2011年更是高达41.9%。图3.5表明,我国的发

---

❶ 亚当·杰夫,乔希·勒纳. 创新及其不满:专利体系对创新与进步的危害及对策[M]. 罗建平,兰花,译. 北京:中国人民大学出版社,2007:136.

明专利的申请、授权量增速明显超过了其他发达国家。

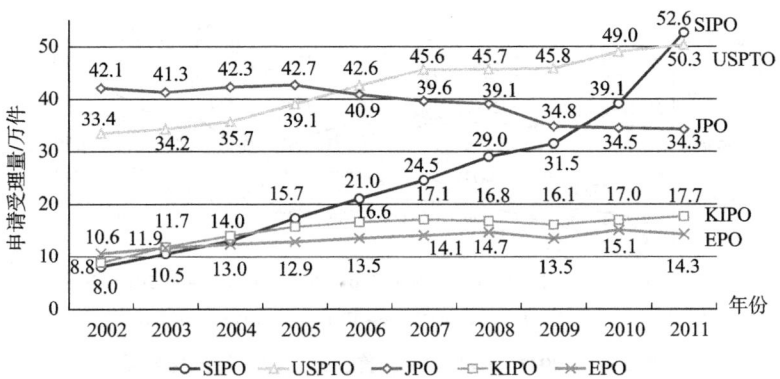

图 3.5 2001～2011 年中、美、日、欧、韩五局发明专利申请量趋势图❶

尤其在 2011 年，我国发明专利的申请量达到了创纪录的 52.6 万件，超越了美国（50.3 万件）、日本（34.3 万件）、韩国（17.7 万件）、欧盟（14.3 万件），成为世界第一，授权量为 17.2 万件，仅次于日本（23.8 万件）、美国（22.5 万件），高于韩国（9.5 万件）、欧盟（6.2 万件）。❷ 而 2012 年 7 月，我国发明专利累积授权量突破 100 万件，仅耗时 27 年，成为世界历史上速度最快的国家（见图 3.6）。❸

---

❶ 图 3.5 引自：国家知识产权局. 专利统计简报 [EB/OL]. [2012-12-20]. http：//www.sipo.gov.cn/ghfzs/zltjjb，2012 (19).

❷ 需要注意的是，由于发明专利申请到授权存在时间差，因而并不能以当年的数据得出准确的授权率。数据来源：国家知识产权局. 专利统计简报 [EB/OL]. [2012-12-20]. http：//www.sipo.gov.cn/ghfzs/zltjjb，2012 (19).

❸ 国家知识产权局. 专利统计简报 [EB/OL]. [2012-12-20]. http：//www.sipo.gov.cn/ghfzs/zltjjb，2012 (19).

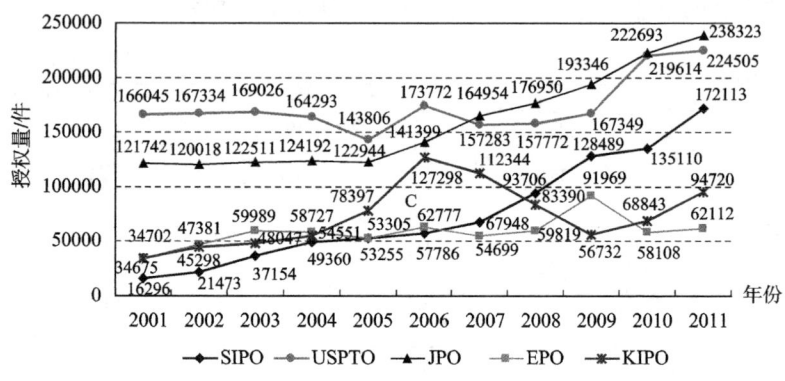

图 3.6　2001～2011 年中、美、日、欧、韩五局发明
专利授权量趋势图❶

虽然"中国奇迹"的发展内因不可否认,但是陡直的数据线隐隐显现出"专利泡沫"的出现。申请量和授权量的适当增长是一件好事,但是过快的增长却带来泡沫化的隐忧。这一担忧也为下列数据所证实:2011 年,我国向 EPO、JPO、KIPO 和 USPTO 提交发明专利申请共计 13258 件,较上年增长 25.0%,在我国对外申请基数不大的情况下,同比增幅也远小于同期向本国提交的发明专利申请量 41.9% 的增幅。❷ 向国外申请的增长速度远小于在国内申请的增长速度,固然有市场吸引力的因素,但是更为重要的原因恐怕是国内专利泡沫的日趋严重化。

质量最高、经过实质审查的发明专利的总体状况尚且如此,对于增长更为迅速、未经过实质审查的实用新型专利,情况恐怕更为严峻。中国专利申请量、授权量的逐年大幅攀升在表面繁荣

---

❶ 图 3.6 引自:国家知识产权局. 专利统计简报 [EB/OL]. [2012-12-20]. http://www.sipo.gov.cn/ghfzs/zltjjb, 2012 (19).

❷ 国家知识产权局. 专利统计简报 [EB/OL]. [2012-12-20]. http://www.sipo.gov.cn/ghfzs/zltjjb, 2012 (17).

第3章 权利边界的政策调整

之下潜藏着巨大的危机。

学者大体提出了三种方法来减轻专利丛林或者泡沫化的危害：提高审查质量及完善无效制度、交叉授权和建立专利池、根据不同的行业适用不同的专利保护期。❶

第一种合乎逻辑的对策是加强专利授权审查，提高专利授权质量。这一做法的有效性已经获得了数据上的支持。目前，发达国家已经充分认识到问题的严重性，并在提高授权质量的层面上作出了积极的回应。图3.7示出了美、日、欧、韩四局发明专利授权率2001~2009年的趋势图，由该图可看出，除日本相对平稳以外，美、日、欧的授权率均呈下降趋势。尤其是美国专利商标局，从2001年至今，USPTO的授权率下降了整整28个百分点，自2004年起，授权率下降趋近一条直线；欧洲专利局的授权率在2006年以前降幅较平稳，但2006年后下降趋势明显，特别是2009年比2008年下降了近8个百分点。❷ 发达国家在专利申请量不断攀升的情况下，提高授权专利质量的意图和努力十分明显。不过，提高授权质量是一项综合工程。经费短缺是其中面临的最大困难。专利局在各国都几乎成为最为庞大的政府部门，财政经费的困难和优秀人才的流失困扰着审查机制的制定者。❸

---

❶ 仲春. 互联网领域专利诉讼的滥用与规制 [J]. 电子知识产权，2012 (9)：41.

❷ 同时令人深思的是，美、欧在2009年的授权率都停留在了42%左右，这是否意味着两局的审查尺度趋向一致，或者意味着40%左右的授权率是最佳的点？

❸ 对于权利人来说，如果授权程序的成本大大低于申请"垃圾专利"的获益，那么其申请大量垃圾专利就是"合算"的。宽松的审查与"垃圾专利"的产生之间存在天然的对应关系。

321

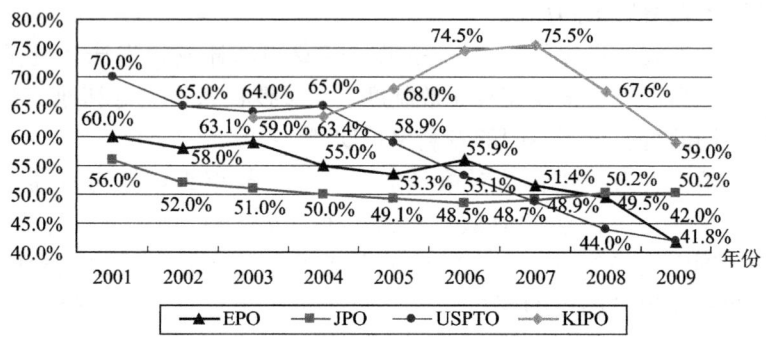

图 3.7 2001~2009 年美、欧、日、韩发明专利授权率趋势图❶

第二种对策——建立专利池并进行交叉许可的安排可以降低专利泡沫对商业活动和后续创新的副作用。1998 年索尼、飞利浦和先锋组成了关于 DVD－Video 和 DVD－ROM 标准的专利池,即 3C 联盟(2003 年 LG 加入后成为 4C),1999 年,东芝、三菱、日立、松下、JVC、时代华纳组建了关于 DVD－Video 和 DVD－ROM 标准的新的专利池,即 6C 联盟(此后 IBM、三洋夏普也加入)。❷ 不过,这一市场自发调节的手段无疑存在巩固寡头市场、损害竞争之嫌。

在此情况下,第三种对策——通过保护范围的调节限制专利泡沫的危害进入了人们的视野。而外观主义、形式主义是法律对专利泡沫的一项积极回应。

外观主义是显著减少后来者进入成本的一项手段。加强保护强度、引入惩罚性赔偿机制与强调外观主义之间存在着内在的制度体系联系。建立惩罚性赔偿制度的合理性前提在于行为人具有

---

❶ 图 3.7 引自:国家知识产权局. 专利统计简报 [EB/OL]. [2012－12－20]. http://www.sipo.gov.cn/ghfzs/zltjjb, 2010 (11).

❷ 参见:赵浩. 专利池模式下许可政策的法律分析 [J]. 电子知识产权,2012 (8):54.

主观上的故意甚至恶意的过错。但是，如果一项权利的边界让公众摸不着头脑，无法确切地得知侵权与非侵权的界限，那么又何谈具有恶意侵权的可归责性呢？专利审查的质量越高，社会公众对于权利要求的信心则越强，对侵权后果的预期则越明确，反之，信心则越低、预期越模糊。"社会公众对专利权所具有的尊重和价值主要表现在社会意识对于专利权利要求法律效力稳定性的预期上，以及对于权利要求范围大小的评估上。"❶ 外观主义有利于各方对于权利的边界达成一致性的认识，从而减少潜在的侵权行为，促进权利的流通，降低后续技术研发和实施的风险。外观主义是将语境显性化，与隐性化的意图主义相比，显性化有利于减少解读者的信息处理成本，也有利于激励言说者将隐性意图显性化。外观主义体现着公示公信，体现着权利保护范围的刚性原则。

因此，在今天的社会和经济环境下，外观主义不仅是一项法律原则，更成为一种潮流、一种时髦、一种思维方式，影响着权利边界确定规则的方方面面。

然而，外观主义不是绝对的，而是程度上的。它限制了可供选择的语义范围，但不应当丧失一切弹性。我们强调外观主义，不能一味地强调其绝对性。语义实用主义者和法律现实主义者都反对将他们的理论归为严格的、简单的"形式主义"（Formalism）。❷

专利制度实现其政策功能的最理想状态是一项获得保护的专利权的保护范围与其对现有技术作出的贡献相适应。公示公信原则对使权利外观与权利实质保持一致性提出了相当高的要求。然而，外观主义与保护范围与创新高度相适应原则之间在某些情况

---

❶ 董涛. 专利权利要求 [M]. 北京：法律出版社，2006：250.

❷ HENRY E. SMITH, *The Language of Property: Form, Context, and Audience*, 55 Stan. L. Rev., 2003, 1105, 1106—1107.

下存在冲突。就如同交易流转关系中需要对物权的动态安全还是静态安全作出艰难的取舍一样，外观主义与适应原则在发生冲突时也需要作出价值取向上的先后排序。

外观主义、形式主义的一个让人不安的后果是律师的作用可能比科学家还要大。正如美国 FTC 报告所指出的那样，专利持有人的威胁能够有效地使许多实际上不构成侵权的公司支付高额的和解金，"日益普遍的情况是，拥有最好的律师或最大的实力能够承担诉讼风险的公司能够赢得创新之战——而不是那些拥有最聪明的科学家或最原创的、最有价值的创意的公司。"❶ 严格的形式主义在相当大的程度上增加了撰写专利文献的专业代理人的作用，使得他们的地位甚至比科学家和工程师还要重要。后者提出了创意、作出了发明创造，前者对创意进行"包装"，转化成现实的权利。正如同鼓励专利申请只是鼓励权利创设、并不必然鼓励发明创造一样，形式主义有利于奖励精于文字工作的"包装师"，并不必然总是维护创新者的利益。

以上的"柔性外观主义"的论断实际上植根于以下的价值判断基础之上：创新比创新的语言化过程更值得保护。当然，这一利益比较结论只是笔者的一孔之见。如果不同意这一价值取向，那么得出不同的结论，例如"包装者"的作用和"创新者"应当同等重要，甚至更为重要，也就在情理之中了。

3.1.6 为什么保护范围的扩张主义受到冷遇

在权利保护范围外观主义的语境下，法院将尽量避免事后由法院对权利保护范围进行重构——"重新撰写"（Redraft）权利要求。如果专利权人在说明书中进行了较宽范围的披露，法院一般避免将权利要求限定范围之外的技术方案解读为权利

---

❶ 亚当·杰夫，乔希·勒纳. 创新及其不满：专利体系对创新与进步的危害及对策 [M]. 罗建平，兰花，译. 北京：中国人民大学出版社，2007：6.

的保护范围；如果权利人在说明书中公开的范围较小，权利要求的概括过大，法院一般倾向于在侵权诉讼中限缩权利要求的保护范围，使之向说明书的披露的范围回归。限缩主义的流行、扩张主义的式微也表明现今的创新环境对权利人强调了更多的诚信责任。

如本书第一章所介绍的德国以"中心限定"思想扩张权利保护范围的做法，在当今世界越来越缺乏市场。"中心限定"的做法从效果上看，在相当多的情况下扩张了权利的保护范围。而现代专利制度逐步走向了权利范围的限缩。德国从前的做法与其一边倒的"亲专利"学术理论有关，但更为根本的原因是其存在的社会历史背景。德国在19世纪即成为世界上举足轻重的科技创新大国，权利人的利益保护成为专利制度的优先课题，并且在技术没有那么密集的年代，在先权利对在后创新的阻碍作用并不那么突出。在当时的环境下，德国的专利代理制度仍处于起步、发展阶段，专利撰写总体水平不高，加之在整个理论和实务界中，实质主义而不是形式主义的思潮占了上风，德国法院自然倾向于从实质上把握发明创造的精髓，而给予其与创造高度相适应的保护范围，如此一来专利撰写的作用大大降低，客观上反过来减少了业界提高专利撰写水平的外部刺激。在德国学术界看来，是专利代理人和律师而不是专利权人创造了说明书、权利要求书，"假他人之手"而撰写的专利文献并不能完全契合发明人的思想，严格受限于语言文字的文本、作出对权利人不利的限缩，板子落在了无辜的发明人而不是代理人的身上，发明人从而遭受了本不应当承担的惩罚。因此德国法院对于专利权人在权利要求中使用的是宽、还是窄的概念并不十分在意，法院常常按照自己对发明创造的理解重构权利保护范围。

由以上的分析可以看出，借鉴德国原有模式需有三项前提条件。一是借鉴国属于创新大国，二是借鉴国的专利整体撰写水平处于发展过程之中，三是法院的资源能够满足抛开权利要求的文字含义而总体上适当划界的需求。

这三项前提条件在现今大多数国家，包括我国在内，均不完全契合。以我国为例，首先，我国还够不上创新大国，一些核心的、领先的技术仍然掌握在国外权利人的手中；其次，我国专利撰写的代理水平的确处于发展过程中，但是代理人的数量和素质正在不断地提升；最后，鉴于现代密集的技术以空前的"滚雪球"式的速度增长，法院即使投入巨大的资源，仍有可能无法满足以"发明精髓"方式重塑权利范围的耗费庞大的现实需求——这一做法实际上要求法院承担相当一部分专利局的工作——需要判断重新划界后的发明创造是否还能满足授权条件，因为可专利性是获得保护的基本条件。可以想见，法院对此准备得尚不充分，资源上的有限性也使得这一做法的前景十分黯淡。

现今的社会条件也渐渐丧失了扩张主义的制度土壤。权利人自我扩权的意识空间强大，这使得扩张的必要性下降、限缩的必要性更为突出。这也是为什么美国法学界认为作为扩张的等同原则的作用主要是为了覆盖"日后技术"（After—arising Technology）的原因，因为权利人意识限定而导致保护不足的情况越来越少了，扩张的划界方式主要是为了解决事前无法预料日后技术发展的历史局限性而作出的制度回应。

"专利泡沫"现象的出现是导致扩张政策受到冷遇的另一个重要原因。授权质量降低会导致生产更多的低质量的专利申请和权利。这种机制鼓励人们申请更多的专利，以及鼓励人们申请更多的"临界专利"。创造出的是"专利泡沫"，而不是踏踏实实的创新。"聚集效应"的恶性极端是滥用专利制度。相反，强化授权质量的审查门槛会在人们将问题专利提交到专利局之前则打消他们的念头,❶ 这可能将显著地减少专利申请数量,从而使得审查资源能够更好地集中到优质的申请上来。

回顾我们在导论中论及的体系化思维的方法论原理,在授权审查层面严格审查标准仅是阻止不当申请获得授权的一个方面,从权利边界的确定的层面,政策和规则在降低公众信息处理成本方面同样大有可为。

3.1.7 区分技术领域的政策考量

竞争政策与专利政策具有内在的紧张关系。专利权是一种具有期限的垄断权,其与物权等财产权的一项重要区别是其主要体现为一种禁用权。

专利权具有"叠套现象"。各个不同的权利的保护范围可能存在相互包含、相互交错的情况。当然,避免重复授权的规则可以减少"叠套现象"的发生,但是并不能完全消除。甚至,基础专利和从属专利之间、抵触申请之间发生包含、交叉的现象是不可避免且合法存在的。

一项从属性专利权的行使需要取得基础专利权人的许可、受基础专利权的限制,因而取得权利不见得一定能够自由实施,从这个意义上说,从属专利权不具有专用权。专利禁用权的属性恰恰说明,专利具有在一定时期内限制市场竞争的效力。然而,从长远来看,这种限制是为了更好地鼓励竞争。这种受鼓励的竞争体现为研发能力的竞争、科技创新的竞争。有趣的是,专利制度的促进竞争的作用恰恰是通过在一定时期内、一定范围内提供限制竞争的独占权来实现的。专利是短期的、个别的垄断,但整个专利制度实现的是长期的、总体的竞争。没有专利制度,这方面的竞争动力也就消失了。因而,专利制度以短期的产品垄断为代价换取长远的科技竞争的净收益。不过,也正因"垄断"代价的

---

❶ 除非申请人自己意识不到或者愿意赌一把。

存在，专利制度的运作应当将社会付出的成本控制在合理的限度之内。

创新可以提高劳动生产率，增加满足人类需求的财富的数量和质量，提高人们的生活水平。在建立产权制度给予创新以经济利益回报的制度中，知识产权对创新的促进作用是间接实现的。申请专利创设的是权利，而不是创设创新。发明创造早在申请权利之前就已经完成了。申请专利是商业化利用创新成果的第一步。因而，专利申请过程并不直接等同于创新。专利申请所要求保护的客体如果是具有可专利性的发明创造，则该专利申请的授权有助于实现专利制度鼓励发明创造的政策目标，但如果基于该专利申请的授权属于不当授权，该专利权在继续使社会付出垄断代价之外，却无法实现鼓励技术竞争的应有制度目标，反而限制了技术竞争。因为这些不当专利构成了在后科技创新的拦路石，在不绕开或者粉碎这些障碍的情况下，在后创新变得举步维艰。

在先专利和在后创新之间同样存在着无法消除的内在紧张关系，这一关系根源于垄断和竞争的紧张关系。任何扩张权利范围的行为总是对在后创新产生影响。如果说等同原则覆盖日后技术是为了维持创新激励机制的话，那么它也不可避免地挤压了在后创新的时间和空间。在先专利权人和在后创新者的身份具有互换性，在先专利权人同样具备后续创新需求，在后创新者同样可能是另一项技术的在先权利人，这种互换性使得我们不必对创新者的身份进行先、后意义上的类型化划分，而完全可以将等同原则对日后技术的覆盖所形成的激励（Incentive）与反激励（Disincentive）的双刃剑效果进行进一步研究。

正如本章第 3.3 节对等同原则的讨论所揭示的那样，日后等同具有激励创新和阻碍创新的双重作用，我们很难了解该制度在具体个案中的适用究竟是促进了还是阻碍了技术的发展。许多学者认为应当针对不同技术领域的特点"因地制宜"地制定不同的

第3章 权利边界的政策调整

授权政策❶和保护政策,❷ 这些学者认为,区分技术领域原则能够根据行业环境的具体情况调整政策导向,从而更好地实现专利法促进创新的政策目标。

在权利划界方面,有学者主张应当区分非累积性技术领域(Non-cumulative Technology Industries)和累积性技术领域(Cumulative Technology Industries)调整权利保护范围的大小,在累积性技术领域中,应当限缩权利的保护范围,因为较宽的保护会阻碍后续创新。❸ 累积性与非累积性技术领域的主要差别是前、后创新是否在同一个发展路径上聚集。在非累积性技术领域,发明与发明之间是彼此相对独立的,创新体现出互不依赖的单个离散式发展的特点。累积性技术领域是指存在大量在现有技术基础上的改进型、修饰型创新的技术领域。软件、硬件、半导体、生物技术是典型的累积性技术领域。在这些领域中,大多数技术创新都是在之前现有技术的基础上、利用一个或多个在先发明人的成果所进行的改进,整个行业中的技术如同金字塔般层层累叠起来。

也有学者主张区分非累积性技术领域和快速发展型累积性技术领域(Rapidly Developing Cumulative Technology Industries)适用不同的等同原则。❹ 这种观点主张,在非累积性技

---

❶ 例如,有些学者认为可根据不同行业的特点建立不同的可专利性授权标准,See ROBERT M. HUNT, *Patentability, Industry Structure, and Innovation*, 52 J. Indus. Econ., 2004, 401, 415—416.

❷ 有些学者讨论了非显而易见性和等同原则根据技术领域调整的原则, See GLYNN S. LUNNEY, JR., *Patent Law, the Federal Circuit, and the Supreme Court: A Quiet Revolution*, 11 Sup. Ct. Econ. Rev., 2004, 1, 5—7.

❸ See ROBERT P. MERGES & RICHARD R. NELSON, *On the Complex Economics of Patent Scope*, 90 Colum. L. Rev., 1990, 839, 882, 916.

❹ CHRISTOPHER A. COTROPIA, *"After-Arising" Technologies and Tailoring Patent Scope*, 61 N.Y.U. Ann. Surv. Am. L., 2005, 151, 186.

术领域,❶ 没有日后等同原则适用的必要,因为后续创新与在先创新的关联度较低,即便使用日后等同原则,后续的离散式的创新也往往落在等同范围之外,是否引入日后等同原则,对在先创新、在后创新都没有实质性的影响。与其在此类技术领域中为追求很少的收益适用复杂的等同原则引入巨大的不确定性成本,不如放弃日后等同原则的适用,"如果日后等同原则的保护在某些行业中需求甚少,最简单的解决之道是在这些行业中不提供这样的保护"。❷

在累积性的、非快速发展的技术领域,适用日后等同原则在一定程度上压缩了后续创新的空间,阻碍了改进型和修饰型的后续发明,给潜在的发明竞争者利用、改进技术制造了过多的障碍,不利于科学技术的持续进步,应当不适用或者限缩适用日后等同原则。虽然如此一来,创新的激励将因为专利权有效生命周期的提前结束而受到损害,但是从整个社会以及发展的眼光来看,仍然有利于创新水平的不断提高。

而在快速发展型累积性技术领域中,情况则有所不同。累积性技术领域中的技术发展速度达到一定的程度,便转化为快速发展型累积性技术领域。新技术进入市场的频率高、间隔时间短,在先技术在瞬息万变的市场中很快地被后来的哪怕是微小改善的技术所淘汰。新技术出现的速度越快,专利技术被挤出市场的速度也越快。此时,等同原则在鼓励创新方面可以发挥重要作用。❸ 半导体产业是快速发展型累积性技术领域的典型代表。这

---

❶ 例如消费品包装行业、玩具行业,See ROBERT P. MERGES & RICHARD R. NELSON, *On the Complex Economics of Patent Scope*, 90 Colum. L. Rev., 1990, 839, 880—881.

❷ CHRISTOPHER A. COTROPIA, *"After—Arising" Technologies and Tailoring Patent Scope*, 61 N. Y. U. Ann. Surv. Am. L. , 2005, 151, 191—192.

❸ CHRISTOPHER A. COTROPIA, *"After—Arising" Technologies and Tailoring Patent Scope*, 61 N. Y. U. Ann. Surv. Am. L. , 2005, 151, 192—193.

一产业技术发展在自动化和计算机技术的帮助下不断提速,并且,不管是能够获得专利授权的还是不具有可专利性的后续改进技术,绝大多数都是在已有技术的基础上进一步完善的结果。❶ 计算机软件是另一个典型的快速发展累积性技术领域。❷ 但是在生物制药领域,研发周期长,新药审批管制和专利法对实验数据充分公开的要求都拖累了研发的速度,技术发展的速度相当缓慢,❸ 虽然这个行业仍然属于累积性的技术领域——新发明依赖于旧技术,但是并不属于快速发展累积性技术领域。

对于快速发展的累积性技术领域,虽然适用等同原则对持续创新产生了负面的影响,但是,由于技术变化、发展的速度过于迅猛,在此行业内的主要矛盾是创新激励不足而不是后续创新窒息的问题。与非聚集性技术领域相比,创新者对在后技术绕开其字面保护范围、从而规避侵权的担忧加剧。如果没有日后等同原则,那么众多"山寨"技术将如同蚁群蚕食大象一样迅速将专利权人的排他权架空,而且这一过程来得如此迅猛,以至于权利人往往还来不及充分地在市场上获得足够的利润收回研发的成本。所属技术领域的发展速度越快,潜在创新者对于其能够获得足够长保护期以及回收成本的充分性的预期就越微弱。如果日后等同原则能够发挥作用覆盖此类后续技术,那么创新者获利的预期将得以加强、创新的意愿得以强化。适用等同原则虽然压制了众多

---

❶ CHRISTOPHER A. COTROPIA, "*After—Arising*" *Technologies and Tailoring Patent Scope*, 61 N. Y. U. Ann. Surv. Am. L., 2005, 151, 193. 并且,在后续改进技术中,可专利性技术的比例越低,微小改进技术的比例越高,日后等同原则的适用需求就越强烈。

❷ *See* DAN L. BURK & MARK A. LEMLEY, *Policy Levers in Patent Law*, 89 Va. L. Rev., 2003, 1575, 1620—1623.

❸ 从药品开始研发到投放市场,大约需要 12~15 年的时间,*See* DAN L. BURK & MARK A. LEMLEY, *Policy Levers in Patent Law*, 89 Va. L. Rev., 2003, 1575, 1676.

微小改进型的发明，但是对于维持足够的创新激励至关重要。尤其对于一些所属行业内重大的技术进步，虽然日后等同原则的适用会在一定程度上拖慢技术更新换代的速率，但是，专利制度的刺激目标是生产具有可专利性的、高质量的创新，而不是生产数量庞大的不具有可专利性的创新程度微小的周边技术，创新激励的作用在回报前沿尖端领域的作用更应当被强调。而且，等同原则对于显著的创新（Radical Improvement）❶并不产生影响，因为这些高度创新活动能够获得后续授权从而不受压制。这种区分不同层面的创新区别对待的做法可以在很大程度上降低抑制竞争的副作用。如果因为日后等同原则的适用导致快速发展的累积性行业发展速度下降，那么该行业转化成普通的累积性行业，根据前文的分析，应当淡化甚至取消日后等同原则的适用。如果因此行业发展又恢复至原来的快节奏、高速度，日后等同原则又可再次"杀个回马枪"，以维持创新激励。这一过程可以反复进行，从而可以在制度和政策的层面进行适度的动态调节，始终在某一特定的技术领域中保持专利制度的最佳激励力度，并且将等同原则的副作用降至最低，❷同时，也有利于降低专利密度，纾解专利丛林对创新的拖累影响。

对于非快速发展型的累积性技术领域，如前文提及的生物制药领域，由于技术发展的速度缓慢，在权利法定期限届满之前专利技术被后续创新替代的可能性较低，因来不及偿还研发成本导致创新激励不足的可能性也随之降低，即使所属行业的特点是累

---

❶ MARK A. LEMLEY, *The Economics of Improvement in Intellectual Property Law*, 75 Tex. L. Rev., 1997, 989, 1010—1013.

❷ 不过这一机制本身也存在弊端，尤其是由法院来适用等同原则是否具有快速灵敏性存在疑问。但是，这一机制给予潜在创新者的信号也是明确的，即适用目标仅指向狭小的范围，以避免阻碍后续创新。See CHRISTOPHER A. COTROPIA, "*After—Arising" Technologies and Tailoring Patent Scope*, 61 N. Y. U. Ann. Surv. Am. L. , 2005, 151, 197—198.

第3章 权利边界的政策调整

积性的，在大多数案件中日后等同原则的适用需求也仍然较低。日后等同原则的适用反而会对后续创新产生负面影响，尤其在累积性行业的技术绝大多数都属于以在先技术为基础的改进技术的情况下，过宽的等同适用对激励创新的作用微乎其微，❶ 但压缩后续创新的作用却几乎作用于每一项新技术之上。❷ 虽然某些专利技术可能因为后续技术的出现而在市场竞争中"提前到期"，但这属于正常的更新换代，是科技领域的自然新陈代谢，有利于社会的不断发展。在非累积性技术领域，也没有缩小保护范围以减少阻碍创新副作用的必要。

综上，学者认为，这种基于所属行业技术发展速度的技术领域划分方式，一方面解决了在聚集性领域中因速度发展过于迅速而产生的创新激励不足的问题，同时缩小了等同原则的适用面，降低了其阻碍后续创新的不良影响，使得制度的收益高于成本。❸

虽然有一种强有力的观点认为划分技术领域的做法既不可行，也没有必要，❹ 但是笔者认为相反的观点更为掷地有声。虽然类型化的方式将使我们的讨论和工作变得异常复杂，但是任何能够充分发挥效用的优良的制度体系，都是精心设计的精巧的复杂制度。细致的工作提高了我们的管理水平，带来的益处足以抵消其副作用。在不同的技术领域有着不同的问题，"一刀切"的思维不利于充分发挥专利的政策功能。虽然区分技术领域的观点

---

❶ 此时，在先权利人的研发成本已经得到充分的报偿。虽然从理论上说，更长的保护期、更高的利润能够产生更强的激励作用，但作为权利人和公众的利益平衡器，专利法从来都不是单方面只讲激励不讲共享的，相反，激励可以也应当具有限度，只要能够提供足以刺激创新的激励则为足够。

❷❸ CHRISTOPHER A. COTROPIA, "*After—Arising*" *Technologies and Tailoring Patent Scope*, 61 N. Y. U. Ann. Surv. Am. L. , 2005, 151, 197.

❹ 亚当·杰夫, 乔希·勒纳. 创新及其不满：专利体系对创新与进步的危害及对策[M]. 罗建平, 兰花, 译. 北京：中国人民大学出版社, 2007：181—182.

尚未成为主流，但是不同技术领域的情况各不相同确属客观事实。虽然技术领域区分的标准可能多种多样，但前述的分析表明，至少可被区分为"累积性明显"的技术领域和"独立性明显"的技术领域。不同的分类标准具有典型的目的导向性，虽然不同类的技术领域之间没有绝对的界限，但大致的区分可以使得我们关注在先创新和在后创新之间的矛盾关系的不同作用机制。

区分技术领域的意义具有很强的经验支持。虽然从法律制度的表面上看，不同技术领域适用的规则是一致的，但是这只是一种错觉。实际上，在解释法律的时候，在不同技术领域存在着适用法律的裁量空间。以创造性判断为例。在不同技术领域中，由于"本领域普通技术人员"的内涵不同，把握的创造性高度不完全一致，情况即各不相同。这种区别非常复杂，甚至"只能意会，不可言传"。鉴于保护范围的确定，尤其是等同原则的适用，与创造性判断有着内在的密切联系，可以说，在保护范围的确定方面，对技术领域的特别考量是潜移默化的。

在理论上，笔者之所以赞成区分不同的技术领域实施宽严有别的划界政策，根本价值出发点在于均衡不同技术领域和产业发展的进度，为不同领域的发展提供大致平衡、平等和公平的综合激励。

在不同的技术领域中，技术、创新环境和创新者均呈现出不同的特点，❶ 不同技术领域对专利制度创新激励机制的需求不同，不同产业"路径依赖"的程度亦不相同。有些行业先发优势（消费者的路径依赖）本身就足以带来相当大的激励，如软件行业，有些则不然，如制药行业。在前文中我们已经提到，除了提

---

❶ See ROBERT P. MERGES & RICHARD R. NELSON, *On the Complex Economics of Patent Scope*, 90 Colum. L. Rev., 1990, 839, 843.

第3章 权利边界的政策调整

供排他权保护的专利制度,对于发明创造还存在着其他的市场激励。❶ 在不同的技术领域,这种非专利性质的激励是不尽相同的。在存在着严重的路径依赖的技术领域,先行优势能够提供相当强大的激励作用,因为先行者可以通过建立事实技术标准,并通过对标准技术的熟练掌握,而不断地进行后续产品开发,由此不断巩固其先行优势,从而获得行业领先的竞争优势。此时,先行者只需要通过有形产品的利润,就能够在相当大的程度上报偿研发的沉没成本。在存在替代激励机制的技术领域,专利保护将与其他激励方式在某种程度上出现激励效果上的叠加。在适度激励的原则之下,政策制定者不能不考虑在替代激励机制相当强烈的技术领域,降低专利制度的激励力度,从而将整体的激励作用维持在合适的水平之上。否则,社会资源将向有限的领域集中,从而造成不同技术领域之间发展失衡的问题。

专利权边界确定的复杂性在于,在不同的技术领域,所面临的问题不尽相同。区分技术领域原则所面临的基本事实判断前提是在不同的技术领域,创新的难易程度不同,这与技术领域本身的性质有关,也与该技术领域所处的发展阶段有关。任何产业的发展均有萌芽、发展、快速发展、成熟、逐渐衰退的生命周期。处于发展上升通道的技术领域,发展空间巨大,创新活跃,而处于成熟期之后的发展阶段,该技术领域的发展空间已经十分有限,创新的余地已经十分狭小,创新的动力和意愿都会下降。例如,在飞机发动机领域,技术趋于成熟,可作为的空间就比较小。❷ 此外,技术本身的更新换代,也深刻地影响着后续创新的激励,影响着专利的申请和权利的空间布局。例如,CD、DVD

---

❶ See GLYNN S. LUNNEY, JR., *Patent Law, the Federal Circuit, and the Supreme Court: A Quiet Revolution*, 11 Sup. Ct. Econ. Rev., 2004, 1, 39.

❷ 当然,重大的技术突破可以开辟新的技术领域,从而重新焕发技术创新的活力。

技术随着其他存储介质的发展而日益从市场中消退，利润率的下降也使得这一领域的专利申请显著地减少。

医药生物领域的创新对专利制度的依赖异常强烈。新药的开发往往要冒相当大的沉没成本的风险。并且，在该技术领域中，一种药品往往只有一个独立的、开创性的专利，虽然也存在后续改进型的专利，但化学物质的稀缺性从根本上决定了人类可资利用的药品种类并不太多，并且研发成本的高昂、研发周期的漫长以及实验的复杂性在相当程度上也抑制了研发的热情。而在创新主要集中在细胞或者大生物分子的生物技术领域，研发花费甚至更为巨大。

而在半导体、通信、软件、IT领域，又是另外一幅场景。这些领域的技术创新相对容易，表达的形式多种多样，研发周期短、实验成本低、失败风险小、回报高、见效快，渐进的、累积性的技术创新相当多，有些软件专利甚至在一夜之间就能诞生出来，属于"专利泡沫"的重灾区。在FTC的报告中，一位计算机硬件领域的专家统计，在微处理器方面有9万多件有效专利，由1万多个专利权人所掌握；在半导体器件及系统方面大约有9万多件专利，由4万多个专利权人拥有。专利许可的谈判本身是费时费力的事情，在很多情况下还未必能达成协议，任何一位专利权人所拥有的哪怕一项专利权未能谈妥，就会使得整个谈判过程前功尽弃。这一现象增加了实施专利的困难，阻碍了新产品的广泛应用。"专利权利的稳定性极差……这加剧了技术创新方面投资的风险……无疑这将阻碍科技的进步——这恰恰是专利制度所追求的根本目的"。❶

实际上，风险资本的流向很好地解释了不同领域的激励差

---

❶ Fox 2/28 at 696, A Semiconductor Patent Survey (2.28/02)，转引自：董涛. 专利权利要求 [M]. 北京：法律出版社，2006：260.

第 3 章 权利边界的政策调整

异。近年来，风险资本更多地向诸如 Facebook 之类的社交网站流动，因为从商业回报的角度而言，这种投资可以在 5 年甚至更短的时间内得到比投向回报周期高达 15 年以上的医药领域数以十倍计的回报，但从社会总体福利的角度出发，我们很难说社交网站一类的技术对于人类社会的发展具有比涉及生命健康领域的药品更为重要的优先性。资本总是流向激励充足的行业，而流出激励不足的领域，这便使得前者的创新更容易获得强有力的支持，而后者面临创新萎靡不振的尴尬局面。资源的市场化配置由此在本身科研困难程度不等的基础上进一步加剧了不同技术领域的创新差距。在不同技术领域争夺资源的竞争中，专利制度的激励因素发挥了重要的作用。市场激励的不平衡性导致了在缺少差异化的专利政策的情况下，人类社会的创新步伐难以形成全面开花、齐头并进的局面。专利政策在不同领域一刀切的做法催生出来的无疑是跛足的畸形儿。

在不同的技术领域，甚至同一领域的不同技术，开创研发与后续研发的难度均不相同。在理想的状态下，专利保护强度和宽度应当与创新高度——大体对应于研发难度相适应。这主要是出于充分回收成本、真正发挥制度激励作用的需要考虑。从理论上来说，如果在先专利开发难度大、成本高，后续创新较为容易、成本低，那么应当适当扩大在先专利权的保护范围；反之，如果在先技术难度不大、成本适中，而后续创新需要付出大量的实验成本、难度较高，那么应当适当限缩在先专利权的保护范围。

不过，以上的分析仅仅论证了在不同的领域中实施差异化专利政策的必要性，但尚不足以证成实施差异化权利划界政策的正当性。专利权的保护强度和保护宽度共同组成了调节体系，在先专利和在后创新的收益调整是否一定需要通过保护宽度的调节方式进行尚有疑问。如果保护强度的调节便足以单独起作用的话，那么大可不必在保护宽度方面作出复杂的安排。因为拓宽在先专利的保护范围毕竟很可能限制创新竞争。如果加大在先专利的保护强度,例如,如果法院支持更高的赔偿数额足以充分补偿创新者的成本,那么就可以满足激励创新的政策目标,不必再牺牲研发竞争。

这一思路也可能可以在部分程度上解决诸如医药生物领域激励不足的问题。假定法院给予药品专利相对于半导体专利更高额的损害赔偿额,那么这一加强保护强度的手段可以产生更强大的激励作用,有利于矫正不同技术领域成本收益失衡的局面。但是,不同技术领域横向之间激励失衡的问题,远比同一技术领域前、后创新以及上、下游技术之间激励失衡的问题严重得多。任何单一的政策手段的效果总是受到边际效用递减的约束。在损害赔偿上的多寡区分也许能够充分地调整诸如前、后创新以及上、下游创新之间的失衡局面,但是未必能够最大限度地满足拉平不同技术领域投入资源差异的需求。目前的情况是,绝大多数的专利侵权案件采用的是法定赔偿的损害赔偿计算方式,这使得不同技术领域的赔偿标准无法拉开足够的距离。在法定赔偿作为最主要的损失弥补方式的现实环境下,通过赔偿力度的差异化来调节激励水平的做法无法担当重任。从实用主义的思维角度出发,我们仍然无法舍弃保护宽度这一重要的调整手段。也即,对于激励不足的技术领域,适当扩张专利权的保护范围,而对于其他领域,适当限缩专利权的保护范围。当然,我们也可以畅想,如果有一天损害赔偿真正能够大体上回归到市场化的计算方式上来的话,那么赔偿强度这一政策手段则能够更好地发挥其政策功能,我们也自然可以弱化保护宽度在弥合不同技术领域激励差异方面的作用。尽管如此,保护强度的调节这一政策工具本身作用的局限性决定了保护范围的调整这一政策手段的不可或缺性。

当然,区分技术领域原则也面临着操作上的难题。行业的变化发展和法院个案的、事后的调节之间也存在时间差和理解方面的矛盾,在具体个案中以何标准确定快速、累积性行业也有其模糊性。一项具有建设性的建议是在主张适用等同原则的案件中,由权利人承担证明所属行业为快速、累积性行业的举证责任。❶ 权利人可以通过向法院说明所属行业的技术如何快速发展、变化和更迭,来强调等同原则适用的必要性。对于这些操作层面的困难,仍然需要进一步深入研究。

3.2 扩张与限缩的稳定器——"全部技术特征"原则

"全部技术特征"原则(All Elements Rule)是指专利权的保护范围由描述发明客体的、记载在权利要求中的全部技术特征共同界定。全部技术特征原则是从权利边界的确定角度来说的,从侵权判定的角度而言,则称为"全面覆盖原则",二者是同一问题的正、反两面,属同义概念。

在美国,"全部技术特征"原则是在判例法中逐步发展而来的,在多项判例中被反复强调,从而演变为今天的一项"铁律"。美国法院认为,"为了确定字面侵权,被控侵权产品中必须确切地包含有权利要求中限定的所有特征。"❷ 只要被控侵权技术方案中缺少一项以上的专利技术特征,那么就不构成侵权。❸

在中国,"全部技术特征"原则经历了由模糊到清晰,由"柔性"到"刚性"的发展历程。历版的专利法及其实施细则对此均未加以规定,1985年、2001年最高人民法院颁布的司法解释也未予以明确。2001年北京市高级人民法院出台的《关于专

---

❶ CHRISTOPHER A. COTROPIA,"*After—Arising*" *Technologies and Tailoring Patent Scope*,61 N. Y. U. Ann. Surv. Am. L. ,2005,151,200.

❷ *Becton Dickinson & Co. v. C.R. Bard*,*Inc.*,922 F. 2d 792,796 (Fed. Cir. 1990).

❸ *London v. Carson Pirie Scott & Co.*,946 F. 2d 1534,1539 (Fed. Cir. 1991).

利侵权判定若干问题的意见（试行）》中，建立了"柔性"的"全部技术特征"原则："全面覆盖原则，即全部技术特征覆盖原则或字面侵权原则。即如果被控侵权物（产品或方法）的技术特征包含了专利权利要求中记载的全部必要技术特征，则落入专利权的保护范围。"❶ 之所以将该"意见"所规定的"全部技术特征"原则定性为"柔性"，是由于与以后的规则相比，该"意见"强调了专利权利要求中记载的供比对的技术特征必须是"必要"的。也就是说，该"全部技术特征"原则为"多余指定"原则留出了一道口子，是全部"必要"技术特征原则，而非典型的、刚性的"全部技术特征"原则。2004年，最高人民法院在一份批复中，针对被控侵权产品或者方法包含了专利部分特征是否落入保护范围、是否存在"部分侵权"的问题，首次在国家层面明确肯定了全部技术特征原则："判断专利侵权通常适用'全面覆盖'原则，即被控侵权产品要具有专利独立权利要求记载的全部必要技术特征，方能认定侵权成立，不存在部分侵权的问题。"❷ 从"全部必要技术特征"的表述上看，该批复也采用了"柔性"的立场。然而，政策至2005年发生了重大转变。界标性的案例是大连仁达新型墙体建材厂诉大连新益建材有限公司侵犯专利权纠纷案，❸ 在该案中，最高人民法院基本上否定了"多余指定"原则的适用，认为"凡是专利权人写入独立权利要求的技术特征，都是必要技术特征，都不应当被忽略，而均应纳入技术特征对比之列"，由此，在侵权案件中，法院不再区分权利要求中的技术特征是"必要"的还是"非必要"的，在此基础上确立的"全部

---

❶ 该"意见"第27条。该"意见"被北京市高级人民法院于2013年9月4日颁布的《专利侵权判定指南》所废止。

❷ 《最高人民法院对"处理专利侵权纠纷可否认定部分侵权"问题的答复》，[2004] 行他字第8号。

❸ 参见：最高人民法院（2005）民三提字第1号民事判决书。

技术特征"原则由"柔性"转变为"刚性"。这一政策转变最终固定在 2009 年出台的司法解释中。该司法解释第 7 条第 2 款明确规定:"被诉侵权技术方案包含与权利要求记载的全部技术特征相同或者等同的技术特征的,人民法院应当认定其落入专利权的保护范围;被诉侵权技术方案的技术特征与权利要求记载的全部技术特征相比,缺少权利要求记载的一个以上的技术特征,或者有一个以上技术特征不相同也不等同的,人民法院应当认定其没有落入专利权的保护范围。"❶ 由于在此规定中去除了 2001 年司法解释在"技术特征"前冠以的"必要"二字,故至此,中国也正式确立了"全部技术特征"原则。立法语言的变化反映了这样一种认识:在侵权案件中,适用"全部技术特征"原则无需如同审查可专利性时那样区分该技术特征是"必要"的还是"非必要"的。

之所以要坚持"全部技术特征"原则,归根结底是政策考量的结果。

首先,坚持"全部技术特征"原则有利于形成稳定的权利预期。由内涵和外延的相互辩证关系可知,内涵越具体、越丰富,外延则越小。由一项权利要求圈定的技术方案集包括多项技术特征,不同技术特征之间进行排列组合所形成的技术方案的内涵是不同的,外延也不一致。忽略任何一项技术特征均使得技术方案的内容、性质以及权利范围的外延发生变化。从授权过程上看,专利局审查的对象必然也必须是由全部技术特征构成的技术方案,基于效率和经济的考虑,专利局不可能对各项技术特征的所有排列组合结果所构成的技术方案一一进行可专利性的审查。专利局授权的基础是一项权利要求所包含的所有技术特征共同限定的技术方案,正是因为这些技术特征的存在,使得所涉专利拉开

---

❶ 《最高人民法院关于审理侵犯专利权纠纷案件应用法律若干问题的解释》第 7 条第 2 款。该条第 1 款规定:"人民法院判定被诉侵权技术方案是否落入专利权的保护范围,应当审查权利人主张的权利要求所记载的全部技术特征。"

了与现有技术的差距，专利局也正是基于这些区别特征的存在而给予了授权。从"非均衡论"的角度而言，申请人也具有足够的自由度选择各项技术特征的排列组合方式，并且通过从属权利要求这一重要的工具自由地设计要求保护的不同客体。

其次，在权利保护层面，省略任何一个技术特征的方案是专利局所未曾审查过的"新"的技术方案，侵权法院如果对此进行评判，实则代替了专利局而对此新的技术方案的可专利性发起了新的审查，这导致了一种极大的不确定性。从裁判角度而言，对于"新"的技术方案进行全面的可专利性的审查，既不经济，也需要复杂的制度安排和坚实的人员、资源储备以保证结果的统一性和可预期性。从社会公众的角度而言，专业的、权威的裁判只能提供一种事后的结论，而无法在从事有关商业行为之前便能够获得相对明确的预期，从而在商机稍纵即逝的市场竞争中有效地规避经营风险。从"非均衡论"的角度而言，由专利权人作为自身利益的最佳守护者是最小化社会总成本的制度选择。专利权人在授权过程中有着广泛的自由度，如果其出于便于获得授权的考虑选择外延较小、内涵较多的技术方案，而在日后重新主张外延较大、内涵较少的技术方案的保护，则难以被认为是一种诚信的行事方式，也会使得权利的范围处于一种不确定的状态。在技术密集而又拥挤的今天，无疑极大地提高了权利听众的信息处理成本。

最后，从法律后果上说，"全部技术特征"原则是奠定权利要求划界核心地位的基石。如果没有该原则，权利要求要远远逊色于目前的地位。在美国，法院多次重申全部技术特征原则与权利要求的重要性。"用来丈量专利权人的权利范围的东西就是权利要求。"❶ 禁止将专利权利要求当作"可以朝任何方向扭转的

---

❶ *Graver Tank & Mfg. Co. v. Linde Air Prods. Co.*, 339 U.S. 605, 613—614 (1950). Dissent.

蜡像鼻子，仅仅引用说明书就可以使之涵盖超出其字面意思范围或与字面意思不同的内容"。❶

由"全面技术特征"原则在我国的发展轨迹不难看出，"全部技术特征"原则经历了由"柔性"到"刚性"的发展过程，这一进程体现了"全部技术特征"原则的确立与"多余指定"原则的沉浮变迁的密切联系。正是在赞成、适用、反对、排除"多余指定原则"的过程当中，法律共同体逐步加深了对"全部技术特征"原则的认识。可以说，"全部技术特征"原则与"多余指定"原则是一项矛盾的两端，它们之间存在着此消彼长的关系。

3.2.1 "多余指定"原则的沉浮变迁

"多余指定"原则是指裁判者通过阅读专利文献的全部内容之后，认为对于本领域普通技术人员而言，权利要求中包含的某些技术特征属于与实现发明目的无关的技术特征，可以在保护范围的确定中忽略该"多余"特征，从而扩大权利的保护范围以保护发明实质的一项裁量性原则。承认"多余指定"原则的法理基础是照顾疏忽大意或者经验不足的权利人，弥补其撰写失误，宽恕其疏忽大意，使之可以对抗"盗用"其"发明精髓"的"实质侵权"。这一原则的适用结果是对权利人权益的保护可以达到"父爱"般的程度，权利人在申请过程中的"不当"自我限缩可以得到反悔式的扩张，从而最大限度地发挥专利制度对发明的激励作用。

"多余指定"原则原产于德国，在 20 世纪 90 年代作为法学理论被引入我国，并对司法实践产生了重要的影响。1995 年北京法院审理的周林诉北京奥美光机电联合开发公司、北京华奥电

---

❶ *Graver Tank & Mfg. Co. v. Linde Air Prods. Co.*, 339 U.S. 605, 614 (1950). Dissent.

专利权的边界——权利要求的文义解释与保护范围的政策调整

子医疗仪器有限公司侵犯专利权纠纷案❶是适用该原则的典型代表。涉案"人体频谱匹配效应场治疗装置及生产方法"发明专利权利要求书中记载了"立体声放音系统及音乐电流穴位刺激器及其控制电路装置于整机体内"的技术特征,该特征与频谱效应场治疗的方法并无直接关系,目的仅是提供"音乐治疗"。被控侵权产品与前述技术方案的唯一区别就在于不具备该特征。法院认为,涉案专利的突出的实质性特点在于该项技术方案中提出了14种组分及其含量,构成效应场治疗装置的模拟人体频谱发生层,被控侵权产品缺少的特征不产生实质性的必不可少的功能和作用,显系申请人理解上的错误及撰写申请文件缺乏经验误写所致,故应视其为附加技术特征,被控侵权产品与本专利是本质上等同的技术方案,因此侵权成立。

北京法院的立场和做法对其他地方法院产生了很大影响,此后,各地法院出现了多起适用"多余指定"原则进行裁判的案例。最高人民法院于2001年颁布的司法解释❷虽未明确其关于"多余指定"原则的态度,但在字里行间之中为该原则的适用提供了空间。该司法解释第17条第1款规定:"专利权的保护范围应当以权利要求书中明确记载的必要技术特征所确定的范围为准,也包括与该必要技术特征相等同的特征所确定的范围。"由于该规定强调了确定保护范围的技术特征必须是"必要"的,因而从反对解释的角度出发,可以得出"非必要"的技术特征对保护范围的确定不起作用的结论。北京市高级人民法院《关于专利侵权判定若干问题的意见(试行)》(2001年)则明确规定了

---

❶ 参见:北京市中级人民法院(1993)中经知初字第704号民事判决书、北京市高级人民法院(1995)高知终字第22号民事判决书。

❷ 即《最高人民法院关于审理专利纠纷案件适用法律问题的若干规定》。

第3章 权利边界的政策调整

"多余指定"原则。❶ 在2003年公布的《最高人民法院关于处理专利侵权纠纷案件有关问题解决方案草稿的征求意见稿》曾经写入了"多余指定"原则,表明在当时的认识中,"多余指定"原则仍然是主流的司法政策和观点。

但这一情况在2005年发生了重大转折。最高人民法院在大连仁达新型墙体建材厂诉大连新益建材有限公司侵犯专利权纠纷案❷中基本上否定了"多余指定"原则。该案涉及"混凝土薄壁筒体构件"实用新型专利权,该专利权利要求限定了"混凝土筒体"的"筒底以至少二层以上的玻璃纤维布叠合而成""筒管以至少二层以上的玻璃纤维布筒叠套而成",❸ 被控侵权产品的筒管部分只有一层玻璃纤维布,筒底部分没有玻璃纤维布。一审、二审法院认定等同侵权成立。最高人民法院认为:"本院不赞成轻率地借鉴适用所谓的'多余指定原则'","权利要求书的作用是确定专利权的保护范围。即通过向公众表明构成发明或者实用新型的技术方案所包括的全部技术特征,使公众能够清楚地知道

---

❶ 该意见第47~55条花费了大量的笔墨对"多余指定"原则的含义、适用条件、时机、考虑因素、范围、侵权人的责任减轻等进行了详细规定。如第47条对"多余指定"原则的定义为:"多余指定原则,是指在专利侵权判定中,在解释专利独立权利要求和确定专利权保护范围时,将记载在专利独立权利要求中的明显附加技术特征(即多余特征)略去,仅以专利独立权利要求中的必要技术特征来确定专利权保护范围,判定被控侵权物(产品或方法)是否覆盖专利权保护范围的原则。"该意见被北京市高级人民法院于2013年9月4日颁布的《专利侵权判定指南》所废止。

❷ 参见:最高人民法院(2005)民三提字第1号民事判决书。

❸ 涉案专利权利要求1为:"一种混凝土薄壁筒体构件,它由筒管和封闭筒管两端管口的筒底组成,其特征在于所述筒底以至少二层以上的玻璃纤维布叠合而成,各层玻璃纤维布之间由一层硫铝酸盐水泥无机胶凝材料或铁铝酸盐水泥无机胶凝材料相粘接,筒底两侧板面亦分别覆盖有一层硫铝酸盐水泥无机胶凝材料或铁铝酸盐水泥无机胶凝材料。同样,所述筒管以至少二层以上的玻璃纤维布筒叠套而成,各层玻璃纤维布筒之间由一层硫铝酸盐水泥无机胶凝材料或铁铝酸盐水泥无机胶凝材料相粘接,筒管内腔表面与外柱面亦分别覆盖有一层硫铝酸盐水泥无机胶凝材料或铁铝酸盐水泥无机胶凝材料。"

专利权的边界——权利要求的文义解释与保护范围的政策调整

实施何种行为会侵犯专利权,从而一方面为专利权人提供有效合理的保护,另一方面确保公众享有使用技术的自由。只有对权利要求书所记载的全部技术特征给予全面、充分的尊重,社会公众才不会因权利要求内容不可预见的变动而无所适从,从而保障法律权利的确定性,从根本上保证专利制度的正常运作和价值实现。"" 由于本案专利权利要求书在叙述玻璃纤维布层数时,明确使用了'至少二层以上'这种界限非常清楚的限定词,说明书亦明确记载玻璃纤维布筒的套叠层'可以少到仅两层',故在解释权利要求时,不应突破这一明确的限定条件。应当认为,本领域的普通技术人员通过阅读权利要求书和说明书,无法联想到仅含有一层玻璃纤维布或者不含玻璃纤维布仍然可以实现发明目的,故仅含有一层玻璃纤维布或者不含有玻璃纤维布的结构应被排除在专利权保护范围之外。否则,就等于从独立权利要求中删去了'至少二层以上',导致专利权保护范围不合理的扩大,有损社会公众的利益。"

如果说最高人民法院在"大连仁达"案中使用"不赞成轻率地借鉴适用"的措辞对"多余指定"原则的适用仍然留有余地的话,那么最终在 2009 年司法解释中确立的"刚性"的"全部技术特征"原则❶则通常被认为是对"多余指定"原则的

---

❶ 《最高人民法院关于审理侵犯专利权纠纷案件应用法律若干问题的解释》第 7 条规定:"人民法院判定被诉侵权技术方案是否落入专利权的保护范围,应当审查权利人主张的权利要求所记载的全部技术特征。被诉侵权技术方案包含与权利要求记载的全部技术特征相同或者等同的技术特征的,人民法院应当认定其落入专利权的保护范围;被诉侵权技术方案的技术特征与权利要求记载的全部技术特征相比,缺少权利要求记载的一个以上的技术特征,或者有一个以上技术特征不相同也不等同的,人民法院应当认定其没有落入专利权的保护范围。"

明确废止。❶ 至此,"多余指定"原则正式在中国的司法实践中寿终正寝。

之所以在实务中否定"多余指定"原则的适用,根本原因在于专利政策的现实土壤发生了重要的变化。

首先,废止"多余指定原则"是维护权利外观的客观需要。提高权利边界的确定性、保护公众的信赖日益成为维护市场交易安全的重要方面。适用"多余指定"原则的一个重要的不利后果是使权利边界变得模糊起来。一方面,社会公众需要进行更为深入的研究工作,才有可能准确地分辨权利要求中是否存在、何处存在"多余"的技术特征。今天的公众本来就在"专利丛林"中艰难跋涉,如果再允许埋下潜藏的"专利地雷",公众的商业和创新活动将更加寸步难行;另一方面,是否"多余"面临着过多的临界情形,几乎所有的特征都有其技术效果,忽略该技术特征一般也带来相应技术效果的消失,可以说,所有的技术效果都或多或少地有助于实现某种技术目的,是否"必须"只具有程度上的区别,在其中划出侵权与否的红线面临着过多的不确定因素。

其次,废止"多余指定"原则是敦促提高申请质量、加强授权审查作用、节约社会资源的需要。由于在专利实质审查阶段审查员是在考虑了记载在权利要求中的每一个特征的基础上作出授权决定的,那么如果忽略其中的某一特征,所形成的便是与原权利要求所限定的技术方案完全不同的技术方案,这一重新限定的技术方案是专利局授权过程中所未予考虑的。如果"多余指定"原则得以普遍适用,那么申请人的最佳策略是在申请时提出特征多、范围小的权利要求,以降低授权难度,但在侵权诉讼中主张由法院指定"多余"的技术特征并加以忽略,长此以往,专利审

---

❶ "第7条第1款明确规定,……从而否定了所谓的'多余指定原则'。"参见孔祥俊,王永昌,李剑.《最高人民法院关于审理侵犯专利权纠纷案件应用法律若干问题的解释》适用的若干问题 [J]. 电子知识产权,2010(2):79.

查将变得毫无疑义,因为申请人真正希望保护的技术方案可能隐藏在提交审查的申请文本的背后,专利局花费了大量的时间进行检索,进行新颖性、创造性等可专利性的判断,到头来审查的对象只不过是被权利人束之高阁的"幌子"。而侵权法院对"多余技术特征"的判定,势必需要投入大量的精力审查"新"方案的可专利性问题。这造成了由法院而不是由专利局来"颁发"权利的畸形局面,显然法院也不具有相应的审查资源。

再次,废止"多余指定"原则损害了多权利要求的制度功能。对撰写多条权利要求的专利权征收额外的费用是各国的通行做法,这一做法的目的是减少错综复杂、盘根错节的权利要求体系,减轻公众为确定权利边界所付出的成本和专利局的审查成本。"多余指定"原则在一定程度上降低了从属权利要求撰写的意义,减少了权利人撰写多项权利要求以划定宽窄不同的保护范围的需求,在某种程度上可能会损害这一制度的效用。

最后,"多余指定"原则在"原产地"德国有其特殊的孕育土壤。活跃的创新、丰富的成果、对利润回报的巨大渴求与尚处于发展阶段的专利文献撰写水平、强烈的保护需求和落后的保护工具之间的对立矛盾是降低形式要求的内在动因。此外,发明人和撰写人的相互分离也是德国适用"多余指定"原则的考量因素之一。过于严苛的撰写要求势必使得大量的具有突出贡献的发明创造得不到应有的保护,从而挫伤发明人尤其是小发明者进行发明创造的积极性。对于今天的中国专利界而言,经过近 30 年的发展,专利撰写能力已经有了一定的发展,专利代理人的水平也有了较大的提高,专利申请人和撰写人对于规则的熟悉程度也大为提高。"多余指定"原则适用的情形对应的是非常严重的失误,只要是掌握着基本的专利知识和稍有经验的撰写者,只要具有起码的责任意识,都可以轻易避免将不必要的技术特征写入权利要求。在此情况下,即使目前我国的专利代理水平仍然有着较大的提升空间，也已足以避免犯下写入非必要特征的严重失误，没有必要再过多地以"父爱主义"的思维介入私权。虽然可能有个别的发明创造由此丧失制度的保护，但是法律规则的普适性要求制度不应为少数极端的情形"开绿灯"，就整体社会而言，全部技术特征原则所带来的权利边界清晰化的收益要远远大于个别权利未获得保护所可能对创新激励所带来的危害，从社会总成本收益的角度来看，是具有相当合理性的。

需要指出的是，《专利法实施细则》第 20 条第 2 款的规定曾经一度被"多余指定"原则的拥护者认为是该原则适用的法律渊源，❶ 然而，该款规定实际上是从可专利性的角度出发所作的规定，其立法目旨在要求所有为解决发明技术问题、实现发明目的的必要技术特征都必须记载入权利要求，但这并不意味着所有载入专利权利要求的技术特征都是"应然状态"下的"为解决技术问题"所必不可少的必要技术特征。此"必要"与确定保护范围时所称的"凡是记载在权利要求中的技术特征都是必要技术特征，都不应当被忽略"❷ 的彼"必要"的含义不同。前者是解决技术问题所需的"必要"，后者是为贯彻"全面覆盖"原则所必须要考虑的"必要"。

3.2.2 "变劣省略侵权"的争论

"多余指定"原则的废止反映了专利社会提高权利边界预期确定性的需求，体现了裁判机关追求法律适用结果的统一性、客观性、可操作性的愿望。虽然"刚性"的"全部技术特征"原则在今天已经成为业界的共识，但是否允许极端例外情形的存在，仍然有进一步讨论的必要。

---

❶ 该款规定："独立权利要求应当从整体上反映发明或者实用新型的技术方案，记载解决技术问题的必要技术特征。"

❷ 大连仁达新型墙体建材厂诉大连新益建材有限公司侵犯专利权纠纷案，最高人民法院（2005）民三提字第 1 号民事判决。

在司法实践历史上,省略技术特征的变劣发明是否构成侵权,长期以来存在争论。《专利法》及其实施细则、最高人民法院历次颁布的司法解释对此均未进行明确规定。在专利制度施行的早期,变劣发明在一定条件下,被认为构成对专利权的侵犯。北京市高级人民法院2001年颁布的《专利侵权判定若干问题的意见(试行)》第41条对变劣发明构成侵权的要件进行了明确的规定:"对于故意省略专利权利要求中个别必要技术特征,使其技术方案成为在性能和效果上均不如专利技术方案优越的变劣技术方案,并且这一变劣技术方案明显是由于省略该必要技术特征造成的,应当适用等同原则,认定构成侵犯专利权。"

从北京市高级人民法院的前述规定看,省略技术特征构成变劣侵权是被置于等同原则的项下予以讨论的,侵权的要件有四项:一是被控侵权人省略技术特征的主观状态必须出于"故意",也即主观上明知专利技术方案的存在和授权的事实,不具有过错或者仅因为应当检索而没有检索到有关在先专利而实施变劣技术方案的行为不构成侵权;二是变劣技术方案是在专利技术方案基础上省略必要技术特征的改变,如果变更专利技术方案的技术特征,或者省略的是"非必要"技术特征,均不构成变劣侵权,但可能依照该"意见"的其他条款分别构成一般等同侵权、适用"多余指定"原则的等同侵权;❶ 三是被控技术方案性能和效果上相较于专利技术方案而言"变劣","变优"或者效果基本相同的改变不构成变劣侵权;四是省略的技术特征与效果变劣之间存在相互对应的因果关系。

由于北京市高级人民法院在知识产权审判中的重要地位,上述规定曾经一度在全国范围内产生了广泛的影响。不过,在最高人民法院作出"大连仁达"案之后,伴随着全面的"刚性"的

---

❶ "多余指定"原则后被废止,参见本章第3.2.1节的讨论。

"全部技术特征"原则的确立,法院对撰写失误的"容忍度"越来越低,对"变劣省略侵权"的反对呼声也越发高涨,"变劣省略侵权"的做法也逐步退出了历史舞台。在沈阳直连高层供暖技术有限公司诉张建华、沈阳高联高层建筑供暖联网技术有限公司侵犯实用新型专利权纠纷一案❶中,一、二审法院均接受了"变劣省略侵权"的理论,判定侵权成立。最高人民法院再审认为:"人民法院在判断被控侵权技术方案是否落入专利权保护范围时,应当将被诉侵权技术方案的技术特征与专利权利要求记载的全部技术特征进行对比。如果被控侵权技术方案缺少权利要求记载的一个或者一个以上的技术特征,或者被控侵权技术方案有一个或者一个以上的技术特征与权利要求记载的相应技术特征不相同也不等同,人民法院应当认定被控侵权技术方案没有落入专利权的保护范围。被控侵权技术方案是否因缺少某专利技术特征而导致技术功能或效果的变劣,不应考虑。"最终判令撤销一、二审判决,驳回原告的全部诉讼请求。该判决明确否定了"变劣省略侵权"理论的适用性。

从理论上说,被控侵权技术方案省略了专利技术方案一项以上的技术特征,按照"刚性"的"全部技术特征"原则,并不落入专利权的保护范围。但省略的情况较为复杂,仍然有必要区分以下四种情形予以分析。

如果省略一项以上的技术特征的"新"技术方案与专利技术方案在技术效果上基本相当,那么大致存在两种情况:A. 专利权人撰写失误,在权利要求中写入了"多余"的非必要技术特征,自我限缩了保护范围;B. 专利权人并不存在失误,随着技术的发展和认识的进步,省略特征的技术方案构成能够获得省略

---

❶ 参见:沈阳市中级人民法院(2002)沈民(4)初字第 85 号民事判决书、辽宁省高级人民法院(2003)辽民四终字第 10 号民事判决书、最高人民法院(2009)民提字第 83 号民事判决书。

发明授权的技术方案。❶

如果省略一项以上的技术特征的"新"技术方案与专利技术方案相比技术效果变劣，❷ 也大致存在两种情况：A. 该技术方案属于现有技术或者发明所要克服的落后技术或者不具有创造性（可专利性）的技术；B. 该技术方案属于带来危害后果的、即使在现有技术中也不愿意采用的技术方案。

对于上述第一种情形，在"多余指定"原则的存废之争中已有定论；对于第二种情形，被控技术方案构成新的发明创造，不能满足"本领域技术人员无需创造性劳动即能联想到"的等同侵权要件，从而不构成侵权；对于第三种情形，被控侵权技术方案属于专利权所不应当覆盖的现有技术或者不具有可专利性的技术方案，也不应当构成等同侵权。但在第四种情形下，尤其是有关的省略方案损害了公共利益的情形下，是否应当判定构成侵权，在理论上仍然存在争论。例如，某专利方法包含"处理、回收废液"的技术特征，被控侵权人为了规避侵权，取消了回收环节，将废液直接排入江河湖泊中，造成严重的环境污染，这种技术特征的省略行为是否具有正当性？

在王好兵诉濮阳市豫能房地产开发有限公司侵犯发明专利权纠纷一案❸中，涉案"室内燃气管段修复加固法"发明专利的权利要求1所限定的特征包括当"燃气管与套管间间隙均匀或可调整均匀时"，首先"进行预处理：清除燃气管与套管间

---

❶ 从逻辑上说，还存在第三种情况，即省略了一项以上的技术特征的技术方案比原方案技术效果更好，这种情形在现实中很难出现，如果真的存在此种情况，那么也可以归入省略发明的范畴之中。

❷ 常见的情况是省略了特定技术特征的同时，该特征所带来的技术效果也随之消失。

❸ 参见：天津市第一中级人民法院（2010）一中民五初字第96号民事判决书、天津市高级人民法院（2011）津高民三终字第47号民事判决书、最高人民法院（2012）民申字第1329号民事裁定书。

第3章 权利边界的政策调整

的杂物"。❶ 被告负责为多个小区进行户内燃气管道防腐工程。在地方知识产权局进行现场勘验并认定侵权成立之后,被告改变了其施工方法,首先拆除了燃气管外的"套管",进而在无"套管"的环境下进行作业。一、二审法院均认为,被告在保留"套管"情况下的施工步骤和方法侵犯了原告的专利权,而拆除"套管"之后进行施工的方法因缺少专利权利要求1记载的进行预处理的施工步骤,而不构成侵权。专利权人申请再审认为:国家标准❷等相关行业规范要求在燃气管安装过程中,在与燃气管对应的楼板中必须安装套管,涉案专利的施工步骤是在充分注意不违反国家规范的前提下实现的,并非专利权人特意将套管作为可以达到独立技术效果的特征来限定该专利方法,被控侵权方法明显属于以损害社会公众燃气使用安全为代价,恶意规避诉争专利保护范围的变劣技术方案,因此构成侵权。最高人民法院在本案中重申了"全部技术特征"原则,并认为被诉侵权技术方案是否符合国家强制性技术规范,与其是否构成侵权没有关联性,不影响对案件的侵权判断,遂驳回了专利权人的再审申请。

---

❶ 涉案权利要求为1、2为:"1. 一种室内燃气管段修复加固方法,燃气管与套管间间隙均匀或可调整均匀时,其特征在于施工步骤为:(1)进行预处理:清除燃气管与套管间的杂物;去掉燃气管上的浮锈;需调整燃气管与套管间隙的、使其均匀;将楼板处上下50mm区域内的燃气管打磨出金属本色,并擦拭表面;(2)浸渍、灌注施工;以土工布在待修复燃气管上部缠裹固定、形成管套,并将其送至所需位置;用喉箍卡紧土工布管套下端,调配胶液,向土工布管套中灌注胶液,至浸渍均匀、固化;(3)防护处理:在燃气管光洁表面处刷防锈底漆、面磁漆。2. 一种室内燃气管段的修复加固办法,燃气管与套管间间隙不均匀时,其特征在于施工步骤为:(1)进行预处理:清除燃气管与套管间的杂物,去掉燃气管上的浮锈,将楼板处上下50mm区域内的燃气管打磨出金属本色,并擦拭表面;(2)浸渍、灌注施工:用胶泥先封堵套管底部,固化后,在适量向燃气管与套管间的间隙中填入土工布,调配胶液,向间隙中灌注胶液至套管上口平,固化;(3)防护处理:在燃气管光洁表面处刷防锈底漆、面磁漆。"

❷ 《城镇燃气设计规范》(GB50028-93)。

专利权的边界——权利要求的文义解释与保护范围的政策调整

上述案件可划入前述第四种"变劣"情形的范畴。对于在该情形下是否应当判令构成侵犯专利权,存在两种观点。

"肯定说"认为,虽然从理论上说,专利权人也完全可能在权利要求中不限定相关的技术特征,从而使权利的保护范围覆盖"有害"的技术方案,但是,总是让权利人站在"邪恶"的立场进行思维,挖空心思地"堵漏防盗"似乎使其负担过重。在创新体系中,鼓励合法模仿也存在公共利益的限度。被控行为人的行为只不过是"规避"侵权的伪装,具有相当的危险后果,甚至造成公共利益的损害,很难认为是一种对全社会有利的"合理规避"和"合理模仿",因而从社会整体福利的角度而言,判定侵权有利于制止为规避侵权而损害公共利益的行为。并且,在实践操作中,如果权利要求删除了国家、行业标准所要求的强制性特征,也有可能被国家知识产权局以不符合《专利法》第 5 条第 2 款规定的公共利益原则❶为由驳回,因此,从撰写的角度而言,审查机关一般也不允许权利要求中不限定强制性规范特征的做法。

"否定说"则强调专利权人的撰写义务——权利人在撰写权利要求时完全可以把一些"违规甚至违法"的技术方案纳入权利要求,从而避免他人钻空子;❷ 应当"让上帝的归于上帝,让恺撒的归于恺撒",❸ 即使故意省略某一技术特征的技术方案损害了公共利益,但对于这种行为应当运用其他的管制性法律手段予以解决或者惩处,为了保持专利制度的纯洁性,不应突破专利法的基本原理;况且,如果省略技术特征的变劣技术方案属于现有技术,那么什么样的现有技术属于有违公共利益的技术方案、应

---

❶ 该款规定:"对违反法律、社会公德或者妨害公共利益的发明创造,不授予专利权。"

❷ 但这是否能够通过《专利法》第 5 条第 2 款的检测存在疑问。

❸ 《马太福音》第 22 章第 21 节。

当被取缔，其范围也是不确定的。

"肯定说"与"否定说"的两种观点分别代表了现实实用主义与规则理想主义的两种取向。从应然的角度而言，应当持"否定说"的观点，专利法的公共政策执行功能是有限度的，引入公共利益的概念也因其边界的模糊性而增加了判定成本。但"肯定说"从目前的社会发展现状出发，对针对诸如破坏国家标准、造成一定损害、但又缺乏其他处罚手段的"变劣"实施行为予以专利法上的规制，也有其现实意义。对此问题的根本解决之道恐怕需要在跨部门法之间进行体系化的设计。

3.3 保护范围的扩张——等同原则

为弥补完全以权利要求的字面含义来确定权利边界的机械做法的缺陷，世界上不同的法域通过不同的规则来扩展权利要求的字面范围。许多国家采用等同原则对权利要求的保护范围作适当扩张，专利权的保护范围不仅包括权利要求字面含义所涵盖的范围，还包括适用等同原则所扩张的范围。"专利权的保护范围应当以权利要求书中明确记载的必要技术特征所确定的范围为准，也包括与该必要技术特征相等同的特征所确定的范围。"[1] 等同范围越过了权利要求字面范围的边界。[2] 在40多年前，美国联邦最高法院的法官写道："法院不能拓宽也不能限缩权利要求，以至于使得专利权人得到不同于他当初界定的东西。不论作出政策性决定或实现公平的诱惑有多大，法院都不能重写权利要求。"[3] 这句话如果仅仅针对本书所界定的"权利要求解释"这一概念，

---

[1] 《最高人民法院关于审理专利纠纷案件适用法律问题的若干规定》第17条第1款。

[2] *Graver Tank & Mfg. Co. v. Linde Air Prods. Co.*, 339 U.S. 605, 608 (1950).

[3] *Autogiro Co. of America v. United States* 384 F. 2d 391, 396 (1967).

专利权的边界——权利要求的文义解释与保护范围的政策调整

则是恰如其分的，但如果对应于"权利边界的划定"，则已然过时，因为等同原则实际上拓宽了权利要求所界定的范围，使得专利权人得到了"不同于他当初界定的东西"。而那些不承认等同原则的国家和地区，则通过"目的解释论"等方法对文义进行扩张解释，来达到基本相同的效果。❶

是否适用等同原则，等同的界限、判断尺度，深刻地影响着专利权保护和自由竞争维护这一对存在内在紧张关系的矛盾。

专利权通过充分公开换取一定时期内的排他权。这一排他权排除了与之相同的竞争性产品进入市场。如果等同的范围过窄，则可能使本应当得到保护的专利权得不到应有的保护，由于"破窗效应"的存在，侵权行为将大大增加，挫伤权利人的积极性，损害鼓励发明创造的立法目的。❷

另一方面，专利制度的创设已经付出了一定时期内限制市场竞争的代价，促进技术创新的竞争是其自我证成存在合理性的主要方面，也是专利政策目标所应秉持的底线。专利制度之所以被认为是一种必要的垄断、是鼓励竞争的，正是因为研发竞争的存在。如果连研发竞争都从市场上消失，那么专利法将沦为彻头彻尾的反竞争的"恶法"。

等同原则范围过宽对竞争的限制作用既体现在市场竞争，也

---

❶ 典型的如英国，此外，许多英联邦国家，如澳大利亚、新西兰、南非等，也采用这种做法。

❷ 有一种观点认为，如果对等同原则界定得太窄，会大大增加专利权的数量，从而造成专利"灌木丛"，参见董涛. 专利权利要求［M］. 北京：法律出版社，2006：255. 笔者认为，专利数量激增、专利密集度显著上升的"专利泡沫"问题，与权利保护范围的宽、窄界定无关，其决定性因素在于创造性标准的松、严尺度把握。如果创造性高度把握较严，则即使在先专利权的保护范围窄，也不会导致"垃圾专利"的泛滥，反之，如果创造性高度的把握过于宽松，则即使在先专利权的保护范围较宽，由于在一般情况下用于评价创造性的对比文件的公开内容并不包括等同技术方案，故专利申请是否获得授权的前景与在先专利权的保护范围的等同原则的适用情况无关，而主要与创造性判断把握的尺度相关。

体现在创新竞争方面。专利产品面临着具有类似功能但设计不同的替代产品的竞争,也面临着后续替代技术的竞争。在市场竞争方面,如果等同的范围过宽,那么专利权就能够将临近的其他替代技术纳入排他权的范围,从而限制竞争。在研发竞争方面,过宽的等同范围必然压缩他人后续创新的空间,从而减少其他主体与在先权利人进行研发竞争的意愿,客观上为后来者设置了"技术壁垒",减损了后续技术创新的动力。过宽的保护范围强化了在先权利人的"先行优势",权利人可以在宽泛的在先权利的羽翼遮蔽下,进行后续研发,进行改进发明、取得从属专利。并且,在先权利人可以利用已经建立的对后续创新的控制权,对后续技术开发进行有利于自身利益的协调。例如在其他竞争者丧失研发的动力之后,长期"雪藏"新技术,直到在先专利临近期满之前再申请后续专利,以此尽可能地获得最长时间的专利垄断保护。在先权利人可以通过这种方式,不断地通过后续专利的申请,实际上获得超过10年、20年保护期的长期垄断权,延缓了技术更新换代的步伐,最终损害整个社会的利益。

保护研发竞争要求专利制度的设计必须将专利权的保护范围划定在合适的维度之内:既能够提供足够的创新激励,确保创新者在收回技术创新所付出的成本之后还有盈余,又能够为后续创新保留恰当的空间,使得其他市场主体保有参与研发竞争的积极性。

当然,从逻辑上说,使用"后续创新"一词存在一定的风险。这一词语的使用应当不包括"改进型发明"。实际上,过宽的保护范围对后续创新的不合理压缩主要体现在压榨替代技术的研发方面,也即不得将保护范围扩展至"另辟蹊径"的发明创造。而改进型发明,属于在"前人的肩膀"之上作出的劳动,仍然利用了在先专利的技术,其所获得的专利属于在先专利的从属专利,仍然应当落入在先专利权的保护范围。在改进型发明的场景中，只要完整地使用了在先权利人的受保护的技术方案，只是在其中添加了创新因素，或者在更为下位的实施方式中取得了较好的技术效果，则其发明创造仍然属于在先发明地基之上的楼房，如果此时允许后续改进型发明完全独立于在先发明，"活生生"地从在先发明的权利保护范围中夺走一片领地，开创型发明所能获得的回报与其付出的成本将不成比例，很可能无法充分弥补创新者的"沉没成本"，开创性发明的激励作用将大大减损。

3.3.1 法理基础

3.3.1.1 政策功能

等同原则是对权利要求字面概括范围的扩张，是在"权利要求周围投射出一圈阴影"。❶ 等同原则充斥着复杂而又充满着不确定因素的裁量。"的确，等同原则使得专利的范围更不确定……本院每次考虑这一原则时，都承认这一不确定性是为确保创新动力而支付的代价。"❷ 虽然反对适用等同原则的呼声并没有停歇，然而美国联邦最高法院在 2002 年的 *Festo* 案中，还是再次重申了 *Warner — Jenkinson* 案的中所作出的一致意见，即"等同原则的久远历史强有力地支持我们在 *Graver Tank* 案中对'专利法与等同原则相冲突'这一观点所作的否定性结论"，如果等同原则要被抛弃，应该由国会而不是法院来做此决定。因为对规则的根本性改变，会带来破坏发明人对其财产的合法期待的风险。

那么，我们为什么需要等同原则？在扩张主义受到冷遇的今天，❸ 为什么还需要等同原则？等同原则的政策功能是什么？

等同原则的第一项合理性论证是建立在"撰写的非完美性"

---

❶ *Autogiro Co. of America v. United States* 384 F. 2d 391, 400 (1967).

❷ *Festo Corp. v. Shoketsu Kinzoku Kogyo Kabushiki Co.*, 535 U. S. 722, 732 (2002).

❸ 参见本章第 3.1.6 节的讨论。

第 3 章 权利边界的政策调整

事实判断基础之上的。❶ 由于人类理性和语言表达的局限性,即使再有经验的专利文本起草人,也难免出现考虑不周的情形。如果将专利权的保护范围仅仅限定于权利要求的客观字面含义,那么一些无关紧要的变化将导致被控侵权技术方案被排除在专利权的保护范围之外,专利权也丧失了存在的意义。就如同庭院的围墙一样,只要存在缺口,第一个未经主人许可的"钻空子"的进入者的行为必然起到极强的示范作用,以后必将有越来越多的人选择通过缺口进入庭院,即使院子其他的围墙仍然坚固,但都只成为摆设。尤其是现今判决的公开制度和信息流通的便捷性,使得第一个"吃螃蟹的人"的行为所起到的教导作用能够迅速扩散,专利权即便继续存在,也名存实亡。"完全而直接的复制是愚蠢而罕见的侵权类型。"❷ "不禁止其他类型的剽窃行为,则发明人将任由文字摆布,让内容屈从于形式。这会剥夺发明人对发明所享有的利益,会促使发明人隐瞒而不是披露发明。"❸ 对此,等同原则可以发挥拾遗补漏的作用,修补申请时由于资源(时间、精力等)限制、经验不足、疏忽大意或者认识局限而造成的漏洞,使得真正有价值的发明创造不至于因为形式表达的缺陷而丧失保护,从而最大限度地保持专利制度对创新的激励作用。此政策目的从实际效果来看,保护了缺乏经验的发明家,纠正了起草人的失误,弥补了撰写人考虑不周的漏洞,降低了获得专利权对资源的高要求门槛,一定程度上保护了小发明人。

这一合理性论证在日本受到挑战。日本最高法院认为,对于权利人在申请时能够预见但没有写入权利要求的技术方案,属于权利人的"意识限定",日后不得主张等同原则的保护。在美国,

---

❶ 有关撰写非完美性的讨论参见第 1 章第 1.1 节及第 1.4 节的讨论。
❷❸ *Graver Tank & Mfg. Co. v. Linde Air Prods. Co.*, 339 U.S. 605, 607 (1950).

也有附和的声音，"如果 Sage（专利权人）期望获得宽保护，那么它本该选择结构限定特征少的权利要求……在本来可以争取更宽的权利要求的专利权人和缺乏这一机会的公众之间［作出选择］，［我们认为］必须由专利权人自行承担它没有能够对其可预见的替代变化结构（Foreseeable Alteration）寻求保护的成本。"❶ 不过，美国法院的主流观点一直没有采纳这种激进的观点。在 Graver 一案中联邦最高法院的少数意见法官对等同原则在弥补撰写缺陷方面的适用提出了异议，认为通过法定的再颁程序，才能够将权利的保护范围扩张至权利人申请时业已存在的技术替换，❷ 但是，"申请人事先很难通过语言准确地表述其发明的每一个细枝末节、每一个可能变通的方案。"❸ 就笔者的观点而言，回顾本书第 1 章第 1.2 节对信息成本理论的分析，有时候即使语言描述在事后看来是有效的，但如果其信息生产成本过于高昂、而信息处理成本却很低的话，为了保护创新，此时更为合理和有效的方式是通过等同原则进行漏洞填补。

等同原则的第二项合理性论证建基于将保护延伸及专利申请时尚无法预测的日后技术（After-arising Technologies），使得值得保护的发明创造能够覆盖因新技术发展而随之产生的微小变化。

日后技术，是指在专利申请日之后才出现的新技术。专利文献所记载的技术客体在专利申请提交之时就必须固定下来，申请人之后不得再通过修改专利文献实质性地改变发明创造，因为这

---

❶ *Sage Products, Inc. v. Devon Industries, Inc*, . 126 F. 3d 1420, 1425 (Fed. Cir. 1997)

❷ *Graver Tank & Mfg. Co. v. Linde Air Prods. Co.*, 339 U. S. 605, 614–615 (1950). Dissent.

❸ *Festo Corp. v. Shoketsu Kinzoku Kogyo Kabushiki Co.*, 535 U. S. 722, 731 (2002).

第3章 权利边界的政策调整

将导致"新的"发明创造提前占据了更早的申请日。因此，在申请日后出现的新技术既无法在申请日时为申请人所预料，也无法通过事后修改专利文献内容的方式将其纳入专利权的字面保护范围。日后技术无法通过权利要求的字面含义加以囊括，❶ 因为权利要求语言文字的含义只能基于申请日而不能基于之后的任何时点进行解释。❷ 例如，如果权利要求限定的装置通过紧固件（Fastener）进行连接，在申请日时，现有技术中的紧固件包括螺栓（Screw）、螺钉（Nail）、螺丝（Bolt），那么它们都属于权利的覆盖范围，然而，随着技术的发展，出现了新类型的紧固件——搭扣带（Hook－and－loop），那么根据权利要求字面解释的时点应为申请日的原则，新型的搭扣带并不为"老"权利所覆盖，使用了搭扣带的装置，无论其他部件是否与专利相同，也并不落入权利要求的字面范围。❸ 如果此时专利权覆盖包含搭扣带的技术方案具有正当性的话，那么权利保护范围的调整只能通过等同原则的适用来实现。

美国联邦最高法院和联邦巡回上诉法院均强调等同原则应当保护日后技术。美国联邦最高法院在 *Warner－Jenkinson* 案中，强调等同判定的时间点是侵权发生日，而不是专利申请日，从而肯定了等同原则对于日后技术的覆盖性。❹ 在 *Festo* 一案中，联邦最高法院认为日后技术是"不可预见"的等同，因而不受禁止

---

❶ "An 'after－arising equivalent' infringes, if at all, under the doctrine of e-quivalents." *Al－Site Corp. v. VSI Int'l, Inc.*, 174 F. 3d 1308, 1320 (Fed. Cir. 1999).

❷ 参见第2章第2.4节的讨论。

❸ CHRISTOPHER A. COTROPIA, "*After－Arising*" *Technologies and Tailoring Patent Scope*, 61 N. Y. U. Ann. Surv. Am. L., 2005, 151.

❹ *Warner－Jenkinson Co. v. Hilton Davis Chem. Co.*, 520 U.S. 17, 37 (1996).

反悔原则的约束。❶ 联邦巡回上诉法院雷德（Rader）法官在 2000 年满席审的 Festo 一案❷中，发表了部分赞同、部分保留的判决意见，其中谈到了等同原则的作用，他认为："等同原则的主要正当性就是为了涵盖日后技术。"❸ 如果没有等同原则，任何在专利起草过程中使用的现有的技术词汇，都可能由于日后技术的新发展而被轻易地绕开。雷德法官特别举例道，如果权利要求采用的是电子管技术的技术术语"阳极"（Anode）、"阴极"（Cathode），那么，它不可能采用 1948 年晶体管技术出现之后的"集电极"（Collectors）、"发射极"（Emitters）的概念。❹ 因此，如果没有等同原则，雷德法官进一步认为，1949 年时侵权人将获得全面的解放，因为所有的旧存专利采用的都是过时的"阳极""阴极"的概念。

那么，专利制度为什么要为一项专利权提供覆盖日后技术的保护？其根本目的在于维持专利权的有效寿命，避免专利提前到期，从而保证专利制度的有效激励作用。

《专利法》在法律层面为发明、实用新型专利权分别提供了

---

❶ *Festo Corp. v. Shoketsu Kinzoku Kogyo Kabushiki Co.*, 535 U. S. 722, 738 (2002).

❷ *Festo Corp. v. Shoketsu Kinzoku Kogyo Kabushiki Co.*, 234 F. 3d 558, 619 (Fed. Cir. 2000) (en banc), vacated by 535 U. S. 722 (2002).

❸ "A primary justification for the doctrine of equivalents is to accommodate after-arising technology." *Festo Corp. v. Shoketsu Kinzoku Kogyo Kabushiki Co.*, 234 F. 3d 558, 619 (Fed. Cir. 2000) (Rader, J., concurring in part, dissenting in part), vacated by 535 U. S. 722 (2002).

❹ 雷德法官在此存在笔误。事实上，世界上第一支晶体管于 1947 年 12 月在美国贝尔实验室问世。由肖克利、巴丁和布拉顿组成的研究小组研制成功。晶体管体积小、寿命长、消耗少、无需预热，大大提高了电子元器件的精密度和集成度，很快取代了传统的电子管。

第3章 权利边界的政策调整

20年、10年的保护期。❶ 以公开换有期限的垄断是专利制度运行的灵魂。为了在为权利人提供足够的创新激励和使社会大众更好地获得新技术的优惠之间进行平衡，保护期限是尤为重要的一项制度设计。保护期过长，则专利技术迟迟无法进入公有领域，社会前进的动力受到削弱；保护期过短，则权利人研究、开发专利技术的成本可能来不及回收，在成本收益的衡量上，创新的动力被严重削弱。保护期越长，权利人所能获得的垄断利润越多，获得专利权保护的激励也就越大，创新的激励就可能越大。❷ 专利制度提供的垄断期限，应当给予潜在的发明人以明确的预期——他们能够在足够长的时期内获得以有效高于边际成本的价格销售专利产品，这一经济利益因为法律提供的排他权而得以保证，最终的总获利能够充分回收他们在研发和商业化专利技术的过程中所付出的所有成本，甚至能够支持后续创新。维持足够长的有效的保护期是激励创新的主要动力。❸ 预期理论（ex ante rationale）认为，法律规则作用于人们的预期，从而在权利诞生之前就影响人们的行为。❹ 如果没有这一明确的预期，谁都不愿

---

❶ 《专利法》第42条规定："发明专利权的期限为20年，实用新型专利权和外观设计专利权的期限为10年，均自申请日起计算。"

❷ 激励创新权利化和激励创新并不完全等同，参见本章第3.1.4节的讨论。

❸ TED O'DONOGHUE, SUZANNE SCOTCHMER, JACQUES−FRANOIS THISSE. *Patent Breadth, Patent Life, and the Pace of Technological Progress*, 7 J. Econ. & Mgmt. Strategy, 1998, 1, 3−4.

❹ MARK A. LEMLEY, *Ex Ante versus Ex Post Justifications for Intellectual Property*, 71 U. Chi. L. Rev., 2004, 129, 129−30. 这一理论的前提是潜在发明人充分了解专利制度。相反的观点则认为研发者并不十分清楚其将来究竟能够得到怎样的保护，因而预期难以对创新激励产生作用。*See* WESLEY M. COHEN, RICHARD R. NELSON, and JOHN P. WALSH, *Protecting Their Intellectual Assets*：*Appropriability Conditions and Why U. S. Manufacturing Firms Patent (Or Not)*, 3−4, 9−10 (Nat'l Bureau of Econ. Research Working Paper No. 7552, 2000), at http：//www.nber.org/papers/w7552. 但从长远来看，谨慎和有经验的投资者（也是成功的投资者）对于创新的成本收益必然要进行事前的调查，法律的保护力度是其中的重要衡量因素。

专利权的边界——权利要求的文义解释与保护范围的政策调整

意做亏本的买卖，发明人要么干脆远离创新，要么只从事研发成本低的研究，要么战战兢兢地投入时间和金钱，同时保持高度的警惕性，随时准备止损离场。相反，日后技术等同原则（After—arising Equivalents）为激发潜在权利人的创新热情增加了未来经济回报的保险系数。权利的范围随着新等同技术的出现而被扩展，这一规则对于潜在权利人来说起着"定心丸"的作用，有助于使其树立信心。尤其在高成本、高风险的高新技术产业方面，等同原则对维持创新激励的作用更为明显。

从数百年专利制度的实践情况看，当今各国对专利权的保护期限趋向统一，这是博弈和试错的结果，在未来相当长的一段时期内仍然具有合理性。它是提供足够激励和促进技术自由化的恰当妥协。然而，虽然法律规定了最长保护期，但大多数专利权的生命却难以持续那么长的时间。专利的有效生命取决于两个因素，一是保护的宽度，二是法定期限。❶ 其中的一项威胁便是日后技术。

Hughes 一案❷能够比较典型地说明这个问题。Hughes公司拥有的涉案专利涉及一项空间卫星的控制系统技术。在发明作出之时，计算机并不普及，专利技术方案利用装载在卫星上的感应器将卫星姿态的信息发送到地面，地勤人员进行分析后将信号发送回卫星，以调整卫星的轨道姿态。由此，权利要求限定了卫星发送、接收信息的特征。被控侵权的卫星使用了搭载在卫星上的计算机对当时轨道姿态的信息进行运算并自行调整。被控侵权卫星既不向地面发送、接收信息，也无需地勤人员的参与。被控侵权技术方案的这一改进得益于原告专利申请日之后计算机技术的发展和运算能力的提高。美国联邦巡回上诉法院认为被控技术方

---

❶ TED O'DONOGHUE et al., *Patent Breadth, Patent Life, and the Pace of Technological Progress*, 7 J. Econ. & Mgmt. Strategy, 1998, 1, 2—4.

❷ *Hughes Aircraft Co. v. United States*, 717 F. 2d 1351 (Fed. Cir. 1983).

第3章 权利边界的政策调整

案不构成字面侵权,因为该方案中不包括发送和接收由地勤人员处理的控制信息的技术特征。但是,法庭判定构成等同侵权,因为运载计算机的自动控制与地勤人员的人工控制构成等同。在该案中,被控侵权技术方案主要借鉴了涉案专利的发明构思,只是在数据处理和控制的环节(特征)方面存在着究竟由人工还是计算机来完成的差异,而这一替换在侵权发生日对于所属领域的技术人员而言是显而易见的,因为当时的计算机技术已经广泛运用并足以承担此种运算和控制任务。❶

由上述案例可见,如果对于专利技术方案某个方面的替换所生产的新产品在功能、效果上并无太大差异(甚至更优),则在商业上能够构成发明的替代产品,直接与发明产品发生竞争关系,如果这种替代不构成侵权,那么专利权人对该市场实则不再具有排他的垄断力。尤其在替代技术属于公有领域的情况下,那么专利技术将完全丧失独占权所带来的垄断利润,所在市场将成为完全竞争市场。❷

也正因此,一项专利权的法定最长期限和实质有效期限实际上有可能发生错位。"前见恒定"以缺乏弹性的方式解释权利要求所得到的固定保护范围很可能使专利权在迅猛发展的大环境中迅速地过时、被遗忘、被淘汰。如果这一事实生命周期过短的话,那么潜在的发明人将建立起权利提前到期以及实际保护期不受控制的预期,这两种预期明白无误地传递了这样一种信息,那就是在本来缺乏成本收益核算体系的研发方面进一步增加了更为

---

❶ 另一个典型的例子是权利要求限定了通过一束光线连接各段管道的管道铺设方法,法院认定此后出现的激光束取代普通光束的方法侵犯了专利权。See Laser Alignment, Inc. v. Woodruff & Sons, Inc., 491 F. 2d 866 (7th Cir. 1974), cert. denied, 419 U.S. 874 (1974)。

❷ 如果替代技术本身申请了专利保护,那么所涉市场因为存在相互竞争的两项技术而演变为寡头垄断市场,此时在先专利权虽然仍然具有价值,但是价值将下降,也即虽然仍然"活着",但"生命力"衰落。

专利权的边界——权利要求的文义解释与保护范围的政策调整

不可知的不确定性,潜在发明人无法肯定究竟能够获得多长时间的排他保护,从而无从得知法律的保护是否足以使之回收研发和商业成本,更何况,比法定期限短的专利实际寿命很可能导致回收失败,使得研发成为一件看上去很美,但入不敷出、难以为继的事情。

尤其在发展速度很快、聚集效应明显的技术领域,技术的频繁更迭更使得专利权的实际寿命被大大压缩,迫使其在最长法定期限届满前提前"到期"。如此一来,专利制度所提供的创新激励将明显不足,创新意愿被抑制,创新速度也随之被拖累。

日后技术等同原则是否适用以及适用的宽、窄程度对于调节专利权的有效生命期具有重要作用。等同原则的适用频率和强度决定了专利的排他权能够在多大的范围内覆盖替代技术。

等同原则提供了一种调节保护范围宽度和实际有效期的弹性机制,成为实现专利制度目的的一项利器。专利期限直接影响着在特定的某个时间点内有效存续的专利数量。在专利制度发展的过程中,有一种声音认为在半导体、软件之类❶的行业中给予权利人20年的独占保护时间太长,应当根据不同技术领域的差异制定不同的权利保护期。虽然从长远看,针对不同技术领域在法律上规定不同的法定保护期有其内在的合理性,但是,这种差异化的理想在立法、修法层面存在极大的困难——首先,技术领域的划分存在多种标准,如何精确地设置不同的类别,是一项庞大的论证工程,创新成本低、创新周期短、创新累积性明显只是一个大体的标准;❷其次,准确地将具体的技术对号入座有时也难以操作;最后,也是最为困难的是如何根据不同技术领域的实际

---

❶ ROBERT PLOTKIN, ESQ, *Computer Programming and the Automation of Invention: A case for Software Patent Reform*, UCLA J. L. & Tech, 2003.

❷ 例如,"互联网"是单独的一个领域,还是可肢解为软件、硬件、商业方法等多个领域就存在争议;同为药品行业,"中药"与"西药"也存在显著差别。

情况科学地确定合适的保护期。

更为现实的做法恐怕是通过等同原则的适用对专利的实际保护期以个案的方式进行政策调整。并且，等同原则对此问题的调整具有法定保护期制度所无法具备的灵活优势。等同原则一方面内在地要求裁判者结合具体技术领域进行判断（判断主体的确定性），另一方面保持着对当下技术发展状况的足够敏感度（根据侵权日的发展水平判断"三基本"与"显而易见性"），其不失为针对特定领域甚至子领域调节发明创造的有效生命期、从而最大化专利制度创新激励政策、目的的有效手段。

但是，等同原则的适用结果也可能导致保护范围的不断扩张，从而使得实际保护期越来越长。日后等同技术是利用已有技术发展起来的新技术，如果日后等同的范围划得过宽，那么从累积创新的概念来看，势必压缩后续创新的空间。在先专利就像一个个巨大的拦路石，使得后来者举步维艰。在后潜在创新者很容易建立起这样的预期——即使其花费大量的成本作出发明创造，甚至成功地申请了专利，也有可能落入在先权利的禁用权范围。在此消极预期的作用下，在后潜在的创新者可能会无奈地放弃创新的意图。从长远来看，降低了社会持续创新的能力。❶ 技术正常的更新换代是符合经济发展规律和社会整体福利的，并非任何专利都应当维持其法定的最长期限。等同原则对权利边界的拓展作用是有限度的。构成等同的只能是那些运用了在先发明创造的构思、在其基础上作出的只是微不足道的改变的那些替代技术，等同范围不能也不应扩展到付出了创造性劳动、与原技术实质性

---

❶ 当然，除了等同的范围，字面范围的变化也同样会对持续创新激励产生影响。See ROBERT P. MERGES & RICHARD R. NELSON, *On the Complex Economics of Patent Scope*, 90 Colum. L. Rev., 1990, 839, 908—909. 但在承认等同原则的法域中，字面范围的伸缩弹性是相当有限的，对持续创新的影响也小得多。

不同的替代技术，❶后者同样是专利法所构建的激励机制所欲追求的产物，并且与专利制度推动社会进步的根本目的——丰富和繁荣科学技术相一致。潜在的发明人也并不会因为预期其不能排斥非实质相同的替代技术而损害其进行创新的意愿，相反，这种预期能够激发潜在发明人在他人已经涉足的领域尽可能开发各种不同的替代技术的热忱，最终促进技术的多元化发展。

因而，等同原则的适用应当建立起一道自我谦抑的界限，并且这道界限应当尽可能明晰，以利于市场参与的各方建立起明确的预期。这一界限的标准就是后续创新与在先技术之间是否构成实质性区别。技术的飞跃如果满足创造性高度的要求，则后续发明提供了添加了自我创新因素的替代方案，是思想和技术层面上的"替代产品"，而不是产品层面上的替代产品，从而不构成等同侵权。❷

3.3.1.2 等同判断时点的政策调节功能

等同的判断时点是等同原则中的重要问题。判断时点决定了拟制的判断主体所掌握的前见的范围和内容。以何时间点作为等同判断的时点，将使得等同原则发挥不同的政策功能。

我国法院在实践中一般以侵权日而非申请日作为等同判断的时点，对此学者给出的理由大概有两点，一是专利权保护的是第三方技术人员所理解的技术方案，而不是权利人自己在授权时所

---

❶ 构成等同的替代技术和不构成等同的替代技术对于在先权利人的"市场威胁"也是不同的。构成等同的替代技术只是在专利技术基础上所进行的简单改动，无需付出额外的研发成本，使其相对于专利产品具有成本优势从而具有价格优势；而不构成等同的替代技术同样需要付出研发成本，其对在先专利产品的低价竞争威胁则较不明显。

❷ 需要注意的是，这种后续技术是对在先技术一个以上特征进行替代创新的技术，而非在在先技术的基础上增加新的特征的技术，后者构成从属技术，即使可获得专利授权也仍然落入在先专利权的保护范围。至于省略技术特征的讨论详见本章第3.2.2节的讨论。

理解的技术方案,❶而第三方技术人员在侵权日时理解有关技术方案的语境已经发生了发展变化;二是要求权利人证明申请日时普通技术人员的认知能力需要耗费大量的举证成本。❷

笔者认为,判断时点的确定所带来的更为关键的影响是等同原则的功能定位——是为了弥补写得不好的权利要求,还是为了覆盖日后技术,还是二者兼而有之。

如果以申请日作为等同判断的时点,则等同原则只能发挥弥补撰写失误的作用。在 Warner-Jenkinson 案中,美国联邦最高法院的异议法官持此意见,认为等同原则应该限于专利颁发时已经知道的等同物,而不应当延伸到后来出现的等同物。❸ 如果以侵权日作为等同判断的时点,则等同原则既能承担弥补撰写失误的作用,又能发挥覆盖日后技术的功能。如果将判定时间点确定为侵权日,同时排除保护申请日时申请人能够预见到的所有等同变换方式,则等同原则的范围仅仅覆盖日后技术,而不能起到弥补撰写失误的作用。

日后等同原则的正当性和必要性前文已经详述,在此不再赘述,下文仅对等同原则是否应当发挥拾遗补缺的政策功能进行评述。

日本的等同原则只是为了覆盖日后技术,在"意识限定"原则的作用下,不是或者几乎不是为了弥补撰写失误而存在。美国的等同原则则兼而有之,其作用并不限于覆盖日后技术,甚至而言,美国联邦巡回上诉法院认为适用等同原则的最为常见的情况便是纠正申请人的错误(Correct errors made by applicants)。❹

---

❶❷ 崔国斌. 专利法:原理与案例[M]. 北京:北京大学出版社,2012: 591.

❸ Warner-Jenkinson Co. v. Hilton Davis Chem. Co., 520 U.S. 17, 37 (1996). Dissent.

❹ MARTIN J. ADELMAN, RANDALL R. RADER, JOHN R. THOMAS, Cases and Materials on Patent Law, Third Edition, West, 2009, 701.

专利权的边界——权利要求的文义解释与保护范围的政策调整

在 Litton 案中，美国联邦巡回上诉法院明确指出，权利要求在修改时未将已经存在的技术纳入保护范围也可以适用等同原则。❶

客观地说，写出一份"滴水不漏"的权利要求只能在理想的状态下存在。即使是经过深思熟虑、反复论证的立法语言也无法做到精确而无模糊之处，例如，据学者的统计，我国《刑法》运用模糊词语的条文就占到全部条文的一半以上。❷ 更遑论在有限资源下、为了抢占在先申请日而在短时间内撰写的专利文献。"在法律制定的过程中，文字表述的能力至关重要，因此立法者发展出很强的语言能力，而发明人却没有与之平等的语言能力"。❸ "不幸的是，语言的本质使得它不可能抓住专利申请中事物的精髓"，发明人在公开而不是以秘密方式利用其发明时不得不承担这样的风险："他人可能努力从该专利语言的不足中谋取好处。"❹ 当今科技的迅猛发展使得可资利用的现有技术的数量庞大、内容繁杂。从发明人作出发明创造，到提交申请文件，因"先申请原则"的压力，时间往往较为紧迫。一方面，发明人往往更擅长发明创造，而不是从事检索分析和书面文字工作，要求申请人充分检索所有相关的技术，❺ 周密布局，从而就所有技术特征均提出周延的、覆盖一切申请日时现有技术中已经存在的等同变形方式，对于申请人来说是难以做到的。"织网"耗费巨大，而"钻空子"却相对容易得多。再谨慎的权利人也可能留下破绽。另一方面，对撰写文本的事后评判，认为"专利权人本可以"如何如何的思维方式，就如同创造性判断一样，容易步入

---

❶ *Litton Sys., Inc. v. Honeywell, Inc.*, 140 F. 3d 1449, 1464−1465 (Fed. Cir. 1998).

❷ 王洁. 法律语言学教程 [M]. 北京：法律出版社，1999：13.

❸ *Autogiro Co. of America v. United States* 384 F. 2d 391, 396−397 (1967).

❹ *Festo Corp. v. Shoketsu Kinzoku Kogyo Kabushiki Co.*, 535 U. S. 722, 731 (2002).

❺ 且这一技术不一定是相同、相近领域的技术，还可能是不同领域的技术。

第3章 权利边界的政策调整

"事后之明"的误区,[1] 从而低估申请人的撰写难度,对其提出过高的不切实际的要求。与创造性判断的主体应当是本领域普通技术人员相类似,我们同样要以本领域普通撰写人员的平均水平看待撰写失误,因为如果以更高水平的撰写人的眼光看待有关表述的话,也许总是能挑剔出各种各样的毛病。因此,无论从研究穷尽所有现有技术的不可行性,还是从语言文字的表达局限性出发,对于我国而言,均不应将申请日时已经存在、但申请人未意识到的等同物排除在保护范围之外。

等同原则的制度目的是什么?在美国,主流的观点认为等同原则的目的主要在于覆盖日后技术,是因为在该国专利撰写水平已经发展到相当高的水平。在中国,从整体上来说,撰写水平与美国还存在较大的差距,同时体现出参差不齐、贫富不均的特点。虽然从表面上看来,适用等同原则有"均贫主义"之嫌——无论对于研究扎实、撰写水平高的权利人,还是对于调查不足、撰写水平低的权利人,都可以通过等同原则弥补权利之网的漏洞,但是,本书仍然秉持这样一种价值取向——应当坚持发明创造中心主义而非撰写中心主义,作出发明创造的激励应置于提高撰写水平的激励的优先顺位予以考虑。对于"贫穷"(资源不足)的发明人给予一定的"补贴"不至于过分损害撰写改善的激励,同时也通过对权利人适当的关怀尽可能对值得保护的权利提供保护。"富有"(实力雄厚)的发明人也不至于因此而丧失完善撰写的努力,因为避险偏好使得他们仍然愿意聘请高水平的代理人以减少日后的争议和纠纷。对于一项漏洞百出的专利权来说,一方面降低了阻吓潜在侵权者的作用,另一方面,等同原则适用的举

---

[1] "事后之明"是指事前无意见,事后才高谈阔论,自称自己事前早有预料的人或状态,在发明创造的创造性判断中,"事后之明"是应当极力避免的错误。参见陈文煊. 发明创造性判定应避免"事后之明"[J]. 人民司法,2013(14):101-103.

证责任在于权利人,权利人势必在日后的等同侵权中疲于举证,承担较重的举证义务,并且鉴于等同判断标准的主观性,还需要承担失败的风险。而较为周密的权利则在相当大的程度上起到明确的警示作用从而减少侵权的发生,并且权利人在主张相同侵权时所承担的举证义务要远远轻于等同侵权,证成侵权的概率也高得多。举证责任的分配以及诉讼成功率的前景均能够在相当大的程度上影响申请人的行为,因此,这些因素都使得申请人仍然具有足够的激励提高专利文本的撰写质量。

此外,在中国目前的语境下,等同原则是否发挥弥补漏洞的功能,还存在着与美国不同的制度效果。假设不考虑日后等同的问题,如果在美国取消等同原则,对于撰写水平普遍较高的美国来说,权利人可以通过增加权利要求的内容和数量的方式来保障自己的权利,在保护效果上不会产生太大的差异,但势必将增加专利局的负担,而减轻侵权法院的负担。从这个意义上说,在平均撰写水平较高的美国,是否发挥等同原则弥补撰写缺漏的主要后果是在法院与专利局之间如何分配工作量的问题。但是在中国,在平均撰写水平不高的国情之下,取消等同原则的补漏功能有可能使得优秀的发明创造得不到应有的保护,因为权利人自我完善和保护的能力还较为欠缺,在目前的授权和无效制度框架下,其也缺乏调整和修改的机会以改变当初存在撰写失误的权利要求。

3.3.2　比较法上的分析

美国专利法第271条是有关专利侵权判定的规定,但其只规定了字面侵权。除了美国专利法第112条第6款在功能性限定权利要求(Means－Plus－Function Claims)这一特殊领域明确使用了"等同"(Equivalent)的概念以外,❶ 等同原则是仅存在于

---

❶　35 U.S.C §112 ¶ 6 "... extent to cover only structure, material or acts disclosed in the specification and their equivalents."

第 3 章 权利边界的政策调整

案例法之中的规则。

在 1950 年的 *Graver Tank II* 一案中,美国联邦最高法院认为"等同原则的核心是谁都不能剽窃专利",构成等同侵权的标准是"功能—方式—效果"测试法,即如果"以实质相同的方式实现了实质相同的功能并达到相同的效果",则构成等同侵权。❶ 在 1978 年的 *Machine Co. v. Murphy* 案中,美国联邦最高法院修正了认定等同的标准:"如果两件发明物以实质上相同的方式发挥着相同的功能,达到了实质上相同的效果,它们就是相同的。"❷ 此后,美国联邦巡回上诉法院认为,"功能——方式——效果"标准通常足以认定等同,因为功能、方式、效果的相似性,为怀疑被控侵权物与专利发明之间的非实质差异只留下了很小的空间。但是,对于功能、方式和效果的衡量不一定是问题的结束……随着技术越来越深奥和发明步骤越来越复杂,"功能——方式——效果"标准可能不会一成不变地足以表明差异的非实质性。美国联邦巡回上诉法院认为,"非实质性差异"是判断被控侵权物与专利发明之间是否构成等同的根本标准。在认定"非实质差异"时,通常情况下,"功能——方式——效果"标准是有效的,一般就足以认定非实质性差异。但是,随着技术向复杂性、多元化方向发展,"功能——方式——效果"三一致标准并不能在任何情形下都足以用来判断是否存在"非实质性差异"。❸ 在 *Warner-Jenkinson v. Hilton Davis* 一案中,美国联邦最高法院提出了非实质区别的标准(Insubstantial Differ-

---

❶ *Graver Tank & Mfg. Co. v. Linde Air Prods. Co.*,339 U. S. 605,608 (1950).

❷ 97 U. S. 120 (1978).

❸ 参见 MARTIN J, ADELMAN, RANDALL R, RADER, GORDON P, KLANCNIK. 美国专利法 [M]. 郑胜利,刘江彬,译. 北京:知识产权出版社,2011:180—181.

ence），其包括两步判断法：手段、功能及效果上实质相似；在侵权之时已知可相互替代。❶

日本的权利保护范围相对狭窄。在日本的专利实践中，权利要求字面含义的覆盖范围主要由说明书中的具体实施例来确定，这在很大程度上否定了权利要求的概括作用，即使权利要求的字面含义概括了一个较宽的范围，也无法获得超出具体实施例所披露内容的保护。日本的解释原则与英国、美国类似的一个方面是通过限缩性解释的方法绕开在先技术，以及将保护范围限定在说明书和附图能够支持的范围之内，从而保持专利权的有效性。

日本最高法院在2006年之后引入了等同原则，并认为等同原则的适用需要符合五个检验标准：非核心要素、实现发明目的、侵权发生时互换性的明显性、被诉侵权技术方案的新颖性和创造性、没有被弃权。由此可见，日本等同原则的适用条件较为苛刻，只能在说明书原有基础进行有限扩张，也即仅覆盖在说明书记载的具体实施例的基础上经等同判断而获得的具体实施方式，这与美国在权利要求文字含义的基础上进行等同扩张所确定的保护范围相比不可同日而语。因此，日本适用等同原则所确定的保护范围大致仅相当于美国未适用等同侵权时所确定的保护范围。这一做法被学者评价为长着发达国家的面孔，拥有的却是发展中国家的思维。❷

德国的权利要求解释极具灵活性。它采取的是关注效果的一种方法，要求解释过程与发明所要解决的技术问题应当总是绑定

---

❶ "Substantial similarity with respect to way," "function and result. Known interchanageability as of infringement time". *See Warner—Jenkinson Co. v. Hilton Davis Chem. Co.*, 520 U.S. 17, 28—29 (1996).

❷ TOSHIKO TAKENAKA, *Successor Failure? Japan's National Strategy on Intellectual Property and Evaluation of Its Impact from the Comparative Law Perspective*, Washington University Global Studies Law Review2009，379.

在一起，强调本领域普通技术人员对于字面含义偏差的容忍性和能动性，并且允许通过概括化（Generalization）的解释方式，将权利要求中的特殊结构替换为通用概念，从而获得比较宽泛的解释结论。

德国法院在切割工具Ⅰ（*Cutting Device I*）案❶中，提出了等同判断的两步测试法：第一，本领域普通技术人员是否认为数值上的限定对发明而言是关键的；第二，在优先权日，本领域普通技术人员是否认为被控侵权技术方案与专利方案构成等同（具有相同功能）。德国法院认为，说明书和附图是为了扩张而非缩小权利要求的保护范围的目的而存在的。德国的等同原则只受现有技术的限制，不适用禁止反悔原则，也没有全面覆盖原则的限制。当被控侵权技术方案相较于在先技术不具有新颖性或者非显而易见性时，法院认为不构成等同。德国法院有权在灵活的字面解释之外，适用等同原则进一步扩大权利的保护范围，因而其专利权保护范围的确定存在双重等同（Double Equivalents）的现象。不过，德国适用等同的判断时点是优先权日，而不是侵权发生日，这似乎限制了等同原则在覆盖日后技术方面的作用。

英国不承认等同原则，但其所使用的"目的解释理论"（Purposive Construction）在相当大的程度上与等同原则在效果方面殊途同归。

Kirin—Amgen v. TKT 案❷是对确立专利权保护范围的方法具有里程碑意义的重要判例，在此案中，Hoffmann 法官所确立的标准具有以下几个方面的特点：第一，*Catnic* 案❸中的目的解释论是与《欧洲专利公约》第 69 条及其解释议定书的要求一

---

❶ BGH GRUR 2002，511.

❷ [2004] UKLD 46.

❸ *Catnic Components Limited and another v. Hill & Smith Limited*，(1982) RPC 183.

致的,并且是与德国等国的做法一致的。议定书问题只是适用目的解释论的指南,在有些案件中不能适用。最根本的解释原则在《欧洲专利公约》第 69 条本身,而不是人们过多关注的议定书。《欧洲专利公约》第 69 条规定专利的保护范围应当根据权利要求来决定,因此,解释专利权利要求并不应区分为字面解释和等同解释(或适用议定书问题)两个阶段。第二,对权利要求应进行目的解释(通过说明书和附图可以查明发明人的目的)。在解释权利要求、确定专利的保护范围时只需要回答一个问题:本领域技术人员对专利权人使用权利要求书中的语言是如何理解的?对权利要求不能孤立解释(说明书和附图不能只是用于解决权利要求中的含混不清之处)。发明人的目的可能不止一个。发明人的目的也不是问题的全部,最后还要看权利要求所使用的用语的含义,如果发明人对权利要求进行了明显的限制,这种限制是有意义的,权利要求中所使用的用语即使在非语境中有特别含义,在专利的上下文中不一定同样是这种含义。第三,在英国不适用美国的等同原则和日本的"发明精髓"原则。但是,被控侵权物属于专利权利要求的等同物这一事实可以作为解释权利要求的背景事实。第四,权利要求解释的重要任务之一是维持专利有效性。通过限缩性解释可以绕开现有技术,并且将保护范围限定在说明书和附图所能够支持的范围内。没有所谓一般性的"等同原则",只存在字面侵权;如果被控侵权物与专利权利要求在技术上有细微差别,通过目的解释,被控侵权物可能仍然属于权利要求范围的结论;目的解释应避免"谨小慎微(Meticulous)的字义分析"。英国的"目的解释"原则在覆盖等同物和避免无效事由方面都具有灵活性。第五,关于解释时点,以专利申请日(优先权日)本领域技术人员通常所具有的知识为准。这一点虽然 Hoffman 在案中没有明确提及,但他多次提到"专利文件起草时"和优先权日的技术状况。其后英国高等法院也是按照申请日(优先权日）的知识作为本领域技术人员理解权利要求的知识背景的。第六，解释权利要求时不必参考专利申请经过。英国高等法院的法官认为，对此还可以增加以下三点：专利说明书的受意人是具有普通知识的本领域技术人员；权利要求中可能有通过上下文仍不能解释的难题；仔细（Carefulness）并不等于谨小慎微。❶

由上述介绍我们可以看到，美国和日本适用的等同原则之间的区别，是属于价值判断方面的分歧，而美国与英国的区别，更多地属于解释选择问题。而德国与美国的区别，则既包含价值判断的差异，也包括解释选择的分歧。

3.3.3 对等同原则的进一步分析

3.3.3.1 判断标准与"普洛透斯"的面孔

我国在等同原则的判断上采用了"三基本"加"不具有创造性"的判断标准。2001年《最高人民法院关于审理专利纠纷案件适用法律问题的若干规定》第17条第2款规定："等同特征是指与所记载的技术特征以基本相同的手段，实现基本相同的功能，达到基本相同的效果，并且本领域的普通技术人员无需经过创造性劳动就能够联想到的特征。"这一标准在实践中的作用不容置疑，但其所具有的模糊性在个案中也常常引发诸多争议。问题在于，我们是否能够找到更为具体、明确的标准？

早在 *Graver Tank II* 案中，美国联邦最高法院即对等同的判断因素作出了指引。"何者构成等同物，需要考虑专利的内容背景、在先技术和案件的特殊情况"。"等同不需要在每一个方面每一目的上均完全相同。在判断等同时，与同一事物等同的多个事物之间未必等同"。"同样，在其他大多数目的下不同的事物有时候却是等同的"。"要考虑某一成分在专利方案中的目的、与其

---

❶ 参见：闫文军. 专利权的保护范围：权利要求解释和等同原则适用[M]. 北京：法律出版社，2007：209－212.

他成分组合在一起时它的特点以及试图实现的功能等"。例如各种不同的连接方式,一般情况下是具有互换性的,但是是否在所有情形下都构成等同,需要考察专利技术究竟是在什么样的目的下使用连接关系。"一个很重要的考虑就是同领域的熟练技术人员是否知道专利未涵盖的部分与专利的部分之间的互换性。"❶ 美国联邦最高法院在 Warner－Jenkinson 案❷中对其在 Graver Tank II 案中强调的功能—方式—效果测试法进行了正面探讨和修正。美国联邦最高法院认为"三一致"测试法在机械领域可能是合适的,但是在其他领域可能并不是很好的分析框架。不过,联邦最高法院也没有给出明确的指示,而是以勉励的口吻将确立规则的任务交给了美国联邦巡回上诉法院。❸ 可见,美国联邦最高法院既认识到了"三一致"标准的局限性,又认识到"非实质性差异"标准过于笼统的缺陷。美国联邦最高法院改变了将"三一致"标准作为唯一判断标准的传统做法,认为具体采用什么标准,应当根据案件的具体情况而定。但是,美国联邦最高法院在

---

❶ Graver Tank & Mfg. Co. v. Linde Air Prods. Co., 339 U.S. 605, 608 (1950).

❷ Warner－Jenkinson Co. v. Hilton Davis Chem. Co., 520 U.S. 17, 39－40 (1996).

❸ 最后,美国联邦最高法院对于认定等同的标准进行了如下总结:"在我们看来,采用什么语言结构来认定等同并不重要,重要的是对以下问题的探究:被控侵权产品或方法中是否含有与专利发明中的每个技术特征相同或等同的技术特征?根据具体的情况,不同的语言结构可能更适用于不同的案件。只要将判断集中在每一个技术特征上,避免通过适用等同原则来实质上忽略权利要求中的任何技术特征,则已经大大减小了采用什么语言结构的重要性。对权利要求中的每个技术特征在发明中所起的作用进行分析,就会引导人们判断替换的技术特征是否在功能、方式、效果上与权利要求中的技术特征相匹配,或者替换技术特征所起的作用与专利权利要求中的技术特征实质上不同。在使用上述限定性原则的情况下,我们认为进一步细致深入地处理联邦巡回上诉法院在认定等同时的语言选择已没有意义。我们期望联邦巡回上诉法院通过其日常的审判来更好地形成认定等同的标准,我们把这一任务留给该法院凭借其特有的专业知识所作出的完美判决来完成。"

标准确定上立场模糊,并没有提出自己的等同认定标准,只是要求美国联邦巡回上诉法院进一步完善等同的认定标准。同时,美国联邦最高法院还特别指出,与采用什么样的判断标准相比,坚持技术特征之间的逐一等同、而不是被控侵权物与专利发明整体方面的等同的判断原则更为重要。

等同是一种基于个案的考量。"专利法上的等同,并非某个公式的奴隶,也不是在真空中适用的绝对规则。"❶ 抽象地谈某某物和某某物等同是毫无意义的。例如,活动连接装置和固定连接装置是否构成等同,在不同的具体领域中,服务于不同的发明目的,根据所要解决的技术问题的不同,技术功能和效果上均可能因此发生重大差异。任何事物的用途和作用都具有多面性,在特定的技术环境下,客观的技术需求可能仅需强调事物某一方面的效果,因此在不同的技术使用环境中,等同的认定是情境化的。这使得等同的判断呈现出犹如"普洛透斯"般的面孔,因时、因事、因地而异。A与B的特征置换,在某一技术方案中构成等同,在其他技术方案中未必等同,反之亦然。"如Graver案中认定碱金属和碱土金属等同,而在食品化学或者生命医学上这两类元素的差别完全可能是生与死的差别"。❷

在目前的实践中,在没有找到更好的等同判断标准之前,"三基本"加"不具有创造性"仍不失为可以继续发挥重要作用的判断原则,我们可以在考虑因素上作出更为细致的划分,通过综合分析的方式在个案中找到能够为多数人所接受的裁判结果。我们也需要在规则的适用上保持一种开放性,将等同的问题归根结底落脚于是否具有"实质性差异"的判断之上。

---

❶ Graver Tank & Mfg. Co. v. Linde Air Prods. Co., 339 U.S. 605, 608 (1950).

❷ 崔国斌. 专利法:原理与案例 [M]. 北京:北京大学出版社,2012:590—591.

3.3.3.2 可专利性的审查

从逻辑上说，可以获得专利法保护的技术方案均应当是符合授权条件的技术方案，因而无论是相同侵权还是等同侵权，原告所主张的技术方案均应当是满足可专利性条件的技术方案。由于专利局在授权的过程中仅针对申请人请求保护的技术方案——日后主张相同侵权的技术方案进行过审查，❶ 因而权利人在侵权程序中所主张的等同技术方案是未经专利局审查的发明创造。侵权法院适用等同原则时应当对原告主张等同的技术方案的可专利性进行审查。

美国联邦巡回上诉法院在 *Wilson Sporting Goods* 一案中提出了"虚拟权利要求"的概念，采用了假想撰写权利要求的方式来平衡专利技术、被控侵权技术与现有技术之间的关系。此案认为等同的范围应当受到可专利性标准的限制。专利权人不能要求保护本来就不应该取得专利授权的等同物。❷

事实上，对等同技术方案的可专利性审查与现有技术抗辩之间存在内在的紧密联系。现有技术抗辩即属于从新颖性甚至创造性的角度对主张构成等同的技术方案在某种程度上进行了实质审查。

在现有技术抗辩中，如果原告主张被告的技术方案构成专利技术方案的等同方案，倘若被告举证证明其实施的技术方案属于专利法所规定的现有技术，则主张等同的技术方案实际上不具备新颖性或者创造性。"通过假想一个虚拟的权利要求有助于将等

---

❶ 主张等同的技术方案是日后争议发生时才浮出水面的技术方案，在授权过程中申请人和专利局都难以预测各种可能出现的技术"变体"；而在无效宣告程序中，因为仅围绕涉案专利权的可专利性问题进行审查，因而也不可能对主张等同的技术方案的可专利性进行审查。

❷ *Wilson Sporting Goods Co. v. David Geoffrey & Assocs.*, 904 F. 2d 677, 684—685 (Fed. Cir. 1990), cert. Denied, 498 U. S. 992 (1990).

第 3 章 权利边界的政策调整

同物的范围概念化(而这权利要求在字面上有效地涵盖了被控产品)。那么有关问题就转化为这一假想的专利是否能够不顾现有技术而被美国专利商标局授权。如果不可以,那么允许权利要求依据等同原则获得等同覆盖是不适当的;如果这一假想的权利要求可以获得通过,那么公知技术就不会构成等同侵权的障碍。"❶ 在中国"严格分离主义"的制度构造下,现有技术抗辩的范围实则为一政策性问题。就目前的司法政策而言,侵权法院对主张等同的技术方案所进行的创造性审查是不完整、不充分的。因为可以有效主张的现有技术抗辩只能扩展到对比文献中记载的一项现有技术方案与公知常识的简单组合,❷ 而不能主张多项现有技术显而易见的组合、多项现有技术与公知常识显而易见的组合,在后两者的情形下,所进行的评判也属于创造性的评判,但对现行的无效制度可能产生较大的冲击。与笔者坚持缓和和取消"严格分离主义"的观点相一致,我们不妨大胆地预测,随着侵权法院审理资源的优化和审判水平的不断提高,在制度设计上可以逐步扩张现有技术抗辩的审查范围,最终使得现有技术抗辩容纳所有的与等同技术方案创造性有关的事由。

需要指出的是,可专利性审查的时间点应当是申请日而不是优先权日,也即裁判者应当站在申请日之时本领域普通技术人员的角度对主张等同的技术方案进行可专利性的授权审查。受保护的等同技术方案应当是申请日而不是直至公开日或者侵权日仍可以获得授权的技术方案。这与等同判断的时点应当为侵权日不同。等同侵权判断的比对对象是权利要求记载的技术方案与主张等同的技术方案(即被控侵权的技术方案),而对等同方案进行

---

❶ *Wilson Sporting Goods Co. v. David Geoffrey & Assocs.*,904 F.2d 677,684—85 (Fed. Cir. 1990),cert. Denied,498 U.S. 992 (1990).

❷ 奚晓明. 能动司法,服务大局,努力实现知识产权审判工作新发展——在全国法院知识产权审判工作座谈会上的讲话 [R]. 2010 年 4 月 28 日.

可专利性审查的比对对象是主张等同的技术方案与现有技术，如果将可专利性审查的时间点推迟到申请日之后的某个时点，则提高了等同侵权的适用门槛，将日后技术完全排除在等同原则的适用范围之外。换言之，将审查时点确定在申请日，则日后技术等同方案一般均能通过可专利性的审查，而可专利性的审查重点主要针对的是拾遗补缺型的等同主张。

此外，主张等同的技术方案应当满足可专利性的法定要求主要指的是应当符合新颖性、创造性、实用性❶等授权的实质条件，在形式条件上，不应再苛求主张等同的技术方案还应当满足"得到说明书支持"❷"修改不得超出原权利要求书和说明书的范围"等形式条件。因为主张等同的技术方案已经超出了专利权利要求记载的范围，从理论上说，属于与权利要求字面技术方案集不同的另一技术方案，是撰写权利要求时不曾考虑到的技术方案。原申请文本没有记载这一技术方案，自然也无法要求撰写文本从形式上满足可专利性的要求。因而，从某种意义上说，等同侵权中对等同技术方案进行可专利性的审查，与现有技术抗辩的制度适用之间，在一定程度上存在规则竞合。在操作层面上，在产生竞合时择一审查即可。

3.3.3.3 二次创造性判断

如前所述，专利授权的一项重要标准是相对于现有技术而言，要求保护的技术方案具备创造性，或者称非显而易见性，其目的是将具有一定创新高度的发明从那些细微革新或者重复研究的技术中甄别出来，确保获得保护的技术方案都是那些值得保护的"脱颖而出"的佼佼者。在等同范围的判断中，对等同技术方案也应当进行包括创造性在内的可专利性的审查，此即为第一次

---

❶ 主张等同的技术方案一般不存在实用性的争议，因为被告实施主张等同的技术方案这一事实本身恰恰说明该技术方案是具备实用性的。

❷ 尤其是日后等同技术方案，几乎不可能从原说明书的内容中概括得出。

创造性判断。而等同判定要件中的"本领域的普通技术人员无需经过创造性劳动就能够联想到"的要件,是等同判定中的第二次创造性判断,❶ 其目的是甄别相较于专利技术而言具备足够区分度的替代创新——无论这些技术是否通过专利、商业秘密等某种形式进行保护,还是研发者、持有者大方地将其作为自由技术传播和使用。如果被控侵权的技术方案相对于专利技术方案已经具备了非显而易见性,那么该技术方案便构成合法的竞争替代技术,被控侵权行为就不属于对专利技术方案的模仿和重复,没有"剽窃"专利权。

等同侵权中的第一次创造性判断和第二次创造性判断所要解决的问题并不相同。前者解决的是主张等同的技术方案与现有技术相比是否具备新颖性、创造性的问题;而后者解决的是被控技术方案与专利技术方案相比,是否有"创造性"的问题,也即被告所实施的技术与原告专利技术是否拉开了足够的距离、是否实质性地使用了原告专利技术方案的问题。❷

值得讨论的问题是,两次创造性判断中的标准是否存在差别?也即"无需付出创造性劳动"中的"创造性"判断标准与可专利性中的创造性判断标准是否相同?

美国联邦巡回上诉法院 1995 年在 $Warner-Jenkinson$ 一案中对于等同原则的讨论没有使用"非显而易见"一词,而使用了"非实质性"一词,强烈地暗示了二者之间的差异。一般认为,"非实质性"标准是介于细微变化和非显而易见性之间的一种中

---

❶ 使用"第一次""第二次"的用语并不意味着在实践操作中这两个过程应当存在先后次序,而只是因为从逻辑上说,受保护的主张等同的技术方案首先应当是满足授权创造性条件的技术方案,其次再考虑主张等同的技术方案与专利权字面技术方案之间的远近关系。

❷ 这恰恰说明在目前"严格分离主义"的制度条件下,侵权法院也并非对任何创造性的问题均无所作为。法律早已撕开了一道裂口,为将来缓和甚至取消绝对的"分离主义"埋下了种子。

间标准。这种标准与采取更高的"非显而易见性"的创造性标准相比，等同原则的适用门槛被抬高了，因为即便被控侵权技术方案与专利技术方案的区别达不到非显而易见的程度，但只要二者的区别是实质性的，仍然置身于等同范围之外。德国法院采用的则是"非显而易见"标准，体现了其一贯关照权利人利益的传统。

笔者认为，从特征与特征之间、技术方案与技术方案之间的区别距离而言，等同判定中的两次创造性判断的标准应当没有实质上的差异，但在判断方法上，二者有所差别。在可专利性的判断中，创造性判断允许将同一对比文献的多项现有技术或者多篇对比文献的多项现有技术以及公知常识等进行多种组合，综合评价技术方案的创造性，创造性判断的门槛较高，更容易得到不具有创造性的结论；但在等同侵权的二次创造性判定中，只能将被控侵权技术方案的一个独立技术特征与专利技术方案的对应技术特征相对比，或者将被控侵权技术方案与专利字面技术方案进行比对，是一对一的比对而不是一对多项结合或者多项结合对一的比对，因而更容易得出存在"创造性"差别的结论。从这个意义上说，在等同判定的二次创造性判断中采用"非实质性"标准，并使之与可专利性创造性判断标准相区别，有一定的合理性。

3.3.3.4 逐一技术特征等同、整体等同与双重等同

在适用等同原则时，是采用全部技术特征原则还是整体等同原则（全面等同原则），对于权利的边界将产生很大的影响。采用整体等同理论，实际上允许法院忽略记载在权利要求中的某一或者某些技术特征——只要省略特征之后的技术方案仍然在功能、效果和手段上与考虑全部技术特征的技术方案基本相同，则仍然可以得出等同侵权成立的结论。因而，通常情况下全面等同比逐一技术特征等同所得出的保护范围更宽。

逐一特征等同原则最早是由美国联邦最高法院于 Warner-

第3章 权利边界的政策调整

Jenkinson一案中提出的。❶ 其与废止"多余指定"原则在法理上相类似,都是为了在形式主义和实质主义之间取得折中。"等同原则将保护延伸到专利的字面含义之外,会给专利垄断权的边界带来实质性的不确定性。"❷ "如果等同原则的适用是如此的不确定,以至于破坏了公众对于专利保护范围的合理预期,则新技术的研究与开发领域的自由竞争将受到威胁。因此,专利制度必须在等同原则的适用和权利要求的公共通知功能之间谨慎地维持平衡关系。"❸

逐一特征等同实际上是全部技术特征原则在等同判断中的延伸。与整体等同理论相比,逐一特征等同更为客观,主观不确定因素更少,社会预期更为确定。在采用逐一特征等同理论的情况下,无论采用"创造性"判断标准,还是采用"非实质性变化"标准,等同判定的结论都不会产生太大的区别。最终等同之后的保护范围也不会在太大程度上偏离权利要求所确定的范围。更重要的是,适用逐一特征等同原则所得到的保护范围较小,有利于技术研发竞争。在整体等同的作用下,在先权利足以扩张至替代产品市场——这些产品很容易满足功能、效果的判断标准,而这已经超出了科技竞争的范畴,应当让位于市场充分自由竞争的"帝王法则"。而采用逐一特征等同的方式,是一种技术意义上的、"零部件"层面的替代判断,权利人对特定技术的"垄断"仍然是对"同一产品"市场而不是"替代产品"市场的"必要垄断"。

需要进一步讨论的是,即使我们坚持逐一技术特征等同原

---

❶ "[T]he doctrine of equivalents must be applied to individual elements of the claim, not to the invention as a whole." *Warner - Jenkinson Co. v. Hilton Davis Chem. Co.*, 520 U.S. 17, 28-29 (1996).

❷ *Festo Corp. v. Shoketsu Kinzoku Kogyo Kabushiki Co.*, 535 U.S. 722, 727 (2002).

❸ 崔国斌. 专利法:原理与案例 [M]. 北京:北京大学出版社,2012:589.

专利权的边界——权利要求的文义解释与保护范围的政策调整

则,是否就意味着完全排除整体等同原则的适用?笔者认为,在某些情况下,应当在得出对应特征逐一等同的结论之后,再行判断是否构成整体等同,此种判定方法可称为"双重等同。"

"双重等同"的正当性基础在于"系统论"。系统论认为,系统整体的效用既可能大于各要素的效用之和,也可能小于各要素的效用之和。某些技术方案所包含的技术特征极为复杂,在某些情况下,即使专利技术方案中的每一项技术特征在被控产品中都能找到对应的等同变换,但两项技术方案作为整体在效果、实现方式上却可能相距甚远。

在 Texas Instruments 一案中,美国联邦巡回上诉法院认为,"所有权利要求中记载的功能在被控发明中都通过在后发展起来的改进技术得到了实现,将每一种这样的改变都看作似乎是对公开的发明的具体内容的唯一改动,是不恰当的。应当将被控发明中体现出来的整体的技术与专利公开的技术进行对比。"在该案中,被控产品首先对材料进行了改进,由金属氧化物半导体(MOS)晶体管的闭合线圈取代了专利的普通闭合线路;其次,对键盘下的传导电条进行了省略,改由计算器扫描键盘下的矩阵来输入数据;再次,被控产品使用 LCDs 液晶显示器和类似的发光显示屏取代了专利的热式打印机,从而取消了记录纸的使用、提高了信号传输的效率;最后,在整体设计上,专利计算器的内部处理器是用电气方法连接在一起的分离组件,而被控的新式计算器的所有电路整合在同一个闭合线圈上,不需用电气方法结合。因此,法院得出结论,被控发明"所有的技术改进已超越了发明人公开的技术,超出了……等同原则的限制……使被控发明超出了 Texas Instruments 专利应有的范围。"[1] 被控侵权人对掌

---

[1] *Texas Instruments*, *Inc. v. U.S. Internationl Trade Commn.*, 805 F. 2d 1570—1571 (Fed. Cir. 1996).

上计算机的每一必要技术特征所作的重大改进使得改进后的产品不再构成等同侵权。

上述原理与要素替代发明的创造性判断十分相似。如果对已知产品或方法的某一要素由其他已知要素进行替代的发明产生了预料不到的技术效果，则该发明具备创造性，❶ 构成不同于原产品或者方法的新发明。如果被控产品或者方法对专利技术方案中的多项技术特征进行了替换，即使每一项替换均构成等同替换，但整体技术效果却有可能产生飞跃，此时虽然可能通过逐一特征等同的测试，却无法满足整体等同的要求。

从法律效果上说，双重等同原则的适用进一步提高了等同原则适用的门槛，减少了等同原则适用的场合，增加了等同主张获得支持的难度。当然，实践中"双重等同"的情况较为罕见，但这并不阻碍其成为一项基本而又重要的等同判断方法。

3.3.3.5 "倒退等同"与"拔河规则"

包括专利制度在内的知识产权制度是模仿自由与权利垄断的平衡。"模仿自由是竞争自由政策的派生物。"❷ 模仿不仅是技术创新和进步的起点，也是市场竞争自由的途径和保障，它保证了市场参与者自由竞争的基本权利，也大大减少了人类社会资源重复和浪费的情况。事实上，当今任何科学技术的发展进步都离不开"前人的肩膀"。尤其对于像中国这样一个技术后发国家来说，在尊重他人知识产权的前提下，进行合法的模仿是少走弯路、实现科技赶超、奠定原创技术和智力基础的必由之路。合法模仿不仅只是市场竞争者的一项自由，而且在国家政策的层面上，甚至应当鼓励合法的模仿、复制和借鉴。"闭门造车"在技术日新月异的今天愈发没有市场，收集、研究、掌握、理解竞争对手和行

---

❶ 《审查指南 2006》第二部分第四章第 4.6.2 节。

❷ 孔祥俊. 知识产权法律适用的基本问题——司法哲学、司法政策与裁判方法[M]. 北京：中国法制出版社，2013：371.

专利权的边界——权利要求的文义解释与保护范围的政策调整

业领先技术是有效规避侵权风险、进行技术后续研发、新产品开发和实现自身专利布局的基础。专利制度应当实现这样一种功能：鼓励创新主体以开放的心态进行全面的现有技术研究，把握行业发展现状，了解技术发展前沿。与此相适应，在专利侵权判定中应采取客观主义标准，不以被控侵权人主观上明知、应知专利权的存在和内容而增加落入保护范围的判断概率，鼓励规避侵权研究，消除规避侵权者自我矮化的"道德劣势心理"。❶

主张等同的技术方案既可能是面向未来、对专利技术方案进行前人所未有的进一步改进所得到的技术方案，又可能是面向过去，往现有技术方向"倒退"（通常技术效果较差）所得到的技术方案。对于规避侵权者而言，改进型规避是难度较大的改动方式，而"倒退"式的改动是较容易做到的，或者说，既希望借鉴专利技术创新、又畏惧侵权的模仿者更倾向于对专利创新进行现有技术的"改造"，使之看起来更像现有技术从而规避侵权风险。问题在于，什么样的"倒退"式变动能够成功地完成侵权规避、排除等同原则的适用？

在对"倒退"等同的判断中，是否需要考虑被控侵权技术方案离现有技术、涉案专利哪个近？哪个远？这就好比在拔河比赛中，中间的定位标杆离拔河参赛队的距离决定了比赛的结果，笔者将这一思维方式称为"拔河规则"。

举一个简单化的例子，某现有生产方法的反应压力为 0.8MPa 以下，而专利权利要求限定的反应压力为 3~10MPa，并取得了预料不到的效果，被控生产方法的实测反应压力为 1.5MPa，那么被控方法是否构成等同侵权？是否可以考虑适用"拔河规则"？如何判断"远"和"近"？如果说数值的远近关系

---

❶ 孔祥俊. 知识产权法律适用的基本问题——司法哲学、司法政策与裁判方法[M]. 北京：中国法制出版社，2013：312—313.

尚容易判断的话，实践中遇到更多的是难以量化的抽象技术特征，这种远近关系相较于数值特征更难以判断。

德国联邦最高法院在 *Moulded Curbstone* 一案中讨论了本专利、被控侵权技术与在先技术三者之间的相互关系。在大连仁达案中，一、二审法院的观点在某种意义上隐含了"拔河规则"的思想，在当时所认定事实的基础上，认为在薄壁筒体部分采用"一层玻璃纤维布"的被控技术方案与采用"两层玻璃纤维布"专利字面技术方案相比距离更近，而与不采用"玻璃纤维布"的现有技术之间距离更远，因为是否采用玻璃纤维布将产生技术效果上的巨大差异，而一层与两层的方案在效果上差别不大。❶

从理论上说，"拔河规则"具有一定的合理性。在专利技术的"教导"（当然也可能是出于偶然）之下，被控侵权人在现有技术的基础上往前走了几步，但没有达到专利的高度。在创造性高度方面，被控侵权技术方案处于专利技术与现有技术之间的中间状态。离现有技术更近、还是离专利技术更近，是使得等同原则的判定向着客观化方向发展的一种努力。"拔河规则"可以在某些情况下解决以"倒退"方式规避侵权应当绕多远的问题，这一问题在运用"创造性"判断标准时无法得到完全解决。

但是，"远近"的判断不可避免地带有强烈的主观色彩，这注定了其不可能成为等同判定中的主流方式。离现有技术近，主张等同的技术方案也未必不具有创造性（可专利性），离专利技术近，也未必具备创造性（可专利性）。等同判定中的可专利性标准在应对"倒退"技术方案的问题时更为原则、客观以及科学，这使得"拔河规则"只能是等同判定中的辅助性因素，而不能成为根本性判断标准。并且，"拔河规则"的可适用性与现有

---

❶ 参见：大连仁达新型墙体建材厂诉大连新益建材有限公司侵犯专利权纠纷案，辽宁省高级人民法院（2004）辽民四知终字第67号民事判决书。

技术抗辩的范围存在此消彼长的关系，放眼未来，在现有技术抗辩适用范围不断拓宽的情况下，"拔河规则"的重要性和可适用性也将逐步地降低和消退。❶ 此外，"拔河规则"在等同判定中有其适用限制，其只能适用于对相较于专利技术略微向现有技术方向倒退的技术方案的判定，而无法适用于对专利技术向远离现有技术方向进行改进的技术方案的侵权判定。

3.3.4 对实质等同的形式限制

不符合等同侵权构成要件的被控侵权技术方案不落入专利权的保护范围，那么相反的论点是否成立？如果被控侵权技术方案相对于专利技术方案不具有实质性差异，就一定构成等同侵权吗？这一命题等价于，等同原则的适用是否存在例外的情形。这一问题的实质涉及外观主义与实质保护主义的政策平衡，大体包括两种情形。❷

第一种情形是禁止反悔原则、捐献原则对等同原则的例外性修正。在这些情况下，实质保护主义让位于权利人意思表示明确的自我放弃，这些限制已经构成公众的合理预期，有必要优先适用外观主义原则。即使被控侵权的技术方案相比于专利技术方案不具有实质性差异，但如果它们属于权利人禁止反悔或者捐献的范畴，那么则属于自由技术，权利人不得主张等同侵权。许多学者将禁止反悔、捐献原则仅定性为对等同原则适用得过宽、过滥的限制，然而，禁止反悔、捐献原则也可能是在等同划界所形成的蛋糕中切掉一小块，而不是从整体上压缩蛋糕的范围，在此情况下，与其说其是对等同原则的限制，毋宁说是等同原则适用的例外情形。

---

❶ 由此我们也可以看到，等同原则的适用标准和规则与其他关联规则的变化是紧密联系的。

❷ 从广义上说，逐一特征等同原则、禁止反悔原则、捐献原则、"意图限定"、现有技术抗辩都可被认为是对等同原则的限制，本书采狭义概念。

第二种情形是"意图限定",即权利要求的字面边界极其清晰,以至于从权利人的意图出发就可以排除等同原则的适用。最典型的"意图限定"的适用情形是数值范围的等同问题。

前述不同的例外情形既有相同之处,也有区别。它们的相同之处在于,第一,它们的适用既可能在形式上,也可能在实质上排除等同原则的适用。只要满足禁止反悔原则、捐献原则、"意图限定"的构成要件,则可当然排除等同原则的适用,而不必再审查等同侵权的要件是否成立,如此一来,这种排除既可能是实质上的——等同原则的要件本来即无法被满足,从而不符合等同原则适用的实质性条件,也可能是形式上的——等同原则的要件本来成立,但由于形式上的外观原因被排除适用。第二,三者的表现形式均包括明示放弃和默示弃权两种方式。第三,三者的适用均不受当事人是否明确提出有关主张的限制,如果裁判者发现存在相应情形,则可以主动适用这些限制和例外。它们的不同点在于:第一,"意图限定"一般仅考虑权利要求的语言表述本身,捐献原则还需要参考和解释说明书的有关内容,而禁止反悔原则需要借助专利文献以外的审查档案资料。第二,禁止反悔原则、捐献原则的适用一般均特定地指向对某一或某些技术特征的某些特定或者不特定的等同变换的排除,而"意图限定"适用的结果则可能对某一或某些技术特征的所有等同变换方式予以排除。第三,捐献原则、"意图限定"通常仅构成等同原则的限制或者例外,而禁止反悔原则在我国"严格分离主义"的制度背景下,还可能适用于对字面范围的进一步限缩和排除。❶

3.3.4.1 禁止反悔原则

禁止反悔原则是指专利申请人、专利权人在授权、确权程序中,对权利要求、说明书的修改或者意见陈述而放弃的技术方

---

❶ 对此问题的详细讨论可参见第 2 章第 2.6.2 节。

案，被排除在侵权判定的保护范围之外的一项制度，2009年最高人民法院的司法解释对此予以了规定。❶

在1950年美国联邦最高法院审理的 *Graver II* 案中，法庭的多数意见认定等同侵权成立，但未特别考虑禁止反悔原则的适用，受到了少数意见的批评。在该案中，专利的助焊剂中含有钙和镁的硅酸盐，这是两种碱土金属的硅酸盐，而被控侵权物对应的所含物为钙和锰的硅酸盐，锰不是碱土金属硅酸盐，是碱金属的硅酸盐。对于二者是否构成等同的焦点问题，少数派的异议意见认为，涉案专利技术的出让人试验了数种金属硅酸盐，包括锰硅酸盐，并进行了深入的研究和试验，有鉴于此，"［如果我们还］宣称，［权利人］没有特别将该物质纳入权利要求是无意识的错误，就站不住脚了。"这"让人不只是怀疑，被申请人将它从有效权利要求中删除，是担心将它包括在内会导致其专利被驳回或者后来被宣告无效"。❷

3.3.4.1.1 正当性基础

德国法院拒绝适用禁止反悔原则，反对适用该原则的理由一是《欧洲专利公约》第69条对此未作规定，二是德国法院认为竞争者没有义务查询专利审查档案。美国法院对于禁止反悔原则的正当性大致有两项较为重要的论证理由。第一，"驳回决定的作出表明，审查员并不相信原始的权利要求能够获得授权。专利权人有权提出却放弃上诉，而提交了修改后的权利要求，这一决断等于承认发明专利的确不能达到原始权利要求的范围……如果

---

❶ 《最高人民法院关于审理侵犯专利权纠纷案件应用法律若干问题的解释》第6条规定："专利申请人、专利权人在专利授权或者无效宣告程序中，通过对权利要求、说明书的修改或者意见陈述而放弃的技术方案，权利人在侵犯专利权纠纷案件中又将其纳入专利权保护范围的，人民法院不予支持。"

❷ *Graver Tank & Mfg. Co. v. Linde Air Prods. Co.*, 339 U.S. 605, 616–617 (1950). Dissent.

第 3 章　权利边界的政策调整

不是这样，发明人就可能规避专利商标局的守门功能（Gate-keeping Role），在侵权诉讼中重新将其为寻求专利授权而放弃的客体拿回来。"❶ 第二，发生禁止反悔的技术特征强烈地满足广义的"意图限定"的要件。"确立等同原则的前提是，语言在捕捉创新的精髓方面存在不足，而在先申请已经描述该诉争的精确技术特征，这一事实破坏了该前提。在这种情况下，申请的历史已经表明，发明人注意到了诉争的客体内容，知道从宽和从窄描述权利要求的不同术语，其依旧主动选择了后者。"❷ 在此情况下，申请人充分意识到在先技术的存在，只有与在先技术保持适当的距离才能授权，申请人对这一距离的设定有充分的选择自由和考虑时间。

　　禁止反悔原则的直接后果是影响申请人的撰写策略。申请过程是申请人与专利局进行"讨价还价"的过程。如果没有禁止反悔原则，申请人的最优策略是一开始提出"高要价"，尽可能要求宽范围的权利要求，权利边界尽可能囊括介于可授权和不可授权的灰色地带，有时甚至超过合理的限度。由于审查员的审查尺度宽紧有别，如果碰巧遇到"友善"的审查员，则可获得尽可能大范围的保护，如果遇到"严厉"的审查员，则申请人可在审查员提出反对之后再通过限缩性修改来满足授权条件，这种修改并不会给申请人带来任何不利后果。

　　适用禁止反悔原则之后，对上述过程施加的影响十分巨大。如果申请人一开始画下大圈子，最终在反复修改之后获得授权的是小圈子，那么这两个圈子相减的部分很有可能发生禁止反悔的效力。以数值范围的修改为例，假定原始申请中权利要求请求保

---

　　❶ *Festo Corp. v. Shoketsu Kinzoku Kogyo Kabushiki Co.*, 535 U.S. 722, 734 (2002).

　　❷ *Festo Corp. v. Shoketsu Kinzoku Kogyo Kabushiki Co.*, 535 U.S. 722, 731 (2002).

护的是 0～50 度的范围，经修改后保留了 30～40 度的范围，那么权利人日后无法通过等同原则的适用将 30 度以下或者 40 度以上的部分重新纳入保护范围。

禁止反悔原则在对申请人的激励方面也产生了重大影响。申请人"漫天要价、落地还钱"的动机受到抑制。申请人在提出权利要求方面将趋向于保守，这有利于鼓励其一开始就提交保护范围适当、符合要求和规定的原始申请文件。这一制度的一大受益人是社会公众，因为因审查员主观局限而在授权程序中漏网的不当授权的比例降低，范围过大的权利减少，对正常的商业和后续研发的干扰也随之减少。此制度的另一受益人则是专利局，专利局的工作负担得以减轻。当然，上述的制度优势也不是绝对的，也可能存在这样一种情况，有些申请人通过数量众多、保护范围和相互逻辑关系盘根错节的多项权利要求将专利权的保护范围搞得异常复杂，过度劳累、时间紧迫和工作压力巨大的审查员在找不到合适的驳回理由时，很可能放行这样的权利。

并且，基于以下的原因，禁止反悔制度对公众的有利效果可能在一定程度上被抵消。首先，与捐献原则一样，申请人在说明书中对其预测的很有可能能够实现发明目的、达到发明效果而又尚未完整验证的技术方案可能不再愿意予以记载。因为这些技术方案很可能难以满足"权利要求以说明书为依据"的要求，不允许被写入权利要求。如果予以记载的话，记载在说明书中的这部分技术内容就被"捐献"给了公共领域，相反，如果说明书不记载这些内容，日后反而有希望通过等同原则的适用重新将其纳入保护范围之中。也即，理性的申请人会选择有节制地披露部分"必要"技术信息，"好意披露"因没有任何实惠而被完全抛弃。这样，公众从专利说明书得到的技术信息将减少，说明书所能够发挥的指明未来研发方向的功能将逐渐消失。其次，禁止反悔原则可能导致申请人在答复审查通知书的意见陈述中过于"慎言"，或者采取模棱两可的含糊措辞应对审查,不利于形成清晰的权利边界。最后,对于同一项发明创造所分别申请的发明和实用新型可能存在不同的保护范围。因为发明专利经过实质审查,申请人在审查过程中的修改或者陈述产生禁止反悔的效果,而实用新型专利不经过实质审查,不受禁止反悔的约束。以上的问题进一步引发了对禁止反悔原则的适用范围是否也应当受到限制的争论。

从总的方面来说,禁止反悔原则的适用在当今的技术背景下具有利大于弊的合理性。首先,包括中国在内的世界各国普遍面临着专利申请爆炸、案件积压、审查资源不足的巨大压力,仅依靠审查员有限的精力无法阻拦住洪水般的垃圾专利。禁止反悔原则通过一种事后的压力敦促申请人自觉提出保护范围恰当的申请文本,是强化申请人撰写责任制度体系的重要组成部分,也是减少不当授权的应对策略之一。从这个意义上说,禁止反悔原则是提高审查质量的一项重要举措。其次,扩展禁止反悔原则适用的范围有利于提高公众预期的确定性。公众以及法院无需再费时费力地调查究竟是出于什么原因导致了权利人自我放弃了一部分保护范围,从而降低了听众的信息处理成本。

3.3.4.1.2 外观主义压倒实质主义

禁止反悔原则究竟只是为等同扩张设定边界,还是独立于等同原则、优先于等同原则的适用而适用、而等同的成立与否在所不问,这属于政策层面的考量,体现着外观主义和实质主义、形式优先和贡献优先的思维区别。就目前的通说而言,外观主义的思维方式逐步在专利制度中占据上风,在等同原则与禁止反悔原则的适用方面也不例外。只要满足禁止反悔原则的构成要件,则可当然排除等同原则的适用,而不必再审查等同侵权的要件是否成立,试举一假设的例子说明之。

在东莞富增泡棉塑胶有限公司诉福建省富增鞋材发展有限公

专利权的边界——权利要求的文义解释与保护范围的政策调整

司侵犯发明专利权纠纷一案❶中,虽然专利权利要求没有请求保护以 TDI-80 作为原料的生产方法,但原告在诉讼中坚持认为 TDI-80 与 TDI-90 是构成等同的,并出具了分别以二者作为生产原料的再生泡棉产品性能参数基本等同的证据,一、二审法院以没有有效证据佐证为由未予采信。但更为重要的是,即使该证据是真实有效的,那么采用 TDI-80 为原料的技术方案也属于专利等同保护范围吗?换言之,如果申请人或者权利人存在主观认识错误,将在客观上等同的技术方案通过明确的意思表示予以"放弃",日后发生争议时是否还可以主张等同?是否要受到禁止反悔原则的限制?

在禁止反悔原则发展的历史早期,美国联邦最高法院即采用了外观主义的做法。"在申请历史禁止反悔的适用中,并非在先技术本身导致禁止反悔的适用,而是申请人所默认的关于在先技术的内容导致禁止反悔的适用。"❷ 从此段表述上看,在该案中美国联邦最高法院强调了申请人自我意识、意思表示的限定作用,没有采纳条件说,而采纳了公示说。这一观点鲜明地表明,禁止反悔原则对等同原则的排除,并非因为禁止反悔原则发生效力的地方均在客观上属于等同原则无法适用的领域,而是申请人或者专利权人自身通过某种意思表示主观上认为权利效力不可涉足的领域。

回到虚拟的案例讨论中,在涉案专利说明书中,专利权人通过对 TDI-80 与 TDI-90 的比较分析,得出了二者存在明显效果差异的结论,明白无误地传递了其认为二者不构成等同的信息,如果有证据表明 TDI-80 的使用并不属于本领域的现有技

---

❶ 参见:福建省泉州市中级人民法院(2007)泉民初字第 10 号民事判决书、福建省高级人民法院(2008)闽民终字第 391 号民事判决书。案情详见第 2 章第 2.5 节的内容。

❷ *Autogiro Co. of America v. United States*,384 F. 2d 391,399 (1967).

第3章 权利边界的政策调整

术,TDI-80 与 TDI-90 能够通过等同标准的各项测试,则实质上 TDI-90、TDI-80 都属于权利人的发明创造,然而专利权人没有将次优方案纳入权利要求中进行保护,以外观主义的禁止反悔原则观之,意味着权利人将次优方案"捐献"给了自由技术领域。

在较早适用等同原则的解文武诉青岛海尔通信有限公司、北京市大中电器有限公司侵犯专利权纠纷一案❶中,此问题体现得较为明显。

在该案中,权利人在专利实质审查过程中,针对部分权利要求(包括权利要求1)相对于两份对比文件不具备创造性的审查意见,❷对该权利要求进行了修改,并答复道:"……③本发明在拨号报失的同时,用户处于正常使用状态,也就是说,本发明的自动报失并不影响当前用户使用……对比文件1和对比文件2是为了禁止非授权用户使用,而本发明主要是为了报失,本发明允许当前用户正常使用,但如果该用户为非法用户,则拨号报

---

❶ 参见:北京市第一中级人民法院(2005)一中民初字第3254号民事判决书、北京市高级人民法院(2005)高民终字第1262号民事判决书。

❷ 该审查意见指出:"独立权利要求1保护一种手机自动隐形拨号报失的方法,对比文件1(FR2791509)是使用SIM卡的移动电话的防盗装置,其中存储有手机特定号码,只有在用户输入的号码与之相同的情况下,才可操作该手机。……对比文件1的目的是防止手机被盗且禁止非授权用户使用,对比文件1与本发明十分近似且公开了权利要求1的大部分技术特征,唯一不同在于,本发明检测到信息不一致时,采取的措施不是中断操作或者通过内部短路自毁,而是自动按照设定的功能参数自动隐形拨号,上述区别技术特征在对比文件2(JP10341281)中公开了,对比文件2涉及当手机丢失时防止非授权用户使用的便携式电话,其中公开了如下内容:该发明在当手机被非授权用户使用时,采取的是自动拨打预先存储在存储器中的号码并且发送一个预先设定的话音信息的方式来防止非授权用户使用的,因此,对于本领域普通技术人员来说,将上述两篇领域且内容类似的对比文件相结合得到本发明所述的技术方案,是不需要付出创造性的劳动的,因此,权利要求1不符合《专利法》第22条第3款有关创造性的规定。"在"基于上述结论性意见,审查员认为"一栏中记载:"申请人应在意见陈述书中论述其专利申请可以被授予专利权的理由,并对通知书正文部分中指出的不符合规定之处进行修改,否则将不能授予专利权。"

397

失,在该用户毫无察觉的情况下,就达到报失的目的,效果明显不同。"❶

一审法院认为,在专利侵权诉讼中,当原告主张的等同原则与被告主张的禁止反悔原则在适用上发生冲突时,应优先适用禁止反悔原则。原告系在明确将非法用户不能正常使用的情形排除在本专利保护范围之外的情况下,才获得了本专利权,故其关于非法用户不能正常使用的情形系对本专利的变劣的主张是对自己在专利审批阶段陈述的反悔,不应允许。二审法院认为,原告在专利授权审查阶段中对权利要求1中的必要技术特征所作的意见陈述,应认为对"手机自动隐形拨号报失的实现方法"发明专利能否授权有实质性影响。由于原告已经放弃非法用户不能正常使用并显形拨号报失的技术方案,因此,其不能再将非法用户在正常使用情况下隐形拨号报失的变劣方案纳入其保护范围。

在本案中,法院明确表达了以下观点:"当原告主张的等同原则与被告主张的禁止反悔原则在适用上发生冲突时,应优先适用禁止反悔原则",无论"自动显形拨号报失"与"自动隐形拨号报失"是否属于等同的技术方案,在禁止反悔的构成要件成就之际,都应优先适用禁止反悔原则。

---

❶ 最终授权的权利要求1为:
"一种手机自动隐形拨号报失的实现方法,其特征在于该方法包括以下的步骤:
当手机初次使用时,手机的内部处理程序录入合法用户卡所独有的区别于其他用户卡的自身数据或录入合法用户卡所对应的手机号码,并记录合法用户设定的用于自动隐形拨号报失的功能参数以及用于自行修改功能参数和自行合法更换用户卡的功能密码;
当手机每次开机使用时,手机的内部处理程序自动检测并比较当前用户卡的自身参数与预先存储的合法用户卡的自身数据是否一致,或检测并比较当前用户卡对应的手机号码与预先存储的合法用户卡对应的手机号码是否一致,如果一致,则正常使用;如果不一致,则正常使用同时按照设定的功能参数自动隐形拨号。"

3.3.4.1.3 条件说与公示说

前述解文武案的另一项启示是,禁止反悔原则排除等同原则适用的一项重要作用是对面向过去的"倒退等同"规避行为是否构成侵权的判断划定一条较为清晰的界限。权利人"为克服新颖性、创造性的缺陷"而进行的修改、意见陈述放弃了不可授权的技术方案,从而满足了授权条件,故应适用禁止反悔原则。为克服新颖性、创造性的修改是禁止反悔原则可适用性最具有正当性的领域——不具有新颖性、创造性的技术方案本来就不应当被纳入保护范围。但对此仍然存在可进一步深入探讨的两个问题。第一个问题是,其他的放弃情形是否也可适用禁止反悔原则?是不是仅涉及新颖性、创造性问题才发生禁止反悔的效力?第二个问题是,是否将适用的范围限定在对可专利性产生影响的范围之内?是否在有关的意见陈述或者修改对授权或者维持权利效力产生实质性影响时才适用禁止反悔原则?[1] 对以上问题的不同回答,体现了条件说和公示说的不同立场。

对于第一个问题,最高人民法院在澳诺诉午时药业案[2]中给出了明确的意见,认为禁止反悔原则的适用不以解决新颖性、创造性的问题为前提条件。该案涉及"一种防治钙质缺损的药物及其制备方法"的发明专利。在专利申请公开文本中,独立权利要求所限定的其中一种活性成分为可溶性钙剂,可溶性钙剂包括葡萄糖酸钙、氯化钙、乳酸钙、碳酸钙或活性钙。国家知识产权局第一次审查意见通知书中,审查员认为,该权利要求中使用的上位概念"可溶性钙剂"包括各种可溶性的含钙物质,它概括了一个较宽的保护范围,而申请人仅对其中的"葡萄糖酸钙"和"活

---

[1] 也即,是专利局、人民法院接受的意见陈述,还是申请人或者权利人所作出的一切陈述均发生禁止反悔的效力?

[2] 澳诺(中国)制药有限公司诉湖北午时药业股份有限公司、王军社侵犯专利权纠纷案,最高人民法院(2009)民提字第20号民事判决书。

专利权的边界——权利要求的文义解释与保护范围的政策调整

性钙"提供了配制药物的实施例,对于其他的可溶性钙剂没有提供配方和效果实施例,所属技术领域的技术人员难于预见其他的可溶性钙剂按本发明进行配方是否也能在人体中发挥相同的作用,权利要求在实质上得不到说明书的支持,应当对其进行修改。申请人根据审查员的要求,对权利要求书进行了修改,将"可溶性钙剂"修改为"活性钙"。而被控侵权产品的相对应成分为"葡萄糖酸钙"。原告主张构成等同侵权,被告提出禁止反悔抗辩。一、二审法院均认定构成等同侵权,且禁止反悔原则不适用,理由是"只有为了使专利授权机关认定其申请专利具有新颖性或创造性而进行的修改或意见陈述,才产生禁止反悔的效果,并非专利申请过程中关于权利要求的所有修改或意见陈述都会导致禁止反悔原则的适用"。最高人民法院判决撤销了一、二审判决,认定禁止反悔抗辩成立。"根据禁止反悔原则,专利申请人或者专利权人在专利授权或者无效宣告程序中,通过对权利要求、说明书的修改或者意见陈述而放弃的技术方案,在专利侵权纠纷中不能将其纳入专利权的保护范围。""由于专利权人在专利授权程序中对权利要求1所进行的修改,放弃了包含'葡萄糖酸钙'技术特征的技术方案",故"专利权的保护范围不应包括'葡萄糖酸钙'技术特征的技术方案"。

这一做法与美国的立场十分接近。美国联邦最高法院在最近一次全面地表达其对禁止反悔原则的观点的 *Festo* 一案的判决中认为:"为满足专利法要求的任何限缩性修改都可能适用禁止反悔原则。"[1] 专利法的有关要求不仅包括实用性、新颖性和创造性等实质性要求,[2] 也包括说明书充分公开等形式性要求。[3] 限

---

[1] *Festo Corp. v. Shoketsu Kinzoku Kogyo Kabushiki Co.*, 535 U.S. 722, 736 (2002).

[2] 35 U.S.C. § 101—103.

[3] 35 U.S.C. § 112.

缩权利要求,"无论该修改是为了避免在先技术还是为了遵守第112条,都是放弃了对更宽范围的保护主张权利"。❶

不过对于第二个问题,争议却大得多,这种争论在某种意义上体现为"完全阻却规则"与"弹性阻却规则"之争。

1996年,美国联邦最高法院在 *Warner－Jenkinson*❷ 一案中明确了其对禁止反悔原则适用的"推定规则"。该案涉及一项对染料进行提纯的方法专利。权利要求的一项技术特征是"pH值大约是6.0~9.0",该特征是发明人在申请过程中增加的,对于pH值的上限,增加该特征的目的是与在先专利相区别,因为在先专利披露了一种pH值高于9.0的超滤方法。但对于为什么申请人要写入6.0的范围下限,则并不清楚。与之相比,被告Warner－Jenkinson公司的超滤方法使用的pH值为5.0。法院首先否定了被告认为申请过程中的修改原因与禁止反悔原则的适用无关的主张,认为其"走得太远"。"在每个案子中,本院都探究了专利局坚持要求对权利要求进行修改的理由。"在之前的每个案子中,"导致禁止反悔原则适用的修改,都是为了避免在先技术,或者为了解决会导致所要求的客体失去可专利性的担忧(如创造性等)。"但在本案中,增加下限6.0的理由并不清楚,该做法显然不是为了和在先专利相区别。"虽然该添加行为使得下限6.0成为权利要求的实质性特征,这并不必然排除等同原则在此特征上的适用……在修改原因与避免在先技术无关的情形下,该修改可能引入一项新的特征,但并不当然排除对该特征适用等同原则判定侵权的可能性。"不过,为了维护权利要求的定义和通知的双重功能,"我们认为较好的规则是将证明专利申请过程中修改理由的责任交由专利持有人承担","如果没有解释,

---

❶ *Festo Corp. v. Shoketsu Kinzoku Kogyo Kabushiki Co.*, 535 U.S. 722, 737 (2002).

❷ *Warner－Jenkinson Co. v. Hilton Davis Chem. Co.*, 520 U.S. 17 (1996).

则法院应当推定专利商标局有实质理由将该增加限制性特征的修改和可专利性联系起来。在这种情况下,禁止反悔原则将阻止对该特征适用等同原则。"[1] 总之,如果专利权人能够证明审查过程中的修改与可专利性无关,则禁止反悔原则可被法院排除,如果专利权人不能证明修改目的,法院则推定该修改目的将导致禁止反悔原则的适用。

在 Festo 案中,美国联邦巡回上诉法院的满席审采纳了严格的外观主义的思维方式,采取了严格的条件说和"完全阻却"(Complete Bar) 规则。联邦巡回上诉法院认为,第一,为了遵守专利法而对专利权利要求所作的任何限缩性修改都适用禁止反悔原则,而不仅仅限于那些为避免在先技术而作的修改;第二,当适用禁止反悔原则时,完全阻却对修改特征适用等同原则。该法院采用"完全阻却"说是为了提高侵权案件中公众预期和裁判结果的确定性。

但是,"完全阻却"说受到了美国联邦最高法院的批驳和否定。美国联邦最高法院在该案上诉审中认为,"完全阻却规则确立了所谓当然适用规则(per se rule),避免进行审查,这一方法违背了适用禁止反悔原则的最初目的——让发明人对申请过程中的陈述以及从修改中可以合理得到[合适保护范围]的推论负责。""修改之后,就像修改之前一样,语言依然难以完美地描述发明。限缩性修改可能证明权利要求不能涵盖哪些内容,但是它可能仍然不能精确捕捉究竟权利要求的内容是什么。并无理由表明,限缩性修改应当排除在修改之时尚不可预见、也超出合理解释的被放弃内容范围的等同方案。也没有理由排除与修改的理由只有边缘性的外围联系的发明特征的等同方案。修改本身并不表

---

[1] *Warner — Jenkinson Co. v. Hilton Davis Chem. Co.*, 520 U.S. 17, 33 (1996).

明发明人在撰写权利要求方面，比那些申请未经修改就直接被授权的发明人突然有了更多的先见之明。它只是表明发明人熟悉较宽的权利要求文本以及［修改前后］两个文本之间的差别。因此，要求专利权人接受修改后权利要求的字面含义约束，并不比彻底抛弃等同原则，要求每一个专利权人接受其专利的字面含义的约束，更有道理。"❶ 美国联邦最高法院认为，美国法院一直持续地以比较有弹性的而不是严格的方式适用禁止反悔原则，强制要求彻底阻却的学说等于又回到了等同原则所要努力克服的文本主义（Literalism）的老路之上。

美国联邦最高法院在该案中还重申了 *Warner—Jenkinson* 案中所确立的禁止反悔适用的"推定规则"，即"将证明修改与专利性无关的证明责任放在专利权人一方"。"专利权人决定通过修改限缩其权利要求，可以被推定为一般性地放弃了原始权利要求和修改后的权利要求之间的地盘。但是，在有些情况下，修改并不能合理地视为放弃一项特定的等同方案。在申请之时，该等同方案可能并不能够预见；修改背后的理由可能与诉争的等同方案只有无关紧要的关联；或者由其他理由表明，［公众］并不能合理地预料到专利权人已经对诉争的非实质性替代进行了描述。在这些情况下，专利权人能够克服'禁止反悔原则阻却等同认定'的推定。"专利权人可以反驳"禁止反悔原则阻却等同主张"的推定，不过他"必须证明，在其作出修改时，［公众不会合理地期待］该领域熟练技术人员去撰写一个原本应该在字面上涵盖诉争等同方案的权利要求"。

由此可见，在 *Festo* 案中，美国联邦最高法院确立了禁止反悔原则对等同原则的"弹性阻却规则"。其强调并非只要修改了

---

❶ *Festo Corp. v. Shoketsu Kinzoku Kogyo Kabushiki Co.*, 535 U.S. 722, 737—738 (2002).

专利权的边界——权利要求的文义解释与保护范围的政策调整

权利要求,权利人以后对被修改的相关技术特征即无法再主张等同,而是需要具体分析修改的原因是什么,如果被诉等同的技术特征是当时不可预见的,或者修改的理由和可专利性的实质性条件、形式性条件均无关系的,那么权利人仍然可以主张等同,而不受禁止反悔原则的限制和约束。不过,权利人对此负有举证责任。具体而言,在以下两种情形下,专利权人对于修改后的特征仍然能够主张等同,一是日后技术等同——因为日后技术是在申请时无法预料的技术方案,专利权人自然不可能事先意识到该技术从而表示放弃这一技术;二是因修改失误或者轻率陈述或者其他不可知的因素而"放弃"的等同——因为这一放弃与可专利性无关,❶ 换言之,专利权人无论是否作出限缩性修改或者陈述,都不影响该专利被授权。❷

可以与 Festo 案相对照的是前述的奥诺诉午时药业案。对于该案,我们对于申请人在审查程序中将"可溶性钙剂"修改为"活性钙"而非"葡萄糖酸钙及活性钙"的真实原因已经很难考察,❸ 也许存在两种可能性:一是申请人实际上并不愿意放弃较大范围的保护,申请人的主观愿望是修改之后的"活性钙"的含义仍然等同于修改前以及说明书中记载的"可溶性钙剂",希望换一种"概念"表述而"浑水摸鱼",修改后仍然具有与修改前同等大小的保护范围。二是申请人出现修改失误,将本来可以保留的"葡萄糖酸钙"遗漏了。这两种可能性分别对应于"主观意

---

❶ 这在 Warner—Jenkinson 案中体现得尤为明显。

❷ 需要探讨的是,美国联邦最高法院在 Festo 一案中的立场是否与 Autogiro 一案中所表达的形式主义的价值取向相违背?笔者认为二者并不矛盾,它们之间的区别在于申请人或者权利人是否在修改或者陈述的过程中明显体现出了有关的"意识",也即是否有证据表明申请人或者专利权人已经明确地意识到其进行了某种限缩,该限缩是否有明确的目的,以及该限缩是否得到了预期的效果。

❸ 这也是奥诺案可以与 Warner—Jenkinson 案类比的一方面理由,二者都是专利申请人在申请过程中自我限缩,并且背后的理由莫名。

第3章 权利边界的政策调整

图"和"客观意图"。前者是申请人所主张的当时其自身的内心活动，❶ 后者则是技术人员通过阅读整个专利文献之后所理解的权利人的意图。❷

在奥诺诉午时药业案中，一、二审法院采取了实质性条件适用说。最高人民法院在撰写失误的语境下，采纳了类似于"完全阻却"说的做法。不过最高人民法院在该案中未对日后技术的等同是否适用完全阻却规则进行进一步探讨，因为此问题在该案中并不存在。

对于奥诺诉午时药业案所适用的完全阻却规则，一种支持的理由是基于专利申请人内心世界的心理活动来判定禁止反悔是否适用过于不确定，且违背了权利界定的一项基本原则——应当以作为公众的所属领域技术人员所理解的权利人意图而不是以权利人真正的意图来理解权利的保护范围。

不过，以上的观点并非无可辩驳。实际上，如果专利权人能够证明在本领域技术人员看来，申请人在当时的条件下所进行的

---

❶ 专利权人在向最高人民法院提交的答辩意见中明确提出该主张。

❷ 最高人民法院站在本领域技术人员的立场，在判决中对此进行了分析："关于权利要求1中记载的'活性钙'是否包含了'葡萄糖酸钙'的问题。涉案专利申请公开文本权利要求2以及说明书第2页明确记载，可溶性钙剂是'葡萄糖酸钙、氯化钙、乳酸钙、碳酸钙或活性钙'。可见，在专利申请公开文本中，葡萄糖酸钙与活性钙是并列的两种可溶性钙剂，葡萄糖酸钙并非活性钙的一种。此外，涉案专利申请公开文本说明书实施例1记载了以葡萄糖酸钙作为原料的技术方案，实施例2记载了以活性钙作为原料的技术方案，进一步说明了葡萄糖酸钙与活性钙是并列的特定钙原料，葡萄糖酸钙并非活性钙的一种。澳诺公司辩称，专利申请人在涉案专利的审批过程中，将'可溶性钙剂'修改为'活性钙'属于一种澄清性修改，修改后的活性钙包括了含葡萄糖酸钙在内的所有组分钙。然而，从涉案专利审批文档中可以看出，专利申请人进行上述修改是针对国家知识产权局认为涉案专利申请公开文本权利要求中'可溶性钙剂'保护范围过宽，在实质上得不到说明书支持的审查意见而进行的，同时，专利申请人在修改时的意见陈述中，并未说明活性钙包括了葡萄糖酸钙，故被申请人认为涉案专利中的活性钙包含葡萄糖酸钙的主张不能成立。"

限缩完全是不必要的，❶ 那么阻却禁止反悔原则适用的事实出发点就不是对申请人真意的探究，而是对公众所理解的申请人的意图的考察。

　　对奥诺诉午时药业案的"完全阻却"做法的另一种更有说服力的支持理由是将禁止反悔与"多余指定"原则的废止相类比。否定"多余指定"原则，也就绝对地否定了因撰写人失误而事后扩张权利保护范围的主张，那么同为撰写失误的自我退守过度的意见陈述或修改，以同理推之，也应当严格地适用禁止反悔原则。当然，这一观点的成立需要基于两个前提，第一，绝对否定"多余指定"原则是合理的，第二，禁止反悔与"多余指定"原则之否定是完全可类比的。如果说对第一个前提的争议目前已经日渐平息的话，那么对第二个前提仍然具有可探讨的余地。我们仍然需要运用体系化思维，将禁止反悔原则置于整个等同原则的环境中予以讨论。就撰写失误而言，"多余指定"原则的否定可以被认为是禁止反悔原则在技术特征层面上的体现。目前的等同原则不允许适用于省略技术特征的等同，但允许对特征字面含义进行扩张的等同，与此相对应，废止"多余指定"原则意味着拒绝对于省略技术特征的方案进行"多余指定"从而认定相同或者等同侵权，而禁止反悔原则对应的是在考虑有关特征的前提下，为该特征的等同扩张戴上了"紧箍咒"。更直白一些而言，整个等同原则的适用在省略技术特征方面显得较为严格，而在单一技术特征的扩张方面则显得较为宽松，与此相适应，从体系化的角度理解，对于省略技术特征的"禁止反悔"——"多余指定"原则之否定采取比较严格的尺度，而对于在技术特征内部适用禁止反悔采取比较宽松的尺度，与整个等同制度的大原则是相容的。

---

　　❶ 并且限缩的范围也是作为第三方的普通技术人员所认为的范围，而不是申请人主观认为的范围。

第3章 权利边界的政策调整

对于面向未来的日后技术的等同不应适用"完全阻却"说指导下的禁止反悔原则应当不存在太大争议，但是对于面向过去的现有技术的等同限制，应当采取"完全阻却"还是"弹性阻却"的立场却仍然具有进一步深入探讨的价值。过于绝对的禁止反悔原则会在权利人一方产生"非赢即输"（Win－Loss）的困境。回顾之前的分析，发明人和权利人在作出发明创造时不可能知晓所有的现有技术，出于利益最大化的考量，撰写人一般在已知的现有技术的基础上"画圈"，但实际上，保护的最佳界限应当在哪里，发明人和撰写人心里没底，当审查员以及社会公众检索出新的对比文件时，权利人为了维持权利的有效性往往需要缩小保护范围。然而，准确把握"退守"的范围是极其困难的，他们并不总是能够清楚地明白放弃和坚持的平衡点应当在哪里，权利人面临着两难选择。专利权人对发明内容的澄清，实际上仅发生对他所强调的"落后"技术方案、所要克服的技术方案、被对比的技术方案的禁止反悔，而不能被认为对任何技术方案都发生禁止反悔。对于那些理性的申请人或者权利人都无法意识到的修改或者陈述，或者那些"无厘头"的放弃，给予权利人一次自证其明、自我救赎的机会也许更有利于保持社会的优秀大脑利用专利制度的热情。专利法允许权利人修改和争辩的目的是帮助发明人取得更为完善、更为合理、边界更为清晰的权利，过于严格的禁止反悔立场将摧毁专利申请人和权利人对专利文本修改的信心。❶

3.3.4.1.4 被动无效的禁止反悔问题

从最高人民法院 2009 年司法解释的表述上看，禁止反悔的表现形式包括意见陈述和对权利要求或者说明书的修改两种方式，那么除此以外，有关权利要求被宣告无效是否也发生禁止反

---

❶ 即使采用公示说，仍然有十分重要的问题尚待讨论，例如，如何确定权利人的"承诺"，或者说权利人在审查程序中表达得多么明确才可辨认为发生禁止反悔效力的"放弃承诺"？

悔的效力？如果专利权被部分宣告无效、部分维持有效，被宣告无效的技术方案是否也应当参照适用禁止反悔原则，从而排斥等同原则的适用？笔者认为，对于那些被宣告无效的大范围的权利要求所限定的技术方案，专利权人无权再主张权利，自然也不能在此基础上主张等同保护；对于那些从属于被宣告无效的范围较小的、仍然维持有效的权利要求，则仍然可以对该权利要求限定的技术方案进行等同扩张，但等同的范围不能扩展至已经被宣告无效的权利要求的范围。因为被宣告无效是保护范围的被动放弃，而不是权利人的主动放弃。不过，这一规则可能导致这样一种后果，在无效宣告程序中，权利人即使明知道有关权利要求应当被宣告无效，也不愿意主动放弃没有希望继续保留的该权利要求，这可能对权利人产生抗争到底的激励。即便如此，在目前授权后修改条件极为严格的规则背景之下，如果对于在无效程序中被保留的权利要求也适用禁止反悔原则的话，那么对于权利人将极为不利，因为权利人在无效程序中无法在被无效的权利要求和被保留下来的权利要求中重新寻求中间范围的保护，如果不允许其对保留下来的权利要求主张等同，则可能使其在两项权利要求的保护范围相距甚远的情况下，丧失获得有效保护的机会。

3.3.4.1.5 在相同侵权中是否可以适用禁止反悔原则

关于在相同侵权判定中是否可以适用"禁止反悔原则"，应当考察禁止反悔原则的制度背景。

在美国，禁止反悔原则用以限制等同原则的适用，其并非用以对权利要求中的明确概念作进一步的限定。其只适用于以下情形：假设权利要求的字面范围是 A，其等同范围理论上是 B，而作出意见陈述后权利人明确排除 B—C（B 减去 C）的部分，则等同原则可适用的区域由 B—A 的部分缩小为 C—A 的部分，也即 B—C 的部分是禁止反悔原则作用的区域。由此可见，B、C、A 之间是包含与被包含关系。

第3章 权利边界的政策调整

在中国，禁止反悔原则是否只适用于限制等同的范围，有不同的观点。笔者认为，我国的禁止反悔原则的存在不仅为了解决等同范围过大的问题，还承担着减轻严格的"分离主义"带来的弊端的任务。试举一个虚拟的案例说明之。假定在清华大学一案❶中存在民事争议，在该民事争议中，被告基于种种考虑，未提出无效宣告审查请求，则审理民事侵权案件的法院对于该专利权的边界应当如何确定？对此无外乎有两种做法，一是按照权利要求的字面含义确定保护范围，也即滤料上的纤维丝束既可以呈束状（申请人在意见陈述时限定的形状），也可以呈球状（现有技术中出现的形状）；二是适用禁止反悔原则，将保护范围限缩至权利人在意见陈述中进一步退守的范围，也即仅保护纤维丝束呈束状的技术方案。显然，前一种做法的社会成本更高。因为仍然按照最宽泛的意义理解保护范围的话，那么一旦事后该专利被宣告无效，则侵权判决将在再审程序中被推翻；而按照狭义的范围理解保护范围，如果被控技术方案恰好位于权利人通过意见陈述的方式排除的范围，则得出不构成侵权的结论，不至于产生再审的额外社会成本。❷此时，侵权法院适用禁止反悔原则所得到的保护范围比字面范围小，且与无效程序所确定的保护范围是不一致的。

在权利有效性判断和侵权判定可在同一个程序中解决的制度下，则不存在禁止反悔原则是否可在相同侵权中适用的问题。因

---

❶ 即清华大学诉专利复审委员会、第三人浙江安博特环保科技有限公司专利无效行政纠纷案，参见：国家知识产权局专利复审委员会第14166号无效宣告请求审查决定、北京市第一中级人民法院（2010）一中知行初字第849号行政判决书、北京市高级人民法院（2011）高行终字第307号行政判决书，具体案情见第2章第2.5.5节。

❷ 当然，这种做法只能在一定程度上减轻而无法完全消除"严格分离主义"的制度成本，因为如果被控技术方案仍然落入经禁止反悔限定之后的较小的保护范围，则审理民事侵权纠纷的法院仍然不得不作出侵权的结论，该判决无法避免被再审推翻的命运。

为无论是效力审查,还是侵权判定,所得出的权利边界的结论是一致的,法院不会将适用禁止反悔原则弃权的部分延伸到权利要求字面含义之内的部分,从而在字面含义之内进一步限缩有关技术特征的覆盖范围,相反,法院以字面含义确定权利边界,最终得到专利权应当被宣告无效的结论,这与在"分离主义"下穷尽所有程序之后的最终结果是一致的,而整个过程减少了许多波折,大大节约了社会成本。因此,中国的禁止反悔原则,在目前"严格分离主义"的语境下,为了节约程序和制度成本,同样应当适用于相同侵权的情形,这与美国的做法是有区别的。

3.3.4.2 捐献原则

捐献原则(Public Dedication Rule)是指对说明书公开的、但没有在权利要求中请求保护的技术方案,视为捐献给公众,成为可自由实施的公有技术。《最高人民法院关于审理侵犯专利权纠纷案件应用法律若干问题的解释》第5条对此予以了明确规定。❶

捐献原则的原理和禁止反悔原则是一致的。捐献原则可以被视为广义的禁止反悔原则的一项特殊规则。其特殊性体现在专利权人的有关陈述记载在说明书中,而非审查档案等其他文件中。在某些情况下,禁止反悔原则与捐献原则存在竞合,适用哪一项原则取决于被告的抗辩理由,或者在法院主动审查时取决于法官的选择。

捐献原则的主要正当性是为了避免专利权人"两头得利":❷申请人为了更容易地获得授权,在权利要求中限定比较窄的保护范围,而说明书和附图对有关技术方案作扩张记载,事后在侵权

---

❶ 该条规定:"对于仅在说明书或者附图中描述而在权利要求中未记载的技术方案,权利人在侵犯专利权纠纷案件中将其纳入专利权保护范围的,人民法院不予支持。"

❷ 孔祥俊,王永昌,李剑.《最高人民法院关于审理侵犯专利权纠纷案件应用法律若干问题的解释》适用的若干问题[J].电子知识产权,2010(2):78—79.

第3章 权利边界的政策调整

诉讼中又将记载在说明书中但处于权利要求字面限定范围之外的部分重新纳入保护范围。如此一来，权利人规避了说明书记载的范围减去权利要求记载的范围的那部分技术方案的审查义务。

美国的再颁程序给了权利人因疏忽而非因"投机取巧"而"捐献"掉的部分拿回来的机会：在原始专利授权的两年内，专利权人可以重新提交申请，扩大权利要求以涵盖说明书中记载但没有被囊括进权利要求的内容。❶ 权利人还可以单独申请重新主张该内容的权利。❷ 美国的制度与我国相比，体现了对权利人更为友善的一贯政策取向。

担心美国上述做法损害权利要求公示作用的意见认为，权利人在授权之后扩大权利要求的保护范围，会使得信赖该保护范围的公众遭受意料之外的沉没成本的损失，比如在授权之后积极实施有关"弃权"技术方案的公众，在两年之后可能被迫停止有关行为，从而造成前期投资的损失。虽然这一观点不无道理，不过，在预期足够明确的情况下，这一损失可能只存在于理论上。因为公示的文件不仅仅有权利要求，也有说明书，相对于禁止反悔所放弃的内容，"捐献"的部分是比较容易识别的，公众在阅读了专利文献的全部内容之后，足以形成权利人的"弃权"只是临时性的之类的明确预期，在两年期限内可以"按兵不动"，等

---

❶ 356 U.S.C. § 251. 该条允许专利"在没有任何欺骗意图的前提下"，专利权人放弃原专利并缴纳费用时，可申请美国专利商标局对原专利所公开的发明创造进行再颁。该条还规定："除非在原专利授权后两年内提出申请，否则再颁专利不得扩大原专利权利要求的范围。"而扩大保护范围不得增加新的内容，即需要满足美国专利法第112条（a）款权利要求得到原说明书支持的要求。

❷ 356 U.S.C. § 120. 该条允许专利"在没有任何欺骗意图的前提下"，专利权人放弃原专利并缴纳费用时，可申请美国专利商标局对原专利所公开的发明创造进行再颁。该条还规定："除非在原专利授权后两年内提出申请否则再颁专利不得扩大原专利权利要求的范围。"而扩大保护范围不得增加新的内容，即需要满足美国专利法第112条（a）款权利要求得到原说明书支持的要求。

期满之后再实施有关的技术方案。也就是说，说明书所描述的范围也同样具有公示作用。如此一来，专利权人享有了两年的"冷静期"或"补救期"，这一并不十分长的时间限制也在权利人和公众之间保持了恰当的平衡。

3.3.4.3 "意图限定"与对数值特征等同的限制

广义的"意图限定"也包括禁止反悔原则、捐献原则。狭义的"意图限定"是指权利人在其权利要求中用非常明确的语言界定保护范围，在此范围外，权利人不得再主张等同的制度。为了讨论的方便，在此对"意图限定"采狭义含义。"意图限定"的适用有两项条件，一是限制性语言非常明确，二是权利人在撰写时能够充分意识到该界限的存在。

典型的"意图限定"涉及数值及数值范围特征的等同问题。数值和数值范围是比较特殊的技术特征。例如，权利要求限定"反应温度为 20～60 摄氏度""配方基质为聚乙二醇 6000"❶ 等等。数值具有连续性、边界清晰性的特点，能够充分满足"意图限定"的两项要件。

对于明确记载了数值端点的数值范围特征是否可以适用等同原则，存在较大争议，对此存在四种观点。肯定说认为，数值与数值范围都可以适用等同原则。否定说认为，数值和数值范围都不能适用等同原则。区分说认为，数值可以适用等同原则，数值范围不能适用等同原则。发明目的说认为，应当依据数值或者数值范围所限定的组分、方法条件等特征在所属领域中在实现发明目的、发挥技术效果方面的作用，分情况决定是否适用等同原则，例如，在医药化学领域中，活性成分的数值范围特征不适用

---

❶ 聚乙二醇 6000 是分子量为 6000 左右的聚乙二醇，聚乙二醇的种类不限于聚乙二醇 6000，常用的还有如聚乙二醇 4000 等。

第3章 权利边界的政策调整

等同原则，辅料则可以适用等同原则。❶

在大连仁达新型墙体建材厂诉大连新益建材有限公司侵犯专利权纠纷一案❷中，最高人民法院的判决隐含了"意图限定"规则的适用。法院在该案中认为："本案专利权利要求在叙述玻璃纤维布层数时，明确使用了'至少二层以上'这种界限非常清楚的限定词，说明书亦明确记载玻璃纤维布筒的叠套层'可以少到仅两层'，故在解释权利要求时，不应突破这一明确的限定条件"，因而权利人不能对只有"一层"玻璃纤维布（筒体）、没有玻璃纤维布（筒底）的技术方案主张权利。

在上述案件中，权项语言适用的是"至少两层以上"的措辞，从语义分析上而言，强烈地隐含着排除包含一层或零层玻璃纤维布的技术方案的含义。与此相对比，如果权项语言去掉"至少"二字，仅采用了"两层以上"的用语，是否还可以适用"意图限定"规则，至少从大连仁达案中并不能明确地得出这一推论，目前理论和实务界对此也并无一致的意见。

在前述的 Warner — Jenkinson 案中，美国联邦最高法院并没有对数值特征的等同采取绝对排除的态度。既然连修改之后的数值范围，美国法院都没有采取严格的"意图限定"排除等同原则的适用，由此可以合理推知，对于那些没有经过修改的数值及数值范围特征，美国法院也不会采取太极端的"意图限定"规则。

数值和数值范围的问题有其特殊性，其与其他类型的语言表达不同，其本身具有数学公式般的精确性，《审查指南》甚至要求数值和数值范围应尽量使用数学公式予以表述。❸ 笔者倾向于

---

❶ 从逻辑上说，还存在第五种观点：数值不可以适用等同原则，但数值范围可以适用等同原则。但显而易见，这种观点没有什么市场。

❷ 参见：最高人民法院（2005）民三提字第1号民事判决书。

❸ 《审查指南》第二部分第二章第3.3节规定："一般情况下，权利要求中包含有数值范围的，其数值范围尽量以数学方式表达……"

温和的"意图限定"适用政策,不过,未来的发展趋势有可能向限制数值和数值范围等同适用的方向发展,这与外观主义的呼声越来越强有很大的关系。"非均衡论"的思考起点也大大支持了强化申请人的撰写责任的观点。以美国为例,虽然美国联邦最高法院的做法更偏向亲专利权人的立场,不过日后等同原则在数值及数值范围特征方面的适用是较为罕见的。

3.3.5　等同原则适用宽度的体系效应与中国的政策选择

美国联邦最高法院在 *Graver Tank II* 案中,认为"等同原则的核心是谁都不能剽窃专利",[1] 而"赤裸裸的复制是愚蠢和非常罕见的侵权样式"。[2] 然而,60 多年过去了,等同原则在美国法院的适用频率却越来越低,难道发生在美国的专利侵权现象已经大大减少了吗？还是侵权人都"愚蠢"地采用了"赤裸裸的复制"方式？

美国法院越来越少地适用等同原则有着十分复杂的社会和制度原因。从社会原因上分析,美国的专利绝大多数通过有经验的专业人员撰写,经过多年的发展,美国专利界的整体平均水平水涨船高,专利权人可以通过精心设计权利要求,在说明书公开内容的基础上进行相当程度的概括,从而使得被控竞争技术难以在不付出创造性劳动的前提下即逃脱权利的字面范围。从制度原因上分析,美国专利法在规则上形成了一整套"亲权利人"的制度体系,使得专利权人可以在事后对撰写失误的权利要求进行修改和补救,这使得适用等同原则的必要性大大降低。在此试举两例以说明之。

第一个例子是,在授权阶段,美国专利法和专利商标局施行了较为宽松的修改政策。美国专利法第 132 条限制了专利申请人

---

[1] *Graver Tank & Mfg. Co. v. Linde Air Prods. Co.*, 339 U.S. 605, 608 (1950).

[2] *Graver Tank & Mfg. Co. v. Linde Air Prods. Co.*, 339 U.S. 605, 607 (1950).

第3章 权利边界的政策调整

在提交专利申请文本之后对说明书的修改，但没有严格地限制对权利要求的内容进行修改。在授权过程中，权利人对权利要求的修改只要满足专利法第112条第2款支持的要求就可以了，也就是说，权利人可以在授权过程中对权利要求进行"二次概括"。与之相比，我国《专利法》第33条规定，申请人"对发明和实用新型专利申请文件的修改不得超出原说明书和权利要求书记载的范围。"《审查指南》进一步将其规定为不得加入"所属技术领域的技术人员不能从原说明书和权利要求书中直接地、毫无疑义地确定的内容"。❶ 试举一虚拟的例子说明中、美二者的区别：假定说明书实施例中公开了某技术方案中所采用的一项成分是"钠"，而原权利要求要求保护一个宽泛的范围，将相关的特征概括为"金属"，在授权的过程中，为避免审查员检索到的新对比文件中公开的"铝"破坏"金属"的新颖性，申请人需要对原权利要求进行修改。此时，美国的申请人可以对说明书公开的内容重新进行概括，前提是符合第112条第2款的要求，例如可将"金属"修改为"钠或者钾……"，但中国的申请人只能修改为"钠"，因为说明书实施例仅公开了含有"钠"的实施例，"钾"等其他金属均无法从原说明书和权利要求书中"直接地、毫无疑义地确定"。❷ 这一区别与禁止反悔原则相结合，将对中、美的权利边界产生巨大的影响——因权利人在实质审查中将"金属"修改为"钠"，中国的权利人以后将无法对"钠"以外的其他任何金属主张权利，即使其本意只是为了避开在先的"铝"，也就是说，中国的权利人不仅要放弃"铝"，而且还不得不放弃其他的所有的"非铝""非钠"金属；而美国的权利人由于有权重新

---

❶ 《审查指南》第一部分第二章第8节。
❷ 虽然原权利要求限定了"金属"，而"钾"属于金属的下位概念，但是"直接地、毫无疑义地确定"指的是不能添加新的技术因素，能够"直接地、毫无疑义地确定"的技术内容只有采用"钠"的技术方案。

进行概括，因而其在实质审查程序中只需要放弃包含"铝"的技术方案即可，在同样的禁止反悔原则的作用下，无需放弃其他的"非铝"金属。由此可见，在目前我国所施行的修改限制和禁止反悔原则的共同作用下，专利制度对权利人过于苛刻，可行的改革方法是可以对二者之一进行调整。如果保留现行的修改限制制度，那么禁止反悔原则应当宽松一些，如此等同的适用情形自然较美国为广；反之，如果延续目前的禁止反悔原则，则应当允许申请人在授权阶段进行"二次概括"。

当然，实践操作中也有不少申请人在此种情况下充分"利用"分案申请制度，通过主动提出分案申请，一方面保留原申请日，另一方面对权利要求进行重新修改和完善，从而不受原说明书和权利要求记载内容的"限制"。不过，这一做法多少显得"名不正言不顺"，因为法律要求提出分案申请的前提条件是"一件专利申请包括两项以上发明、实用新型或外观设计"，[1] 对于那些本来就仅包含单一客体的发明和实用新型专利申请来说，提出分案申请无疑是申请人不得已而为之的打擦边球的做法。

对允许修改的宽严尺度把握无疑将影响到将来等同原则的适用与否。将前述虚构的例子稍作变化，假定原说明书实施例公开了"钠"，权利要求未作概括，限定的也是"钠"，在授权的过程中，申请人意识到权利要求的保护范围过窄，将来很容易被他人规避，其有两种选择，一是寻求将"钠"修改为"钠或者钾或者……"。二是无所作为，在将来侵权发生时主张"钾"等元素为"钠"的等同物。第一种做法对于申请人和公众无疑都具有很强的预见性，也有利于减轻日后侵权法院的工作量，但增加了专利局的工作量；第二种做法会使得权利边界处于一种模糊的状态，有利于减轻专利局的工作量，但很可能大大增加了公众的成

---

[1] 《专利法实施细则》第 42 条第 1 款、第 115 条第 1 款。

第 3 章　权利边界的政策调整

本，也增加了未来侵权法院的工作量。在目前的专利审查制度对修改方式进行严格限制的情况下，申请人无法作出上述第一种选择，如此一来，无疑提高了等同原则在中国的适用概率。

第二个例子是，美国专利法规定了再颁程序，如果专利权人粗心、意外或者失误导致某些撰写上的错误，而这些错误使得专利完全或者部分地失去作用，可以向专利局申请再颁。❶ 在该制度的作用下，美国等同原则所适用的必要性得以降低。作为同为扩张权利要求保护范围的制度，等同原则与再颁程序具有互补性。如果权利人选择了再颁程序，则可通过"重写"权利要求而弥补原初的撰写失误。"再颁程序"的存在在一定程度上解决了权利人日后不可修改权利要求的后顾之忧，申请人在撰写时更有胆量概括较宽的保护范围，因为他们知道，因撰写过宽面临的无效风险可以利用再颁制度显著地降低，宽范围的字面含义使得更多的侵权可以通过字面侵权解决，从而减少了适用等同原则的必要性。在此情况下，雷德法官发表了"等同原则的主要功能在于覆盖日后技术"，而不是弥补撰写失误的激进意见，也就容易理解了。

在中国的专利制度中，并不存在类似美国的再颁制度。权利人即使利用分案申请制度，也因分案申请提出时限的要求而无法在授权之后事实上取得过多的修改机会。❷ 在授权之后，对原专

---

❶ 35 U.S.C. § 64. 当然，该规则被作为例外强调，而不是一般原则，并且禁止以扩张后的保护范围为基础追溯侵权行为，即赋予再颁前的被控侵权人以"中用权"。

❷ 《审查指南》第一部分第一章第5.1.1节规定："申请人最迟应当在收到专利局对原申请作出授予专利权通知书之日起两个月期限（即办理登记手续的期限）届满之前提出分案申请。上述期限届满后，或者原申请已被驳回，或者原申请已撤回，或者原申请被视为撤回且未被恢复权利的，一般不得再提出分案申请。""对于审查员已发出驳回决定的原申请，自申请人收到驳回决定之日起三个月内，不论申请人是否提出复审请求，均可以提出分案申请；在提出复审请求以后以及对复审决定不服提起行政诉讼期间，申请人也可以提出分案申请。""对于已提出过分案申请，申请人需要针对该分案申请再次提出分案申请的，再次提出的分案申请的递交时间仍应当根据原申请核。再次分案的递交日不符合上述规定的，不得分案。"

专利权的边界——权利要求的文义解释与保护范围的政策调整

利权利要求修改的限制是极其严格的。专利申请一旦授权，只有在提起无效宣告请求审查申请之后启动的无效宣告请求审查程序中，权利人才能获得极为有限的修改权，其核心只是技术方案的删除。❶ 这一规定过于严苛的一个典型例子是明显笔误的修正。《审查指南》规定了在无效程序中明显笔误可以被"解释"为正确的记载，却不允许专利权人在无效程序中修改该明显笔误，仍然放任该笔误堂而皇之地出现在对外公示的专利文件中，这充分体现了授权后修改制度的过度严厉性。❷ 此外我国因没有再颁程序，权利人在撰写权利要求时有一定的顾虑，如果概括范围过大，无效的风险增加，专利权一旦被宣告无效，权利人将变得一无所有，❸ 因而中国权利人对字面保护范围的概括相对美国而言趋向于保守。

---

❶ 《审查指南》第四部分第三章第4.6.2节规定："……修改权利要求书的具体方式一般限于权利要求的删除、合并和技术方案的删除。""权利要求的删除是指从权利要求书中去掉某项或者某些项权利要求，例如独立权利要求或者从属权利要求。""权利要求的合并是指两项或者两项以上相互无从属关系但在授权公告文本中从属于同一独立权利要求的权利要求的合并。在此情况下，所合并的从属权利要求的技术特征组合在一起形成新的权利要求。该新的权利要求应当包含被合并的从属权利要求中的全部技术特征。在独立权利要求未作修改的情况下，不允许对其从属权利要求进行合并式修改。""技术方案的删除是指从同一权利要求中并列的两种以上技术方案中删除一种或者一种以上技术方案。"

❷ 与之相比，美国专利法第254条、第255条规定了"更正证书"制度，允许对授权专利进行更正（Correction）。

❸ 这一顾虑因从属权利要求的存在而得以减轻，申请人可以通过撰写多项从属权利要求，选择"步步为营""步步退守"的策略，一旦保护范围大的权利要求被宣告无效，保护范围小的从属权利要求也可能得以幸免。但是，从属权利要求制度只能减轻、无法完全消除上述顾虑。因为不同层次的权利要求之间在保护范围大小的选择方面是跳跃性、缺少中间过渡的，如果被控技术方案恰好位于应当获得保护的范围之内、但又处于维持有效的权利要求保护范围之外，则以从属权利要求主张字面侵权无法控制该被控方案，只能主张等同侵权。由于再颁程序允许权利人重新撰写位于原两项权利要求之间的新的保护范围的"中间权利要求"，故其在再颁之后，只需主张字面侵权即可。

由此可见，授权制度的体系效应深刻地影响着等同原则适用的宽度、范围和频率。对于中国需要什么样的等同原则这一问题的回答，也应当从社会环境和制度环境两个方面进行综合考量。

从社会发展状况层面而言，我国的自主创新能力较低，虽然本国申请人的专利权比外国申请人的专利权具有数量上的优势，但质量上存在较大劣势，众多具有重大价值的开拓性、基础性的专利权仍掌握在国外权利人的手中。与世界科技领先国——美国、日本、欧洲相比还有相当差距，与韩国、我国台湾地区、香港地区相比也不具有优势，从整体而言，我国仍然是技术净进口国、后发国、使用国。在追赶的过程中，我国整体上需要较为宽松的后发创新环境。在此情况下，过宽的等同原则将强化领先者优势，不利于我国整体自主创新的发展。

从制度现状层面而言，在没有替代性制度的情况下，等同原则成为我国唯一的对权利人的撰写失误实行补救的制度，其适用面自然要比美国广，授权制度的这一体系效应使得中国等同原则的适用尺度可能比美国宽松一些。虽然美国在近年来减少了等同原则的适用，但对于中国而言是否应当追随这一政策，不能不考虑到中、美相关专利制度的差异性。

总之，体系效应是非常复杂的，我们应当避免"片面思维"和"单线思维"方式，既不能仅看表面，无视制度上的差异，简单地认为等同原则在美国已经没有市场，我国也不应当过多地适用等同原则，而忽略了二者等同的起点——字面保护范围的宽窄差异，也不能一味地夸大等同原则的作用，而忽视其在激励创新方面的双刃剑效果。

3.4 保护范围的限缩

3.4.1 开放式与封闭式权利要求之争

全部技术特征的一项引申义是，如果被控侵权技术方案覆盖

专利权的边界——权利要求的文义解释与保护范围的政策调整

了权利要求的全部技术特征,即便其增加了一项或一项以上的技术特征,也仍然落入权利的保护范围。例如,如果专利权利要求包括A+B+C三项技术特征,如果被控侵权技术方案为A+B+C+D,那么该技术方案落入专利权的保护范围。2009年司法解释第7条第2款对此予以了明确规定。❶ 有一种观点认为,这一规则的适用前提是专利权利要求属于开放式权利要求,这种观点值得商榷。封闭式权利要求的侵权判定仍然是遵循全面覆盖原则的,因为如果专利权利要求记载了A、B、C三项特征,且采取了封闭式的撰写方式,则实际上该权利要求隐含了第四项技术特征D',该特征的含义为所要求保护的技术方案排除除A、B、C以外的其他特征,如此,则A+B+C+D的被控侵权技术方案并不落入A+B+C+D'的专利技术方案的范围。

开放式权利要求和封闭式权利要求是权利要求的一种重要分类。开放式权利要求是指请求保护的客体并不排除包含权利要求中未记载的技术特征的权利要求,封闭式权利要求是指请求保护的客体除了包含权利要求中记载的技术特征以外,不包括其他特征的权利要求。此外,在开放式权利要求和封闭式权利要求之间,还存在第三种类型的权利要求——排除式权利要求。排除式权利要求是指请求保护的客体并不包括特定的被明确排除在外的技术特征,但并不排除包含权利要求中未记载的其他技术特征的

---

❶ 《最高人民法院关于审理侵犯专利权纠纷案件应用法律若干问题的解释》第7条第2款:"被诉侵权技术方案包含与权利要求记载的全部技术特征相同或者等同的技术特征的,人民法院应当认定其落入专利权的保护范围;被诉侵权技术方案的技术特征与权利要求记载的全部技术特征相比,缺少权利要求记载的一个以上的技术特征,或者有一个以上技术特征不相同也不等同的,人民法院应当认定其没有落入专利权的保护范围。"在美国也有对应的制度。"It is fundamental that one cannot avoid infringement merely by adding elements if each element recited in the claims is found in the accused device." *See A. B. Dick Co. v. Burroughs Corp.*, 713 F. 2d 700, 703 (Fed. Cir. 1983).

权利要求。如四川天一案中的涉案专利权利要求，❶ 其要求保护的生产工艺排除（省略）了甲醇回收塔这一技术特征，但并不排除其他未记载在权利要求中的技术特征。省略发明常常需要通过封闭式或者排除式的方式撰写权利要求。❷ 不过，排除式的撰写方式比封闭式的撰写方式对权利人更为有利，因为排除式的撰写方式排除的只是运用被省略的技术特征的技术方案，而未排除包括其他未记载在权利要求中的技术特征的技术方案，但封闭式的撰写方式，不仅排除了包含被省略的技术特征的技术方案，而且排除了包含一切未写入权利要求中的技术特征的技术方案，其保护范围比排除式的撰写方式更窄。

在保护范围的宽窄方面，开放式权利要求与封闭式权利要求差距甚远。开放式权利要求圈定的保护范围宽，但获得授权的难度大，封闭式权利要求圈定的保护范围窄，但获得授权的难度相对降低。例如，权利要求记载了 A＋B 两项技术特征，如果是开放式权利要求，那么现有技术公开了含有 A＋B＋C 技术特征的技术方案，则足以破坏该权利要求的新颖性，与此同时，含有 A＋B＋C 技术特征的被控侵权技术方案也落入该权利要求的保护范围；如果是封闭式权利要求，那么含有 A＋B＋C 技术特征的现有技术方案不足以破坏该权利要求的新颖性，同理，含有 A＋B＋C 技术特征的被控侵权技术方案也不落入该权利要求的保护范围。

《审查指南 2001》仅在第二部分第十章名为"关于化学领域发明专利申请审查的若干规定"的第 3.2.1 节规定了开放式、封闭式及半开放式三种表达方式。2006 年版《审查指南》第二部分第十章"关于化学领域发明专利申请审查的若干规定"删除了

---

❶ 该案的具体案情详见第 2 章第 2.5.5 节。
❷ 省略发明是在现有技术的基础上，省略一项以上技术特征的发明创造。

专利权的边界——权利要求的文义解释与保护范围的政策调整

半开放式权利要求的概念,并将原来的半开放式权利要求的几种表达方式归入开放式权利要求中,同时在权利要求的通用章节即第二部分第二章第3.3节"权利要求的撰写规定"中对所有技术领域的开放式、封闭式的撰写方式进行了一般性的规定:"通常,开放式的权利要求宜采用'包含''包括''主要由……组成'的表达方式,其解释为还可以含有该权利要求中没有述及的结构组成部分或方法步骤。封闭式的权利要求宜采用'由……组成'的表达方式,其一般解释为不含有该权利要求所述以外的结构组成部分或方法步骤。"❶ 由该规定的内容可知,《审查指南》对开放式、封闭式权利要求的划分采取了"形式主义"的做法,即以权利要求的有关措辞、表述作为区分的标准。❷ 这一规则使得个别字词的选用不当可能招致保护范围的巨大差异,从而决定了专利权的"生死"。

　　从理论上说,区分开放式和封闭式权利要求的意义主要存在于化学领域中。这是因为,化学物质尤其是组合物,在其中添加或者减少一个组分,增加或者删减一项生产工艺步骤,皆有可能导致组合物的物理、化学属性产生重大的变化,使得新组合物与原组合物之间产生质变,且这种变化可能是通过普通技术人员的事先推理或者经验所无法预期的。通俗地说,技术特征的增、减可能产生"一加一未必等于二""二减一未必等于一"的现象。在授权过程中,如果发明创造披露的内容有限,且所属领域的普通技术人员也难以预见到添加其他成分的技术方案同样能够解决发明创造所要解决的技术问题,则不允许通过开放式的撰写方式获得与发明创新高度不相适应的广阔的保护范围,与此相适应,

---

　　❶ 2010年版《专利审查指南》保留了2006年版《审查指南》的相关规定。
　　❷ 另一种做法是"实质主义"的标准,即以发明人意图或者说明书公开的内容为依据判断权利要求的类型。不过,从未来发展方向来看,封闭式与开放式的区别可能将越来越靠近"形式主义",即以权利要求的用语、措辞来界定。

在侵权纠纷中，权利人也不得对申请日未知的添加其他成分的化学组合物主张权利。但是在其他技术领域，[1]增加或者减少技术特征所引起的变化后果往往是本领域技术人员能够预料的，也就是说，增加一项技术特征，往往也伴随着该技术特征所伴生的可预见的技术效果的添加，减少一项技术特征，往往也伴随着该技术特征所带来的可预见的技术效果的消失。如果被控侵权技术方案完整地包含了专利技术方案的全部技术特征，则完整地实施或者借鉴了专利发明创造，被控侵权技术方案在此基础上添加新的技术特征，随之也只增加了该特征本身所具备的技术效果，因增加或者减少技术特征导致技术方案产生预料不到的质变的情况是异常罕见的。有鉴于此，开放式、封闭式权利要求的区分意义主要存在于化学领域中，在其他技术领域中，权利要求一般均为或者均允许撰写为开放式权利要求，除了少数排除式权利要求以外，封闭式权利要求的客观需求较不明显。

因此，2001年版《审查指南》认为开放式、封闭式权利要求的区分仅存在于化学领域中的观点拥有不少支持者，而2006年版之后的《审查指南》在一般规定中增加了开放式权利要求、封闭式权利要求的区分，但没有对除化学领域之外的技术领域中以开放式、封闭式撰写方式撰写的权利要求的保护范围、授权条件予以进一步明确，由此引发了是否应当在各个技术领域全面适用开放式和封闭式权利要求、各自适用不同规则确定保护范围的争议。

笔者认为，是否在所有技术领域适用封闭式、开放式权利要求之争，实际上是一个解释选择问题，只要规则明确，在明确的预期指引之下，各方的权利义务关系便不会产生失衡。在法律明确规定了有关行为后果的情况下，专利申请人自然会斟酌撰写的

---

[1] 典型的如机械领域。

用语，有意识地对封闭式和开放式的术语予以区分和选择采用。例如，如果规则明确为在任何领域中，均有开放式、封闭式权利要求的区分适用，那么在此规则预期之下，申请人知晓"包含"与"由……组成"的措辞分别对应着开放式、封闭式的撰写方式，进而在保护范围的划定上产生悬殊的差异，那么其在撰写时自然会选择对其最为有利的撰写方式。如果申请人因为经验的欠缺，在本可以采用开放式表达的情形下使用了封闭式的撰写方式，从而导致了保护范围的自我限缩，那么也只能由其自行承担不利的后果。不过，需要注意的是，在规则调整的过程中，应当遵循"法不溯及既往"的原则。如果在以往的做法中，未在除化学领域的其他技术领域中区分封闭式和开放式的撰写方式，那么基于当时的规则预期而申请并获得授权的专利权，在未来制度发生变动之后，也应当适用申请日时的规则确定其权利的边界。

　　此外，权利要求中适用有关的措辞只具有推定的效力，如果有明确的相反证据，应允许推翻这一推定。这是语义模糊的一种体现。从语言文字的本来含义而言，"包含"、"由……组成"未必具有很强的开放性或者封闭性的含义，其作为开放式表达或者封闭式表达的属性，与其说是该语言文字的"天性"，毋宁说是法律的一种拟制，这一拟制的法律效力自然不应是绝对的。例如，某装置类权利要求，其独立权利要求表述为"1. 一种……装置，由A、B、C组成……"，其从属权利要求2进一步限定"如权利要求1所述的装置，还包括D"。很显然，在这种情况下，权利要求1即使使用了"由……组成"的措辞，也应当被理解为开放式权利要求，因为根据权利要求的区别解释原则，权利要求1的保护范围应当涵盖权利要求2，权利要求2具有D这一特征的事实本身，可以推定权利要求1并非是封闭式的。除了其他权利要求以外，说明书、审查档案等也是重要的证据，因为它们同样为有关措辞的解释提供了语境。

3.4.2 在先创新与在后创新保护范围的复杂变动关系

避免压缩后续创新,是否意味着改进型的专利可以从在先专利权的保护范围中独立出来另辟天地?对此问题并非全无争议。根据不同国家所持立场的不同、政策目标的差异,得出的结论可能有所不同。

以其与在先专利权的保护范围的相互关系为标准,后续创新或者在后创新可分为两类。第一类是从属型创新,或者选择性创新,其特点是在后创新的保护范围落入在先权利的逻辑范围之内;第二类是特征替换型创新,是指将在先权利的部分或者全部特征进行改进而作出的创新。在后创新是否具备可专利性的条件、是否实际上申请和取得了专利授权,对前、后创新的保护将产生重大的影响。

3.4.2.1 从属型创新

从属技术方案是指在基础技术方案全部技术特征的基础上,增加了新的技术特征的技术方案。如果从属技术方案能够满足专利法所规定的新颖性、创造性、实用性等授权条件并获得授权,那么以从属技术方案为保护客体的专利权便成为从属专利权。由于从属专利完整包含了基础专利的全部技术特征,按照全面覆盖原则,无论其增添的技术特征如何使得该技术方案整体上取得了脱胎换骨的飞跃,也仍然落入基础专利的保护范围。❶ 从逻辑上说,从属专利限定的保护范围全部落入了基础专利保护范围的外延之内,从实质上说,从属专利完整利用了基础专利的技术方案,是在充分利用了前人的贡献的基础上所得到的创新,故实施从属专利的行为受到基础专利权人排他权的控制。

与纯粹的逻辑分析不同的是,从属专利在其保护范围内同样

---

❶ 当然,前提是基础专利系以开放式撰写方式撰写的专利,本节以下的分析均建立在此前提假设之上。

专利权的边界——权利要求的文义解释与保护范围的政策调整

产生对基础专利权的排斥作用，阻止基础专利权人在该范围内实施基础专利技术方案，如此一来，在在先专利权的保护范围中开辟了一块特殊的领域，在该领域范围内，基础专利权人和从属专利权人在没有取得对方许可的前提下都不得实施，[1] 第三人如需实施该技术方案，则须同时取得基础专利权人和从属专利权人的许可。例如，基础专利权人 A 的专利技术方案包含特征 a，而从属专利权人 B 的从属专利技术方案包含特征 a 与 b，由于从属专利技术方案完整地包含了基础专利的全部特征 a，则其受到在先专利权的控制；而在先专利权人未经许可也不得实施从属专利的技术方案，因为在后专利权人对包含 a、b 特征的技术方案享有排他权。因而，为了实施改进后包含 a、b 特征的技术方案，无论是 A 还是 B 都需要取得对方的许可。专利权从本质上说是排他权，而非专用权，并不因为该领域处于基础专利权和从属专利权的边界范围之内，基础专利权人或者从属专利权人即可自由实施。

如果从属技术方案在诞生之日起即能够满足专利法所规定的新颖性、创造性、实用性等授权条件，但是从属创新者 B 没有及时申请专利权，则可能因为以下原因在未来丧失申请并取得专利授权的机会。一是他人抢先申请专利，二是因技术方案的公开而无法再满足新颖性的条件，[2] 三是由于技术的进步提高了创造性要求的门槛。在后两种情形下，包含 a、b 特征的从属技术方案自其向公众公开，[3] 或者因技术发展而丧失了授权前景之后，进入了在先创新者 A 所享有的权利的保护范围。此时，B 未经 A

---

[1] CHRISTOPHER A. COTROPIA, "After—Arising" Technologies and Tailoring Patent Scope, 61 N.Y.U. Ann. Surv. Am. L., 2005, 151, 184.

[2] 无论是在后创新者自身的公开，还是第三人在在后创新完成一段时间之后的公开，后一种情形多见于在后创新者以商业秘密的方式保护其在后创新的情况。

[3] 同时也丧失了通过优先权制度挽救的情形。

第3章 权利边界的政策调整

许可不得实施包含 a 以及包含 a、b 的技术方案,但 A 既可以实施包含 a,也可以实施包含 a、b 的技术方案。❶

如果从属技术方案在诞生之日起即不能满足专利法所规定的新颖性、创造性、实用性等授权条件,则问题变得简单起来,即 A 有权控制包含 a、b 的技术方案。

综上,我们可以进一步进行以下推论:从属型创新有且只有在实际获得专利的情况下,才能从在先权利的保护范围中"活生生"开辟出一个独立的排他权领域,也只有在这种情况下,在先权利的保护范围才可能受到"挤压",❷ 在其权利的逻辑边界内让渡部分领地供在后权利人"共享"。

这一结论对各创新参与方将产生重要的影响,对后续创新的权利化产生了持续的激励作用。首先,对于在后创新者而言,是否申请专利是其能否获得排他权的关键,直接决定着其究竟是屈居人下需要征求他人许可,还是能够获得重要的谈判筹码抬高谈判地位。其次,对于在先创新者而言,完成发明创造并非高枕无忧,后续创新同样能够产生巨大的价值,赶在他人之前完成并获得从属型权利不仅能够改进技术、进一步巩固对该项技术的垄断地位,并且可以在某种意义上延长权利的保护期限。最后,无论是在先还是在后创新者,在作出从属型发明创造之后,都有尽早提交专利申请的压力,这不仅是为了在研发的竞争中抢占先机(对 A 与 B 而言),而且是为了确保获得授权的需要(对 B 而

---

❶ 如果包含 a、b 的技术方案始终未公开,那么从理论上说,B 不得实施包含 a、b 的技术方案,但在实践中,B 很可能在难以进行反向工程的领域实施该方案而不被 A 发觉,而 A 以及其他公众因不知晓包含 a、b 特征的技术方案而无法实施该方案。

❷ 使用"挤压"一词是就权利的逻辑范围而言的,从理论上说,一切未知但包含 a 的技术方案都落入在先权利的保护范围,但就实际情况而言,在先权利人在任何人研发出包含 a、b 的技术方案之前,既无从自己实施该技术方案,也无法向他人主张权利,从此种意义上说,在后创新"拓展"了在先权利的实际保护范围。

言),因为随着技术的发展,创造性评价的标准也随之水涨船高,发明作出之时具有显著进步的技术方案,也许在若干年后看起来显得稀松平常。由此,专利制度提供了完美的竞争机制,这种机制不仅激励任何潜在创新者(包括在先权利人和后续创新者)进行从属型技术的开发,而且激励发明者尽快通过申请专利的方式寻求保护,从而鼓励新技术的及早公开。这也是美国科技巨头苹果公司制定"为一切东西申请专利"的企业战略背后的重要原因。

3.4.2.2 特征替换型创新

如前所述,特征替换型创新是将在先技术的至少部分特征进行改进的创新。与从属型专利的讨论相类似,对此也可分三种情况进行讨论。为讨论的方便,我们仍然将在先权利人、在后创新者分别设定为 A、B,而在先技术方案和在后技术方案的特征分别为 a、b 和 a、c(即 c 特征取代了 b 特征的改进)。

如果特征替换之后的技术方案能够满足专利法所规定的新颖性、创造性、实用性等授权条件并获得授权,那么以特征替换型技术方案为保护客体的专利权便成为特征替换型专利。由于在后技术方案至少有一项特征 c 与在先技术方案 b 不同,则在后技术方案并不落入在先权利的字面范围。在后技术方案能够获得授权的事实也表明其已通过了创造性测试,故在后技术方案并不属于与在先技术方案构成等同的技术方案,也不落入等同的范围。由此,在后技术方案构成了一项竞争性的替代技术而不侵权。❶

如果特征替换之后的技术方案能够满足专利法所规定的授权条件,但在后创新者 B 没有及时申请专利权,可能因为技术方案

---

❶ 是否存在各个特征都等同,但整体具有创造性的情况?应当是有可能的,有必要认为等同的成就需要满足技术特征的逐一等同和技术方案的整体等同。仅有技术特征的逐一等同、技术方案的整体等同之一情形的,都不足以构成等同。参见本章第 3.3.3.4 节。

的公开而客观上不再具有获得专利权的可能性，或者由于技术的进步提高了创造性判断的门槛，则包含 a、c 特征的技术方案自丧失了授权前景之后，❶ 可能落入在先技术方案的等同范围。

如果特征替换之后的技术方案不能够满足专利法所规定的授权条件，并且理由是包含 a、c 的技术方案相对于包含 a、b 的技术方案不具备创造性，那么特征替换型的技术方案因未能在现有技术方案的基础上实现创造性的飞跃而有可能落入在先技术方案的等同范围。❷

与从属型专利权的讨论结论相似，以上的制度安排也使得要素替换型创新在实际获得专利的情况下，才能保持"非等同恒定"，因为随着科学技术的发展，在先技术方案的等同范围因为等同判定要件的变量发生变化而不断膨胀。❸

这一结论同样对各创新参与方从事后续创新和成果的权利化产生了持续的激励作用。首先，对于在后创新者而言，是否申请专利是能否取得一项排他性权利、并且将不侵权的"非等同恒定"结论固定下来的关键。其次，对于在先创新者而言，后续创新能够开辟替代技术，有时取得了新的专利权（在能够授权的情形），有时自我拓宽在先专利等同的范围（在无法获得授权且满足其他等同要件的情形）。最后，无论是在先、还是在后创新者，

---

❶ 同时也丧失了通过优先权制度挽救的情形。

❷ 之所以在前述第二、三种情况下最终强调的只是等同的"可能"性，是因为创造性判断并非等同判定的充分条件。例如，b、c 两项特征相比在功能、效果方面具有显著差异，即使后者相较于前者不具备非显而易见性，两者也不构成等同。

❸ 等同范围是随着新技术的发展而不断变化（主要是扩张）的。See MARTIN J. ADELMAN & GARY L. FRANCIONE, *The Doctrine of Equivalents in Patent Law: Questions that Pennwalt Did Not Answer*, 137 U. Penn. L. Rev., 1989, 673, 682—683. 在等同判断的要件中，"基本相同的手段"和"无需经过创造性劳动而联想到"是一对变量，而"基本相同的功能""基本相同的效果"是一对恒量，当某对技术手段的替换"习惯成自然"之后，最初的不等同也会变成日后的等同。不构成等同的确定以恒量的固定而确定，构成等同的不确定以变量的变化而变动。

在作出替代性发明创造之后,都有尽早提交专利申请的压力,这不仅是为了在研发的竞争中抢占先机(对 A 与 B 而言),而且是为了确保获得授权的需要(对 B 而言)。由此,专利制度提供的竞争机制也同样能够激励任何潜在创新者(包括在先权利人和后续创新者)进行替代性技术的开发,激励发明者尽快通过申请专利的方式寻求保护,从而鼓励新技术的及早公开,也激励后续创新者尽可能地研发出超越微小变化的可授权的新技术。

3.4.3 专利权有效原则

专利权有效原则(Doctrine of Construe Claims for Sustaining the Validity)是美国法院在判例中提出的一项原则,是指在对权利要求的字面解释的结果导致其有效性存在质疑的情况下,以使得该权利要求有效为目的,对权利要求的保护范围进行限缩性解释。该原则在功能上类似于我国的澄清性解释。英国的"目的解释"论认为,权利要求解释的重要任务之一是维持专利有效性。通过限缩性解释可以绕开现有技术,并且将保护范围限定在说明书和附图所能够支持的范围内,这一看法与美国的专利权有效原则十分接近。

美国联邦巡回上诉法院在 *Phillips II* 案中讨论了"权利要求解释的有效性原则"的适用条件。❶ 在该案中,被告 AWH 辩称,"缓冲隔板"一词应当作限制性解释,否则所主张的权利要求 1 就会无效。法庭否定了这一主张,认为"权利要求解释的有效性原则"的适用是有条件限制的,也即应当限制在"'应用了所有可能的工具对权利要求进行解释后法院依然认为权利要求是模糊的'的案件中"。并且,该原则的适用还取决于下列推理在具体个案中是否合理:"专利商标局不会授予一项无效专利,所

---

❶ *Phillips v. AHW Corp.*, 415 F. 3d 1303, 1327—1328 (Fed. Cir. 2005) (en banc).

第3章 权利边界的政策调整

以权利要求语言中的模糊性应该采用一种能够保持专利效力的方式解决",而在本案中,诉争的权利要求并不模糊。

由此可见,美国联邦巡回上诉法院在 *Phillips II* 案中对"权利要求解释的有效性原则"的适用立场是十分谨慎的。该观点事实上否定了在足够清晰以及过于模糊的两种极端情形下适用该原则的可能性。因为只有在语义"有限模糊"的场景中,才有限缩性解释权利要求的弹性空间,也才有可能作出专利商标局授权有效的推理。此时,专利商标局对有关术语的语义域理解具有一定宽度的、合理范围的自由裁量空间,公众可以合理推断,正是专利商标局在有限范围含义的基础上肯定了有关专利的可授权性,因此侵权法院也应当与之保持一致。在过于模糊的情形下,专利商标局授予专利权这一事实本身并不意味着可专利性的不容置疑性,因为漏网之鱼并非个别现象,在有限的资源下,审查员未必能够对所有的内容和要求都进行充分的衡量。按照这一逻辑,我们可以进一步推知,在 *Phillips II* 案中,如果被告主张权利要求1应当无效的话,应当单独提出无效请求,这一请求具有相对独立性,并不能被限缩性解释的方法所取代。

美国的专利权有效原则与其法院在侵权诉讼中一并解决权利的效力问题的制度是直接相关的。在中国,由于侵权法院无权审理专利权的效力问题,因而中国式的权利有效原则体现的完全是另外一种思维。"专利权利要求书记载的技术内容与说明书中的描述或者体现不相同或者不完全相同的,应当以权利要求书记载的内容为准。"❶ 只有在将来废除"绝对分离主义"制度之后,类似于美国的专利权有效原则才有可能在中国保有一席之地。

---

❶ 2003年公布的《最高人民法院关于处理专利侵权纠纷案件有关问题解决方案草稿》(征求意见稿)第17条第5款。

3.4.4 逆向等同原则

逆向等同原则，也称为反向等同原则（Reverse Doctrine of Equivalents），是指划定专利权的边界时对权利要求的字面范围进行限缩，将保护范围限制在说明书具体实施方式及其等同物的范围之内的原则。等同原则与逆向等同原则都需要对特征是否构成等同进行判断，但判断的基点不同，前者以权利要求的字面范围作为出发点，而后者以说明书的实施方式为起点。与等同原则系对权利要求字面范围的扩张相反，反向等同原则是对字面范围的限缩。被控技术方案即使落入权利要求的字面范围之内，但如果被控技术方案的特征与专利说明书具体实施方式的相应特征相比，并不满足以实质相同的手段、实现实质相同的功能、达到实质相同的效果，也不认为构成侵权。❶ 联邦法院认为既然法院有权扩张权利的保护范围，也同样有权进行限缩。逆向等同的典型例子是美国专利法第112条第6款有关功能性权利要求的规定。在美国，对功能性特征进行解释的第112条第6款在理论上一般被认为是逆向等同原则的一个组成部分，只不过除了第112条第6款以外，美国法院很少在其他的情形下适用逆向等同原则限缩权利要求的字面含义。

在我国，美国逆向等同原则所要解决的问题，大多通过无效制度、现有技术抗辩制度解决，虽然在功能性特征方面引入和借鉴了逆向等同的思想，但在其他方面，似乎适用逆向等同原则的必要性并不十分突出。

3.4.5 理性人的选择——功能性特征的采用及其限制

功能性特征，是相对于结构特征和步骤特征而言的概念，是指不以具体的部件结构、连接关系或者方法步骤而仅以部件、方

---

❶ "逆向等同只有在判定字面侵权时才有适用的余地"，See SRI Int'l v. Matsushita Elec. Corp., 775 F. 2d 1107, 1118 (Fed. Cir. 1985) (en banc).

第3章 权利边界的政策调整

法或者它们之间的组合所实现的功能、起到的作用或者达到的技术效果表述的技术特征。

本书所讨论的功能性限定,指的是纯粹的功能性限定。如果权利要求中的某一部件既包括结构特征,也包括功能性特征,由于同时叠加了结构和功能的限定,因而相比较于单一采用结构限定或者功能性限定的特征撰写方式而言,其保护范围更窄或者相当。❶ 因此,只有保护范围比结构限定大得多的纯粹的功能性限定才是我们关注的焦点。

3.4.5.1 美国功能性特征制度的由来

美国联邦最高法院在20世纪50年代之前对在权利要求中使用功能性限定特征采取限制态度,尤其禁止对一项发明的核心部分采用功能性限定。在 *Halliburton* 一案中,联邦最高法院认为"权利要求在表述一项新的组合发明的最为核心的组成部分时,应当采用表明如何实现的措辞,而不是采用表明其物理特性的措辞。我们认为,采用后一种表述方式的权利要求不符合专利法的规定,因而是无效的。"❷ 但是,该做法遭到了美国专利律师界的强烈反对,他们认为这一做法对专利权人极为不利,限制了权利人的自由。美国国会在1952年重新制定专利法时采取了亲专利权的立场,否定了美国联邦最高法院的意见,增加了第112条第6款的著名条款。该条款规定:"对于组合式的权利要求来说,其特征可以撰写为'用于实现某种特定功能的机构或者步骤',而不必写出实现其功能的具体结构、材料或者动作。采用这种方式撰写的权利要求应当被理解为涵盖了说明书中记载的相应结

---

❶ 较窄的情况可参见本章第3.4.5.4节普鲁玛一案。相当的情况如"一种耐腐蚀的钛合金",与"一种钛合金"相比,由于耐腐蚀是钛合金本身的属性,因此在权利要求中除了合金成分之外进一步限定"耐腐蚀"的用途对于权利要求的保护范围一般不起影响。

❷ *Halliburton Oil Well Cementing Co. v. Walker*, 329 U.S. 1, 9 (1946).

构、材料或者动作及其等同手段"。一般认为,该条款所规范的权利要求被称为功能性权利要求（Means − Plus − Function Claims）。

此后,在美国的实践中,对于功能性特征应当如何进行解释产生了一定的混乱。

美国专利商标局一直认为第112条第6款的解释规则只针对侵权诉讼案件,美国专利商标局在是否应当授权的案件中不适用该规定,理由是"等同手段"是专利侵权判定中的概念,该概念的采用足以表明该规则的适用对象仅限于侵权判定。按照美国专利商标局的做法,功能性特征被解释为包括所有能够实现该功能的技术手段,只要某一现有技术能够实现相同的功能,即使它的实现手段与受审查的专利申请披露的具体方式不同,该专利申请也被认为已被在先技术披露从而丧失新颖性。美国专利商标局的上述立场得到了当时的司法审查机关——美国联邦巡回上诉法院的前身——美国海关与专利上诉法院的认同。❶

然而,随后成立的美国联邦巡回上诉法院对此持有不同意见,其认为第112条第6款不仅适用于侵权判定,而且适用于权利有效性的审查。由此形成了美国联邦巡回上诉法院与美国专利商标局长期的"对峙"。

1991年12月19日,美国专利商标局申诉委员会公布了对 *Ex Parte Isaksen* 一案的决定,全面阐述了美国专利商标局的立场,认为美国联邦巡回上诉法院采取的方式是错误的。

1994年2月14日,美国联邦巡回上诉法院则在 *In re Donaldson* 一案以满席审的方式作出判决,针锋相对地抨击了美国专利商标局的做法,并要求美国专利商标局应当采取与其一致的做法。法院认为,美国国会制定专利法第112条第6款的过程

---

❶ 尹新天. 中国专利法详解 [M]. 北京:知识产权出版社,2010:591.

中，并没有明示或者暗示对功能性特征在不同的程序中采取不同的解释方式。

由于美国是判例法国家，作为美国专利商标局的司法审查机关，美国联邦巡回上诉法院所采取的强硬立场对于美国专利商标局具有很强的拘束力和影响力，因此该判决作出之后，美国专利商标局对其立场进行了修正。1994年4月20日，美国专利商标局发布了"有关权利要求的审查指南"的公告，该公告对功能性特征的权利要求的审查标准和审查步骤作了新的规定，与联邦巡回上诉法院的立场保持一致。

探究"功能性限定"在美国兴起的原因，"管制捕获理论"具有较强的解释力。管制捕获理论认为，具有以下三个特点的群体将"捕获"和控制对经济利益进行分配的计划：具有重要的利益；集体性政治活动容易安排和协调；受影响的相对各方高度分散、很难组织起来。❶ 在专利制度中，法律的复杂性、权利人和代理人可从中获得的巨大利益性、权利人和代理人的协调性、公众的分散性使得功能性限定得以在国会立法的层面获得迅速通过。保护范围过于宽泛的撰写方式对产品的最终消费者和使用者来说过于遥远，他们既不理解，也几乎不可能察觉到专利制度的变化给他们带来的成本增加。这是整个专利制度共同的问题——利益传导链条太长，最终的受影响者无法像税收、社会保险、医疗政策的变化那样敏感并迅速作出反应。很显然，像"功能性限定"的撰写方式是否应当存废这样专业和位于传导链条上游的问题，足够少的专利律师们能够理解并组织起来，通过游说国会从而"捕获"对他们有利的公共政策。而潜在的、尚未进入市场或者规模尚小的后续创新企业和普罗大众很难理解、认识到这一改

---

❶ 亚当·杰夫，乔希·勒纳. 创新及其不满：专利体系对创新与进步的危害及对策 [M]. 罗建平，兰花，译. 北京：中国人民大学出版社，2007：147.

变对其有具有何种重大影响,分散的他们也很难组织成有力的反对力量。

美国的制度不总是先进的,"它的很多特点在世界上其他地方已经遭到了摒弃之后仍然保留了很长时间","甚至当系统已经显现出根本性的缺陷时,美国专利法典的改革仍非常难以实现。"❶ 美国的专利制度和政策动向的确影响着许多国家,但我们不能盲目地不加分析地认为"人家的总是好的"。实际上,在"管制捕获"现象之下,诸如"功能性特征"的制度只是迎合一小部分行业从业者利益的产物,其归根结底并非为整个创新体系服务的。

3.4.5.2 功能性限定有必要存在吗?

美国专利法于1952年增加了关于功能性限定的第112条第6款之后,功能性限定的存废之争似乎已经尘埃落定,理论和实务界也极少对功能性限定的价值和意义提出质疑。然而,美国功能性特征的解释方法从某种意义上来说又回到了以说明书界定保护范围的年代。正如美国联邦最高法院在 Halliburton 案中所指出的那样,功能性语言"宽泛、含糊"、充满着"悬而未决的威胁"。❷ 如果能够用结构和步骤特征限定发明,为什么还允许撰写人用一种宽泛的方式写出一份类似于"理念"性质的权利要求?功能性特征究竟有着多大的存在意义?

美国经典的教科书认为功能性特征权利要求在权利要求的起草中发挥了重要的"功能"。❸ 在美国法学院被奉为经典的一个例子是,设想一项新的发明,其创新之处在于第一次将闪光装置

---

❶ 亚当·杰夫,乔希·勒纳. 创新及其不满:专利体系对创新与进步的危害及对策[M]. 罗建平,兰花,译. 北京:中国人民大学出版社,2007:146.

❷ *Halliburton Oil Well Cementing Co. v. Walker*, 329 U.S. 1, 9 (1946).

❸ MARTIN J. ADELMAN, RANDALL R. RADER, JOHN R. THOMAS, *Cases and Materials on Patent Law*, Third Edition, WEST 2009, 488.

第3章 权利边界的政策调整

与照相机相连接共同使用。为了描述这一发明,假想中的权利要求必须限定照相机和闪光装置的连接关系。申请人对此有多种选择,包括铆接、螺栓连接、螺钉连接、胶粘连接等。然而,何种连接方式对于该发明创造来说并不重要,因为它的创新点并不在此,因而,撰写人希望找到一种方便的描述方式将所有能够用于该发明创造的连接方式囊括进去。功能性权利要求能够用极为简练的语言实现这一目的——"用于固定的各种方式"(Means for Fastening)。如此一来,权利要求的语言便能使权利的保护范围捕捉所有的已知固定方式。❶ 作为总结,上述观点认为,在某些情况下,发明创造用结构性特征或步骤特征来描述容易挂一漏万,此时通过功能性特征的撰写方式来界定权利的保护边界有利于充分维护专利权人的利益。

我国《审查指南》也允许采用功能性限定的撰写方式,并认为功能性限定的正当性以及适用条件在于"某一技术特征无法用结构特征来限定"以及"技术特征用结构特征限定不如用功能或效果特征来限定更为恰当"两种情形。❷ 这一做法隐含的理论比美国走得还远。

事实上,发明创造的客体可以通过多种方式予以描述,无法用结构或者步骤特征、只能用功能性特征来限定的技术特征是极为罕见的。除了计算机等特殊的领域,我们几乎没有在哪项发明或者哪件案件中发现存在无法使用结构和步骤特征来描述的发明客体。对于撰写人而言,几乎不存在能不能用结构、步骤特征撰写权利要求的问题,只存在用结构、步骤特征能不能如同功能性限定那样实现广泛覆盖的问题。就如同前述带有闪光装置的照相机的例子所显示的那样,对连接方式可以采用并列式的结构特征加以描述,

---

❶ MARTIN J. ADELMAN, RANDALL R. RADER, JOHN R. THOMAS, *Cases and Materials on Patent Law*, Third Edition, WEST 2009, 488.

❷ 《审查指南》第二部分第二章第 3.2.1 节。

但这种描述方式与宽泛的"固定"一词相比，难免出现遗漏。

笔者认为，允许功能性特征的正当性在于，对于那些并非发明创造贡献点的发明客体特征，使用结构或者步骤特征不足以充分涵盖已知和未知的所有实现方式，为了使"奖励"发明创造的目的不至于落空，有必要允许权利人对此通过简洁、宽泛的用语全面覆盖所有的变形方式，而对于那些属于发明创新点的发明客体特征，如果允许采用功能性限定的撰写方式，鉴于语言文字的"横向概括力"和"纵向概括力"，很可能阻碍了后续替代技术的出现和发展，窒息创新的持续性和竞争性，因而应当对功能性限定的撰写方式采取限制的政策。换言之，功能性限定的全部正当性在于在非发明创新点的特征描述上给予专利权人足够的概括力，使其经济回报与技术贡献相一致，不至于由于他人对于非发明创新点的简单变换而使得回报落空。

在 *Halliburton* 案中，美国联邦最高法院并没有普遍地禁止功能性限定，而只是禁止对专利的创新点（Point of Novelty）采用功能性限定。对前述的带闪光装置的照相机一例稍作修改，如果在该发明创造之前，现有技术已经有带闪光装置的照相机，发明的创新点在于改进现有的闪光装置和照相机的连接关系，例如发明了一种卡接而不是螺栓连接、从而可以方便地拆卸的连接方式，这时，仍使用"用于固定的各种方式"的措辞显然不仅涵盖了包括螺栓连接在内的各种现有方式，而且覆盖了未知的、将来可能出现的各种新的连接方式，因而被美国联邦最高法院所禁止。由此可见，*Halliburton* 案实际上也没有损害功能性限定应有的功能，相反，美国联邦最高法院在该案中的区分做法是具有很强的合理性的。

3.4.5.3 对功能性特征的限制政策

如本书第 1 章所论述的那样，不同语言表达的概括力是不尽相同的。无论从"横向概括力"，还是从"纵向概括力"看，功能性语言都可以被归类为概括力最强的语言表达之列。由于功能性特征并不涉及发明创造的具体结构和步骤，从字面上理解，其应包括所有能够实现该功能的具体实施方式，相对于结构特征和步骤特征的撰写方式而言，属于"一网打尽"式的撰写方式，属于"无一遗漏"的穷尽式保护方式，其字面保护范围极为宽泛，是权利人"偏爱"的最大化其利益的撰写方式。❶

对发明创新点的特征采用功能性撰写方式的最大弊端是反创新。❷ 功能性限定限制了虽然功能相同但实现手段不同的产品进入市场的机会，破坏了竞争秩序。一方面，记载在说明书中的发明人对于现有技术的贡献必然是具体的、下位的实施方式，在绝大多数的情况下，发明人不可能在申请专利时即创造出能够实现所述功能的所有技术方案。于此情形，给予权利人以与功能性特征字面含义相一致的保护，则很可能超出其对社会的贡献，由此不恰当地限缩了在后创新的空间，不恰当地限制了社会公众的自由。另一方面，功能性特征在某些特定的情形下，属于"思想"的范畴，而其具体实现方式则属于"思想的表达"。避免权利人垄断"思想"，是促进工业发展和科学技术传播的根本要求。❸

当优先权制度、权利要求的修改自由和功能性限定相结合以后，功能性限定的杀伤力将变得无与伦比。权利人完全可以在申请提出的若干年后，对市场中逐步发展的后续技术进行研究，回过头来使用功能性限定的撰写方式，尽可能地把后续技术囊括进权利的保护范围。一方面，权利人牢牢占据了早早建立起来的优

---

❶ 陈文煊. 对专利权利要求中功能性特征的解释规则 [J]. 人民司法，2012 (20)：39.

❷ 本节所指的"功能性特征"系采狭义概念，指的只是针对发明创新点特征进行概括而成的功能性特征.

❸ 陈文煊. 对专利权利要求中功能性特征的解释规则 [J]. 人民司法，2012 (20)：39.

先权日的优势,另一方面,权利人可以视情况修正权利要求,确保其覆盖当初申请之日压根就没有想到的改进发明。虽然采用结构特征的撰写方式并不能完全排除这种权利范围随时间膨胀的情况,但是毕竟施加了强烈的限制,相比较而言,功能性限定在权利边界的扩张方面几乎是随心所欲的。

美国国会在1952年专利法制定时也意识到了上述问题,在允许功能性撰写方式的同时,通过第112条第6款对功能性特征的解释施加了限制,要求其范围只能被解释为"涵盖了说明书中记载的相应结构、材料或者动作及其等同手段"。然而,这一规定带来了新的副作用,给实践带来了许多烦恼。如何划分技术特征,如何做到说明书中具体实施方式的技术特征或者技术特征群与权利要求中的功能性特征相对应,如何确定"必要"技术特征,都考验着解读者,从而带来了极大的不确定性。以说明书确定保护范围的所有弊端,在功能性特征的解释过程中也同样存在。这种做法损害了权利的外观,影响了权利边界的稳定性。可操作性也是一项制度设计需要特别考虑的因素。在快节奏的、行为风险不断增大的现代社会,功能性特征范围完全依赖说明书确定的做法,重新导致了权利划界的不确定性,提高了社会的总信息成本、加剧了义务人的行为风险。

事实上,功能性限定是一种"偷懒"的撰写方式。把具象的发明创造概念化、系统化、抽象化,还要具备一定的概括性和包容性,是一个"呕心沥血"的过程,需要撰写者具备较强的语言文字运用能力和概括归纳能力。用结构和步骤对技术方案进行概括性描述是较为困难的,而用技术方案所要达到的效果或者所能实现的功能来描述则容易得多。对于撰写人来说,纯粹功能性特征的撰写方式不仅省心、省力、省事,不必挖空心思地进行抽象和概括,而且能够得到宽范围的保护,代理人将来也不会因为撰写失误而承担责任,何乐而不为?然而,如果功能性限定的撰写方式能够获得超越结构性限定的撰写方式的待遇，那么"奖勤罚懒"的公平原则在此将荡然无存。从这个意义上来说，也不应当鼓励纯粹功能性特征的撰写方式。

从美国专利法的历史发展可以看出，第112条第6款的出台是权利人一方向立法机关施加压力的产物。在1952年国会立法的过程中，未能充分考虑包括公众在内的各方利益以及制度成本和司法、执法成本。在制度继受的过程中，我们不能不加分析地适用"拿来主义"，也不能简单地认为只要是发达国家的制度就一定是先进的。

自1987年版的专利局内部使用的《审查指南》开始，我国便有了功能性特征的规定，此后，1993年、2001年、2006年及2010年版的《审查指南》对此均有规定。《审查指南》对功能性特征的撰写也采取了限制态度，2006年、2010年版《审查指南》第二部分第二章第3.2.1节规定："通常，对产品权利要求来说，应当尽量避免使用功能或者效果特征来限定发明。只有在某一技术特征无法用结构特征来限定，或者技术特征用结构特征限定不如用功能或效果特征来限定更为恰当，而且该功能或者效果能通过说明书中规定的实验或者操作或者所属技术领域的惯用手段直接和肯定地验证的情况下，使用功能或者效果特征来限定发明才可能是允许的。"此外，《专利法》第26条第4款规定："权利要求书应当以说明书为依据"，该规定要求权利要求在说明书基础上的概括不应当过宽，对功能性特征的撰写也具有一定的限制作用。

然而，上述限制本身具有相当大的局限性。首先，《审查指南》的上述规定仅是"倡导性规范"，而非"强制性规范"，因为坚持不恰当的功能性特征的撰写方式并非《专利法实施细则》第53条、第65条所规定的驳回或者无效理由之一。也就是说，当专利申请人可以采用结构性特征的撰写方式，但其为了扩大专利权保护范围，坚持采用功能性特征的撰写方式时，审查员并不能以此为由驳回专利申请,社会公众也不能请求宣告该专利权无效,上述规定仅具有"软约束"的效力。❶ 其次,《专利法》第26条第3款的"支持规则"的判断时点必然是申请日,因为任何事后回溯性的评判对权利人都是不公平的。日后技术并不能对一项当时看起来概括适当的权利要求提出挑战。正如下文中所讨论的 ICU 一案所显示的那样,在申请当时所属技术领域中并没有液体通道从两侧通过的技术方案,并没有证据表明除了说明书实施例外还有能够实现权利要求限定的所述功能的其他实施方式,因而权利要求的概括并不违反可预见性原则,并不导致其因"不支持"而被无效。功能性特征的保护范围"过宽",是相对于在后创新而言的,而不是申请时的技术状况而言的。《审查指南》允许发明人在说明书的基础上对权利要求作适当的概括,对于功能性特征而言,由于要求发明人在发明作出之时即穷尽所有能够实现所述功能或者效果的实现方式是不现实的,因此在实践操作中,一般而言,只要发明人给出一定数量的实施方式且本领域技术人员可以合理预测说明书给出的实施方式的所有等同替代方式或者明显变形方式都可实现所述的功能或者效果,即可满足《专利法》第26条第4款的规定。

综上所述,在专利申请撰写方面,对于功能性特征的约束有限,无法从根本上解决权利保护过宽的问题。

3.4.5.4　最高人民法院司法解释的政策功能

在侵权判定方面,最高人民法院 2009 年司法解释第 4 条在

---

❶　实际上,倡导性规范并不能真正发挥作用。一个典型的例子是美国专利法第112条要求申请人披露最佳实施例。该条规定:"发明人应当在专利申请文献中详细阐释实施其发明的最佳实施方式"。而申请人是否知悉最佳实施例是非常主观的、无法为外人所知的东西,在实践中不具有操作性,美国专利审查实践也没有以没有披露最佳实施例为由拒绝授权或者否定专利权效力的先例,因此美国国家科学院在其提交的《21世纪的专利制度》的报告中建议取消这一规定。参见董涛. 专利权利要求[M]. 北京:法律出版社,2006:281.

解决了保护在先专利权和激励在后创新之间的矛盾方面采用了务实的做法，该条规定："对于权利要求中以功能或者效果表述的技术特征，人民法院应当结合说明书和附图描述的该功能或者效果的具体实施方式及其等同的实施方式，确定该技术特征的内容。"在侵犯专利权纠纷案件中，将功能性特征解释为说明书具体实施方式及其等同的实施方式，一方面，将保护范围限定在专利权人已作出的发明贡献之内，避免了权利保护的绝对化，真正体现了"公开换保护"的专利公共政策，另一方面，通过等同原则又给予权利以适当的扩张。这一制度的政策导向性作用也是相当明确的，一方面，有利于鼓励专利申请人更多地采用结构性特征的撰写方式，以减少以实施方式确定保护范围所带来的不确定性；另一方面，在专利申请人选择功能性特征的撰写方式时，又有利于鼓励专利申请人尽可能地创造、披露更多的具体实施方式，从而促进科学技术的发展和传播。❶

在 ICU 医学有限公司（ICU Medical Inc.）诉中国人民解放军总医院第一附属医院、佛山市南海百合医疗科技有限公司侵害发明专利权纠纷一案❷中，比较典型地说明了司法解释的政策功能。❸

在该案中，ICU 公司是名称为"正向流动阀"的发明专利（以下简称"本专利"）的专利权人。本专利涉及一种医用阀，其一端连接医疗设备（如输液管或者注射器），另一端连接导管（如插入患者血管的针头），在需要多次输液的情形下可与人体始终保持连接并可反复使用。在输液过程中阀体通路打开，在移除

---

❶ 陈文煊. 对专利权利要求中功能性特征的解释规则[J]. 人民司法，2012(20)：43.

❷ 参见：北京市第一中级人民法院（2009）一中民初字第 1966 号民事判决书、北京市高级人民法院（2010）高民终字第 2469 号民事判决书。

❸ 参见：陈文煊. 对专利权利要求中功能性特征的解释规则[J]. 人民司法，2012（20）：39—42.

医疗设备时其通路闭合。在现有技术中，拔出医疗设备时，通常导致血液流入阀体甚至医疗设备中，既不卫生，也容易导致导管内血液阻塞或者血凝。而本专利在医疗设备拔出时，医用液体反而产生向人体血管方向的压力，将阀内液体压入血管中，有效解决了血液回流的问题。❶

本专利说明书一共给出了14个实施例。实施例1的剖面图如图3.8的（1）、（2）所示。

图3.8中的（1）为阀体与医疗设备连接时的状态，（2）为医疗设备拔出后阀体的状态，（3）为密封216在（2）阀体中的形状图示，（4）为夹板220a/220b的图示。如图3.8（1）所示，阀体上端连接输液管或者注射器等医疗设备（虚线所示部分），下端连接与人体连接的导管。在医疗设备插入的状态下，医用液体从上至下通过阀体中部的腔体267流入人体体内，此时密封216所处的位置被定义为第一位置，密封中容纳液体流动的空腔被定义为第一液体腔。当医疗设备拔出时，由弹性材料构成的密封216（其外周圈设有弹簧以增加弹力）势能释放产生收缩，使得夹板220a/220b被推向上方开口230，由于阀体开口部分收窄，该移动导致密封216中间的腔体267总体容积减小。由于医疗设备拔出后密封盖帽248封住了阀体上端开口，因此此时腔体内液体只能被挤压向阀体下端也即血管方向，从而产生液体向血管方向的正向流动，此时密封216所处的位置被定义为第二位置，密封中的空腔被定义为第二液体腔。

---

❶ 本专利权利要求1主要内容为："1. 一种医用阀……（位于主体内的）密封在其一个第一位置和一个第二位置之间移动，在第一位置时允许液体通过所说的主体流动，在第二位置所说的密封阻塞了液体通过主体的流动，其特征在于，所说的腔包括一个在所说的密封在所说的第一位置时对所说的出口开放的第一液体腔，和一个在所说的密封在所说的第二位置时对所说的出口开放的较小的第二液体腔，从而在所述主体内的腔的变化在所述出口的方向产生一个正向液体流动……"

第3章 权利边界的政策调整

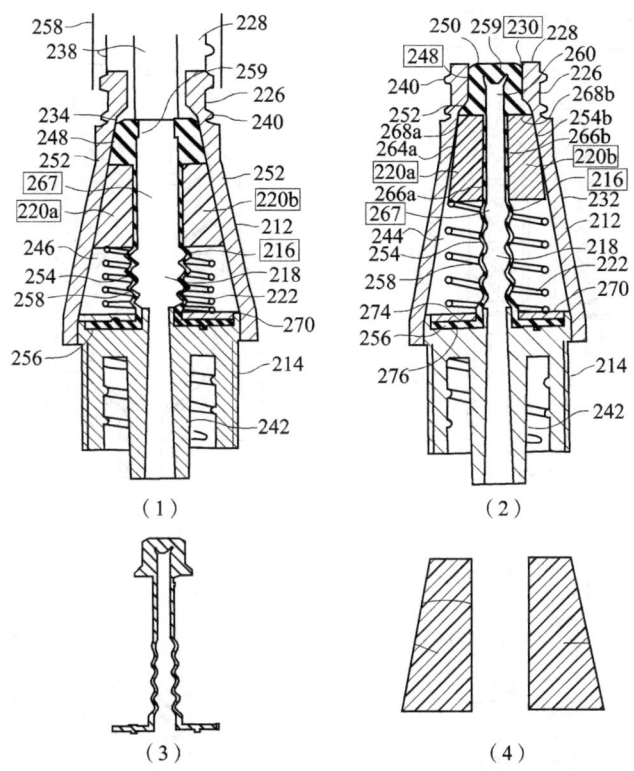

图3.8 "正向流动阀"发明专利原理图

本专利其他实施例除了实施例11和14以外,发明构思与实施例1的共同之处在于液体腔均从密封内部穿过,且液体腔完全由密封限定,例如随机选取的图3.9所示出的实施例2、5、6、10(密封在图中均为粗斜纹如"▨"显示部分)。

实施例11、14与其他实施例略有不同,分别如图3.10所示,其液体腔并非完全由密封来限定,但密封仍然限定了部分液体腔,且液体仍然要穿过密封内部。

445

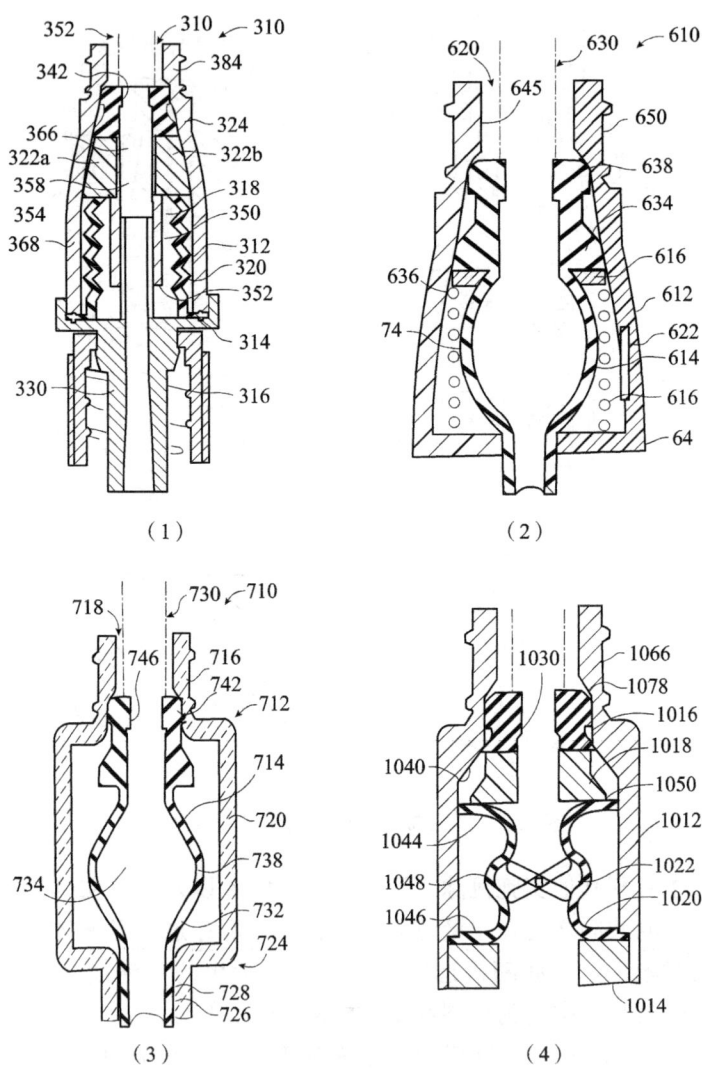

图 3.9 "正向流动阀"发明专利实施例图 1

第3章 权利边界的政策调整

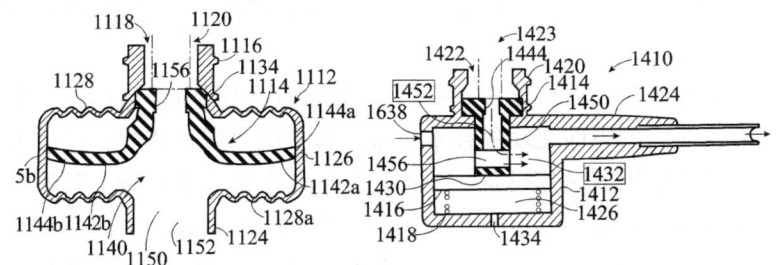

图 3.10 "正向流动阀"发明专利实施例图 2

被控侵权产品结构剖面图如图 3.11 所示：

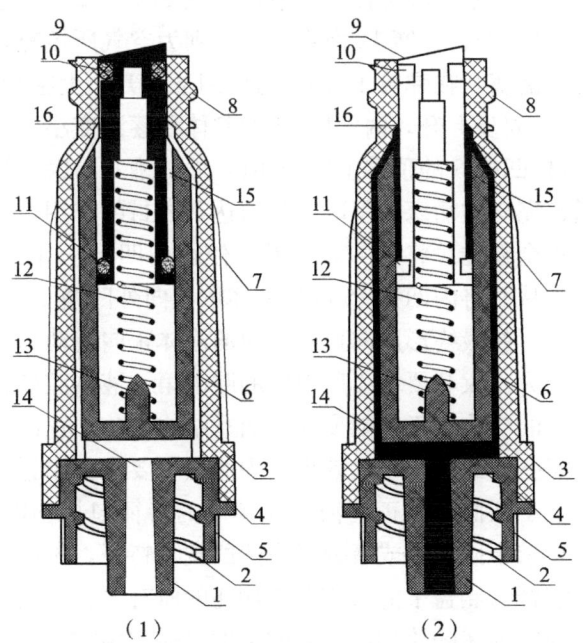

（1）　　　　　（2）

图 3.11 被控医疗阀结构剖视图

其中，6 为外凹槽，9 为活塞，10 为小密封圈，11 为大密封圈,12 为弹簧,14 为 T 形通道,15 为内凹槽,16 为外凹槽的顶端上缘。

被控侵权产品也能实现在医疗设备拔出时阀内液体产生一个向血管方向的正向流动的技术效果。其工作原理具体为:产品上方连接输液器等医疗设备,下方连接可插入血管的针头。输液器推动活塞9可以打开位于上壳体内壁两端的外凹槽6,液体自上而下顺着外凹槽6流入T形通道14,并最终流入血管。同时,位于活塞9和密集网格纹构件之间的内凹槽15与外凹槽6始终处于连通状态。在输液器插入的状态下,外凹槽6、内凹槽15及T型通道14内均充满着医用液体(图3.11(2)黑色部分示出了该液体通道),弹簧12所在的空腔则为空气所填充,当输液器拔出时,活塞9在弹簧12的弹力作用下上升,大密封圈11和小密封圈10同步上升,内凹槽15的腔体积逐渐变小,当小密封圈10越过外凹槽6的顶端上缘16时,外凹槽6与医疗设备之间的液体通道完全被活塞9阻隔,从而达到密封的作用,但此时活塞9尚未完全复位,将进一步上升,使得内凹槽15的腔体积进一步变小,从而将内凹槽15内的液体依次向外凹槽6、T形通道的方向挤压,并最终形成向血管方向的液体正向流动。

法院认为:权利要求1所限定的腔由第一液体腔变为较小的第二液体腔的变化属于功能变化,而非结构变化,正向液体流动是这种功能变化最终产生的效果。因此权利要求1中记载的"液体腔由大变小从而产生正向液体流动"的特征包括功能性限定。对于权利要求中以功能或者效果表述的技术特征,不应当按照其字面含义解释为涵盖了能够实现该功能的所有方式,而应当结合说明书和附图描述的该功能或者效果的具体实施方式及其等同的实施方式,确定该技术特征的内容。说明书描述了14个实施例,在所有的实施例中密封均具有一个从中穿过的通道,该通道至少以其部分限定了腔,从而实现当密封由第一位置移动至第二位置，腔由第一液体腔变为较小的第二液体腔的功能，达到产生正向液体流动的效果。而被控侵权产品的密封为实心的，并不具有从中穿过的通道，亦不参与限定腔，并非与上述本专利为实现其功能的具体实施方式相同或者相等同的技术特征，因此被控侵权产品没有落入本专利权利要求1的保护范围。最终判决驳回原告的全部诉讼请求。

就本案而言，权利要求1所限定的"液体腔由大变小从而产生正向液体流动"的技术特征中，虽然"密封"、"第一位置"、"第二位置"、"第一液体腔"、"第二液体腔"等属于结构性特征，但是，第二液体腔相对于第一液体腔"较小"是功能变化，产生向出口方向的"正向液体流动"是此变化所要达到的技术效果，且权利要求对于如何实现上述功能和效果并无其他结构性特征的限定，属于典型的"纯粹"的功能性特征，因此上述"液体腔由大变小从而产生正向液体流动"特征包含功能性特征。

被控侵权产品同样能够实现"液体腔由大变小从而产生正向液体流动"的功能和效果，如果仅从字面上理解，被控侵权产品落入本专利权利要求1的保护范围。但是，"液体腔由大变小从而产生正向液体流动"是本专利的发明创新之所在，对上述特征所包含的功能性特征的解释应当限于说明书和附图描述的具体实施方式及其等同的实施方式，因此，本案的侵权判定应当将本专利说明书及附图所披露的具体实施方式与被控侵权产品进行比对。

本专利说明书14个实施例中，液体腔均从密封中间穿过，除实施例11、14外，密封完全限定了液体腔（即可变化的液体腔完全由密封环绕，处于密封之中)，而在实施例11、14中，密封也仍然限定了部分液体腔（即可变化的液体腔部分处于密封之中)。当医疗设备拔出时，实施例1~13的密封本身具有弹性，其形状的改变导致阀体内液体腔的缩小，而在实施例14中，虽然液体腔缩小主要依靠右侧室 1432 来实现,但密封在闭合的过程中仍然使得其所限定的腔室 1452 存在净损失,也即密封所限定的腔对液体腔总体体积变小仍然具有部分贡献。而被控侵权产品的活塞(相当于本专利的密封)是实心的,液体腔并不从中穿过,其体积的变化系通过内凹槽来实现,该内凹槽也位于活塞外部,活塞仅具有开闭功能,本身并非弹性物质,无法改变形状从而引起液体腔的体积变化,并且其也不参与液体腔的限定,其仅间接地引起位于其外的内凹槽腔体积变化,从而达到液体正向流动的效果。因此,被控侵权产品技术方案的技术特征与本专利实施例所披露的技术特征并不相同。

此外,被控侵权产品技术方案的技术特征与本专利实施例所披露的技术特征也不构成等同。首先,虽然二者功能相同,但是所采用的技术手段不同,属于发明构思不同的技术方案。其次,二者在效果上亦存在一定差异,被控侵权产品的相应特征的效果甚至比本专利更好。当被控侵权产品的小密封圈 10 越过外凹槽 6 的顶端上缘 16 之后,由于外凹槽 6 与医疗设备之间的液体通道完全被活塞 9 阻隔,此时内凹槽 15 的腔体积进一步变小所产生的液体流动将完全朝向血管方向,而本专利密封在达到顶端之前始终处于开启状态,在腔体积变小的过程中,向导管、血管两个方向的液体流动始终存在,其效果要劣于仅向血管方向产生液体流动的被控侵权产品技术方案。最后,对于本领域技术人员而言,在不付出创造性劳动的情况下,并不能在本专利具体实施方式的基础上得到被控侵权产品的技术方案。

本案生动地诠释了 2009 年司法解释第 4 条规定的法哲学基础。发明人在面对现有技术中医疗设备拔出后血液回流的技术问题时,提出的解决"思路"是使得阀体内液体腔在医疗设备拔出后反而"变小",但是,这仅仅是泛泛而谈的"点子"、抽象的"概念"、尚未实现的"想法"、发明创造所要努力的"目标",尚不能进行产业化应用。只有设计出阀体的内部结构、部件以及部件间的连接关系，才能算是真正完成了发明创造，并可造福于人类社会。权利要求1所要求保护的"液体腔变小从而产生液体正向流动"的特征实则为"思想本身"，而发明人所作出的具体发明创造——说明书具体实施方式才是"思想的表达"。从这个意义上来说，如果按照权利要求的字面含义来确定保护范围，无疑否定了在后创新的可能，导致了"思想"被垄断的后果。被控侵权产品也许借鉴了本专利的"思想"，但是其在本专利的发明贡献之外提出了不同的技术方案，这是本专利发明人在申请日时所没有做出来的发明创造，不应因为在先专利"一网打尽"式的权利要求保护范围，而导致在后新的技术贡献动辄落入侵权的泥潭。❶

需要注意的是，前文已经论及，功能性特征反创新的弊端集中体现在对发明创新点的概括上，而对于非发明创新点的特征而言，采用功能性的撰写方式有利于充分覆盖发明人应当获得保护的范围。在ICU案中，涉案专利的发明创新点就在于阀体内液体腔在医疗设备拔出后由大变小，而权利要求对此恰恰采用了功能性限定的撰写方式，并没有具体描述以及限定通过何种具体结构实现液体腔由大变小的技术效果，因此，该功能限定属于典型的针对发明创新点的"功能性特征"，应当引入说明书具体实施方式对保护范围进行限缩。

笔者赞同功能性限定的撰写方式在非发明创新点方面可以解释得较为宽泛、在发明创新点方面应当予以限缩的观点。政策上限制的应当是发明点的功能性撰写方式，对非发明点特征，则不必采取限制态度。2009年司法解释对功能性限定进行限缩性解

---

❶ 陈文煊. 对专利权利要求中功能性特征的解释规则［J］. 人民司法，2012 (20)：43.

释的做法，从立法目的解释的角度出发，其适用范围应当仅限于发明创新点的功能性特征。在将来的司法解释中，可以在规则上对此予以明确，例如缩小"功能性特征"的概念，将非发明创新点的功能性撰写方式界定为"上位概念"，有别于发明创新点的"功能性限定"，对二者分别适用不同的保护范围界定规则。

目前，在司法实践中，对适用2009年司法解释第4条规定的"功能性特征"的概念也作了进一步限制。北京市高级人民法院于2013年9月颁布的《专利侵权判定指南》第16条第3款第（1）项规定："下列情形一般不宜认定为功能性技术特征：（1）以功能或效果性语言表述且已经成为所属技术领域的普通技术人员普遍知晓的技术名词一类的技术特征，如导体、散热装置、黏结剂、放大器、变速器、滤波器等。"在笔者看来，该规定背后更重要的意义恐怕在于肯定了非发明创新点的功能性特征不应作为最高人民法院2009年司法解释第4条所规定的"功能性特征"予以对待，从而以其字面含义而不以说明书具体实施方式的下位含义理解有关特征的覆盖范围。

第一，如果对于本领域普通技术人员而言，某一以功能或者效果表述的技术术语是本领域普遍知悉、约定俗成的概念，则一般不将有关的功能性术语解释为"功能性特征"，而按照该术语的字面含义确定权利的保护范围。相关的例子还有结构特征方面的"放大电路""加热器"，方法特征方面的"过滤""充分溶解""调节 pH 值"至某特定范围等。第二，给予申请人和专利权人举证的机会，如果申请人或者专利权人能够举证证明有关术语在申请日前的现有技术中指代了特定的机构或者步骤，那么该术语所描述的特征将不属于发明创造的创新点，此时，可以不将该功能性术语定性为"功能性特征"。上述两项规则有利于解决功能性特征这一概念适用过广，从而不恰当地限制权利要求的保护范围、使得权利人得不到与其技术贡献相适应的保护范围的问题。

上述做法具有一定的可操作性，因为"发明点"和"非发明点"的区分具有一定的主观性，如果直接以"发明点"和"非发明点"加以规定的话，那么将引起什么是发明点、什么是非发明点的新一轮的争议。以"普遍知晓"的标准进行划分相对而言便于当事人举证，客观性较强，从而间接实现了对发明点和非发明点的功能性限定予以区别对待的效果。不过，需要注意的是，某些技术名词在所属领域可能尚未成为"普遍知晓"的概念，但在涉案专利中有可能不是发明创新点之所在，对这些技术名词，恐怕仍然应当排除适用最高人民法院2009年司法解释第4条的规定，才能充分保护专利权人的利益。

以前文所举的带有闪光装置的照相机为例，权利要求中采用了"固定连接"的功能性表述方式，在申请日时"固定连接"在所属领域中很可能已经具有约定俗成的通常含义，如果以"普遍知晓"标准加以判断的话，则其将覆盖一切变换方式，可以涵盖说明书中没有披露的连接方式，也可以涵盖现有技术中尚未存在的、日后才出现的新的连接方式，享有最为宽泛的保护范围。然而，这可能导致保护范围过大。因为如果"固定连接"不属于发明创造的创新点，将闪光装置与照相机连接为一体才是该发明的贡献所在，则这一解释方式有利于保护权利人，不存在问题，但如果在说明书中对应的"卡接"连接方式属于发明创造的创新点，则"固定连接"属于对发明创新点的功能性描述，此时如果仍然依照字面含义理解该术语的话，将导致对专利权的保护远远超出其对社会的贡献。

3.4.5.5 对功能性特征解释的不同路径选择及其比较

对于如同ICU案功能性特征在字面侵权中范围过宽的问题的解决路径，除了司法解释所提供的方式以外，在理论上还存在着另外两种解决路径。

第一种解决思路是在大部分技术领域取缔"功能性特征"的

撰写方式。除计算机软件等技术领域外，在包括机械等在内的大多数技术领域，❶ 功能性特征的撰写并不是必需的，就如ICU案所显示的那样，权利人完全可以通过结构性的撰写方式对其发明客体进行描述。这一做法的优势是从源头上遏制功能性限定泛滥成灾的趋势，有利于减轻后续环节的压力，增强权利要求边界的清晰性。不过，这种做法容易挂一漏万，在某些技术领域，例如医药领域，虽然在绝大多数情况下功能性特征的撰写方式不是唯一选择，但是并不能排除极端的例外情形。此外，哪些技术领域应当允许功能性撰写方式，哪些技术领域不允许，进行划分时也存在困难。并且，这种做法虽然减少了功能性限定出现的频率，但对于那些应当允许功能性撰写方式的情形而言，如何解释有关的功能性特征，仍然需要相应的规则。

第二种解决思路是将功能性特征解释为涵盖了申请日时所出现的"全部实施方式"，也即强调申请日这一判断时点。这种思路将侵权判定和授权确权的划界规则予以统一，将保护范围统一到功能性特征字面含义所涵盖的全部实施方式之上。不难看出，这一做法的优势在于不仅统一了授权确权和侵权判定两大程序的规则，并且将功能性特征的字面范围限制在了恰当的范围之内——一方面，如果权利人首次发明了有关的功能性特征，那么在授权确权程序中，现有技术并不足以破坏专利权利要求的新颖性、创造性；另一方面，由于申请日时现有技术中尚不存在与专利说明书所披露的具体实施方式相类似的技术变换，则在侵权程序中，以申请日作为解释时点确定有关功能性术语的保护范围，以字面含义确定覆盖范围也是恰当的。❷ 因此，这一思路的优点

---

❶ 目前功能性限定泛滥的重灾区之一便是机械领域，尤其是我国对实用新型专利权不进行实质审查，实用新型专利权的权利要求通过功能性限定的撰写方式，往往概括了一个十分巨大的范围，在侵权中很容易造成权利的滥用。

❷ 除非权利要求概括过宽从而得不到说明书的支持。

第3章 权利边界的政策调整

是从逻辑上看，侵权判定和授权确权的标准无论在实质上还是表面上都达成了统一，有利于减少学术界对两个程序标准是否应当统一的争论。

实际上，第二种解决思路在授权确权方面与《审查指南》的现有规定完全一致，❶ 而在侵权程序中，由于将解释时点确定在专利申请日，故避免了功能性特征向申请日后出现的日后技术的扩张，较好地解决了功能性特征在侵权保护中保护范围可能过大的问题。不过，这一思路在侵权方面与最高人民法院2009年司法解释第4条的解释结论仍然存在一定的差别。司法解释所采取的"说明书具体实施方式及其等同的实施方式"的解决思路，不仅将日后技术排除在功能性特征的保护范围之外，而且解决了在申请日看来，功能性特征保护范围概括过宽的问题。如果有关的功能性特征在申请日之时已经出现在现有技术中，涉案专利只不过提出了不同于现有具体实施方式的新的实施方式，或者所属领域的技术人员在申请日时不能明了能够实现所述功能的、但没有记载在说明书中的其他具体实施方式也能完成有关功能，则有关功能性特征要么不具有新颖性或者创造性，要么得不到说明书的支持，存在概括过宽的问题。而按照司法解释的规则，对于这些范围过大的功能性特征，在侵权诉讼中可以通过"说明书具体实施方式及其等同的实施方式"的保护范围确定方式，以"应然"的范围得以保护，可以说是在目前"严格分离主义"制度下，一方面为了使应当保护的专利技术得到及时保护，另一方面使保护范围不至于覆盖至不当概括范围的实用主义做法。这一点与上述的第二种解决思路存在显著不同。

当然，无论是以"说明书具体实施方式及其等同的实施方

---

❶ 在授权确权程序中，无需区分是"发明点的功能性特征"还是"非发明点的功能性特征"，对功能性特征的解释应当适用统一的规则。

式"还是以"申请日时实现所述功能的所有实施方式"确定功能性特征的覆盖范围,因功能性限定本身与生俱来的弊端,都不可避免地导致了保护边界确定性的再次丧失,不利于保证专利权的公示作用。目前,关于功能性特征中的"等同"判定,究竟是应当以申请日作为判定时间点,还是以侵权日作为判定时间点,无论是中国,还是美国法学界仍然存在争论。因为等同标准的把握非常模糊,美国法学界对于功能性特征权利要求的专利授权与专利侵权判断中等同范围的边界亦非常关注,但是几乎还没有找到达成共识的适宜的破解途径。

3.4.5.6 授权确权的标准与侵权标准应当统一吗?

目前,对于功能性特征的解释标准,从表面上看,《审查指南》与最高人民法院2009年司法解释分别在授权确权和侵权判定中采用了不同的标准,前者认为"对于权利要求中所包含的功能性限定的技术特征,应当理解为覆盖了所有能够实现所述功能的实施方式",❶ 而后者认为仅覆盖说明书和附图描述的"具体实施方式及其等同的实施方式"。❷ 两个程序的标准实质上是否一致?在目前的条件下不一致的原因是什么?是否应当一致?

深圳市比克电池有限公司诉国家知识产权局专利复审委员会、第三人深圳华粤宝电池有限公司发明专利无效行政纠纷一案❸的裁判过程可谓一波三折,终审法院最终采取了侵权判定与授权确权标准"一致"的做法。

该案中,第三人拥有名称为"电池外壳的制造方法"的发明

---

❶ 《审查指南》第二部分第二章第3.2.1节。

❷ 《最高人民法院关于审理侵犯专利权纠纷案件应用法律若干问题的解释》第4条。

❸ 参见:国家知识产权局专利复审委员会第6990号无效宣告请求审查决定、北京市第一中级人民法院(2005)一中行初字第607号行政判决书、北京市高级人民法院(2006)高行终字第179号行政裁定书。

第3章 权利边界的政策调整

专利。权利要求1限定了"限位装置"的特征。[1]本专利说明书载明:"所述下模主要由两块或一块滑块和限位装置组成"。如图3.12所示,301为上模(斜楔),302为下模(斜楔形滑块),303为限位装置。

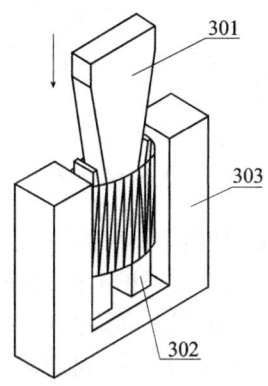

图3.12 "电池外壳的制造方法"发明专利说明书附图

对比文件(附件B2)为一日本的在先专利(见图3.13),其公开了一种矩形电池外壳和其制造方法及矩形电池外壳用矩形筒的成形装置,并具体公开了以下技术内容:"在箭头A方向上插入楔形工具15,凸轮26就与楔形工具15联动,在箭头A方向上移动,利用凸轮26,滑动凸轮25在箭头B'方向上作用力,在筒管坯料17成形结束的时候,用找心架14和滑动凸轮25夹成形后的矩形电池外壳的短边侧侧面的两面。"

案件的争议焦点是对于权项语言"限位装置"这一特征的含义应当如何理解。

---

[1] 该专利权利要求1为:"一种电池外壳的制造方法,其特征在于,包括以下步骤:制备预定长度的管通;用模具把所述管通向两边拉伸成所要求形状的筒体;在筒体的两端部通过焊接、粘接或机械变形方法加上两底板形成一筒式密封电池外壳,所述模具包括斜楔形上模和下模,所述下模主要由斜楔形滑块和限位装置组成。"

专利权的边界——权利要求的文义解释与保护范围的政策调整

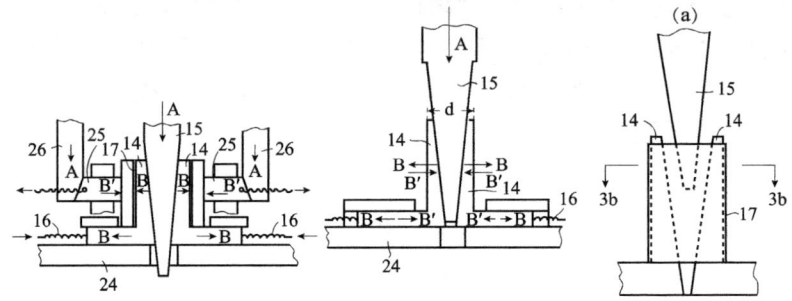

图 3.13　特开平 6—333541A 日本专利说明书附图

一审法院认为：按照我国《专利法》第 56 条第 1 款[1]的规定，对于本专利权利要求 1 的保护范围的确定，应当以权利要求所用文字的含义来理解，说明书和附图可以用于帮助理解权利要求，但不得用于限定权利要求。权利要求 1 中限定的"限位装置"，从文字上看，属功能性限定，结合说明书及附图公开的内容，其主要功能为限定下滑块的运动极限位置。《审查指南》明确规定："对于权利要求中的功能性特征，应当理解为覆盖了所有能够实现所述功能的实施方式。"根据该规定，对于"限位装置"应当理解为所有能够实现限定下滑块的运动极限位置的装置。对于本领域普通技术人员而言，限定下滑块的运动极限位置的方式多种多样，既可以通过固定部件也可以通过移动部件来实现限位功能，其具体结构形式亦存在多种可能性。因此，被告将该"限位装置"解释为下模中的一个"固定部分"，并以本专利说明书附图反映的内容将其进一步解释为"U 形结构的固定结构"，已经超出了以说明书和附图解释权利要求的范围，而属于以说明书及其附图限定权利要求，违反了《专利法》及《审查指南》的相关规定。此外，由于权利要求 1 并未限制下滑块的数

---

[1] 即现行《专利法》第 59 条第 1 款。

量,根据说明书的记载,其下滑块可以为一块,故对于一块下滑块的限位装置并不需要设计成对称结构的U形结构,被告将权利要求1中的限位装置限定为U形固定结构亦不符合本专利的实际。基于上述理由,被告将权利要求1的"限位装置"解释为U形固定结构没有事实和法律依据。在此基础上,一审法院进一步认定,附件B2公开的滑动凸轮25能够实现限制找心架运动极限位置的功能,并且与找心架共同作用,构成下模的一部分,该滑动凸轮25亦属于一种具体结构的限位装置,因此,附件B2公开了本专利权利要求1所限定的限位装置。因此权利要求1不具备新颖性。

二审法院则认为:对于权利要求中功能性限定特征的解释应当受专利说明书中记载的实现该功能的具体方式的限制,不应当解释为覆盖了能够实现该功能的任何方式。本专利说明书附图中记载了在将椭圆通制成方通时所用的模具和成形情况。本专利说明书附图中记载的"限位装置"的形状就是"U形结构的固定结构"。附件B2公开了在筒管坯料的成形结束的时候,用找心架和"滑动凸轮"夹成形后的矩形电池外壳的短边侧面的两面,其中公开的"滑动凸轮"不是"U形结构的固定结构"。因此,一审法院认定附件B2公开了本专利权利要求1的全部技术特征、本专利权利要求1不具备新颖性的认定是错误的。综上,二审法院裁定撤销一审判决,将该案发回一审法院重审。

在普鲁玛·普拉特&吕贝克有限公司诉国家知识产权局专利复审委员会、第三人山东新华医疗器械股份有限公司实用新型专利无效行政纠纷一案[1]中,法院的态度发生了明显的转变。

该案原告拥有名称为"用于制造塑料袋的装置"的实用新型专利,其权利要求1为:

---

[1] 参见:国家知识产权局专利复审委员会第15770号无效宣告请求审查决定、北京市第一中级人民法院(2011)一中知行初字第2307号行政判决书、北京市高级人民法院(2012)高行终字第1153号行政判决书。

"一种用于制造塑料袋（330）的装置（350），具有一个组合式焊接/切割模具（90），用以分离并连接一层或多层塑料薄膜（120，130），其中，该装置包括一个传送系统（155），其特征在于：该传送系统（155）

（i）能沿着闭合的组合式焊接/切割模具（90）经过；

（ii）能将该一层或多层塑料薄膜（120，130）拉入开启的焊接/切割模具（90）中。"

该权利要求"其特征在于"之后的两项特征均为纯粹的功能性特征，尤其是第一项特征"能沿着闭合的组合式焊接/切割模具（90）经过"的概括十分抽象。

专利说明书实施例及文字部分给出了具体的实现方式，如图3.14所示，"下模具板100和上模具板110包括供第一夹持器160和第二夹持器170用的凹口。由此就可以在第一夹持器160和第二夹持器170固定塑料薄膜120、130期间（图6C），关闭组合式焊接/切割模具90。第一夹持器160和第二夹持器170随后在图6D中从组合式焊接/切割模具90中移出，从而再次调节起始位置。"本专利说明书附图6A至6D示出了一个第一夹持器和一个第二夹持器绕行组合式焊接/切割模具时的处理过程。此

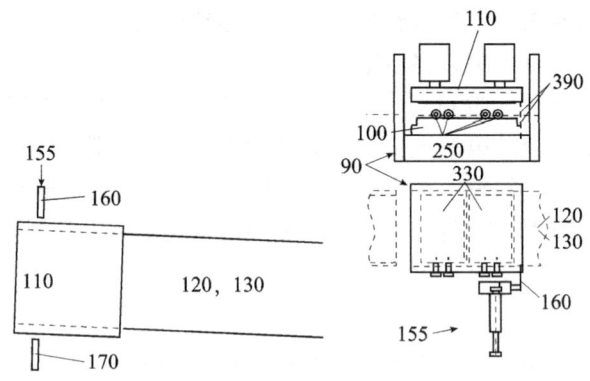

图3.14 "用于制造塑料袋的装置"实用新型专利说明书附图

第3章 权利边界的政策调整

外,说明书第2页第7自然段第3~4行记载:"该传送系统也可通过真空抽吸器或辊子来实现"。

专利复审委员会认为,虽然本专利说明书第2页提到了"该传送系统也可以通过真空抽吸器或辊子来实现",但说明书关于传送系统155的实现方式,仅仅公开了"夹持器"一种实现方式——关闭的模具对塑料袋焊接切割完毕后,夹持器从模具中抽取再移动回原位;夹持器再将一个新的薄膜拉入重新开启的模具。而在现有技术中,传送系统虽然可以有例如夹持器、辊子、真空抽吸器等多种方式,但是不同的传送系统,其自身的传送运动方式是不同的。例如,辊子是固定在轴承上作自转运动,其不能实现权利要求1中的"沿着闭合模具经过";又例如,真空抽吸器是贯穿于开启的焊接/切割模具,其也不能实现权利要求1中的"沿着闭合模具经过"。因此除了本专利说明书中的特定方式"夹持器",本领域技术人员并不清楚其替代方式,例如辊子、真空抽吸器应当怎样应用才能作为"传送系统"实现沿着闭合模具经过,因此权利要求1的上述功能性限定的概括是不恰当的。

另一方面,权利要求1中的"沿着闭合模具经过"至少可以是指代往复运动、步进运动或持续前进等多种运动方式实现。而说明书中仅有的实施例夹持器通过往复运动的方式经过焊接/切割模具。专利权人在口头审理中也指出夹持器除了往复运动这种方式,步进运动或持续前进等其他运动方式不能实现本专利的"沿着闭合模具经过",并解决本专利要解决的技术问题。可见,"沿着闭合模具经过"是一种对往复运动、步进运动或持续前进等多种运动方式的上位概括,而本专利只能由往复运动一种运动方式实现,本领域技术人员也不清楚其他经过方式如何实现本专利请求保护的技术方案,因此权利要求1的上述概括是不恰当的。因此,权利要求1没有以说明书为依据,不符合《专利法》第26条第4款的规定。

专利权的边界——权利要求的文义解释与保护范围的政策调整

在本案诉讼过程中,各方当事人对权利要求1采用的是功能性特征的撰写方式不持异议,各方也均对功能性特征的理解应当被认为覆盖了所有能够实现该功能的实现方式不持异议。

法院认为:对于专利权权利要求保护范围的确定,应当由人民法院依职权进行,不应受当事人主张的限制。对于功能性特征的解释方法,《审查指南》及《最高人民法院关于审理侵犯专利权纠纷案件应用法律若干问题的解释》分别就专利授权确权纠纷案件及侵犯专利权纠纷案件的适用作出了相应规定。2006年版《审查指南》第二部分第二章第3.2.1节规定:"对于权利要求中所包含的功能性限定的技术特征,应当理解为覆盖了所有能够实现所述功能的实施方式。"《最高人民法院关于审理侵犯专利权纠纷案件应用法律若干问题的解释》第4条规定:"对于权利要求中以功能或者效果表述的技术特征,人民法院应当结合说明书和附图描述的该功能或者效果的具体实施方式及其等同的实施方式,确定该技术特征的内容"。最高人民法院司法解释及《审查指南》的上述规定反映了我国平衡专利权人与社会公众利益的立法本意。专利制度的基本原则之一,在于一项所能获得法律保护的专利权的保护范围,应当与其对现有技术的贡献相适应。功能性特征作为"一网打尽"的撰写方式,相对于结构特征的撰写方式而言,其字面保护范围更为宽泛,对社会公众自由的限制更多,在某些特定的情况下,可能会不恰当地限缩了在后创新的空间。在授权确权纠纷案件中将功能性特征理解为覆盖了所有能够实现该功能或者效果的实施方式,而在侵权纠纷案件中理解为说明书和附图描述的该功能或者效果的具体实施方式及其等同的实施方式,有利于鼓励申请人在采用功能性特征的撰写方式时,尽可能多地披露具体实施方式,从而一方面使得专利申请的权利要求能够满足概括恰当的要求,使其能够得到说明书的支持,另一方面,可以使授权专利能够获得与其说明书公开内容范围相匹配的保护，同时避免授权专利获得不恰当的宽泛保护，从而阻碍后续的创新。综上所述，在授权确权纠纷案件中，应当将功能性特征解释为覆盖了能够实现该功能或者效果的所有实施方式。

本案中，本专利权利要求1对传送系统的描述为"该传送系统（i）能沿着闭合的组合式焊接/切割模具（90）经过；（ii）能将该一层或多层塑料薄膜（120，130）拉入开启的焊接/切割模具（90）中"，上述对传送系统的特征限定均属于以功能或者效果定义的技术特征，为功能性特征，其应当理解为包括了本领域技术人员基于现有技术所能够想到的能够实现该功能的所有实施方式。

在此基础上，法院认定权利要求1不符合《专利法》第26条第4款的规定：就权利要求1而言，在现有技术中，传送系统至少可采用夹持器、真空抽吸器、辊子等实施方式，但本专利说明书仅公开了以夹持器往复运动的方式实现传送系统"能沿着闭合的组合式焊接/切割模具（90）经过"的功能的具体实施方式。虽然本专利说明书第2页第7自然段记载了"该传送系统也可通过真空抽吸器或辊子来实现"，并且专利权人认为真空抽吸器和辊子在其工作模式类似于具体实施方式中描述的"夹持器"的情况下都可以实现"沿着闭合模具经过"的功能，但是，专利权人所描述的能够实现"沿着闭合模具经过"功能的真空抽吸器及辊子，其工作原理不同于本领域技术人员基于现有技术的内容所理解的真空抽吸器及辊子，换言之，在不对现有技术中的真空抽吸器及辊子付出创造性劳动进行改造的情况下，本领域技术人员并不清楚现有技术中的真空抽吸器及辊子如何实现传送系统"沿着闭合模具经过"的功能，说明书仅以含糊的方式提及真空抽吸器及辊子也能实现本专利要求保护的"传送系统"的功能，不足以使本领域技术人员获得足够的技术信息。此外，本专利说明书没有提及的步进运动、持续前进运动，与本专利说明书实施例所公开的往复运动存在重大差别，本领域技术人员在不付出创造性劳动的情况下,亦不清楚采用这些运动方式的多种传送系统,如何既能实现将该一层或多层塑料薄膜拉入开启的焊接/切割模具中、又能实现沿着闭合的组合式焊接/切割模具经过的功能。综上,权利要求1请求保护的技术方案没有以说明书为依据,不符合《专利法》第26条第4款的规定。

二审法院并未对功能性特征应当如何解释提出明确的意见,从判决理由和结果上看,隐含了支持一审法院所确认的解释规则的含义。❶ 二审法院这一做法也可以被认为是目前政策仍不十分明朗的一种集中反映。

笔者认为,在授权确权程序中将功能性特征解释为覆盖了能够实现所述功能的所有实施方式,与侵权判定中的解释——仅覆盖说明书具体实施方式及其等同的实施方式,的确存在差异,然而,在实际操作结果方面,二者的区别并没有表面上看到的那么大。如前所述,如果有关的功能性限定针对的是非发明点的客体特征,那么依照我们的定义,在侵权程序中该限定不被认为是功能性特征,从而在侵权判定中不适用2009年司法解释第4条的规定,而是按照术语的字面含义确定权利的边界;如果有关的功能性限定针对的是发明点的客体特征,但现有技术中已经存在能够实现所述功能的特征,涉案专利的创新点只是提供了不同于现有技术的同样能够实现所述功能的另一种具体实施方式,则在授权确权程序中,现有技术足以破坏该功能性特征的新颖性,为了获得授权,申请人必须采用结构或者步骤特征的撰写方式,如果本不应当授权的功能性权利要求获得授权,而该权利又没有被宣告无效,在"严格分离主义"的语境下,在侵权程序中适用2009年司法解释第4条的规定,则可以避免权利的保护范围扩张至其本不应当覆盖的范围。

---

❶ 参见:北京市高级人民法院(2012)高行终字第1153号行政判决书。

第3章 权利边界的政策调整

在目前的条件下，采取"不一致"做法的正当性归根结底源于"严格分离主义"制度下政策性考虑的结果。如本章第3.4.5.5节所述，"覆盖申请日全部实施方式"与"覆盖说明书具体实施方式及其等同的实施方式"二者的主要区别在于，前者解决了功能性特征纵向概括力过强、不当覆盖申请日后出现的能够实现所述功能的新技术从而导致压缩后续创新空间的问题，而后者不仅能够释放后续创新空间，而且同时在侵权程序中一并解决了功能性特征横向概括力过强的问题。如果有关的功能性限定针对的是发明点的客体特征，且申请日现有技术中并不存在能够实现所述功能的特征，那么该限定将被认为是功能性特征，在侵权判定中适用司法解释第四条的规定，则将保护范围限定在了发明人作出了贡献的合理范围之内。但"覆盖说明书具体实施方式及其等同的实施方式"的规则不宜适用于授权确权程序，因为如此一来，由于有关功能性特征仅仅被理解为说明书所记载的实施方式及能够不需要付出创造性劳动即能够得到的实施方式，有关功能性特征无论其字面含义有多宽泛，都不会出现得不到说明书支持的问题，从而使得那些保护范围过大的功能性特征免受了"概括适当"这一重要规则的洗礼，使本不应当覆盖宽范围的功能性权利要求得以保留，从而纵容了功能性特征的滥用行为，最终使得解决功能性特征横向概括力过大的政策目的落空；同时，在授权确权程序中以说明书的内容确定保护范围面临着太多的不确定性，增加了社会公众的权利解读成本，这种可以使撰写人"偷懒"的撰写方式一旦没有新颖性、创造性、概括得当方面的压力，势必形成洪水出闸的泛滥态势，行政、司法审查机关势必面临着巨大的审查压力；在"严格分离主义"的现状之下，如何衔接、协调统一行政程序与侵权程序的划界结果也面临操作上的困难，因而并不可取。

也正因此，在侵权程序中"覆盖说明书具体实施方式及其等同的实施方式"的做法存在一定的弊端。对于那些得不到说明书支持或者不具有新颖性、创造性的概括范围过大的功能性特征，在没有经过无效宣告程序的情况下，通过"覆盖说明书具体实施方式及其等同的实施方式"仍然获得了一定程度的保护，这样会导致某些本应当宣告无效的权利要求仍然能够在被宣告无效前获得保护的情况。不过，这一弊端并非由上述解释规则本身所导致的，其根本原因是"严格分离主义"制度，因为对于那些非功能性特征，也存在同样的问题。因此，2009年最高法院司法解释第4条采取的是实用主义的做法，是在目前"严格分离主义"的语境下尽可能减少制度副作用的最佳选择。不过，从长远来看，如果侵权与授权确权得以在同一个程序中统一解决的话，那么"统一"侵权标准和授权确权的标准应当是大势所趋。从对创新政策的影响方面视之，在废除"严格分离主义"制度之后，不妨将"解释"的时间点确定在申请日，这样，在侵权的诉讼中一并对涉案专利的可授权性进行审查，对于那些概括不当的权利予以驳回，对于概括适当的权利则以其字面含义所确定的范围予以保护，不仅在实质上使得保护宽度与贡献大小相适应，而且在形式上使得授权确权的标准与侵权标准完全统一。

综上所述，在目前环境下两个程序标准的"不一致"是实用主义哲学影响下政策权衡的结果，体现了在政策层面对功能性特征的从严把握。在授权确权程序中，有利于将那些不具有新颖性、创造性、概括不当的专利申请和专利权甄别出来，并且在该程序中，无需特别甄别功能性特征和其他非功能性特征的区别，无需考虑发明点和非发明点的界限，从而简化了操作、提高了制度和结果的可预期性，对撰写人也施加了必要的压力，促使其避免通过宽泛的方式谋求一项边界弹性过大的权利。在侵权程序中，则有利于避免垄断创新之路的权利的出现，为恰如其分地回报创新者的创新提供了具有较强操作性的途径。通过这种对功能性特征的"制裁"，逐步引导当事人尽量不采用此种撰写方式。

代结语——我们需要什么样的权利划界系统

用"简洁"的语言表达本书关于专利权划界的中心思想,那就是"贡献关怀与预期保护的拉锯""确定性的丧失与重拾"。

在制度谱系的两端,分别对立着"亲权利人"的、发明贡献关怀主义的立场和"亲使用人"的、预期信赖保护主义的立场。无论我们的政策向哪个极端偏移,也许归根结底,统一做法比纠正政策偏离对于整个社会创新更为重要。因此,我们有必要推动专利权划界的统一化进程。

早在1961年,德国就成立了联邦专利法院,专门审理宣告专利无效的案件。美国于1982年设立了联邦巡回上诉法院,统一受理全国的专利侵权和权利有效性审查的上诉案件。2005年,日本根据知识产权高等法院设置法的规定,成立了知识产权高等法院,作为东京高等法院的特别支部。我国台湾地区也于2008年正式设立了"智慧财产法院",专门受理涉及知识产权的民事、行政、刑事案件。这些国家和地区的经验表明,面对诸如权利有效性问题、权利边界的确定问题等等这些具有强烈主观色彩的"弹性问题",建立统一的知识产权专门法院对统一裁判尺度、全面掌握全局的专利新形势、及时获得产业界的反馈、高效率地进行政策调整、转向具有强有力的促进作用。这些专门法院的建立,往往在本国被认为是具有划时代意义的事情。将统一制度的任务和职能交由最高法院之下设立的一级法院,无疑从审判资源和反应效率上具有一定的优势。

在加入WTO之际,我国于2001年修改了《专利法》,对专利授权、确权案件"部分司法终局、部分行政终局"的做法进行

专利权的边界——权利要求的文义解释与保护范围的政策调整

了修改，统一为"司法终局"，即由法院对专利复审委员会的驳回复审、无效决定进行司法审查。有学者对此进行了尖锐的批评："法院在审查时反过头来又要向专利复审委就专业问题进行请教。""由法院审查专利复审委员会决定实际上只是为了一个'司法终局审查'这种'法治'理想的名声而存在的。"❶ 应该说，这一批评并非无的放矢。然而，随着法院审判经验的不断积累，人才储备的不断夯实，今天的审查法院通过"专家咨询""专家人民陪审员"等制度保障已经在相当大程度上弥补了法官专业知识方面的短板，而发挥了其擅长法律问题的长处。司法审查制度所发挥的作用毋庸置疑，它是统一专利有效性审查和侵权判定审查的必然要求。从长远来看，也是通向法院统一受理权利效力纠纷和侵权纠纷的一个必经阶段。

建立统一的划界系统，关键是统一上诉法院。为达到最佳效果，这一上诉法院应当以下的方式运作：首先，它应能够受理所有类型的专利纠纷，或者说是所有类型专利纠纷的最后一道裁判程序，具有终审权；其次，应当保持合适的受理量，受理量既不能太多，也不能太少；最后，在最佳的情形下，法院可以受理除专利以外的知识产权纠纷，甚至与专利权人处于相对地位的主体的纠纷，以保持开放的心态，避免亲专利权人或者亲公众的单方倾向。

在美国，联邦最高法院显然不是充当确保全国法律适用统一性的最佳法院，因为美国联邦最高法院只有九名大法官，他们更感兴趣的是诸如违宪审查之类的宪法解释问题，"法官们不愿意将他们的时间浪费在这些'陈腐的'商业纠纷上，"❷ 因而很少审理与专利有关的案件。在联邦巡回上诉法院建立之前，美国各

---

❶ 董涛. 专利权利要求 [M]. 北京：法律出版社，2006：254.

❷ 亚当·杰夫，乔希·勒纳. 创新及其不满：专利体系对创新与进步的危害及对策 [M]. 罗建平，兰花，译. 北京：中国人民大学出版社，2007：9.

代结语——我们需要什么样的权利划界系统

巡回法院审理的专利上诉案件的裁判结果存在令人吃惊的差异。统计表明,第八巡回法院判决专利权有效的案件比例不到10%,而第十巡回法院则高达近60%,整整相差7倍。❶ 在建立统一的上诉法院之后,美国由各地的联邦地区法院受理一审专利案件,由联邦巡回上诉法院统一受理全国的专利二审案件。联邦巡回上诉法院的设立无疑大大推动了专利裁判的统一化进程。

中国和美国专利诉讼制度上的差异使得两国的系统设计可能存在差别。在中国,各省级高级人民法院受理专利侵权二审案件,众多的、分散的终审法院遍及全国各地并不利于裁判标准的真正统一。就中国目前的状况而言,只有最高人民法院才能发挥统一裁判标准的功能。但是,如果必须到达最高人民法院的层面才能够完成标准统一的话,那么三级、甚至四级的冗长的审判程序,给当事人造成了一定的负担,不利于节约社会资源,也不利于尽快地确定经济秩序和法律关系。美国等国的经验对中国有一定的借鉴意义,中国可以向建立专门的知识产权法院的方向努力。这些法院的层级可相当于中级人民法院以及高级人民法院,分别受理一、二审专利纠纷案件,并有权在侵权诉讼中接受被控侵权人的效力抗辩。并且,相当于高级人民法院的知识产权专门法院的数量不应太多,可跨省、自治区、直辖市分片管辖,甚至可以类似于美国联邦巡回上诉法院,成为在最高人民法院之下的、具有统一的终审权的上诉法院。这样,设置为高级法院的知识产权专门法院将承担统一裁判标准以及政策调整的功能,而最高人民法院将继续起到最后一道屏障的支撑作用,有利于发挥其最终政策指引、政策宣示、政策纠错职能,并且这种设计可以使最高人民法院在政策调整中具有更大的回旋余地和腾挪空间。

---

❶ 亚当·杰夫,乔希·勒纳. 创新及其不满:专利体系对创新与进步的危害及对策 [M]. 罗建平,兰花,译. 北京:中国人民大学出版社,2007:91.

参考文献

一、中文著作

[1] 北京市第一中级人民法院知识产权庭. 知识产权审判案件分类综述[M]. 北京：知识产权出版社，2008.
[2] 辞海[M]. 上海：上海辞书出版社，1999.
[3] 崔国斌. 专利法：原理与案例[M]. 北京：北京大学出版社，2012.
[4] 陈金钊. 法律解释的哲理[M]. 山东：山东人民出版社，1999.
[5] 程永顺，罗李华. 专利侵权判定—中美法条与案例比较研究[M]. 北京：知识产权出版社，2002.
[6] 董安生. 民事法律行为[M]. 北京：中国人民大学出版社，2002.
[7] 董涛. 专利权利要求[M]. 北京：法律出版社，2006.
[8] 冯晓青. 知识产权法哲学[M]. 北京：中国人民公安大学出版社，2003.
[9] 范长军. 德国专利法研究[M]. 北京：科学出版社，2010.
[10] 郭禾. 知识产权法案例分析[M]. 2版. 北京：中国人民大学出版社，2006.
[11] 国家知识产权局. 中国知识产权年鉴2012[M]. 北京：知识产权出版社，2012.
[12] 洪汉鼎. 诠释学——它的历史和当代发展[M]. 北京：人民出版社，2001.
[13] 何卫平. 通向解释学辩证法之途[M]. 上海：上海三联书店，2001.
[14] 季卫东. 法治秩序的建构[M]. 北京：中国政法大学出版社，1999.
[15] 孔祥俊. 商标法适用的基本问题[M]. 北京：中国法制出版社，2012.
[16] 孔祥俊. 知识产权法律适用的基本问题——司法哲学、司法政策与裁判方法[M]. 北京：中国法制出版社，2013.
[17] 李明德，黄晖，闫文军. 欧盟知识产权法[M]. 北京：法律出版

参考文献

社，2010.
- [18] 梁慧星. 民法总论 [M]. 北京：法律出版社，2007.
- [19] 刘春田. 知识产权法 [M]. 北京：高等教育出版社，2010.
- [20] 李桂林，徐爱国. 分析实证主义法学 [M]. 湖北：武汉大学出版社，2000.
- [21] 李福印. 语义学概论 [M]. 北京：北京大学出版社，2007.
- [22] 史尚宽. 民法总论 [M]. 北京：中国政法大学出版社，2000.
- [23] 汤宗舜. 专利法教程 [M]. 3版. 北京：法律出版社，2003.
- [24] 田力普. 影响中国的100个知识产权案例 [M]. 北京：知识产权出版社，2009.
- [25] 王利明. 民商法研究（第5辑）[M]. 北京：法律出版社，2001.
- [26] 王轶. 物权变动论 [M]. 北京：中国人民大学出版社，2001.
- [27] 王轶. 民法原理与民法学方法 [M]. 北京：法律出版社，2009.
- [28] 王泽鉴. 民法总则 [M]. 北京：北京大学出版社，2009.
- [29] 王泽鉴. 法律思维与民法实例 [M]. 北京：中国政法大学出版社，2001.
- [30] 王洁. 法律语言学教程 [M]. 北京：法律出版社，1999.
- [31] 吴汉东，胡开忠. 无形财产权制度研究 [M]. 北京：法律出版社，2005.
- [32] 徐国栋. 民法基本原则解释——成文法局限性之克服 [M]. 北京：中国政法大学出版社，1992.
- [33] 谢晖，陈金钊. 法律解释与应用 [M]. 上海：上海译文出版社，2002.
- [34] 奚晓明. 中国知识产权指导案例评注（上、下）[M]. 北京：中国法制出版社，2011.
- [35] 杨立新. 侵权责任法 [M]. 北京：法律出版社，2010.
- [36] 尹新天. 专利权的保护 [M]. 2版. 北京：知识产权出版社，2005.
- [37] 尹新天. 中国专利法详解 [M]. 北京：知识产权出版社，2011.
- [38] 闫文军. 专利权的保护范围：权利要求解释和等同原则适用 [M]. 北京：法律出版社，2007.
- [39] 严平. 走向解释学的真理—伽达默尔哲学述评 [M]. 北京：东方出

版社，1998.
- [40] 殷鼎. 理解的命运 [M]. 北京：生活·读书·新知三联书店, 1988.
- [41] 郑成思. 知识产权论 [M]. 2版. 北京：法律出版社, 2003.
- [42] 张新宝. 侵权责任法 [M]. 北京：中国人民大学出版社, 2010.
- [43] 张乃根，等. 美国专利法：判例与分析 [M]. 上海：上海交通大学出版社, 2010.
- [44] 张玲. 日本专利法的历史考察及制度分析 [M]. 北京：人民出版社, 2010.
- [45] 张志铭. 法律解释操作分析 [M]. 北京：中国政法大学出版社, 1998.
- [46] 张晓都. 专利侵权判定—理论探讨与审判实践 [M]. 北京：法律出版社, 2008.
- [47] 张文显. 二十世纪西方法哲学思潮研究 [M]. 北京：法律出版社, 1996.
- [48] 张恒山. 法理要论 [M]. 北京：北京大学出版社, 2009.
- [49] 张能为. 理解的实践—伽达默尔实践哲学研究 [M]. 北京：人民出版社, 2002.
- [50] 张芝梅. 美国的法律实用主义 [M]. 北京：法律出版社, 2008.
- [51] 赵元果. 中国专利法的孕育与诞生 [M]. 北京：知识产权出版社, 2003.
- [52] 中国知识产权研究会专利委员会、最高人民法院中国应用法学研究所. 专利名案解读 [M]. 北京：知识产权出版社, 2010.
- [53] 中国专利代理（香港）有限公司. 中国百例经典知识产权案例精要，中国专利代理（香港）有限公司, 2011.

二、中文译著

- [1] 沙夫. 语义学引论 [M]. 罗兰, 周易, 译. 北京：商务印书馆, 1979.
- [2] 汉斯－格奥尔格·伽达默尔. 真理与方法—哲学解释学的基本特征（上、下）[M]. 洪汉鼎, 译. 上海：上海译文出版社, 1999.
- [3] 汉斯－格奥尔格·伽达默尔. 哲学解释学 [M]. 夏镇平, 宋建平, 译. 上海：上海译文出版社, 1994.
- [4] 卡尔·拉伦茨. 法学方法论 [M]. 陈爱娥, 译. 北京：商务印书馆，2003.

[5] 迪特尔·梅迪库斯. 德国民法总论 [M]. 邵建东，译. 北京：法律出版社，2000.

[6] 马丁·海德格尔. 存在与时间 [M]. 陈嘉映，王庆节，译. 北京：生活·读书·新知三联书店，2006.

[7] 马克思，恩格斯. 马克思恩格斯选集（卷3）[M]. 北京：人民出版社，1974.

[8] 马克斯·韦伯. 社会科学方法论 [M]. 韩水法，莫茜，译. 北京：中央编译出版社，2005.

[9] 罗兰·巴特. 作者之死 [M] // 罗兰·巴特随笔选. 怀宇，译. 天津：百花文艺出版社，2005：294—301.

[10] 米歇尔·福科. 规训与惩罚 [M]. 刘北成，杨远缨，译. 北京：生活·读书·新知三联书店，1999.

[11] 米歇尔·福科. 什么是作者 [M]. 王岳川，尚水，米佳燕，译. 心哲，校. 后现代主义文化与美学. 北京：北京大学出版社，1992：287—305.

[12] 保罗·利科尔. 解释学与人文科学 [M]. 陶远华，袁耀东，译. 石家庄：河北人民出版社，1987.

[13] 托马斯·库恩. 科学革命的结构 [M]. 金吾伦，胡新和，译. 北京：北京大学出版社，2003.

[14] E. 博登海默. 法理学、法律哲学与法律方法 [M]. 邓正来，译. 北京：中国政法大学出版社，2004.

[15] 理查德·A. 波斯纳. 法理学问题 [M]. 苏力，译. 北京：中国政法大学出版社，2002.

[16] 理查德·A. 波斯纳. 法律的经济分析（上、下）[M]. 蒋兆康，译. 北京：中国大百科全书出版社，1997.

[17] 理查德·A. 波斯纳. 法官如何思考 [M]. 北京：北京大学出版社，2009.

[18] 罗纳法·德沃金. 认真对待权利 [M]. 信春鹰，吴玉章，译. 北京：中国大百科全书出版社，1998.

[19] 罗纳法·德沃金. 法律帝国 [M]. 李常青，译. 北京：中国大百科全

书出版社,1996.

[20] 本杰明·N.卡多佐.法律的成长法律科学的悖论[M].董炯,彭冰,译.北京:中国法制出版社,2002.

[21] 本杰明·卡多佐.司法过程的性质[M].苏力,译.北京:商务印书馆,2009.

[22] 克里斯托弗·沃尔夫.司法能动主义——自由的保障还是安全的威胁?[M].黄金荣,译.北京:中国政法大学出版社,2004.

[23] 庞德.通过法律的社会控制[M].沈宗灵,译.北京:商务印书馆,1984.

[24] 庞思奋.哲学之树[M].翟鹏霄,译.王凌云,校.南宁:广西师范大学出版社,2005.

[25] MARTIN J, ADELMAN, RANDALL R, RADER, GORDON P, KLANCNIK. 美国专利法[M].郑胜利,刘江彬,译.北京:知识产权出版社,2011.

[26] 罗伯特·P.墨杰斯,彼特·S.迈乃尔,马克·A.莱姆利,托马斯·M.乔德.新技术时代的知识产权法[M].齐筠,张清,彭霞,尹雪梅,译.北京:中国政法大学出版社,2003.

[27] 威廉·M.兰德斯,理查德·A.波斯纳.知识产权法的经济结构[M].金海军,译.北京:北京大学出版社,2005.

[28] L.A.扎德.模糊集合、语言变量及模糊逻辑[M].陈国全,译.涂其枘,校.北京:科学出版社,1982.

[29] 亚当·杰夫,乔希·勒纳.创新及其不满:专利体系对创新与进步的危害及对策[M].罗建平,兰花,译.北京:中国人民大学出版社,2007.

[30] 日本国会.日本专利法[M].杜颖,译.易继明,校.北京:经济科学出版社,2009.

[31] 丸山高司.伽达默尔:视野融合[M].刘文柱,赵玉婷,孙彬,刁榴,译.石家庄:河北教育出版社,2002.

[32] 韦恩·莫里森.法理学—从古希腊到后现代[M].李桂林,李清伟,侯建,郑云瑞,译.武汉:武汉大学出版社,2003.

[33] 哈特.法律的概念[M].张文显,郑成良,杜景义,宋金娜,译.北

京：中国大百科全书出版社，1999.
[34] 杰弗里·N.利奇. 语义学 [M]. 上海：上海外语教育出版社，1987.
[35] 亚当·斯密. 国民财富的性质和原因的研究（上、下卷）[M]. 郭大力，王亚南，译. 北京：商务印书馆，1972.

三、中文论文

[1] 陈文煊. 发明创造性判定应避免"事后之明" [J]. 人民司法，2013 (14).

[2] 陈文煊. 对专利权利要求中功能性特征的解释规则 [J]. 人民司法，2012 (20).

[3] 陈文煊. 电子商务中知识产权保护的公共政策 [J]. 电子知识产权，2012 (6).

[4] 陈文煊. 信赖保护原则在商标确权行政案件中的适用 [J]. 人民司法，2010 (4).

[5] 陈文煊. 网络著作权纠纷中公证网络电子证据的司法认定 [J]. 电子知识产权，2008 (7).

[6] 陈静. 关于等同原则适用过程中的创造性判断 [J]. 中国专利代理，2009 (4).

[7] 董涛. "专利权利要求"起源考 [M] //国家知识产权局条法司. 专利法研究 2008. 北京：知识产权出版社，2009.

[8] 董晓波. 我国立法语言模糊性的法哲学分析 [J]. 语言文字应用，2006 (4).

[9] 董红海. 等同侵权行为的判断 [J]. 知识产权，2004 (2).

[10] 胡红辉. 模糊语言与"合作原则" [J]. 广州市经济管理干部学院学报，2005 (4).

[11] 胡淑珠. 判定专利侵权的等同原则在我国审判实践中的适用与限制 [J]. 法学，2006 (8).

[12] 何暄. 对判定构成变劣技术侵权的思考 [J]. 电子知识产权，2004 (3).

[13] 何晓平. 论专利侵权判定中的禁止反悔原则 [J]. 政法学刊，2010 (2).

[14] 金辉. 论专利侵权判定中确定专利保护范围的依据 [J]. 中国专利代

理，2005（1）．

[15] 孔祥俊．论裁判的逻辑标准与政策标准——以知识产权法律适用问题为例［J］．法律适用，2007（9）．

[16] 孔祥俊，王永昌，李剑．《最高人民法院关于审理侵犯专利权纠纷案件应用法律若干问题的解释》适用的若干问题［J］．电子知识产权，2010（2）．

[17] 陆峰．罗·罗的"亮剑"——揭示罗·罗诉普·惠专利侵权案内幕的少数派报告［J］．电子知识产权，2012（7）．

[18] 刘国伟．在全面覆盖羽翼下的等同原则［J］．中国发明与专利，2006（11）．

[19] 刘晓军．变劣行为侵犯专利权之研究［J］．知识产权，2006（4）．

[20] 罗水江．专利侵权判定中的等同原则［J］．中山大学学报论丛，2006，26（7）．

[21] 林建军，耿慕白．对《专利侵权判定若干问题的意见（试行）》第41条的质疑［J］．中国专利与商标，2004（2）．

[22] 李艳，魏征．多余指定原则的终结［J］．中国发明与专利，2006（8）．

[23] 李彦涛．专利侵权诉讼中权利要求的解释规则——广东通宇通讯设备有限公司诉摩比天线技术（深圳）有限公司专利侵权案［J］．科技与法律，2009（5）．

[24] 黎运智．论专利禁止反悔原则的独立性［J］．科技与法律，2009（3）．

[25] 庞建荣．模糊语言及其语境依赖性［J］．外语与外语教学，2008（7）．

[26] 彼得·德霍斯．知识产权的合理性：一切从头说起［M］//唐广良．知识产权研究（第9卷）．北京：中国方正出版社，2000．

[27] 濮家蔚．等同原则与公知技术抗辩的交叉和冲突问题探讨［J］．知识产权，2004（2）．

[28] 任晓玲．专利权利要求用语限定及依法律解释程序［J］．中国发明与专利，2010（2）．

[29] 松本祥治，吴锦伟．好发明并不意味着好专利——谈如何评估选择可

用于许可的专利 [J]. 电子知识产权, 2012 (5).
- [30] 沈宗灵. 论法律解释 [J]. 中国法学, 1993 (5).
- [31] 孙海龙, 姚建军. 组合物发明专利侵权的判定 [J]. 中国专利代理, 2007 (4).
- [32] 谭筱清. 对等同原则适用限制条件的探讨 [J]. 中国专利代理, 2003 (4).
- [33] 王希杰. 模糊理论和修辞 [J]. 新疆大学学报, 1983 (3).
- [34] 王阜东. 美国法院专利权利要求解释及侵权判定处理实例分析 [J]. 中国发明与专利, 2009 (6).
- [35] 王伯文. 专利侵权判定应区分的几个界限 [J]. 人民法院报, 2002－10－13.
- [36] 吴胜华. 等同原则的适用及限制——以规制专利权滥用为视角 [J]. 科技与法律, 2010 (3).
- [37] 魏征. 是技术方案之间的等同还是特征等同——从一起专利侵权诉讼案谈等同原则的适用（上）[J]. 中国发明与专利, 2009 (11).
- [38] 魏征. 是技术方案之间的等同还是特征等同——从一起专利侵权诉讼案谈等同原则的适用（下）[J]. 中国发明与专利, 2009 (12).
- [39] 魏征. 发明构思与专利侵权诉讼中适用等同原则的关系——兼评〈从一起专利侵权诉讼案的侵权分析谈——技术问题、技术方案及其与发明构思的关系〉一文 [J]. 中国专利代理, 2009 (4).
- [40] 徐棣枫. "多余指定原则"是否多余——对最高人民法院最新判例的研究 [J]. 法学研究, 2006 (11).
- [41] 邢良选, 杨卉. 从一例专利侵权案件探析专利等同判定 [J]. 中国发明与专利, 2009 (1).
- [42] 仪军, 侯占恒, 王晖, 周云川, 姜庶伟, 周丽婷. 如何确定专利权的保护范围—从说明书对权利要求书的解释分析 [J]. 科技与法律, 2008 (3).
- [43] 杨煜. 对专利权利要求中功能性技术特征的理解——深圳矽感科技有限公司诉上海向隆电子科技有限公司侵犯发明专利权纠纷案评析 [J]. 科技与法律, 2009 (6).
- [44] 郑成思. 糊区与知识产权的侵权认定 [J]. 中国法学, 1996 (2).

[45] 仲春. 互联网领域专利诉讼的滥用与规制 [J]. 电子知识产权, 2012 (9).

[46] 赵浩. 专利池模式下许可政策的法律分析 [J]. 电子知识产权, 2012 (8).

[47] 张广良. 论我国专利等同侵权原则的适用及限制 [J]. 知识产权, 2009 (5).

[48] 张泽吾. 论整体等同理论与全部技术特征原则 [J]. 科技与法律, 2004 (4).

[49] 张瑞鸿. 模糊语言的顺应性解释 [J]. 外语与外语教学, 2008 (7).

[50] 张鹏. 论权利要求保护范围解释的原则、时机和方法 [M] //国家知识产权局条法司. 专利法研究 2009. 北京：知识产权出版社, 2010.

[51] 张小林. 美国专利侵权诉讼中的马克曼听证研究 [J]. 科技与法律, 2008 (4).

[52] 张晓都. 专利权利要求区别解释原则——以一起专利侵权纠纷案为例 [J]. 知识产权, 2006 (6).

[53] 甄世辉. 论专利侵权判定中等同原则的完善 [J]. 河北法学, 2007 (12).

四、英文文献

[1] Adam Mossoff, Rethinking the Development of Patents: An Intellectual History, 52 Hastings L. J. 2001.

[2] Cass R. Sunstein, Principles, Not Fictions, 57 U. Chi. L. Rev. Va. L. Rev. 2004.

[3] Carl Shapiro, Navigating the Patent Thicket: Cross Licensing, Patent Pools, and Standard Setting, 1 Innovation Policy and the Economy 2002.

[4] Christopher A. Cotropia, Patent Claim Interpretation and Information Costs, 9 Lewis &. Clark L. Rev. 2005.

[5] Christopher A. Cotropia, Patent Claim Interpretation Methodologies and Their Claim Scope, Paradigms, William and Mary Law Review, October 2005.

[6] Christopher A. Cotropia, "After—Arising" Technologies and Tailoring Patent Scope, 61 N. Y. U. Ann. Surv. Am. L. 2005.

参考文献

[7] Clarisa Long, Information Costs in Patent and Copyright, 90 Va. L. Rev. 2004.

[8] Carol M. Rose, Possession as the Origin of Property, 52 U. Chi. L. Rev. 1985.

[9] Dan L. Burk & Mark A. Lemley, Policy Levers in Patent Law, 89 Va. L. Rev. 2003.

[10] Donald S. Chisum, Chisum on Patents, Matthew Bender 1997.

[11] Dawn—Marie Bey, Christopher A. Cotropia, The Unreasonableness of the Patent Office's "Broadest Reasonable Interpretation" Standard, 37 AIPLA Q. J. 2009.

[12] Eric A. Posner, Norms, Formalities, and the Statute of Frauds: A Comment, 144 U. Pa. L. Rev. 1996.

[13] European Patent Office, Case Law of the Boards of Appeal of the European Patent Office, sixth edition, 2010.

[14] Francis Heylighen, Advantages and Limitations of Formal Expression, 4 Founds. Sci. 1999.

[15] Glynn S. Lunney, Jr., Patent Law, the Federal Circuit, and the Supreme Court: A Quiet Revolution, 11 Sup. Ct. Econ. Rev. 2004.

[16] Giles S. Rich, The Extent of the Protection and Interpretation of Claims—American Perspectives, 21 Int'l Rev. Indus. Prop. & Copyright L. 1990.

[17] Henry E. Smith, The Language of Property: Form, Context, and Audience, 55 Stan. L. Rev. 2003.

[18] Henry E. Smith, Exclusion and Property Rules in the Law of Nuisance, 90 Va. L. Rev. 2004.

[19] Heinz Winkler, The Scope of Patent Protection: Past, Prensent and Future, IIC Vol. 10, No. 2, 1979.

[20] H. Peyton Young, The Economics of Convention, 10 J. Econ. Persp. 1996.

[21] Ian Hargreaves, Digital Opportunity: A Review of Intellectual Property and Growth, [online] http://www.ipo.gov.uk/ipreview—final re-

port. pdf.
［22］ John F. Duffy, The Festo Decision and the Return of the Supreme Court to the Bar of Patents, Sup. Ct. Rev. 2002.
［23］ Janice M. Mueller, Patent Law, Third Edition, Aspen Treatise Series 2009.
［24］ Janice M. Mueller, An introduction to patent law, CITIC Publishing House 2003.
［25］ John A. Kemp, Patent Claim Drafting and Interpretation, Oyez Longman 1982.
［26］ Joseph Scott Miller, Building a Better Bounty: Litigation — Stage Rewards for Defeating Patents, 19 Berkeley Tech. L. J. 2004.
［27］ Katherine J. Strandburg, What Does the Public Get? Experimental Use and the Patent Bargain, Wis. L. Rev. 2004.
［28］ Louis Kaplow, A Model of the Optimal Complexity of Legal Rules, 11 J. L. Econ. & Org. 1995.
［29］ Martin J. Adelman, Randall R. Rader, John R. Thomas, Cases and Materials on Patent Law, Third Edition, WEST 2009.
［30］ Martin J. Adelman & Gary L. Francione, The Doctrine of Equivalents in Patent Law: Questions that Pennwalt Did Not Answer, 137 U. Penn. L. Rev. 1989.
［31］ Michael J. Muerer & Craig Allen Nard, Invention, Refinement and Patent Claim Scope: A New Perspective on the Doctrine of Equivalents, (B. U. Sch. Law, Law and Econ, Working Paper Series, Working Paper No. 04—03) 2004.
［32］ Mark A. Lemley, The Economics of Improvement in Intellectual Property Law, 75 Tex. L. Rev. 1997.
［33］ Mark A. Lemley, Ex Ante versus Ex Post Justifications for Intellectual Property, 71 U. Chi. L. Rev. 2004.
［34］ Michael A. Heller, The Tragedy of the Anticommons: Property in the Transition from Marx to Markets, 111 Harv. L. Rev. 1997.
［35］ Paul Grice, Studies in the Ways of Words, Harvard University

Press 1989.
- [36] Peter Drahos, A Philosophy of Intellectual Property, Dartmouth 1996.
- [37] Peter D. Rosenberg, Patent Law Fundamentals, Clark Boardman Callaghan, 2nd edition, 1991.
- [38] Robert C. Faber, Landis On Mechanics Of Patent Claim Drafting, Practising Law Institute, 5th Revised edition, 2003.
- [39] Robert C. Kahrl, Patent Claim Construction, Aspen Publishers 2003.
- [40] Robert P. Merges & Richard R. Nelson, On the Complex Economics of Patent Scope, 90 Colum. L. Rev. 1990.
- [41] Robert M. Hunt, Patentability, Industry Structure, and Innovation, 52 J. Indus. Econ. 2004.
- [42] Robert Plotkin, Esq, Computer Programming and the Automation of Invention: A case for Software Patent Reform, UCLA J. L. & Tech. 2003.
- [43] Ricketson S, The law of intellectual property, The law book company limited 1984.
- [44] Richard Craswell, "Do Trade Customs Exist?", in: Jody S. Kraus & Steven D. Walt eds, The Jurisprudential Foundations of Corporate and Commercial Law, Cambridge University Press 2000.
- [45] R. Polk Wagner & Lee Petherbridge, Is the Federal Circuit Succeeding? An Empirical Assessment of Judicial Performance, 152 U. Pa. L. Rev. 2004.
- [46] Staniforth Ricketson, The Law of Intellectual Property, The Law Book Company Limited 1984.
- [47] Stephen A. Merrill, Richard C. Levin, and Mark B. Myers, Editors, A Patent System for the 21st Century, Committee on Intellectual Property Rights in the Knowledge — Based Economy, National Research Council, National Academies Press 2004.
- [48] Thomas W. Merrill & Henry E. Smith, The Property/Contract Interface, 101 Colum. L. Rev. 2001.
- [49] Thomas W. Merrill & Henry E. Smith, Optimal Standardization in the

Law of Property: The Numerus Clausus Principle, 110 Yale L. J. 2000.

[50] Toshiko Takenaka, Interpreting Patent Claims: The United States, Germany and Japan, Wiley—VCH, 1 edition, 1995.

[51] Toshiko Takenaka, Successor Failure? Japan's National Strategyon Intellectual Propertyand Evaluation of Its Impact fromthe Comparative Law Perspective, Washington University Global Studies Law Review, 2009.

[52] Ted O'Donoghue, A Patentability Requirement for Sequential Innovation, 29 RAND J. Econ. 1998.

[53] Ted O'Donoghue et al. , Patent Breadth, Patent Life, and the Pace of Technological Progress, 7 J. Econ. & Mgmt. Strategy 1998.

[54] Wendy J. Gordon, An Inquiry into the Merits of Copyright: The Challenges of Consistency, Consent, and Encouragement Theory, 41 Stan. L. Rev. 1989.

[55] Wesley A. Magat & WKip Viscusi, Informational Approaches to Regulation 1992.

[56] Wesley M. Cohen, Richard R. Nelson, and John P. Walsh, Protecting Their Intellectual Assets: Appropriability Conditions and Why U. S. Manufacturing Firms Patent (Or Not) , 3—4, 9—10 (Nat'l Bureau of Econ. Research Working Paper No. 7552, 2000), at http: // www. nber. org/papers/w7552.

后 记

从硕士研究生毕业之后,我有幸到北京市第一中级人民法院知识产权审判庭工作。法院的工作是繁忙而又琐碎、紧张而又充实、艰辛中也透着快乐的。我从书记员订案卷、编页码、记笔录做起,再到参加庭审"坐堂问案"、写判决,多少个夜晚,多少个节假日,办公室中留下了我的身影。法院的工作又是富有挑战性的,每一个知识产权尤其是专利权的案件都是全新的,都需要我付出更多的心血学习相关的技术知识。可以说,大量的案件锤炼了我,前辈法官和同事的学识和经验引导着我,让我在一条康庄大道上渐渐地开始了前行。

然而,在工作之余,我总觉得自己似乎缺少了什么,忙于埋头拉车,却罕于抬头看路。如何使自己一点一滴积累的经验有所升华,从而使自己更好地工作,同时对其他人也有所帮助,是我开始思考的问题。在这一背景之下,我萌生了继续攻读博士学位,并进行博士毕业论文研究的想法。本书正是在博士论文的基础上进一步修改所得的结果。虽然研究和写作的过程是艰苦的,但对于我而言,思考是一种让人忘却疲劳的兴奋剂,它给我带来的乐趣远远超过了枯燥和苦闷。

在本书付梓之际,我特别要感谢我的导师王轶教授,他渊博的学识、深刻的思想、开放的思维、严谨的治学态度、诲人不倦的授业精神,无不在我的成长过程中留下了深深的烙印。我也向我的硕士研究生导师叶林教授致以深深的谢意,他不仅授予我知识,也始终给予我帮助和鼓励。

感谢最高人民法院审判委员会委员、知识产权审判庭孔祥俊庭长,在百忙之中给予了我很多帮助和指导,还抽出宝贵的时间为本书作序;感谢北京市第一中级人民法院以及知识产权审判庭的领导对我攻读博士学位的支持和帮助;感谢中国人民大学张广良教授对本书出版的帮助;感谢国家知识产权局审查协作北京中心的王大鹏博士、中国人民大学的熊丙万博士,他们阅读了初稿并给出了很好的建议;感谢本书责任编辑卢海鹰、胡文彬老师以及董志英、刘译文老师在本书出版过程中付出的艰辛劳动。

我还要感谢最高人民法院的领导和同事们,他们给予了我许多无私的指导和帮助。我还要感谢北京市第一中级人民法院的领导和同事们,他们丰富的审判经验和一丝不苟的敬业精神,都是我学习的楷模。

我也要感谢我的妻子对我的理解和支持,在我研究的过程中承担了大量的家庭责任。同时我要感谢岳父、岳母在照顾孩子的过程中付出的诸多辛劳。当然,我还要感谢我的父母,没有他们,就没有我的今天。

感谢所有在我的成长中帮助过我的师长、朋友与亲人,在此虽无法一一提及,但请允许我献上深深的祝福!

书中的错误和疏漏,请广大读者批评指正!(邮箱:sheepcwx@hotmail.com)

作者
2014 年 1 月

知识产权推荐用书

企业培训与知识产权教育

◎图解专利法——专利知识12讲
◎《企业知识产权管理规范》培训教程
◎中小企业知识产权经营手册（第2版）
◎中小企业知识产权管理
◎商标战略管理——公司品牌的法务支持
◎企业知识产权战略指南
◎企业知识产权战略实务
◎《专利法》第三次修改导读
◎区域知识产权战略的实施与评价
◎怎样阅读及翻译英文专利文献
◎外观设计专利申请实用资料手册（第2版）
◎专利申请须知（第5版）
◎知识产权诉讼1200问
◎知识产权基础（第2版）
◎专利申请与审查（第2版）
◎专利信息与利用（第2版）
◎专利纠纷与处理（第2版）
◎企业专利战略
◎专利经营管理
◎专利技术转移
◎专利资产评估
◎专利信息利用导引
◎专利信息利用技能
◎专利检索策略及应用
◎化学领域发明专利申请的文件撰写与审查（第3版）
◎发明和实用新型专利申请文件撰写案例剖析（第3版）
◎机械领域专利申请文件撰写案例剖析（第3版）
◎机械领域发明专利申请文件撰写与答复技巧
◎专利代理职业道德
◎专利代理事务及流程
◎专利申请代理实务——机械分册
◎专利申请代理实务——电学分册
◎专利申请代理实务——化学分册
◎专利复审与无效代理实务
◎专利侵权与诉讼
◎专利咨询服务
◎知识产权教育读本（初级版）第3版
◎知识产权教育读本（中级版）

第3版
◎知识产权教育读本（高级版）第3版
◎技术转移联盟导论
◎技术评估方法与实践
◎技术转移业务运营实务
◎技术转移信息服务平台建设
◎技术转移绩效评估研究
◎企业专利工作实务手册
◎专利分析实务手册
◎产业专利分析报告（第1册）
◎产业专利分析报告（第2册）
◎产业专利分析报告（第3册）
◎产业专利分析报告（第4册）
◎产业专利分析报告（第5册）
◎产业专利分析报告（第6册）
◎产业专利分析报告（第7册）——农业机械
◎产业专利分析报告（第8册）——液体灌装机械
◎产业专利分析报告（第9册）——汽车碰撞安全
◎产业专利分析报告（第10册）——功率半导体器件
◎产业专利分析报告（第11册）——短距离无线通信
◎产业专利分析报告（第12册）——液晶显示
◎产业专利分析报告（第13册）——智能电视
◎产业专利分析报告（第14册）——高性能纤维
◎产业专利分析报告（第15册）——高性能橡胶
◎产业专利分析报告（第16册）——食用油脂
◎产业专利分析报告（第17册）——燃气轮机
◎产业专利分析报告（第18册）——增材制造
◎产业专利分析报告（第19册）——工业机器人
◎产业专利分析报告（第20册）——卫星导航终端
◎产业专利分析报告（第21册）——LED照明
◎产业专利分析报告（第22册）——浏览器
◎产业专利分析报告（第23册）——电池
◎产业专利分析报告（第24册）——物联网
◎产业专利分析报告（第25册）——特种光学与电学玻璃
◎产业专利分析报告（第26册）——氟化工
◎产业专利分析报告（第27册）——通用名化学药
◎产业专利分析报告（第28册）——抗体药物
◎三七医药专利预警分析
◎中国知识产权指数报告（2008）

◎中国知识产权指数报告（2009）
◎中国知识产权指数报告（2011）
◎中国知识产权指数报告（2012）
◎中国知识产权指数报告（2013）
◎企业专利风险管理手册
◎评议护航——经济科技活动知识产权分析评议案例启示录
◎美国337调查：规则、实务与案例
◎海外专利实务手册（美国卷）
◎专利，就是科技竞争力
◎技术创新中的知识产权保护评价
◎《专利法》及《专利法实施细则》历次修改对照本
◎科技创新及专利申请实务
◎小专家解决大问题——开启小朋友知识产权心智的金钥匙
◎中小学生发明创造与知识产权
◎中小学生发明创造与知识产权（简编版）

学术著作

◎中国专利法详解
◎中国专利报告（总第1卷.2013）
◎知识产权研究（第18卷）
◎知识产权研究（第19卷）
◎知识产权研究（第20卷）
◎知识产权研究（第21卷）
◎知识产权研究（第22卷）
◎知识产权文丛（第14卷）
◎知识产权法研究（第11卷）
◎知识产权法研究（第12卷）
◎驰名商标异化的制度逻辑
◎专利化生存
◎《商标法》修订中的若干问题：郑成思教授逝世三周年纪念文集
◎成思建言录
◎枪口下的法律：中国版权史研究
◎多维视野下的传统知识保护机制实证研究
◎著作权合理使用制度研究——应对数字网络环境挑战
◎专利法、商标法修改专题研究
◎商标确权行政审判疑难问题研究
◎美国图书馆复制权问题研究
◎中国音乐著作权管理与诉讼
◎国际著作权制度发展趋向与我国著作权法的修改
◎伦理视野中的知识产权
◎中国知识产权高等教育论
◎中国近现代专利制度研究（1859~1949）
◎通向未来的制胜之路——知识产权经济及其竞争优势的理论与实践
◎知识产权热点问题的法律剖析
◎知识产权：反观、妄议与臆测
◎知识产权的利用与保护及法律规制

- ◎国际专利技术转让法研究
- ◎专利授权确权制度的原理与实务
- ◎侵犯专利权抗辩事由
- ◎专利客体的确定与商业方法的专利保护
- ◎遗传资源的获取和惠益分享与知识产权
- ◎非物质文化遗产的法律保护体系
- ◎非物质文化遗产法概要
- ◎艺术法概要（第四版）
- ◎知识产权法基础理论
- ◎兼并与收购上市公司的反垄断规制
- ◎实施国家知识产权战略若干基本问题研究
- ◎植物品种法律保护制度国际比较研究
- ◎中华人民共和国反垄断法详解
- ◎刑事诉讼法（上、下）
- ◎科技成果流转法律制度与上海创新型城市建设之研究
- ◎法律的关键词：法律与词语的关系研究

知识产权转让及许可系列丛书

- ◎技术秘密与知识产权的转让与许可
- ◎技术转移与知识产权问题
- ◎知识产权许可策略
- ◎知识资产整合管理

知识产权经典译丛

- ◎美国专利法
- ◎日本知识产权法（第4版）
- ◎日本商标法实务
- ◎艺术法概要（第4版）
- ◎专利法（第3版）
- ◎专利法律与理论
- ◎德国知识产权理论与经典判例研究
- ◎佳能知识产权之父谈中小企业生存之道
- ◎伯克利科技与法律评论：美国知识产权经典判例年度评论（2012）

外国知识产权法律译丛

- ◎日本商标法
- ◎日本著作权法
- ◎外国专利法选译（上、中、下）
- ◎美国专利法
- ◎美国商标法
- ◎美国著作权法
- ◎德国著作权法
- ◎德国商标法
- ◎韩国商标法
- ◎俄罗斯知识产权法
- ◎菲律宾知识产权法典

经典案例

- ◎美国专利诉讼——规则、判例与实务
- ◎专利复审委员会案例诠释——专利授权其他实质性条件

知识产权推荐用书

◎专利复审委员会案例诠释——外观设计
◎机械领域专利行政诉讼案例精解
◎发明专利保护客体典型案例评析
◎元器件和半导体领域专利审查案例评析
◎外观设计专利无效宣告典型案例评析
◎专利复审委员会审查业务疑难精解
◎专利行政诉讼概论与案例精解
◎服装知识产权保护及侵权案例评析
◎务实知识产权判例精选（18辑）
　（第1辑）技术合同判例
　（第2辑）商业秘密判例
　（第3辑）知名商品权判例
　（第4辑）其他不正当竞争判例
　（第5辑）网络著作权判例
　（第6辑）侵犯邻接权判例
　（第7辑）软件著作权判例
　（第8辑）著作权合同判例
　（第9辑）侵犯著作权判例
　（第10辑）侵犯专利权判例
　（第11辑）专利确权判例（上、下）
　（第12辑）侵犯外观设计专利权判例
　（第13辑）外观设计确权判例（上、下）
　（第14辑）专利权权属判例
　（第15辑）侵犯商标权判例
　（第16辑）商标确权判例（上、下）
　（第17辑）商标合同判例
　（第18辑）商标与域名判例
◎知识产权经典案例律师点睛
◎知识产权疑难问题专家论证（2010～2011）
◎知识产权疑难问题专家论证（2012～2013）
◎法官评述100个影响中国的知识产权案例
◎案说知识产权ABC
◎浦东法院知识产权案例精选（2005～2008）
◎知识产权审判实务研究
◎中国专利典型案例启示录——实用新型篇
◎中国企业海外知识产权纠纷典型案例启示录